La Revendication
des droits

Emmanuel Picavet

La Revendication des droits

Une étude de l'équilibre des raisons
dans le libéralisme

PARIS
CLASSIQUES GARNIER
2021

Spécialiste de philosophie pratique moderne et contemporaine, Emmanuel Picavet se consacre à l'étude de la théorie des normes éthiques et de l'épistémologie des sciences politiques et sociales. Il a notamment publié *Choix rationnel et vie publique*. Il étudie également l'éthique institutionnelle et les processus de mise en œuvre du dialogue face à des risques collectifs. Il coordonne la *Revue de philosophie économique*.

Couverture :
« Balance de léquilibre » par Motjida
Source : https://imgbin.com/

© 2021. Classiques Garnier, Paris.
Reproduction et traduction, même partielles, interdites.
Tous droits réservés pour tous les pays.

ISBN 978-2-406-11157-3
ISSN 2417-6400

Pour Élise et Aurore

SYMBOLES UTILISÉS

~	négation
→	implication
↔	équivalence
◊	« il est possible que »
∩	intersection (des ensembles)
∅	ensemble vide
×	produit cartésien
|	« tel(le) que »
s^{-i}	vecteur des stratégies des agents autres que i
M(x,p,y)	représentation des mouvements dans un jeu (théorie d'Anderson)
OM(x,p,y)	obligation de mouvement dans un jeu
PM(x,p,y)	privilège, en représentation ternaire
Dp	attribution d'un statut déontique
(G,X), (i,X)	possibilité de restreindre l'ensemble des états (théorie de Gärdenfors)
g(x)	vecteur des paiements dans un jeu
Q(A)	ensemble des préordres complets sur l'ensemble A [préordre : relation binaire réflexive et transitive (notion utilisée pour représenter les préférences ou la valorisation) ; complétude : capacité de mettre en relation n'importe quelle paire d'éléments dans le domaine défini].
$Q(A)^N$	ensemble des applications de N vers Q(A)
R^N	vecteur des préordres de préférences des agents du groupe N
E(.)	fonction d'effectivité
$F^i(.)$, $R^i(.)$, $RF^i(.)$	faisabilité, admissibilité (théorie de Fleurbaey et Gaertner)
G^{i*}	sous-ensemble de résultats comportant des résultats personnels (théorie de Fleurbaey et Gaertner)

AVERTISSEMENT

Ces pages ont bénéficié de mes initiatives des dernières années dans la recherche et dans l'enseignement, avec des partenaires de travail exigeants tels que Joseph Abdou, Christian Arnsperger, Annie Cot, Caroline Guibet Lafaye, Alain Leplège, Alain Marciano, Dawidson Razafimahatolotra, Bernard Reber, Christian Walter. Je pense plus particulièrement aux travaux collectifs engagés, entre 2005 et 2008, dans le projet de recherche DELICOM (ANR JC-JC 2005) au sein de l'équipe « Philosophies contemporaines » de l'université Paris 1 – Panthéon-Sorbonne. Certains développements ont trouvé leur origine dans ma participation à d'autres projets, tels le projet de l'Agence nationale de la recherche, « Libéralisme du bonheur, libéralisme de la liberté », dirigé par Ragip Ege (université de Strasbourg) et Herrade Igersheim (université de Provence et CNRS), le projet *Identity in Politics* co-dirigé avec Akeel Bilgrami (université Paris-1 et Columbia University, New York) et le projet consacré à l'anthropologie du libéralisme (New York University in Paris) coordonné par Maria Bonnafous-Boucher.

La rencontre avec des auteurs dont les analyses ont parfois répondu à mes questions, tels Jean-Christophe Merle, Pierre Livet, Ramine Kamrane, Jürgen Habermas, Raymond Boudon, Richard Bellamy et Catherine Audard, a également été importante dans mon parcours. J'ai par ailleurs suivi le développement des travaux de doctorants et d'auteurs de la génération montante sur plusieurs continents et dans plusieurs disciplines qui, j'en suis persuadé, contribueront à éclaircir certains des problèmes que j'évoque ; je pense notamment à Stéphane Aymard, Antoinette Baujard, Bernardo Bolaños-Guerra, Karim Bouhassoun, Marc-Antoine Dilhac, Aristide Dossou, David Duhamel, Guillaume Dupont, Charles Girard, Yanina Guthmann, Anett Hadházy, Yao-Edmond Kouassi, Soumaya Mestiri, Sabine Plaud, Sarah Vanuxem et Anna Zielinska.

La dernière version de la monographie a été préparée dans le cadre du Laboratoire de recherches philosophiques sur les logiques de l'agir de l'université de Franche-Comté (Besançon), dont les activités, notamment le séminaire « Nature et société » (co-dirigé avec Arnaud Macé et

Vincent Bourdeau), m'ont entraîné sur de nouveaux chemins. Je remercie vivement mes collègues (notamment Thierry Martin, directeur du laboratoire de philosophie) pour leur accueil et pour leurs encouragements. De nombreuses pistes ont été ouvertes pour moi, en outre, par les débats qui ont eu lieu au fil des années, notamment avec Ruwen Ogien, Serge-Christophe Kolm, Marc Fleurbaey et Speranta Dumitru, au sein du séminaire international « Analyses normatives contemporaines » à Paris (aujourd'hui coordonné par l'université Paris 5-Sorbonne et par l'université de Franche-Comté).

Une première version du livre était incorporée dans mon dossier d'habilitation à diriger des recherches, examiné en Sorbonne en 2008. Je remercie très vivement le Pr. Jean-François Kervégan d'avoir bien voulu accompagner cette initiative avec bienveillance et d'avoir accepté de présenter le dossier, préparé au sein du groupe NoSoPhi de l'équipe « Philosophies contemporaine », au Conseil scientifique de l'université Paris 1-Panthéon-Sorbonne, avant de me faire bénéficier de ses remarques détaillées en vue de la publication. J'ai également bénéficié, dans ce contexte, des très utiles observations et critiques des Prs. Anne Fagot-Largeault, Catherine Larrère, Raino Sverre Malnes, Thierry Martin, Bertrand Saint-Sernin, Maurice Salles et Jean-Fabien Spitz. Que ces maîtres et collègues éminents trouvent ici le témoignage de ma profonde reconnaissance.

Pierre Demeulenaere, Marc-Antoine Dilhac et Mikhail Xifaras ont bien voulu relire l'ensemble d'une version préliminaire de l'ouvrage, me faisant bénéficier de commentaires détaillés très utiles et m'aidant sur certains points à améliorer la présentation des matières, ce dont je leur suis très reconnaissant. Je garde seul la responsabilité des insuffisances qui demeurent.

INTRODUCTION

Les citoyens ont des droits, que leurs concitoyens peuvent contester. Ancré dans cette dualité, le libéralisme est une forme de la vie publique qui institue la contestation permanente et qui en fait le levain de la vie publique, tout en instituant sa régulation. Chacun associe le libéralisme à des droits conquis de haute lutte et qui semblent définitifs à un certain titre ; mais le libéralisme arme la critique contre lui-même et, en pratique, il permet à chacun de remettre en cause les frontières des droits des autres. Lorsqu'on tente de cerner cette alliance des contraires, on s'en remet souvent à une opposition entre l'ordre et le désordre : l'ordre émergent que permet la liberté politique et économique peut être remis en cause par des revendications excessives ou par la quête de privilèges. Ordre et désordre vont ensemble. Notre débat ordinaire sur le libéralisme est ancré dans la conviction qu'il instaure un ordre que personne n'a voulu et qui, de ce fait même, reste fragile.

Mes investigations m'ont conduit à accentuer le fait que le libéralisme contemporain est à bien des égards une pensée visant l'ordre pour lui-même (plutôt que l'apologie de valeurs de liberté qui favoriseraient un ordre qui émergerait d'une manière secondaire). Le libéralisme n'est pas seulement une morale : il est une pensée politique adossée à la contrainte, plutôt qu'une pure et simple émanation des valeurs de liberté, qui viendraient border le domaine de la contrainte. Que le libéralisme soit une pensée d'ordre n'est peut-être pas évident pour tout le monde, mais certains indices sont aisés à collecter : la société libérale défend les intérêts constitués et la propriété ; le néo-libéralisme contemporain, issu de la pensée de théoriciens radicaux tels que que Mises et Hayek, a fusionné dans les faits avec les forces de la réaction sociale et politique qui ont constitué le fer de lance de la révolution conservatrice en Amérique du Nord puis, en Europe, de la vague populiste, nationaliste et sécuritaire qui a submergé le continent.

Ce que le libéralisme contemporain nous met au défi de penser, c'est la visée d'un ordre des conduites et des affaires humaines qui est instauré dans les normes mais aussi dans le langage et ses catégories, dans la pratique du pouvoir affronté aux demandes de la société et dans l'aiguillage des revendications. Plaçons donc la revendication au cœur de la pensée de l'ordre. Se pourrait-il que ce qui commande l'imprégnation progressive de la société et de la politique par le libéralisme soit à rechercher dans le poids que possèdent, les unes face aux autres, des prétentions contradictoires ? Dans mon cas, l'intérêt pour ces choses provient d'une conviction d'arrière-plan : les hommes ne font pas tout à fait ce qu'ils veulent avec les idées, les valeurs et les arguments. Des contraintes existent, que l'on peut essayer de comprendre et à partir desquelles on peut chercher à reconstituer des aspects importants des convictions dominantes, de leur concrétisation institutionnelle et de leur évolution dynamique. Il y a, si l'on veut, un environnement argumentaire des pratiques et des convictions du libéralisme.

Les principes libéraux sont souvent présentés comme ce qui met fin au débat, ou bien comme ce qui limite les revendications. Et de fait, en première analyse, les revendications ont un potentiel de déstabilisation, surtout lorsqu'elles secouent le joug du pouvoir et de la répression. La préservation de l'ordre s'abrite derrière le souci de concrétiser la liberté. Mais l'ordre social et économique du libéralisme n'est-il pas, finalement, consolidé plutôt qu'inquiété par les aspirations à la liberté sans entrave ? Non pas seulement parce que la délimitation et le contrôle des libertés donnent du travail au pouvoir (cela, Michel Foucault l'avait parfaitement compris et suffisamment expliqué), mais aussi parce que l'on peut rechercher dans un certain type de liberté et dans un certain régime de la confrontation des demandes de liberté le ressort essentiel – la doctrine, si l'on veut – qui légitime le pouvoir et les limites qu'il s'impose.

Ces problèmes ont de l'intérêt dans un monde où, pour l'essentiel, les régimes politiques se répartissent selon une tripartition : le régime libéral tel qu'on le rencontre dans les démocraties libérales ; l'autoritarisme, comportant des violations systématiques des droits fondamentaux, organisées ou couvertes par l'État, mais compatible avec le versant économique du libéralisme et, le cas échéant, avec quelques-unes des libertés essentielles ; le totalitarisme enfin, qui peut être adossé aux idéologies les plus variées. Le fait que cette tripartition se soit imposée comme la grille de lecture opératoire pour la comparaison des régimes politiques illustre, d'une certaine manière, la thèse souvent défendue d'après laquelle la liberté est au principe des conceptions contemporaines en politique, parce qu'elle permet de caractériser leurs différences (même si l'autoritarisme et le totalitarisme restent, dans les faits, des figures dominantes du politique dans plusieurs régions du monde). C'est le rapport aux droits individuels, à la vie privée et aux activités associatives et économiques qui définit aujourd'hui les régimes politiques et qui permet de dire, le cas échéant, que les citoyens ou les sujets jouissent de la liberté en un sens compréhensible.

En régime libéral, les aspirations à l'autoritarisme peuvent subsister et prendre quelquefois une certaine ampleur, mais l'opposition au libéralisme se nourrit surtout du rejet de ce qui passe pour un libéralisme « excessif », sorti de ses bornes, ou bien de la dénonciation d'éléments qui peuvent être associés à des pays connaissant un régime libéral mais qui, en eux-mêmes, ne sont pas systématiquement liés au libéralisme (comme la tendance hégémonique). Cela peut engendrer, par contagion, le rejet d'éléments pourtant essentiels au libéralisme sous ses formes modérées. Par ailleurs, la théorie politique reste en retrait lorsqu'il s'agit de comprendre le sens de l'opposition à ce qui est perçu comme l'excès ou la dérive du libéralisme, chez ceux qui ne sont pas par principe des ennemis de la liberté politique. Rien n'est plus commun que d'en rester à un diagnostic sommaire : le libéralisme n'est pas compris, l'autoritarisme a ses nostalgiques. Le libéralisme reste souvent traité comme un bloc, quand tout indique des avancées, des reculs, peut-être des excès. Aussi l'attachement à la liberté politique ne peut-il dispenser d'un examen de la manière dont se négocient les frontières des droits qui sont les soutiens de cette liberté.

La matrice du libéralisme, ce n'est peut-être pas seulement l'effort séculaire en vue de la concrétisation de la liberté dans les pays où l'on n'est pas esclave du pouvoir politique et où l'on jouit de protections individuelles essentielles en même temps que de droits à l'expression politique et à la participation (directe ou indirecte) aux choix collectifs. Bien sûr, l'affermissement graduel des droits a un rapport décisif avec les aspirations à la liberté. Mais qu'est-ce qui donne à ces aspirations leur poids politique, leur aptitude à prévaloir en longue période ? Cela mérite examen. J'ai pensé qu'il fallait reconduire cette question, d'une part aux données naturelles concernant notre rapport aux normes, à l'action et au langage et, d'autre part, à la formation des conventions sociales qui gouvernent notre acceptation des propositions libérales. La nature et les conventions sociales fixent la manière dont s'instaure un équilibre entre les prétentions des uns et des autres, et entre les affaires publiques et les affaires privées. Cet équilibre se déplace selon une frontière mouvante ; il n'est pas fixé une fois pour toutes, ce que masque à l'occasion la rigidité des discours sur les principes et les raisons de principe.

Cette monographie trouve son origine lointaine dans ma participation à la décade de Cerisy sur le thème de la propriété. Nous étions réunis dans le but de discuter de l'individualisme, du pouvoir et du rapport à soi dans la société du libéralisme économique avancé. Mais au fil des discussions, il m'apparut de plus en plus clairement que l'« individuel », le « propre » et la propriété elle-même nous échappaient. Ne restaient que les pouvoirs, les normes et la contrainte, en lesquels se dissolvait le premier ensemble de notions. Le fameux « individualisme libéral », après tout, n'était pas si individualiste que cela et son opération réelle semblait consister en une réallocation perpétuelle de la contrainte. Cela voulait dire aussi que la contrepartie réelle du libéralisme tel que le rêvent les plus libéraux était hantée par ce qui leur déplaît : la force, la contrainte, le pouvoir.

J'ai eu l'occasion par la suite d'hybrider ces idées avec d'autres problématiques, en particulier celles du contractualisme, de la modélisation des droits, des concepts alternatifs de pouvoir et de l'articulation entre la signification des normes et l'évolution des positions de pouvoir respectives des institutions. J'étudiais aussi les processus de revendication et de négociation. Un défi se présentait à moi : comprendre l'opération réelle des droits libéraux dans la société du libéralisme (ce que je n'avais pas fait dans mes premiers essais sur les droits de l'homme). Voilà ce à quoi il fallait s'efforcer, et absolument pas dans un monde parfaitement épuré fabriqué par la théorie à partir de valeurs dotées d'une signification intrinsèque, d'accords idéaux et de l'hypothèse d'une réalisation parfaite à travers l'usage transparent de la contrainte. Il fallait reprendre la question dans une autre perspective. Dans et pour la société politique réelle, constituée par les pouvoirs et leur partage, la contrainte et ses degrés ainsi que les revendications et, dans leur sein même, l'apprentissage des limites qui enserrent la contestation.

L'intention de l'ouvrage, à propos d'un thème aussi ardemment discuté que le libéralisme et ses fondements, pourra sembler ambiguë. C'est qu'il ne s'agit pas du tout d'un livre militant. L'ouvrage sera peut-être reçu comme une tentative de démystification du libéralisme contemporain, mais ce n'est assurément pas l'intention première qui a présidé à ma démarche. J'ai eu l'ambition d'une exploration des confins : jusqu'où le libéralisme peut-il aller sans remettre en cause les valeurs qu'on lui rattache ou qui le soutiennent ? Porte-t-il en lui-même le secret de la dynamique observée dans son évolution, qui le pousse dans la direction de ce que l'on décrit comme des « excès » ? Et comment penser la co-existence des progrès du libéralisme et des progrès de ce qui lui est apparemment contraire (par exemple, dans certains pays occidentaux, les progrès insidieux de la lutte contre la liberté académique à l'université, la reconstitution progressive de hiérarchies sociales figées et arbitraires qui limitent le développement personnel et les initiatives, le renforcement de l'inégalité des chances) ?

Il existe de nombreuses caractérisations du libéralisme. Disons, pour fixer les idées, que le libéralisme est cette doctrine qui demande à la société politique, dans ses institutions distribuant le pouvoir politique mais aussi dans son organisation économique et sociale, de travailler à la liberté des individus en la consacrant par des droits reconnus et protégés. Rien là qui porte nécessairement à l'excès. Des doctrines modérées, telles que le libéralisme progressiste nord-américain (défendant l'accompagnement des chances de développement individuel et la concrétisation de l'égalité des chances) ou l'ordo-libéralisme européen appartiennent à cette famille de pensée[1]. Et pourtant, il faut bien avouer que les débats récurrents sur le libéralisme et les oppositions qu'il rencontre ont à voir avec l'excès, plus précisément avec le rêve d'une liberté presque totale, avec l'ambition de maintenir l'anarchie autant que faire se peut, en employant si nécessaire les moyens de l'État. De ce fait, dans le monde contemporain, le libéralisme ne peut être réputé étranger aux tendances qui ont façonné le néolibéralisme européen et le libertarisme nord-américain. François Furet écrit par exemple, à propos du sens du mot en Angleterre :

> [...] il faut entendre « libéral » dans le sens politique qu'a pris le mot anglais, et même dans son acceptation la plus libertaire : libéral, c'est-à-dire amoureux de la liberté, partisan de la liberté maximale de chaque individu, au sens civil et politique indistinctement[2].

Pourquoi « maximal », tout d'abord ? Rien dans l'attachement aux valeurs de la liberté ne pousse automatiquement à cette extrémité. Et si l'on remplace le maximum par l'optimum, qui le déterminera ? Il faut savoir de quelle manière on tiendra compte d'autres valeurs, et des interprétations possibles de la liberté elle-même. Je ne souhaite pas

---

1 Dans la mesure où cet ouvrage privilégie l'analyse directe des problèmes philosophiques, il n'entrera pas du tout dans son propos d'examiner la teneur des différentes doctrines rattachées au libéralisme ; nous rencontrerons seulement, à l'occasion d'exemples, certains de leurs effets pratiques. Sur la succession des doctrines libérales, on consultera : C. Audard, *Qu'est-ce que le libéralisme ?*, Paris, Gallimard, 2009.

2 F. Furet, *Le passé d'une illusion. Essai sur l'idée communiste au XXᵉ siècle*, Paris, Robert Laffont/Calmann-Lévy, 1995.

transformer ces doutes en thèses doctrinales. Mais leur existence même signale certains problèmes, dont la racine est l'incertitude qui entoure la confrontation des raisons relatives aux initiatives décentralisées des individus et des groupes. La théorie politique doit permettre de formuler les bonnes raisons en présence, y compris celles que l'on ne défend pas soi-même comme les raisons qui permettent de conclure.

On ne prend peut-être pas assez au sérieux les critiques des abus supposés de la liberté. L'abus est toujours décrit comme une sorte d'anomalie dans la théorie du libéralisme, alors que, dans la société réelle, la conscience de l'abus est partout la règle plutôt que l'exception. C'est un fait que la liberté politique, dans ses formes tangibles et réalisables, n'a pas que des amis[1]. Il a toujours été très facile, même pour des esprits ayant joui de tous les privilèges d'une éducation raffinée, de compter la liberté absolument pour rien, voire pour moins que rien (c'est-à-dire pour un mal en soi). Mais l'hostilité toujours possible à la liberté n'explique pas les réticences, devant le libéralisme, des amis de la liberté. Dans la société même des libéraux, on ne manque jamais de sujets de controverse relatifs au bon usage des libertés.

Dans la sphère politique, la lutte active contre la liberté recrute toujours ses partisans en nombre, souvent au nom de quelque concept supérieur de liberté, à la fois enthousiasmant et, à l'examen, dépourvu de plausibilité. Cela doit donner à réfléchir non pas seulement sur les origines du totalitarisme ou de l'autoritarisme, mais aussi sur la référence à la liberté dans les formes qu'elle prend en régime libéral. À cause de la liberté même, le libéralisme est fragile et les libertés sont menacées, parce que le libéralisme institue sa propre contestation, globalement comme dans les détails. C'est pourquoi l'on doit se défier de la fiction qui voudrait qu'une signification intrinsèque de la « liberté », ou une élaboration philosophique du sens approprié à donner à la liberté, pût imposer des bornes contenant *a priori* l'argumentation publique dans certaines limites. En réalité, de multiples facteurs entrent en jeu, qui rendent très difficilement prévisible l'attitude politique face aux libertés.

---

1   En évoquant des « formes tangibles et réalisables » de la liberté politique, je pense à des réalisations politiques remarquables telles que l'aptitude à subvenir aux besoins de la vie par un travail librement consenti, la capacité d'exprimer sans inquiétude justifiée des idées politiques ou religieuses, l'accès à des formes équitables de justice institutionnelle, l'absence de privation arbitraire de la vie, l'absence de captivité arbitraire. Je pense donc aux biens politiques essentiels dont sont privés, aujourd'hui comme hier, les personnes qui naissent et meurent dans les États-prisons, ce qui ne passe plus nécessairement, dans l'autoritarisme contemporain, par l'attribution de statuts relevant explicitement du servage, de l'esclavage ou d'une citoyenneté de second rang.

De même qu'il est facile de se laisser persuader que les meilleures solutions politiques obligent à compter la liberté pour rien, il est également très facile (et sans doute plus facile encore) d'être convaincu d'adopter des interprétations de la liberté qui ne sont pas faites pour rallier les suffrages de tous les libéraux. Il peut s'agir d'interprétations poussant dans la direction de l'ultra-libéralisme économique (celui que l'on associe à la « mondialisation libérale »), du règne sans partage de l'autonomie individuelle, ou de la liberté totale des contrats. Or, il n'est pas forcément facile, pour un libéral, d'admettre qu'il est bon de démanteler les systèmes d'assurance sociale ou d'autoriser le commerce de l'héroïne ; il est tout aussi difficile, symétriquement, de prétendre que de telles évolutions n'auraient absolument rien à voir avec la recherche du maximum de liberté individuelle et de respect de la libre concurrence dans les activités privées. Le rapport existe, on ne peut le nier[1].

Dans le monde occidental contemporain, le libéralisme a cessé d'être systématiquement associé à la liberté[2]. Lorsqu'on l'envisage sous l'angle économique, il est fréquemment associé au durcissement de la contrainte naturelle qui enserre les espoirs de l'humanité, ce qui ressemble à un hommage ironique aux théoriciens du libre marché qui, à l'instar de Léon Walras, l'ont assimilé à un régime dans lequel s'appliquent des lois naturelles. Les droits individuels sont dès lors des choses que l'on condamne avec plus de vigueur qu'on ne les défend, et l'habitude se prend d'associer le plein développement du libéralisme à un âge de fer dont on annonce le dépassement. À l'occasion de controverses répétées, ce que l'on rencontre n'est plus la figure de l'État-Léviathan, tourné vers la préservation et l'accroissement de sa propre puissance. Le Léviathan cède sa place à une nouvelle créature garante de l'ordre, qui ne se nourrit plus de la contrainte étatique, mais bien de la liberté individuelle sans limite.

---

1   Dans les débats sur le libéralisme, et particulièrement à propos du néolibéralisme et du libertarisme du XXᵉ siècle, un débat spécifique porte sur la nature de l'excès ou de l'outrance dans les revendications libérales. Voir par exemple, à propos de Murray Rothbard, l'étude de G. Campagnolo, « *Seuls les extrémistes sont cohérents…* ». *Rothbard et l'Ecole austro-américaine dans la querelle de l'herméneutique*, Lyon, ENS Editions, 2006.

2   Sur les rapports du libéralisme et de la contrainte, v. notamment, à partir de l'évocation de l'influence du néolibéralisme sur Foucault, l'étude de Maria Bonnafous-Boucher, *Un libéralisme sans liberté. Du terme « libéralisme » dans la pensée de Michel Foucault*, Paris, L'Harmattan, 2001. À propos du néolibéralisme encore, et spécialement de la doctrine de Hayek, v. la mise en perspective de J.-.R.-E. Eyene-Mba, *L'État et le marché dans les théories politiques de Hayek et de Hegel. Convergences et contradictions*, Paris, L'Harmattan, 2007 et *Le libéralisme de Hayek au prisme de la philosophie sociale de Hegel. Economie, dialectique et société*, Paris, L'Harmattan, 2007.

À l'instar du Léviathan de l'âge moderne, sa force est fondée sur chacun de nous et il s'agit d'un être artificiel. Mais on le soupçonne de faire régresser vers une variante de l'état de nature (le règne du plus fort ou le régime de la « liberté naturelle » décrit par John Rawls), au lieu d'en indiquer l'issue. Et sa puissance n'est pas celle du peuple ou du corps politique, mais celle de la coalition des États visant à desserrer l'étau de l'ancienne puissance publique, au profit du « marché » et de toutes les formes de l'initiative personnelle ou privée. Ce qui prend alors figure est une sorte d'oppression (s'il s'agit bien, comme on l'entend dire, d'une oppression), laquelle se nourrit des revendications et des discours qui visent la liberté. Evidemment, il peut paraître pour le moins étrange de décrire en ces termes l'aboutissement du sacrifice de tant d'hommes qui ont combattu pour la liberté et qui ont délivré certaines parties de l'humanité de l'intolérance, du fanatisme, du despotisme, des politiques de conquête et du totalitarisme. Mais la réalité d'un tel sentiment ne fait aucun doute. Qu'il y ait oppression ou non, il faut essayer de comprendre les raisons de l'assimilation fréquente et paradoxale de la liberté à la contrainte. Et si l'on trouvait dans ces parages des formes seulement apparentes de liberté ou de contrainte, l'enquête ne s'arrêterait pas : il faudrait encore essayer de comprendre pourquoi ce sont des apparences de liberté, et pourquoi des apparences de contrainte.

La fragilité des argumentaires les plus typiques à propos de la liberté et la facilité avec laquelle ils peuvent diviser les libéraux offrent des ressources pour comprendre le renversement paradoxal de la quête de liberté en un sentiment d'oppression. Elles révèlent que la théorie politique doit être attentive aux poids et contrepoids dans les arguments qui fondent le libéralisme et enserrent sa mise en œuvre, ainsi qu'aux mécanismes sociaux et politiques au travers desquels les normes du libéralisme voient se fixer ou se construire leur signification politique et sociale. La figure que l'on rencontre aujourd'hui est en somme celle d'un nouveau Talos. Semblable au monstre de bronze de la légende crétoise, gardien d'Europe, le pouvoir politique libéral fait respecter les lois et en est comme le garant, mais il paraît lui-même fragile[1]. Sa veine unique

---

1   On lit chez Apollodore (*Bibliothèque*, I, 9, 26) : « Ce Talos, aux dires de certains, appartenait encore à la race de Bronze ; d'autres disaient toutefois qu'il avait été offert à Minos par Héphaïstos. C'était un homme tout en bronze [...]. Il avait une veine unique, qui parcourait son corps depuis la nuque jusqu'aux chevilles, et, à l'extrémité de cette veine, il y avait un clou en bronze qui la fermait. Talos, en tant que sentinelle, faisait chaque jour trois fois le tour de l'île [...]. Mais Talos fut embobiné par Médée, et il mourut. ». Appolonios de Rhodes (*Argonautiques*, livre IV) se fait l'écho de la thèse du survivant du

semble être la liberté et les magiciens ne manquent pas qui, armés des prestiges de la rhétorique politique, cherchent à l'abattre, comme Médée vainquit Talos. Mais cette fragilité est-elle réellement menaçante pour les libéraux ? Le monstre ne dissimule-t-il pas d'autres ressources que la seule notion de liberté ? Nous aurons à l'examiner.

Me sont souvent revenues en mémoire, dans les phases successives de conception de l'ouvrage, d'anciennes discussions politiques avec mes condisciples. Je me souvins en particulier de l'insistance avec laquelle s'était posée à moi, assez tôt, la question des rapports entre l'usage social des normes et la concrétisation de ce qui apparaît juste. Bien que je n'aie jamais, sans doute, réussi à la formuler avec la rigueur nécessaire, j'ai eu de bonne heure l'intuition que l'impossibilité de parvenir à un accord sur la protection juridico-politique du « juste » dans la société libérale pluraliste ne s'enracine pas seulement dans la diversité avérée des valeurs ou des convictions, mais aussi dans le rapport même aux normes et dans les problèmes non résolus qu'il abrite. Si même on parvenait à s'entendre sur la justice et la structure correcte des droits individuels fondamentaux, serait-il par là évident qu'on doive les concrétiser, grâce à un réseau d'interdits et de contraintes imprimé dans le droit positif ? Cela ne m'a jamais paru évident. Si on le faisait, est-ce que l'acceptabilité du dispositif ne dépendrait pas aussi (et peut-être surtout) des rapports entre les pouvoirs qui forment l'armature du dispositif de délibération et de contrainte ? Je penche vers une réponse affirmative, ce qui a orienté mes analyses vers l'étude des processus de revendication et de contestation ayant comme enjeux directs ou indirects les rapports de pouvoir. Mais je n'ai jamais voulu minimiser, d'un autre côté, l'importance des raisons fondées sur la teneur des accords moraux. Au cours des dernières années, je n'ai eu de cesse de tenter d'aborder, avec différents outils intellectuels, ces questions liées en gerbe.

---

siècle d'airain, et rapporte que Jupiter l'avait donné à Europe pour veiller à la garde de l'île. Comme Apollodore, il souligne que sa vie tenait à une veine cachée près du talon et il évoque avec plus de détails l'enchantement du géant par Médée, puis sa chute.

OBJET ET MÉTHODE

PROJET D'ENSEMBLE

Pour le dire sans modestie afin de fixer une orientation d'ensemble, cette étude vise à décrire comment, et à comprendre pourquoi, le libéralisme affecte l'articulation des droits, de la contrainte et des pouvoirs dans la société politique. Le « pourquoi » dont il s'agit concerne les bonnes raisons que peuvent mobiliser les agents sociaux et politiques, non pas directement le jeu des forces sociologiques et économiques dans le champ desquelles se meuvent les agents qui argumentent. Pour mener ce type d'enquête, il faut revenir aux fondements du libéralisme : l'attribution de droits aux individus et le choix de formes sociales donnant un rôle important à leurs initiatives. Alors que les efforts déployés en philosophie morale et politique concernent souvent la teneur même des valeurs qui peuvent guider les collectivités, on peut croire opportun, pour les raisons que j'exposerai, de déplacer le centre de gravité des analyses vers le rapport même aux droits, aux normes et aux pouvoirs.

On n'abordera pas ici le sujet en moraliste, comme il aurait fallu le faire si l'on était parti d'exigences *a priori* de justice, d'équité ou de liberté. Les droits sont traversés par le pouvoir et n'existent que par lui ; ils sont une manière de négocier les pouvoirs. Il demeure vrai que l'évolution des droits a certainement partie liée avec la teneur des principes qu'ils expriment ou auxquels ils renvoient – avec leur signification morale, donc[1]. Mais cette évolution semble très liée aussi à la manière dont les droits accordés s'articulent aux formes typiques de l'interaction dans les sociétés humaines. Car c'est par là qu'ils se concrétisent et s'offrent

---

1   Sur le sens et les fondements éthiques de l'interrogation sur l'éthique sociale à l'époque contemporaine, v. en particulier C. Guibet Lafaye *La Justice comme composante de la vie bonne*, Québec, Les Presses de l'université Laval, 2006 et : *Justice sociale et éthique individuelle*, Québec, Les Presses de l'université Laval, 2006. V. également S. Mestiri *De l'individu au citoyen. Rawls et le problème de la personne*, Paris, Editions de la Maison des sciences de l'homme, 2007.

à la contestation ou aux revendications qui visent à déplacer leurs frontières. Dès l'époque de Hobbes, la théorie politique a été capable de
fonder l'autorité sur la nature des interactions humaines, comme on le
voyait dans l'analyse des propriétés d'un « état de nature » ; mais pour
les droits, les fondements n'ont pas été recherchés dans cette direction,
alors qu'ils ont eux aussi beaucoup à voir, certainement, avec les formes
typiques de l'interaction humaine.

Les régimes politiques libéraux donnent libre cours à des revendications
de toute espèce. Ils consacrent les droits tout en plaçant leur évolution
au cœur des processus délibératifs de la société ouverte. Si l'on s'efforce
de saisir les droits dans leur rôle au sein des interactions sociales, un
mouvement naturel est d'expliquer leur progrès par les caractéristiques
de l'évolution sociale. Il est également très naturel de chercher à expliquer nos jugements d'approbation ou de désapprobation à propos de
cette évolution en revenant aux propriétés attractives ou non des droits
considérés en tant que dispositifs d'encadrement de l'interaction sociale :
remplissent-ils bien leur fonction, oui ou non ? Favorisent-ils le bien-être
ou la liberté des individus ? Sont-ils compatibles avec les exigences des
organisations et des communautés, ou avec les bases de l'action collective ?

Les questions de ce genre n'obligent pas à réduire les questions normatives à des questions d'adaptation fonctionnelle des normes à la survie
et au développement des sociétés humaines (et finalement de l'espèce
humaine). Il y a certainement un sens à se poser des questions sur le
bien-être, la liberté, l'autonomie ou le statut de l'individu, abstraction
faite des impératifs évolutifs des groupes humains. Mais on accordera
que ces questions renvoient aux rapports organisés et réglés entre les
individus : ce sont des questions intrinsèquement sociales et politiques.
Elles enveloppent toujours une perception des rapports entre l'individu
et le groupe, comme des rapports entre les facultés d'agir et de contrôler
dont disposent les uns et les autres. C'est cela que l'on évalue en dernier
ressort. Les jugements que l'on porte sur les systèmes de droits et leur
évolution influent par ailleurs sur la légitimité des dispositifs politiques
qui soutiennent ou concrétisent ces droits. Pour ces raisons, il ne saurait être question de séparer longtemps les évaluations normatives et
l'évolution des règles sociales. Et l'on peut convenir de rejeter toute
perspective finaliste sur ce processus d'évolution sans s'abstenir pour
autant, par un scrupule bien inutile, de mettre en rapport les propriétés
sociales des dispositifs normatifs et la résistance qu'ils peuvent opposer
aux revendications ou aux raisons poussant à les modifier.

Si l'on convient d'aborder les droits comme des rouages dans des dispositifs de coordination entre les individus, une attention spécifique doit être accordée aux manières d'interagir les uns avec les autres, telles qu'elles sont affectées par des normes et, dans certains cas, par les inflexions dans la manière même de comprendre le rapport à des normes en général. Ce rapport aux normes enveloppe inévitablement des notions complexes ayant trait aux pouvoirs, aux contrôles et aux sanctions. Les notions de liberté et d'autonomie auxquelles on rapporte les droits essentiels et de nombreuses revendications moins essentielles, et qui conduisent à parler de « libéralisme » à propos de certaines configurations typiques des droits, ont assurément partie liée avec l'agencement des pouvoirs, des contrôles et des sanctions.

Il faut donc traiter de l'évolution et de l'influence des principes fixant des « droits ». Ce projet engage à donner aux institutions une place centrale dans l'analyse. Les individus ont des droits, qui ne se concrétisent cependant réellement que dans et par les institutions. La rigueur du moraliste et l'impétuosité de la critique sociale doivent donc être modérées par l'analyse des institutions. Dans ce domaine, au cours des dernières décennies, les progrès ont été considérables, et ont mobilisé les ressources et l'inventivité de plusieurs branches des sciences sociales et de la philosophie, à l'occasion aussi des mathématiques, des sciences de l'organisation ou de la biologie. La réflexion politique peut et doit s'en instruire, à propos de questions anciennes qui n'ont rien perdu de leur pertinence. Mais rien n'y fait : nous discutons encore souvent de nos droits et de nos devoirs en laissant de côté les aspects proprement sociaux de notre vie collective. Nous réfléchissons sur notre liberté personnelle en oubliant volontiers ce que nous infligeons aux autres par l'exercice des droits que nous y rattachons. Nous demeurons prompts à interpréter les évolutions qui ne sont pas âprement contestées comme le résultat d'un consensus moral. Nous opposons la liberté à la contrainte sans voir que, dans l'ordre politique tout au moins, elles sont les deux faces d'une même pièce – la liberté politique dont bénéficient les uns n'existant que par la contrainte qui pèse sur les autres. Nous superposons nos exigences morales au droit sans nous demander pourquoi il faudrait que les lois reflètent ce que nous trouvons juste. Nous réfléchissons sur la coexistence des conceptions de la vie personnelle « bonne » et sur leur articulation avec la société « juste » en oubliant souvent que pour la plupart d'entre nous, la vie n'est vraiment bonne que dans une société qui ne nous semble pas trop mauvaise ; en oubliant, également, que nous trouvons injuste la société qui, selon nos propres principes de jugement, comporte des aspects très mauvais.

En somme, dans l'ordre théorique, nous oublions trop facilement que nous vivons en société. Or, il faut se garder de sous-estimer ce que l'intelligence des droits et obligations peut devoir à la théorie politique des institutions. De plus, la mise en relation des droits avec les institutions qui les concrétisent oblige à poser des questions qui ne sont pas sans rapport avec celles qui demeurent au centre de la vie publique concrète : jusqu'où notre liberté s'étend-elle ? Il est de fait que nous acceptons de borner nos droits, bien au-delà de ce qu'exige leur mise en compatibilité.

Considérons aussi une seconde série de questions : si les conceptions de l'attribution légitime des droits sont divergentes, comment une société peut-elle être à la fois bien ordonnée, stable et injuste pour de multiples raisons aux yeux d'une grande partie – peut-être la majorité – de ses membres ? Pourquoi et comment les droits individuels paraissant exprimer quelque notion fondamentale de liberté, qui semblent protéger une sorte d'aspiration irrépressible au bonheur, et pour lesquels il est facile de souhaiter une forme de stabilité, s'étendent-ils et s'approfondissent-ils sans cesse, d'une manière à la fois irrésistible et erratique ? Dans des cadres politiques complexes, l'action collective en vue de la concrétisation des droits est-elle un modèle suffisant pour penser les rapports entre les principes exprimant des droits et la réalité des processus politiques, ou bien faut-il réserver un sort particulier à la signification même des principes telle qu'elle se détermine progressivement au long de l'histoire politique ?

NORMES ET INSTITUTIONS

La nature et la définition des droits et obligations ne sont peut-être pas indépendantes, après tout, de l'opération des garanties mutuelles, et donc de la contrainte, dans des formes typiques de l'interaction sociale. Peut-être faut-il renoncer aussi à séparer complètement la discussion sur les valeurs de l'étude de l'adéquation de certaines solutions à des problèmes spécifiques de la vie collective. Songeons à cette répartition classique des tâches : au philosophe, l'étude des principes moraux et politiques exprimant la justice ; au théoricien des choix sociaux et des jeux, le soin d'étudier en termes généraux les mécanismes sociaux pouvant concrétiser ces principes ; à l'économiste et au politologue l'étude des moyens de les concrétiser dans des contextes plus particuliers ou plus précis. Si l'on n'est pas convaincu par ce schéma, c'est peut-être que l'on aura jugé bon de faire remonter quelques-unes des interrogations ayant trait aux formes sociales vers l'échelon des problèmes dits purement « philosophiques », qui ont pour enjeux des questions de principe. La philosophie n'occupe pas nécessairement une position de monopole au sein des savoirs à l'avancement desquels elle contribue ; pas même lorsque sa contribution est singulièrement pertinente, par exemple parce qu'elle conserve le souci de la généralité à propos de problèmes dont la pertinence, jusque dans les cas concrets, tient justement à la présence d'éléments généraux. Mais la contribution de la philosophie ne se borne pas à définir en termes généraux des idéaux pour lesquels les autres disciplines rechercheraient les moyens d'une concrétisation. La collaboration entre les disciplines s'articule différemment en réalité.

On cherchera à éclairer de quelle manière peut se nouer le dialogue entre des individus dont les points de vue éthiques s'opposent, et comment l'accord sur des principes peut relayer la crainte de la sanction. Dans ce cheminement, on aura à cœur d'indiquer les éléments rationnels qui sont capables, à l'occasion, d'offrir des points de référence communs. Enfin, il semblera possible de dessiner à grands traits l'utopie d'une concrétisation acceptable de droits autour desquels le désaccord subsiste, dans une perspective d'ensemble où le compromis raisonné et équilibré remplace la justice (à l'échelon collectif tout au moins) et où l'examen des conditions de la coexistence politique de conceptions contradictoires de la justice remplace l'élucidation du juste dans une perspective morale unique. Cet essai porte le sceau d'un certain relativisme de méthode : les solutions envisagées sont toujours relatives à des problèmes que l'on peut se poser de la manière que l'on décrit, mais que l'on pourrait aussi poser d'une autre manière ; elles répondent à des aspirations, mais tout le monde ne partage pas ces aspirations au même degré.

LE PROJET D'UNE APPROCHE POLITIQUE DES DROITS

On raisonnera fréquemment, dans ce qui suit, en considérant qu'il y a différentes sortes d'interaction, posant chacune des problèmes que l'on peut aborder d'une manière spécifique. Cela poserait un problème si l'on voulait raisonner en termes d'obligations : s'il y a différents ordres d'obligations (religieux, familial, politico-stratégique, juridique, moral...), comment arbitrer ? Au nom de quelle théorie privilégier un certain arbitrage ? Dans la discussion de cas précis, le recours à l'histoire et aux particularités de la situation est nécessaire, et peut faire naître l'impression que certaines choses « s'imposent », mais cela ne peut se substituer aux exigences d'une explication véritable, fondée sur des principes généraux. Quant à la référence à des valeurs ou à des croyances (par exemple, si l'on veut expliquer la revendication et la concrétisation des droits en termes de réalisation de la liberté ou de progrès de l'humanité), elle est à la fois souvent arbitraire d'un point de vue épistémologique (s'il s'agit d'explication positive) et privée de pertinence dans un contexte de justification pluraliste, parce que certains partagent ces croyances ou valeurs, mais non pas tous.

On raisonnera souvent en considérant la sélection de certaines choses de préférence à d'autres, en application de critères donnés, dans un univers marqué par l'innovation et la nouveauté des situations. Certains états sont visés, choisis ou sélectionnés dans la vie sociale ; on s'intéressera aux garanties à ce propos. On ne demandera rien sur l'éventuelle assimilation de cette sélection à une obligation au sens strict, qu'il faudrait accepter de prime abord. Mais ce que les auteurs classiques disent du devoir-être et de relations qu'il abriterait, distinctes des rapports naturels, conserve un sens. En effet, dès lors que l'on aborde le champ des droits et des pouvoirs, la référence à un devoir-être apparaît constitutive de l'objet d'étude.

Il n'y a pas de bonne politique sans morale : on connaît le diagnostic de Rousseau, que Kant devait prendre au sérieux et transformer en défi théorique, et que l'on ne saurait remettre en cause à la légère. Toutefois, on voit renaître de temps à autre, et aujourd'hui avec une vigueur particulière, le projet d'une théorie des droits plus spécifiquement « politique » que les plus achevées des théories déjà existantes. Une telle approche n'est certes pas étrangère aux préoccupations de la philosophie morale, mais se veut attentive aux voies de la concrétisation, de l'exercice social et de la protection étatique des droits ; attentive aussi, comme dans la tradition contractualiste (illustrée au cours des dernières décennies par David Gauthier, James Buchanan et d'autres) aux ressources de l'accord sur les arrangements constitutionnels et institutionnels assurant la concrétisation des droits.

Peut-on défendre la spécificité d'une approche politique, par contraste avec les approches relevant de la philosophie morale pure, du droit, des sciences économiques, de la sociologie ? Cette dernière, par exemple, a principalement une visée explicative ; toutefois certains chercheurs, dans le champ de la sociologie ou dans le domaine voisin des études politiques empiriques, ont recherché l'unité des modèles explicatifs et d'une formulation au moins possible des principes de vie collective, des problèmes d'organisation et des solutions présentant un intérêt normatif (que l'on songe, dans cette veine, aux travaux de Raymond Boudon ou de James Coleman). Dans le champ des sciences économiques, il faut reconnaître aussi que les approches normatives sont très importantes et souvent appliquées à des questions politiques.

Il me semble toutefois possible de défendre jusqu'à un certain point l'idée de la spécificité d'une approche politique des droits. Nous ne pouvons toujours, en ce qui concerne les droits, raisonner à « préférences données » comme en économie et affecter une myopie totale en ce qui concerne les jugements personnels. Symétriquement, nous ne pouvons pas, comme en morale pure, nous attacher simplement à l'élucidation d'un point de vue moral unique : doivent intervenir, d'une manière ou d'une autre, des questions qui concernent spécifiquement la coexistence de personnes dont les convictions morales s'opposent. Enfin, nous ne pouvons pas nous en remettre à des références positives comme en droit, bien qu'il nous faille aborder la question du rapport à des références normatives posées par des autorités qui ont les compétences requises.

Le choix d'une approche politique présentant une certaine spécificité ne sera donc pas ici le fruit d'une revendication d'indépendance disciplinaire interne à la philosophie politique ou, pour employer une expression presque synonyme dans le contexte de la division actuelle du travail de recherche, à la théorie politique[1]. Ce choix reflète la nature de l'objet d'étude : les raisons des personnes et leurs accords autour de normes ou institutions communes. Dans la version qui en sera proposée, une théorie de ce genre est centrée sur les problèmes typiques

---

[1] Je ne fais pas l'hypothèse d'une opposition de principe entre « philosophie » et « science » dans ce champ d'étude. Le champ des études politiques ou des sciences politiques comprend des composantes qui ne concernent pas directement la philosophie politique (il comprend par exemple des études sur l'évolution des partis politiques, sur la vie politique de certaines nations au cours de périodes données ou sur les sondages électoraux). Mais l'on accepte assez couramment aujourd'hui de considérer la philosophie politique comme une partie des sciences politiques. C'en est alors la partie la plus générale, celle qui concerne les principes et les arguments (et s'inscrit dès lors dans la tradition de l'analyse philosophique) plutôt que les faits historiques et les mécanismes sociaux. Par ailleurs, ce que l'on nomme aujourd'hui « théorie politique positive » en sciences politique n'est pas toujours étranger au domaine de la philosophie politique, y compris dans ses aspects normatifs. V. à ce sujet : J.-F. Laslier, *La Règle majoritaire*, Paris, CNRS Editions, 2005.

auxquels les systèmes de droits et pouvoirs (des individus et des groupes) apportent des réponses. Quelles sont ces réponses ? Comment classer les différentes possibilités envisageables ? Quelle est leur valeur ? Telles sont les questions génériques que nous abordons.

Ces questions sont liées à la distribution de la contrainte, car le pouvoir suppose une capacité de contrainte et la garantie des droits n'est donnée que par cette capacité. Une question générale se pose alors : pourquoi donc certaines choses sont-elles interdites, en sorte que l'exécution des actes contraires donne lieu au déploiement de la contrainte ? Dans certains cas (lorsqu'il s'agit par exemple d'actions clairement nuisibles à autrui et qui ne profitent qu'à l'auteur de l'acte incriminé), on admet sans trop de peine que les actes posent problème et que la sanction sociale résout le problème. C'est alors une approche que l'on peut dire « fonctionnelle » : elle consiste à identifier un problème et à lui associer une « solution » normative et institutionnelle permettant aux agents d'accomplir leurs tâches en surmontant le problème rencontré. Dans d'autres cas, cependant, les choses paraissent moins claires. On interdit partout le vol, mais on n'interdit pas partout les violations de la liberté d'expression ou de la liberté religieuse. Pourquoi cette dissymétrie ?

Très certainement, parce que les valeurs s'opposent, comme les interprétations des normes et des principes. Il est alors naturel de rechercher dans le consensus l'instance de légitimation (et aussi d'explication) de la sanction qui frappe certains actes et de l'absence de sanction dans d'autres cas. Et pour parvenir à un consensus d'arrière-plan, lorsqu'il y a des désaccords apparents, la stratégie classique proposée par la philosophie politique consiste à inviter chacun à se départir de ses propres convictions pour faire droit à la pluralité des convictions possibles. Cela conduit souvent à rapporter seulement les normes « libérales » qui protègent les droits des individus à la diversité des convictions et au fait que nul ne puisse prétendre détenir la vérité aux fins de la vie publique.

Cependant, si l'on se fonde seulement sur l'analyse des situations d'interaction et sur la référence normative que constitue le respect de l'unanimité (privilégié dans la tradition contractualiste), il peut sembler désespéré de se mettre en quête des critères corrects du jugement évaluatif sur les processus de revendication et de légitimation des droits. Rien ne fait moins l'unanimité que l'attribution des droits, puisqu'ils contredisent nécessairement certains intérêts ou valeurs, et impliquent le déploiement de la contrainte à l'encontre de certains individus. A moins de privilégier artificiellement le point de vue particulier sur le monde que peut avoir le théoricien lui-même (au détriment du point de vue des autres), il semble difficile de dire quoi que ce soit de rationnel en la matière.

Une vision courante des choses, soutenue par les édifices contractualistes les plus prestigieux, suggère qu'il y a des choses que certains voudraient interdire mais que l'on n'interdit pas (et qu'il ne faut pas interdire) parce que tous ne veulent pas les interdire. Cela présente l'inconvénient de faire apparaître les normes que l'on entend justifier comme valides seulement par défaut, à cause de cette sorte d'étrangeté que constitue la diversité des convictions et des valeurs. Car enfin, cette interrogation demeure : si tout le monde jugeait « bon » d'interdire ceci ou cela, serait-il automatiquement correct de consacrer cette interdiction à l'échelon de la vie publique ? Par exemple, si une mutation génétique inopinée nous conduisait collectivement à éprouver de la sympathie pour des actions auparavant controversées ?

Toute approche impliquant des réponses positives à ces questions paraît insatisfaisante ou fragile. Dans la mesure où le déploiement de la contrainte fait toujours des « perdants », on ne peut fonder trop d'espoir sur un consensus virtuel se situant dans un arrière-plan de la vie publique réelle. Les convictions sont ce qu'elles sont et le fait de les effacer temporairement dans une expérience de pensée virtuelle n'ôte aucun sujet de mécontentement à celles et ceux qui ne parviennent pas à régler leur existence d'après elles dans les faits. Peut-être serait-il plus éclairant – et l'on en fera le pari – de faire intervenir des considérations « fonctionnelles » sur le déploiement approprié ou inapproprié de la contrainte jusque dans les régions controversées du débat politique, dont les approches contrastées sont tributaires de l'opposition des valeurs. On cherchera à comprendre certains aspects du problème normatif de l'attribution correcte des droits en tenant compte, évidemment, du caractère toujours partiel des problèmes que résolvent dans les faits les normes et les droits généraux autour desquels on s'accorde. Si la théorie peut mettre en valeur le caractère plus ou moins approprié du déploiement de la contrainte dans tel ou tel type d'interaction sociale, alors il me semble que ce qu'elle a à dire est potentiellement pertinent pour orienter la coercition et l'octroi de garanties. Et il se peut que ses aperçus communiquent assez simplement avec des manières de voir et de parler très courantes.

LES CONVICTIONS ET LES REVENDICATIONS

La nature des droits, celle des formes de la revendication des droits, celle enfin du concours des pouvoirs qui concrétisent les droits sont très difficilement séparables. L'enjeu immédiat de l'enquête est alors de tirer au clair certains des rapports systématiques entre ces aspects disparates de la théorie des droits. Les évolutions que connaissent les sociétés politiques libérales et démocratiques sont souvent le fait d'individus ou de groupes qui, pour obtenir des droits (essentiellement assimilables à des garanties), doivent faire valoir la légitimité de leurs revendications. C'est ce qui explique l'importance des associations, des groupes d'intérêt et des prétentions personnelles dans nos sociétés politiques. Ce qui s'instaure est un équilibre politique, au moins provisoire, autour de la concrétisation de certains droits.

Sur le terrain « positif » de l'explication des processus sociaux de revendication ou d'acceptation des droits, selon une manière de voir aujourd'hui très fréquente, les valeurs s'opposent et donc il ne peut y avoir de consentement explicable des individus à des normes qui bafouent inévitablement leurs convictions. Lorsqu'il ne peut pas y avoir d'unanimité, il reste à expliquer ou à comprendre comment certaines revendications peuvent l'emporter sur d'autres. Sur le terrain des « intérêts » au sens étroit (fiscaux par exemple), des compromis sont toujours possibles. Mais sur le terrain des principes moraux et des valeurs politiques les plus fondamentales, on croit souvent impossible d'échapper à la « guerre des dieux » évoquée par Weber. Comment alors rendre compte de l'équilibre politique au moins provisoire qui se forme autour du respect de certains droits ? Comment se fait-il que nos sociétés soient si stables, et protègent certains droits tant bien que mal, alors que ce qui est un crime pour les uns est parfois parfaitement légitime pour les autres (pensons à la peine de mort, à l'euthanasie active, à l'avortement non thérapeutique…), alors que ce qui est un modèle de justice pour les uns est le comble de l'injustice pour les autres (le capitalisme, la propriété privée,…), en sorte que chacun peut se trouver des raisons de croire qu'il vit dans une société injuste ?

Ce sont des questions que ne devrait pas occulter la recherche toujours renouvelée d'un accord sur « la justice ». En effet, la société n'est jamais juste absolument parlant : certaines personnes ont toujours, pour des raisons diverses, le sentiment d'une grande injustice ; or, les droits et les libertés sont précisément garantis par ces sociétés « injustes », selon les valeurs des uns ou des autres ; hors de ces sociétés, ils n'ont aucune consistance. L'enthousiasme pour la « justice » peut évidemment conduire à adopter une attitude méprisante à l'égard de ces réalisations imparfaites ; si l'on adopte une attitude plus positive, il faut s'intéresser à ce qui rend possible l'entente pacifique entre les citoyens, l'organisation politique démocratique et la société libérale dans des contextes où l'on cherche en vain un accord moral sur ce qui est juste et injuste.

INTERVENTION DE LA NORME DE RATIONALITÉ

Les hommes raisonnent sur leur vie politique. Et ils sont ici chez eux puisque dans ce domaine, ils raisonnent sur des choses qu'ils créent eux-mêmes. Hobbes en tirait argument pour rapprocher la politique de la géométrie. Mais de quelle sorte est le raisonnement, lorsqu'il concerne la pratique (l'action politique, l'organisation, la mise en place de règles...) ? La théorie politique ne peut pas éluder cette question ; elle ne peut pas non plus ignorer que la nature de la rationalité est en débat.

On doute aujourd'hui de l'existence même d'un échelon autre qu'instrumental de la rationalité pratique. Certains pensent qu'il n'existe pas de rationalité des valeurs distincte de la rationalité purement instrumentale, consistant en l'adéquation des moyens choisis pour arriver à des buts. Dans ce qui suit, je ne renoncerai pas à considérer l'organisation politique comme un objet du raisonnement. Je ne me référerai pas à une rationalité intrinsèque des valeurs qui ne communiquerait pas avec la rationalité des acteurs dans leurs choix ; je n'identifierai pas cette rationalité des choix à une rationalité purement instrumentale de type moyen-fin[1] ; je n'écarterai pas les valeurs et les principes du socle des motivations qui permettent aux agents d'articuler leurs préférences. Je

---

1   Dans un examen antérieur de la théorie du choix rationnel, j'étais parvenu à la conclusion que ce qui s'y joue est davantage l'exposition de formes compréhensibles ou cohérentes de conduite et d'attitudes que l'élucidation d'une relation du type moyen-fin (*Choix rationnel et vie publique*, Paris, Presses Universitaires de France, 1996). John Skorupski a montré par ailleurs, avec des arguments probants, que la rationalité ne saurait être définie complètement d'une manière seulement instrumentale : v. son essai « Rationality, Instrumental and Other », in R. Boudon, P. Demeulenaere et R. Viale, édit., *L'explication des normes sociales*, Paris, Presses Universitaires de France, 2001.

prendrai appui sur un modèle élargi de la rationalité : il y a rationalité lorsque, dans un cadre d'analyse donné, des agents sélectionnent des choses de préférence à d'autres, d'une manière qui peut être expliquée en référence à des critères acceptables par ces agents.

Ce choix peut recevoir une justification méthodologique par la généralité qu'il permet d'obtenir (appréciable ici compte tenu du fait que l'on n'ambitionne pas de construire une théorie psychologique, mais plutôt une théorie des raisons disponibles et des accords qu'elles permettent) et par l'importance concrète des raisons de principe dans les arrangements d'échelon constitutionnel (à propos desquels il n'est pas clair que les responsables puissent être mus toujours par le souci de s'avantager eux-mêmes[1]). J'admettrai qu'en ce qui concerne l'acceptation de normes relatives à des classes de situations d'interaction, le théoricien n'est pas dans une situation différente de celle des agents de la théorie. Il n'y a pas d'instance de jugement extérieure dont le théoricien pourrait se faire l'interprète. De plus, je ne postulerai aucune opposition de principe entre la rationalité en valeur (le souci d'agir sur la base de valeurs, éventuellement porteuses d'obligations strictes relatives aux actions) et ce que l'on a pris l'habitude d'appeler, à la suite d'Elizabeth Anscombe, le « conséquentialisme » (au sens le plus général, la sélection des actions ou des formes d'organisation sur la base de critères qui concernent les qualités des conséquences). S'il doit y avoir opposition, j'admettrai qu'elle doit être enregistrée à titre de conséquence de la théorie, au lieu d'être posée comme une contrainte sur les modes de raisonnement admissibles, comme ce serait le cas si l'on demandait d'accepter de prime abord une alternative opposant sans médiation l'analyse « conséquentialiste » au discours sur les valeurs.

À plusieurs reprises, il sera question d'un « modèle » des droits ou de la liberté. Je l'entendrai au sens d'une matrice pour la description de la revendication et de l'opération des droits et des normes fixant différentes sortes de libertés. Les problèmes typiques auxquels les droits apportent des réponses appellent la construction de maquettes intellectuelles simples, capables de synthétiser les arguments et donnant la possibilité de tirer clairement les conséquences des principes que l'on adopte.

---

1   Dans les choix que l'on dit aujourd'hui de rang constitutionnel, on est dans l'ignorance quant aux conséquences des règles adoptées et sur les préférences futures. On peut aussi songer à l'argument suivant, avancé par de nombreux auteurs : si même la recherche du plus grand avantage personnel gouverne les actions ordinaires, il n'est pas évident qu'il doive en aller ainsi pour les actions qui s'inscrivent dans des fonctionnements institutionnels, qui doivent être soutenues par des raisons impartiales et « morales » pour apparaître justifiées et donc justifiables dans leur contexte.

Les modèles formels parfois employés par les philosophes dans ce domaine, et que nous rencontrerons ici ou là, servent surtout à préciser, sous des hypothèses limitatives qui permettent des inférences exactes, des modèles politiques sous-jacents. On peut observer que le simple fait de fixer un cadre pour l'analyse permet de formuler d'une manière claire quelques concepts de base. Mais il n'est pas évident que cela facilite par principe, comme on le croit parfois, la mise au clair de l'importance de certaines de nos convictions les mieux établies[1].

La complexité actuelle des systèmes politiques pose plusieurs défis aux modèles généraux du politique, que l'on évoque d'ailleurs souvent aujourd'hui en suggérant qu'ils sont en crise (« crise » de la représentation, « crise » de la souveraineté ou de la démocratie, « dérive » du libéralisme ou du modèle de la décision par consensus). L'un des défis les plus importants est de favoriser une approche « pluraliste » revenant à traiter simultanément les points de vue éthiques des uns et des autres sans vouloir à toute force les ramener à l'unité ou à la convergence[2].

ÉTAPES DE L'ENQUÊTE

On cherchera à mieux comprendre le rôle des conventions sociales et des règles positives (posées dans des contextes institutionnels) dans la définition et la garantie des droits assurant des libertés. Que ce rôle soit essentiel paraît aller de soi. Par exemple, la garantie des droits

---

1   De ce point de vue, on serait fondé à rompre avec la pratique consistant aujourd'hui à utiliser les théories formelles simplement pour exprimer des convictions acquises par ailleurs ou jugées par avance « importantes ». Ce n'est pas la connexion la plus fructueuse entre les approches formelles (des mathématiciens, des économistes, parfois des philosophes) et les discussions en langage ordinaire sur les valeurs éthiques, sociales et politiques. Il semble préférable de reconnaître aux approches formelles et générales leur éventuelle portée critique, de ne pas dissocier leurs développements techniques de la discussion de leur signification et de leur portée, sans jamais mettre à l'abri par principe quelque intuition ou conviction que ce soit.

2   Cette tâche n'est pas aisée car elle va parfois à l'encontre des finalités sociales que l'on attribue aujourd'hui à la philosophie politique et aux disciplines connexes ou alliées : favoriser le consensus éthique (comme dans la « bioéthique » institutionnelle), l'émergence de valeurs communes de référence (capables d'accompagner les évolutions politiques, comme dans le cas des « valeurs européennes ») et la paix, ou bien encore servir des impératifs politiques spécifiques et partisans (favoriser le « progressisme », lutter contre le « communautarisme », etc.).

individuels passe par la définition institutionnelle de domaines réservés aux personnes, de sphères privées de l'existence. Un autre exemple privilégié est fourni par le développement des droits économiques dans le contexte de l'application progressive de normes de libre concurrence de l'Union européenne ; ce développement passe par l'évolution des rapports entre les pouvoirs politiques (en particulier ceux des États et ceux de la Commission), telle qu'elle résulte à la fois des normes posées et des conventions tacites qui émergent de l'interaction politique, à l'ombre de normes générales et donc ambiguës.

On pourrait encore citer la concrétisation des droits sociaux dans l'Union Européenne, qui peut progresser de manière plus ou moins efficace, selon les méthodes politiques employées pour les faire progresser ; or, l'emploi de ces méthodes est intrinsèquement lié aux représentations et aux souhaits concernant l'articulation des pouvoirs, par exemple leur plus ou moins grande centralisation, au sein de l'Union européenne. De même, on peut penser à la concrétisation des droits environnementaux, qui peut dépendre des interactions stratégiques permises par des règles d'interaction institutionnelle, dans des cas où l'interprétation des options est incertaine et tributaire de circonstances politiques émergentes (cette incertitude pouvant se dissiper graduellement).

C'est pourquoi il faut prendre au sérieux l'intervention des principes généraux dans le jeu des institutions démocratiques. Les principes généraux proclamés offrent des garanties particulièrement importantes aux individus dans divers secteurs de leurs pratiques ou activités, ou simplement quant à leur sûreté personnelle. De plus, les principes généraux ont la capacité de refléter ou d'exprimer un certain statut accordé aux personnes (ou aux êtres humains) abstraction faite des particularités de leur être ou de leur situation. Cette capacité leur permet d'être adoptés ou défendus pour des raisons morales, d'une manière qui dispose à leur accorder, d'une part, un statut d'inviolabilité et, d'autre part, une influence sur l'adoption de dispositions légales ou réglementaires plus détaillées.

Dans la tradition contractualiste de tendance idéaliste, le choix des principes généraux d'organisation de la société est thématisé comme un choix de principes exprimant la justice des arrangements sociaux de base, et cela est à comprendre en termes de traitement juste des personnes (ou des êtres humains). Les garanties offertes permettent notamment de rendre acceptables des procédures de décision à la majorité, en offrant un certain degré de sécurité aux individus qui peuvent se retrouver en minorité (et bien sûr, il y a des raisons indépendantes d'être attaché aux procédures majoritaires, en particulier parce que ces procédures récompensent les efforts des individus pour convaincre les autres en faisant valoir leurs arguments). Cela permet de comprendre que la garantie de certains droits fondamentaux et la proclamation publique de quelques principes généraux soient aujourd'hui habituellement considérées comme partie intégrante du modèle démocratique de la vie publique. Mais en voulant se prémunir grâce à ces repères contre les aléas de la vie politique, contre l'emprise des intérêts particuliers et la dictature des majorités, on favorise aussi des interactions stratégiques, permises notamment par l'ambiguïté des principes et l'indétermination qui entoure leur champ d'application dans des circonstances toujours changeantes.

L'ambiguïté des principes généraux (par exemple dans les déclarations des droits ou dans les dispositions des traités européens) favorise des changements politiques de grande ampleur. De plus, les principes généraux (tel le principe de libre concurrence) sont un élément constitutif de l'interaction stratégique entre les institutions. Enfin, l'ambiguïté des principes généraux favorise les efforts de persuasion, bien capables d'assurer le triomphe d'intérêts sectoriels ou corporatistes, ou encore de convictions éthiques très particulières. L'ambiguïté des principes généraux peut aussi transformer ceux-ci en points d'appui pour contourner ou relativiser l'obéissance habituelle à la loi.

Il faut également étudier la manière dont une dynamique de co-évolution des normes et des intérêts socialement construits se met en place, lorsque les grands principes exercent un filtrage sur différents principes ou normes traditionnellement importants dans des domaines particuliers. Enfin, la référence à des principes généraux pour justifier des dispositions de détail (reflétant des formes partisanes d'engagement politique) peut affecter la neutralité de l'État libéral, d'une façon éventuellement capable de remette en cause l'attachement des citoyens aux principes eux-mêmes. Dans ces différents registres, l'étude d'exemples montrera que l'influence prédominante des principes généraux dans les transactions politiques n'implique pas l'abaissement de l'attention aux intérêts particuliers et aux revendications.

On peut tenter de comprendre certaines raisons du succès comparé des revendications qui influencent l'interprétation des principes généraux. Si l'on parvenait à clarifier certains aspects des interactions stratégiques permises par le recours aux principes généraux dans les pratiques de gouvernement, on pourrait espérer en tirer quelques conséquences du point de vue des raisons d'adopter ou de ne pas adopter ces principes eux-mêmes. Il pourrait s'agir, par exemple, de raisons ayant trait à la stabilité des pouvoirs et à leur bonne articulation.

On esquissera le tableau d'une vie publique dans laquelle, à cause d'un mécanisme de concrétisation des droits dans des règles communes fondées sur la contrainte, les hommes sont livrés les uns aux autres avec des pouvoirs que l'organisation sociale démultiplie. Ils sont capables d'obtenir le déploiement de la contrainte à l'encontre d'autrui par un processus dynamique de revendication et les interprétations de principes ou normes jouent un rôle à cet égard. On s'intéressera à la manière dont ces processus sont contraints par des données spécifiquement politiques telles que les suivantes : la formulation publique des revendications et des arguments, la nécessité de faire valoir en termes généraux et compréhensibles un tort subi ; l'importance de la discrimination entre les états possibles du monde, l'importance de la surveillance, de la dissuasion, de la sanction et très généralement des formes diverses de contrôle individuel et collectif sur les états du monde ; l'influence des possibilité de négociation ; le rôle joué par les problèmes classiques d'action collective dans la revendication.

L'ÉQUILIBRE DES REVENDICATIONS

Tentons de penser un équilibre des revendications dans un univers politique où les hommes ne se sentent pas strictement obligés d'obéir à un système de normes unique, ne partagent pas exactement les mêmes valeurs morales communes et peuvent se tourner vers des systèmes et institutions concurrents, ou susciter des mouvements conduisant à la réforme du système normatif et institutionnel existant. Cette problématique conduit à s'interroger sur les mécanismes sociaux qui peuvent venir poser des bornes aux prétentions individuelles. Il faut aussi examiner les outils qui permettent de penser le politique dans un âge où la souveraineté nationale ne fait plus écran à la dimension proprement politique des revendications individuelles prenant place dans des institutions collectives.

Une théorie du genre de celle que l'on recherche ne s'appuie pas sur une description explicite des entités prises en compte pour l'attribution des droits. De même, l'action est ici abordée en termes extrêmement généraux, assez loin de l'expérience existentielle de l'agent. Cela assure une certaine indépendance par rapport aux diverses conceptions anthropologiques. Mais il est évidemment nécessaire d'examiner aussi les implications des propositions théoriques dans le contexte des débats sur l'attribution des droits effectifs (un exercice dont on ne livrera que quelques exemples). Le cadre d'analyse doit s'adapter à une réalité complexe, mais il est souhaitable que les inférences restent très simples. Cela reflète un partage des rôles entre le théoricien et les agents qu'il est possible de défendre du point de vue d'une méthodologie individualiste.

On ne doit pas prêter aux agents des facultés de raisonnement trop sophistiquées, lorsqu'il ne s'agit pas d'analystes professionnels de la vie sociale, même si une compréhension exacte de leurs raisonnements peut rendre nécessaire une description conceptuellement précise des cadres de l'action individuelle. Cette exigence est dictée par un souci de réalisme, adapté à chacune des principales finalités auxquelles on peut rapporter les théories relatives aux droits en régime libéral. D'une part, expliquer les bonnes raisons que l'on peut avoir d'accepter tel ou tel dispositif normatif, afin de montrer l'intérêt de ce dispositif ou l'intérêt de l'adopter (finalité normative ou prescriptive, par exemple dans un contexte d'instruction civique ou d'éducation à la citoyenneté). D'autre part, expliquer certaines conduites ou certaines croyances par l'acceptation motivée de certaines normes ou de certains principes (finalité positive ou explicative, par exemple en économie publique ou en sociologie politique).

On demeurera autant que possible dans la proximité d'intuitions et de façons de raisonner extrêmement courantes, qui sont très souvent invoquées ou mobilisées lorsqu'on tente d'expliquer pourquoi l'on accepte certains principes, ou lorsqu'on tente de persuader autrui de leur bien fondé. Par exemple, celles qu'expriment des formulations telles que : « si tout le monde faisait de même... », « si tout le monde s'en trouve mieux, c'est mieux ainsi », « la liberté des uns commence où finit celle des autres », « chacun doit s'occuper de ses affaires », etc. Mais par ailleurs, les progrès dans la compréhension du réel passent par la recherche d'une certaine généralité et d'une précision plus grande que celle des propos courants. Ce qui ne dispense pas, dans un second temps, d'étudier la correspondance avec ces propos courants, considérés comme des phénomènes donnés dans l'observation empirique. C'est au théoricien que revient la tâche d'examiner les implications de ces manières de raisonner, en termes d'acceptation de normes ou valeurs, dans des contextes précis. Cela suppose un travail préalable de clarification du cadre d'analyse des actions et des normes, mais il ne s'agit pas de prêter aux agents individuels, de manière irréaliste, un effort délibéré de mise en forme théorique du langage de l'action et de l'interaction. Il s'agit seulement de proposer un cadre d'analyse cohérent, permettant l'inférence systématique, et capable de répliquer de manière plausible la compréhension de l'interaction sociale exprimée dans les manières courantes, pour ainsi dire stabilisées, de raisonner sur les normes[1].

De même, les « conflits » auxquels on s'intéresse dans la théorie ont vocation à répliquer certains des « problèmes » que les acteurs sociaux aperçoivent au cours de leur vie, et auxquels ils accordent une certaine importance. La théorie propose un cadre abstrait pour analyser les conflits et l'opération des normes dans leur règlement. Elle ne dit rien, et ne prétend d'ailleurs rien dire, sur leur importance respective dans la vie sociale. Ce rôle est laissé à l'histoire, qui nous instruit des problèmes dont on sait empiriquement qu'ils ont été perçus comme particulièrement importants pour la vie sociale, et profondément enracinés dans la logique générale de celle-ci, au point d'appeler de longues réflexions, de nombreux débats et parfois même l'élaboration de théories complexes.

On abordera certaines normes sociales et politiques de base comme autant de réponses à des problèmes identifiables de l'interaction sociale. Cette méthode ne s'éloigne guère de certaines des approches les plus fondamentales du « problème politique » dans la théorie politique de l'âge moderne. Rappelons que, chez Hobbes, les « lois de nature » étaient traitées comme des normes autorisant une solution rationnelle aux problèmes typiques de l'état de nature tel que le conçoit l'auteur (en particulier, le fait que la vie y soit courte et brutale). De même, Kant identifiait le « problème politique » (le problème spécifique que résolvent plus ou moins bien, en pratique, les institutions politiques) à la recherche de normes permettant la coexistence d'êtres intelligents dont on ne peut présumer la moralité. Il me semble qu'une approche de

---

1   Cette approche pourra être contrastée avec d'autres manières de voir les choses, par exemple, celle qu'avait esquissée Dominique Schnapper devant la Société française de philosophie (séance du 25 janvier 2003), évoquant, en réponse à une question du Pr. Olivier Bloch mettant en cause l'usage de termes non conceptuels et relevant de la « théorie polémique » ou de la « polémique théorique » (comme « État providence », « démocratie providentielle ») : « un problème difficile rencontré par les sociologues, dont tous les concepts sont aussi des termes de la vie publique et médiatique. On n'a pas, à vrai dire, beaucoup de solutions. Ou bien on appelle des choses a, x, z, etc. Et l'on a alors des concepts parfaits, mais qui n'ont pas de rapport avec la réalité politique et que personne ne comprendra. Ou bien l'on se résout à reprendre les termes de la vie publique, avec l'inconvénient que vous soulignez, et que je reconnais tout comme vous. »

ce genre peut être retenue pour la théorie de l'acceptation des normes et des valeurs dans différents contextes de l'interaction sociale. Une fois identifiés, les conflits offrent un point de départ pour la recherche de solutions normatives : tel est le motif d'une interrogation sur la rationalité des valeurs et des normes.

PORTÉE DE LA THÉORIE

Il est vraisemblable que de très nombreuses formes de conviction ou d'engagement, que l'on rattache à des « normes » et à des « valeurs » reflètent seulement des préférences ou des croyances personnelles (ainsi des normes prescrivant d'adopter tel style de vie). L'enjeu qui paraît le plus important est d'identifier certaines formes rationnelles de gouvernement de l'interaction sociale par les normes, et c'est de cette manière seulement que l'on espère discerner une forme de rationalité qui ne puisse se dissoudre dans le relativisme culturel. Nous nous intéressons donc spécifiquement aux normes pour lesquelles on peut espérer trouver une forme d'enracinement sérieux dans les conditions de l'interaction sociale.

Dans une utilisation explicative (positive) de la théorie, il s'agit de trouver des éléments d'explication d'un accord sur certaines normes capable de transcender les différences culturelles et personnelles (comme on l'observe autour des droits de l'homme en particulier). Dans une utilisation normative (prescriptive) de la théorie, l'enjeu sera de trouver des formes de raisonnement à la fois simples, systématiques et claires grâce auxquelles on puisse s'accorder sur certaines normes en dépit de différences culturelles ou personnelles importantes. C'est une notion délicate que celle d'un système de normes du comportement compréhensible ou rationnel. Mais les propriétés des systèmes normatifs sont parfois tout à fait intelligibles pour des agents « concrets », ayant une forme limitée et située de rationalité.

Précisons maintenant deux principes généraux, liés l'un à l'autre, qui seront mis en avant dans les développements présentés et qui doivent permettre de progresser dans l'analyse du type d'effectivité que l'on peut reconnaître aux droits individuels en régime libéral.

En premier lieu, on retiendra une conception gradualiste de l'acceptation des normes publiques. Cela signifie que le régime de la reconnaissance des droits n'est pas nécessairement pour les individus un régime d'« acceptation » complète (pas même de la part de fonctionnaires qui appliquent la loi). Cela doit s'entendre d'abord au sens moral : si les individus acceptent une répartition des droits, cela ne justifie pas qu'on leur attribue la pleine approbation morale de cette distribution. On peut seulement admettre que le degré de désaveu personnel n'est pas suffisant pour motiver un refus d'appliquer les règles ou d'obéir aux règles de la communauté. Ensuite, il faut aussi l'entendre au sens juridique : les autorités justifient leurs actions et les expliquent d'après les normes qui sont en validité ; mais elles savent dans de nombreux cas que leurs décisions sont contestables et peuvent être renversées par d'autres institutions qui offrent également des références normatives aux individus et aux groupes.

En second lieu, on accordera une pertinence essentielle mais limitée à la problématique de la justice sociale. Sans nier la réalité et l'influence des sentiments de justice et d'injustice, on ne retiendra pas le postulat (rawlsien, par exemple) d'après lequel la justice est la vertu suprême pour apprécier la vie commune ; on se prépare à admettre qu'une vie commune satisfaisante est possible en longue période dans la société politique, en l'absence d'une conception publique pleinement partagée au sujet de la justice. Cela oblige donc à s'écarter quelque peu du modèle de la « société bien ordonnée » au sens de J. Rawls, dans sa *Théorie de la justice*, puisque ce modèle prévoit l'existence de principes publics connus de tous, exprimant une conception partagée de la justice – cette même justice à partir de laquelle on doit se prononcer en dernier ressort sur la structure de base de la société. On s'efforcera de donner des outils pour penser une réalité politique qui s'éloigne substantiellement de ce modèle idéal d'un accord moral sur la justice. Nous devons prendre la mesure de cet écart, si nous voulons comprendre dans quelle sorte de régime politique nous vivons : le libéralisme est déjà à l'œuvre, il n'est pas seulement un idéal proposé par des philosophes.

Il est possible que pour certains individus, certains éléments de la vie sociale telle qu'elle est organisée apparaissent injustes de manière permanente et radicale, et pour de bonnes raisons, sans que cela remette systématiquement en cause leur détermination à vivre en commun avec leurs compatriotes sous des lois communes, sans troubler la paix civile, et d'une manière qui témoigne de l'attention aux raisons des uns et des autres. Par exemple, dans la France du temps de l'Union européenne, de nombreux citoyens s'organisent dans des groupes anti-capitalistes, prônant quelquefois la révolution prolétarienne. De nombreux citoyens des

États-Unis respectent leur pays comme une grande démocratie, tout en déclarant leur hostilité radicale à l'institution de la peine de mort, qu'ils perçoivent comme une coutume inhumaine et dégradante. On peut être fier d'être néerlandais tout en jugeant radicalement injuste la mise en place d'une législation permissive en matière d'euthanasie (cela arrive).

Ne multiplions pas les exemples : il est manifeste que l'inclusion pluraliste dans un ordre politique englobant n'implique en aucune manière que l'évaluation personnelle d'après des principes éthiques personnels doive cesser, ou doive cesser de s'exprimer sur la scène publique. Or, le désaccord éthique radical peut coexister avec l'appréciation du mérite global d'un ordre politique, dès lors que celui-ci tolère la libre argumentation, la revendication et le changement. Il y a en effet une très grande différence entre le fait de vivre dans un ordre politique que l'on trouve injuste mais acceptable (car amendable selon les modalités d'une confrontation ouverte des points de vue), et le fait de vivre sous des lois que l'on ne peut se représenter qu'à la manière de lois instituées pour l'exploitation ou la négation de la dignité d'une partie de la population (par exemple, l'Afrique du Sud au temps de l'apartheid) sans espoir réel de changement dans le cadre d'une confrontation équitable des points de vue à l'intérieur du système.

L'attrait du postulat rawlsien est certainement dû au fait que les combats pour les normes libérales et les formes institutionnelles auxquelles nous sommes habituellement le plus attachés ont été associés à des luttes exemplaires contre des injustices largement ressenties (par exemple, la lutte contre l'esclavage, les combats pour le droit de vote des femmes, le mouvement pour les « droits civiques » et contre l'apartheid, la lutte toujours renouvelée pour l'application des droits de l'homme et pour la démocratie). Ce type de combat reste d'ailleurs pertinent en régime libéral. Mais de ce constat, on ne peut tirer la justification d'une conception de la vie sociale et de l'État qui nous les représente conjointement comme le lieu de concrétisation d'un idéal de la justice (quelle que soit la forme exacte que cela prenne). De ce point de vue, il semble opportun de rechercher une notion du consentement politique plus faible que celle qui caractérise la « société bien ordonnée » et le statut même des principes de justice dans la justement célèbre *Théorie de la justice* de Rawls.

L'usage public du vocabulaire de la justice, comme aussi les recherches philosophiques visant à dégager les principes fondamentaux de la justice, tendent à accréditer un modèle du politique d'après lequel la vie commune peut être organisée d'après un schéma à la fois acceptable par tous (possédant donc par là une forme d'objectivité) et répondant à des raisons que tous devraient partager. Or, dans une société marquée par un pluralisme radical, ce type de référence à la justice présente un certain caractère d'étrangeté : on parle de « la justice » en oubliant qu'il y en a plusieurs – autant que de conceptions de la justice. Cette manière de parler est soutenue par la conviction, certainement mieux fondée, que certaines choses doivent être unanimement rejetées comme « injustes » (cette conviction s'alliant à l'occasion au postulat très douteux d'après lequel il est juste de tolérer tout ce qui n'est pas susceptible d'être unanimement rejeté comme injuste). Plusieurs séries d'arguments peuvent convaincre de l'opportunité d'une approche de la normativité sociale dans laquelle la « justice » (au sens de ce qui qualifie des formes de distribution, de transactions sociales ou d'organisation qui peuvent recueillir l'approbation pleine et entière) ne joue pas nécessairement un rôle exclusif conférant le statut d'une autorité de dernier ressort.

L'une des raisons de fond est l'impossibilité de confiner le pluralisme dans le domaine des convictions individuelles au sujet de ce qui constitue, pour chacun, la « vie bonne » ou la réalisation d'un plan de vie satisfaisant. Le pluralisme moral et politique n'est en rien assimilable à l'arbitraire dans les choix privés, dont la « souveraineté du consommateur », telle que la conçoivent les économistes, peut offrir le modèle. Les convictions morales conflictuelles ne concernent pas seulement les choix de vie ou la recherche de la « bonne » vie, mais concernent aussi l'espace de la vie publique, les actions et les expériences des autres, les modalités de la vie commune. En ce sens, il n'y a pas davantage de séparation stricte entre les idéaux moraux et la vie publique qu'on n'en trouverait, en théologie morale, entre la morale individuelle et l'ecclésiologie. À un instant donné du temps, il y a lieu de distinguer la morale individuelle des règles de la vie commune. Mais les revendications qui émergent au fil du temps affectent la vie publique et elles reflètent largement des convictions personnelles répandues dans le public et chez les dirigeants politiques.

De plus, il n'est assurément pas très facile de définir ce qui, d'un point de vue éthique, devrait constituer un « quant à soi ». Il est dès lors essentiel, pour comprendre les raisonnements actuels ou potentiels des individus au sujet de ce qui est juste, de ne pas supposer que les individus ne s'intéressent qu'à eux-mêmes. Chacun d'entre nous s'intéresse avec passion au sort des autres et à ce que font les autres. Pour cette raison, dans le monde tel qu'il est, il s'avère fréquemment impossible de fixer des règles dont le respect par tous assure l'acceptabilité réciproque des conduites.

Supposons que le pouvoir politique ait à décider de l'autorisation ou de l'interdiction d'une pratique très fortement contestéé au plan éthique. Si l'on choisit l'interdiction, les adversaires de l'interdiction de cette pratique devront s'accommoder de ce qui leur apparaît éventuellement comme une forme radicale d'injustice ; si l'on opte pour l'autorisation, ce sont les partisans de l'interdiction qui, à leur manière, connaîtront l'injustice. Mais il est possible, après tout, d'accepter l'injustice, en présence de désaccords stables. La paix civile, la promotion du respect des institutions, la possibilité de formes communes d'éducation sont peut-être à ce prix. Certaines finalités propres au politique imposent une restriction *a priori* à notre aspiration à la justice, si la reconnaissance de normes communes doit rester accessible. Si tous s'accordaient sur la justice, le constat de cet accord serait un sujet de joie, comme la prise de conscience de l'amour ou de l'amitié…mais ce sont des choses que l'on ne peut pas exiger.

Il sera donc admis que l'accord sur ce qui est acceptable ou souhaitable dans la vie sociale n'est pas toujours un accord sur la justice. Au demeurant, un jugement partagé sur l'acceptabilité de certaines structures et normes sociales, malgré l'importance pragmatique qu'il revêt souvent, n'est pas nécessairement avec cela « fondamental » en un sens moral (comme le serait assurément un jugement partagé sur la justice). Il peut fort bien provenir de raisonnements que les individus eux-mêmes jugent relativement superficiels et auxquels ils n'accordent pas une importance démesurée – des raisonnements « politiques », en somme. Le simple fait que le jugement soit partagé ne dit rien, par lui-même, à ce sujet. On peut seulement dire que les bases d'un jugement partagé ont un caractère fondamental en un sens politique, si l'affaissement de ces bases communes comporte la menace de troubles civils très graves, d'un blocage des institutions, de divisions communautaires, éducatives ou sociales paralysantes, ou d'autres problèmes politiques majeurs.

En matière d'acceptabilité politique, tout n'est pas dichotomique. Les normes sont plus ou moins acceptables. Un citoyen peut fort bien juger certaines d'entre elles radicalement inacceptables au sens moral (qu'il forme lui-même ou non des espoirs précis au sujet de leur réforme) et accepter néanmoins l'ordre politique tel qu'il est. C'est ce que l'on peut observer dans de nombreux pays, autour de questions d'une importance primordiale, notamment celles qui comportent la possibilité de désapprouver certaines actions dont on peut se dire que l'on n'y est pas directement mêlé, tout en espérant contribuer à une évolution des choses. Par exemple, l'opposition radicale et décidée à la peine de mort n'altère pas nécessairement le civisme des citoyens nord-américains qui vivent dans des États où ce châtiment est appliqué. Ils peuvent participer aux institutions, même s'ils estiment qu'ils vivent dans une société radicalement injuste à cause de cette particularité.

Cet aspect des choses paraît particulièrement important pour rendre compte de ce qu'est la vie commune en situation de pluralisme. Les raisons pour lesquelles on l'oublie souvent sont en partie explicables par l'éducation morale et par l'insistance de celle-ci sur des formes radicales de rejet et de contestation : en particulier, la fuite, l'exil et la lutte de l'extérieur contre des régimes inacceptables, ou bien le choix de la clandestinité ou de la lutte armée sur le territoire même de l'ennemi intérieur. Mais il se trouve que dans des régimes politiques qui n'apparaissent pas absolument mauvais aux citoyens, des formes durables d'injustice peuvent être constatées, relativement à certains systèmes légitimes de convictions morales au sujet de la justice. Bien plus, l'une des grandes vertus des démocraties modernes est de permettre et de favoriser l'expression libre et argumentée de conceptions antagonistes au sujet des aspects fondamentaux de la justice, sans forcer les citoyens à des solutions extrêmes telles que l'exil volontairement consenti ou la lutte clandestine. Il est en effet important de prendre en considération les conflits entre les individus dans l'appréciation de ce qui est acceptable à leurs yeux : cela contribue à la richesse de la vie démocratique.

Pour que des institutions soient acceptables, il n'est pas nécessaire que l'on estime bons ou justes les principes sur lesquelles elles se fondent (ou qu'elles expriment). Il en va certainement ici, en partie, des aspects naturels de notre rapport humain aux normes car il est de fait que la coopération dans les sociétés humaines, notamment les bénéfices de la protection collective par des moyens politiques, seraient compromis si les désaccords éthiques avaient systématiquement des conséquences en termes de sécession par rapport au groupe de référence. La sélection des raisons prend ici le relais des impératifs naturels. Ainsi, nous pouvons tirer argument du fait que nous ne sommes pas « directement concernés » (ou auteurs des faits, ou « au cœur du dispositif », etc.) et d'une manière qui emporte la conviction. En réalité, à un certain niveau, il est clair que nous sommes toujours plus ou moins concernés : si les autorités prévoient la peine de mort dans mon pays, il est clair que c'est moi que l'on oblige à vivre dans un pays où la peine de mort est en application, ce qui peut m'apparaître tout à fait injuste. Mais il demeure qu'en dehors de quelques cas très particuliers, je ne suis pas directement mêlé à l'application de ces procédures, que j'ai par ailleurs la faculté de dénoncer et que je peux me faire un devoir absolu de déoncer avec la plus grande vigueur. Ce qu'un citoyen accepte politiquement, dans le sens où il ne choisit pas de mener une lutte contre l'État, il n'a évidemment pas à le trouver, de ce simple fait, acceptable le moins du monde en un sens moral.

L'écart entre acceptation politique et idéal de justice ne peut qu'être constaté et l'on peut penser par ailleurs qu'il ne faut pas nourrir à ce propos de trop profonds regrets. En fait, les modèles de justice sont précisément des constructions idéales, qui renvoient à ce que l'on désirerait et rechercherait activement si le monde devenait meilleur ou conforme à ce que nous souhaitons – s'il n'était pas ce qu'il est, donc. Mais qu'en est-il de l'attitude d'« acceptation » qui se trouve impliquée dans le fait de se résigner, faute de mieux, à un état de choses que l'on ne croit pas juste ? Le sérieux de l'acceptation ne fait aucun doute, dans le cas où elle se fonde sur la prise en compte des troubles, violences ou conflits qui accompagneraient de manière certaine ou probable les efforts visant la transition brusque, par la force au besoin, vers un nouvel ordre des choses. Et si l'on constate que certaines finalités essentielles de la vie en commun valent la peine d'être défendues (en particulier le développement personnel des uns et des autres dans un espace de prévisibilité raisonnable des résultats des initiatives individuelles et collectives, la participation politique, etc.), on sera persuadé que des jugements évaluatifs restent possibles en un sens fort, en-deçà du registre de la justice. On peut alors s'orienter vers l'hypothèse de travail d'après laquelle l'État a vocation à permettre la coexistence pacifique entre des individus ayant diverses convictions sur le juste (pas seulement sur le bien) tout en leur offrant une amélioration des garanties pour certaines formes de vie ou d'activité dans lesquelles ils souhaitent s'engager, ainsi qu'un espace de revendication dans lequel puissent s'exprimer des conceptions rivales de la justice.

L'ARTICULATION ENTRE THÉORIE POSITIVE ET THÉORIE NORMATIVE

La recherche de propriétés typiques des normes garantissant des droits conduira à expliciter les raisons d'agir ou de ne pas agir pour des individus dont les préférences sont ce qu'elles sont (que cela plaise ou non). On cherchera à articuler ces raisons entre elles, à comprendre comment elles peuvent peser les unes contre les autres. Les élaborations théoriques proposées pourront à l'occasion recevoir une interprétation positive. Dans ce registre, on cherchera à préciser ce à quoi il faut s'attendre, ce à quoi il fallait s'attendre. Le modèle devra alors être articulé à une analyse de la réponse publique aux revendications ou souhaits exprimés. On abordera la question de la concrétisation (dans des systèmes de normes) des droits revendiqués, sans éviter les questions normatives (habituellement riches d'un arrière-plan éthique), mais en abordant celles-ci d'un point de vue pluraliste.

Cela signifie deux choses. D'une part, on ne s'intéressera pas directement à la concrétisation des droits telle qu'elle peut être appréciée à partir d'un point de vue transcendant particulier (la liberté ou la libération, le bonheur, l'intérêt supérieur de la Nation, la volonté divine ou quoi que ce soit de cet ordre). On s'intéressera plutôt aux satisfactions ou frustrations des individus en rapportant celles-ci à leur propre système de valeurs et d'intérêts, sans se limiter à « ce qui leur arrive » dans un domaine étroitement personnel, mais en considérant aussi ce qui a lieu dans leur société ou dans le monde. On examinera la satisfaction conjointe des attentes ou leur frustration sélective, ainsi que les raisons qui, d'un point de vue individuel, peuvent conduire à attacher de l'importance à la satisfaction conjointe des attentes, ou à s'accommoder de leur satisfaction sélective. D'autre part, on tâchera d'identifier l'incidence de la structure de l'interaction sociale sur la formation des revendications et leurs chances de succès. Ces considérations positives ou explicatives sont en effet importantes du point de vue de la formation de jugements individuels équilibrés (à partir de systèmes de valeurs particuliers) sur l'état ou l'évolution de la société.

L'enquête est-elle alors « positive » ou « normative » ? Les deux exercices sont pertinents pour l'enquête dans laquelle nous nous engageons, mais ils restent distincts. L'entreprise est « positive » (*i. e.* elle concerne l'état du monde et les processus dans le monde) dans la mesure où elle s'attache aux rapports entre revendication et satisfaction (ou frustration) des individus. Elle est « normative » (*i. e.* elle relève de la science normative des jugements, des critères d'appréciation et des évaluations) dans la mesure où elle accorde une grande importance aux raisons disponibles pour les individus ; donc aussi aux ressources de l'accord, ce qui est pertinent pour caractériser les arrangements sociaux acceptables par tous ; et aussi parce que l'impératif d'impartialité, auquel on reconnaît habituellement un rôle important dans l'enquête normative, se traduit souvent par l'injonction de tenir compte, de manière équilibrée, des intérêts ou valeurs (du point de vue, en somme) de chacun. Il importe, de ce point de vue, d'être attentif aux facteurs qui peuvent favoriser ou entraver l'expression et la prise en compte impartiale des convictions individuelles dans la vie publique (notamment sous forme de revendications), de manière à ne pas tomber dans une simple apparence d'impartialité.

Quel est le rapport entre les valeurs des individus (sans distinguer *a priori* celles qui concernent le bien et celles qui concernent le juste), leurs revendications et les compromis qui façonnent effectivement les normes publiques ? Que sait-on à ce sujet et de quels critères peut-on disposer à titre de repères ? Pour aborder ces questions, il est proposé que l'enquête normative se déploie selon le schéma suivant. On étudie des propriétés des systèmes de normes qui peuvent constituer des raisons de l'attachement à ces normes – attachement qui fait que l'on juge la réalité, ou que l'on agit, d'après ces normes. On présume que ces propriétés peuvent fournir ainsi des raisons parce que leur vérification peut, par comparaison avec une situation de référence jugée pertinente, apparaître comme souhaitable, du point de vue des conséquences pour les individus. La possession de telle ou telle série de propriétés n'est pas en soi une raison suffisante de l'adoption d'un système de normes. Mais il est légitime de chercher à comprendre l'adoption d'un système de normes en montrant qu'elle découle de la conjonction de la possession de ces propriétés et de certaines façons, pour les individus, de mettre en correspondance (dans leurs motifs de jugement et dans leurs raisons d'agir) leurs initiatives propres, celles des autres et les conséquences de l'interaction qui en résulte.

L'existence d'un consensus plus ou moins large au sujet de la classe des systèmes de normes qui vérifient tel ou tel ensemble de propriétés est alors à expliquer, selon l'approche proposée, d'après les éléments suivants. D'abord, la jouissance effective de ces propriétés ; ensuite, la conscience de ces propriétés chez les agents ; en troisième lieu, la conceptualisation de la situation d'interaction chez les agents, qui leur fait apparaître comme importante à certains égards la possession de ces propriétés. À cause de l'importance de cette conceptualisation, les éléments généraux de la vie sociale et politique ne peuvent apparaître simplement comme des « circonstances » qui ne seraient que des éléments du contexte des discussions sur la justice. Ils doivent certainement être pris en compte de manière plus approfondie : on doit se demander s'ils n'ont pas des rapports systématiques avec les idées au sujet de la justice elle-même.

Si l'accord politique à partir des raisons individuelles prend le pas sur l'accord sur le juste, l'accord moral ne peut expliquer à lui seul l'accord politique ; symétriquement, le désaccord moral sur les fondements de la vie sociale n'implique pas la dissolution d'un accord politique fondamental. Les individus peuvent en effet trouver des ressources pour l'accord dans la compréhension des propriétés de leur interaction sociale ou politique. Pour cette raison, on rattachera par méthode les « valeurs » invoquées dans les débats publics aux formes qui peuvent concrétiser ces valeurs (par des normes, des règles, des incitations, des interdictions) et à des situations d'interaction de référence (celles auxquelles on se réfère au moins implicitement lorsqu'on invoque ou défend ces valeurs). L'approche proposée, pour ces raisons, peut être dite interactionniste.

D'un point de vue normatif, les possibilités sont les suivantes. Chacun peut envisager les propriétés étudiées et examiner si, en ce qui le concerne, ces propriétés s'inscrivent dans la conceptualisation de la situation qu'il juge pertinente, et peuvent constituer à ses yeux une bonne raison d'adopter les systèmes de normes qui les respectent. Chacun peut aussi se servir de ces propriétés pour étudier les relations entre ses raisons et les raisons des autres face à l'adoption ou au rejet de systèmes normatifs alternatifs. En effet, chacun peut se demander si telle propriété d'un ensemble normatif est une bonne raison commune (ou non) de l'adopter, pour un ensemble de représentations variées de l'interaction et pour une gamme de préférences possibles des uns et des autres. Et chacun peut au besoin utiliser des propriétés auxquelles il n'accorde pas d'importance en ce qui le concerne, pour comprendre ce que signifierait pour d'autres (par exemple en termes de rejet d'un arrangement social) la concrétisation de normes en faveur desquelles il pourrait, de son côté, vouloir déployer une activité de revendication. De telles considérations peuvent justement le retenir de prendre ce chemin, et dans ce cas un assentiment limité (« politique », si l'on veut) apparaît rationnel.

Ce qui n'entrera assurément pas pour nous dans le champ de la théorie, c'est l'explication de la prévalence relative des systèmes de représentation des interactions collectives (touchant en particulier la liaison entre actions, raisons de l'action et conséquences de l'interaction) chez les agents humains[1]. Sur ces aspects positifs, qui seraient vraisemblablement des compléments indispensables, si l'on voulait parvenir à une explication

---

1   C'est notamment à cet échelon qu'intervenaient, dans la théorie exposée par Hart dans *Le Concept de droit*, les « banalités » au sujet des conditions de la vie humaine ainsi que l'hypothèse de leur liaison avec certaines formes générales du droit.

(positive et prédictive) complète des phénomènes d'adoption de normes, la théorie avancée sera peu éclairante, il faut en convenir. Elle s'intéresse à certains modèles de raisonnement qui sont susceptibles d'une interprétation positive, parce qu'ils traduisent des bonnes raisons qui sont susceptibles d'être importantes pour des individus concrets. Mais que ces raisons soient effectivement importantes ou non pour de tels individus en des points donnés de l'espace et du temps, et au moment d'agir et de s'organiser, voilà ce que la théorie, malheureusement, ne dira pas.

La philosophie politique a une visée normative en dernier ressort, constituant son horizon pratique et disposant à l'étude des propriétés des principes d'évaluation ou de jugement sur l'organisation politique. Mais on accordera ici beaucoup d'importance à une problématique qui se situe en amont : celle des relations entre les raisons et les attentes des individus, d'une part, et les normes de la vie commune d'autre part. On s'intéressera aux aspects rationnels de ces rapports – ceux que l'on peut exprimer par des raisons compréhensibles relatives à des situations typiques de la vie sociale ou politique. Cela reconduit à l'usage des normes en tant que ressources dans la revendication, ainsi qu'à l'action collective face aux normes et à leurs évolutions possibles.

Le concept de revendication ici retenu est très large, puisqu'il s'étend à toute activité conflictuelle ayant pour enjeu le déplacement des frontières (entre le licite et l'illicite en particulier) établies par les normes en vigueur, ou bien leur explicitation dans un sens plutôt qu'un autre. Et cela toujours contre des souhaits contraires au moins potentiels, et en gênant inévitablement les activités qui présupposeraient la violation des normes telles qu'on veut les dessiner. En toute généralité, il faut avoir en vue ce qui arrive à des individus qui, bien que vivant dans un État dont l'existence est concrétisée par des normes et des institutions, ne s'estiment pas nécessairement contraints par ces normes comme par un ordre unique, et cherchent à agir à l'occasion pour contenir la portée de l'application de ces normes ou bien pour les modifier, en s'appuyant éventuellement sur des ensembles normatifs distincts ou sur une pluralité d'acteurs institutionnels, si cela est à leur avantage ou correspond à leurs convictions.

Au cœur des principes du libéralisme, on trouve l'individu et ses droits. Dans la manière dont les théoriciens ont abordé le problème de l'identification d'une sphère privée des personnes dans laquelle les choix libres devraient être respectés d'une manière inconditionnelle, il y a une dimension de description des interactions et des règles.

Qu'est-ce que posséder un droit, un pouvoir ou un privilège ? En quoi consiste le fait de l'exercer ? Ces questions sont liées à d'autres interrogations, de nature normative : quels sont les arguments en faveur de telle forme de limitation du champ de l'exercice d'un droit ? Quel est le domaine approprié du libre choix dans les affaires privées ? Le but de l'enquête, dans ce domaine, sera d'offrir une perspective suffisamment générale sur les arguments possibles, pour aider à situer les arguments qui sont en effet mobilisés dans tel ou tel contexte discursif précis. Cet exercice devra permettre de mieux comprendre la portée et la limite – donc aussi les conditions d'acceptabilité pour un sujet individuel – des arguments relatifs au libéralisme, à son approfondissement et à ses limites.

La diversité des points de vue interdit de prendre comme point de départ la définition de principes publics qui auraient rang de principes de justice occupant une position de surplomb par rapport au débat public. Mais on peut réfléchir aux exigences d'une prise en compte équilibrée des différents points de vue : les principes directeurs de référence, dans ce domaine, méritent bien alors pour nous d'être un point de départ, et ne constituent pas en eux-mêmes une finalité de l'enquête. Ils doivent la guider et n'en sont pas le produit. Il s'agit de fixer les idées au sujet de la recherche des conditions de qualification des normes publiques comme normes éthico-politiques, acceptables (sinon acceptées) et discutables en tant que telles, intervenant avec ce statut dans les débats, controverses et délibérations. Les exigences d'équilibre, d'impartialité ou d'équité sont importantes à ce niveau.

À la racine, on trouve l'exigence d'égalité (qui peut se traduire politiquement par une norme d'égalité de traitement ou de prise en compte équilibrée des points de vue) et l'exigence d'une prise en compte des faits pertinents dans le débat ou dans la délibération. Les spécifications particulières de ces critères donnent lieu à controverse, mais il y a un consensus assez large pour ce qui est de retenir conjointement ces critères comme conditions de qualification des normes éthiques. On précisera ces critères en formulant les attentes suivantes : la société doit être organisée d'une manière ouverte à l'assentiment de tous (ce qui implique en particulier une attention spécifique aux points de vue qui ont le moins de chance d'être influents dans la société) ; la contrainte exercée sur les citoyens et les préjudices imposés aux uns ou aux autres du fait de l'adoption de certains principes publics ne doivent pas dépendre de l'erreur factuelle évitable ; ils doivent par ailleurs être en mesure d'être soutenus par des arguments explicables et susceptibles d'être formulés publiquement ; enfin, la formation des compromis politique dans la formulation, l'interprétation et l'application de principes de référence doit témoigner d'une attention équilibrée et justifiable aux intérêts et points de vue en présence.

LE LIBÉRALISME, L'INDIVIDU ET LA COMMUNAUTÉ

On privilégiera l'explicitation des conditions d'un accord appuyé sur des justifications. Cela demande quelques explications, dans la mesure où l'étude du libéralisme en philosophie politique se trouve régulièrement adossée de la manière la plus directe à une enquête sur les « valeurs » et leurs fondements – comme c'est le cas aussi dans les conversations courantes sur les mérites ou les torts du libéralisme.

La coexistence de valeurs opposées ou simplement distinctes au sein d'une même communauté politique de référence peut être appréhendée comme une virtualité qui naît de la faculté de choix et de formation du jugement que l'on reconnaît à chacun. C'est l'option « libérale ». Mais il n'est pas aisé de reconnaître les virtualités – par exemple celles que l'on associe traditionnellement à la liberté individuelle – comme des faits politiques. Aux yeux des tenants d'un retour à la philosophie des « communautés », il faudrait revenir, on le sait, aux seuls faits tangibles : la division objective de la communauté politique en plusieurs groupes humains, eux-mêmes constitutifs de certains liens d'où naissent des droits et des devoirs que l'on manque d'apercevoir si l'on veut s'en tenir à la fiction (contractualiste) d'un agent rationnel libre de toute attache, capable de se décider en toute indépendance.

Le développement et l'approfondissement des droits individuels semblent souvent s'appuyer sur des éléments que l'on peut dire « communautaires » : l'amélioration des chances de la participation à la division sociale du travail, à la vie culturelle, à des communautés religieuses ou spirituelles, etc. Mais l'on n'est pas assuré de faire prévaloir de manière convaincante les droits et devoirs qui naissent de l'appartenance à des communautés, si l'on prend comme point de départ ces communautés elles – mêmes, sans remonter aux individus qui les constituent.

On ne peut rien tirer de la vague homologie entre l'individualisme de méthode, consistant à asseoir la théorie des droits sur les jugements ou les choix des personnes, et la doctrine politique « individualiste » qui revient à affirmer la primauté des droits individuels dans l'évaluation normative des états ou des institutions de la société politique. Il n'y a pas de correspondance évidente entre le choix scientifique des principes méthodologiques et la « doctrine » finale que forment, si l'on veut, les conclusions normatives substantielles d'une théorie (concernant « ce qu'il faut faire » ou « ce qui est bon » pour la société politique). Il faut donc distinguer deux débats, qui n'ont à vrai dire aucun point commun, si ce n'est parfois l'identité des protagonistes. En premier lieu, le débat sur la place respective que doivent avoir, dans les arbitrages de la vie publique, les revendications qui concernent la protection ou l'approfondissement des droits individuels (typiquement, le droit de pratiquer telle chose qui s'oppose aux usages convenus de certains groupes d'appartenance) et les revendications qui visent le renforcement ou la plus grande sévérité des règles constitutives de l'appartenance à certains groupes sociaux.

On peut effectivement décrire de la sorte un certain nombre de débats importants dans les sociétés contemporaines. À cet échelon même, il n'est pas nécessaire qu'il y ait plusieurs communautés : les nationalistes se contentent d'une seule communauté (nationale), le plus souvent reconstruite à partir de quelques faits historiques, pour en faire le siège primordial des droits et des obligations ; de même, les intégristes ou fondamentalistes se satisfont de la seule communauté idéologique, induite par une religion commune par exemple. En toute hypothèse, à ce niveau, il y a bien une opposition entre les prétentions « libérales » et celles des tenants de la communauté.

Deux « visions du monde » s'affrontent d'une manière qui correspond assez étroitement à l'opposition classique entre « communauté » et « société ». Cela donne lieu à des prises de position partisanes. La philosophie politique doit prendre acte de ces oppositions, pour les comprendre et en saisir les implications, idéalement aussi pour éclairer la portée et les limites des thèses épousées par les uns et les autres. Mais elle n'est évidemment pas tenue de transformer les termes actuels des conflits idéologiques en autant de points d'aboutissement, comme si l'effort de compréhension philosophique de la structure défendable des droits et des pouvoirs devait en fin de compte nécessairement déboucher sur une idéologie de la primauté de l'individu, ou une idéologie de la primauté des communautés. L'enquête normative, en philosophie, ne peut être un chemin dont le terme serait fixé d'avance.

Pour cette raison même, il est essentiel de réserver un sort particulier au second type de débat : celui qui oppose « libéraux » et « communautariens » en philosophie politique (et non plus dans l'arène des affrontements idéologiques ou partisans). Il s'agit alors de savoir comment construire la théorie politique, singulièrement lorsque celle-ci prétend éclairer la structure correcte ou défendable des droits fondamentaux. Il y a eu à coup sûr quelque ambiguïté, de ce point de vue, dans la manière dont on a présenté le débat entre « libéraux » et « communautariens », en particulier tel qu'il s'est noué après la publication de la *Théorie de la justice* de John Rawls. Incontestablement, l'œuvre de Rawls a fait progresser la compréhension des rapports entre différentes exigences éthiques au sujet de l'organisation de la société. Tirant parti des outils mis à disponibilité par la théorie de la décision, Rawls a également montré la vertu unificatrice d'une présentation des arguments éthiques et politiques articulée autour de l'acceptation des arrangements sociaux par un agent rationnel. Il s'agit donc d'une configuration proprement théorique, dans laquelle le recours à la figure de l'agent rationnel est destiné à permettre la synthèse des raisons disponibles pour chacun (sans recourir à la tradition ni aux arguments d'autorité). Que cet agent rationnel se trouve dépouillé des caractéristiques concrètes qui appartiennent en propre aux individus du monde réel, c'est la conséquence d'un choix méthodologique : l'auteur a voulu ne tenir compte que des préoccupations que les individus ne peuvent manquer d'avoir, hors de toute partialité induite par leurs caractéristiques particulières. Afin de donner corps à l'idée d'une évaluation impartiale conjuguée à l'intérêt des personnes, il fallait supposer chacun dans l'ignorance de sa destinée et de ses préférences particulières. Telle est, dans les grandes lignes, la méthodologie du voile d'ignorance, défendue par des auteurs tels que William Vickrey, John Harsanyi et John Rawls lui-même.

La critique philosophique des auteurs communautariens, pertinente à ce niveau, consiste notamment à faire valoir que les jugements individuels pertinents, dans l'univers politique, ne sont pas ceux que l'on pourrait former « sous un voile d'ignorance », en l'absence, donc, de valeurs et de formes de vie de référence, offrant un support au récit de nos vies et à leur insertion dans la communauté. Il faut partir, au contraire, des jugements individuels possibles d'après les valeurs de l'individu concret – valeurs inévitablement liées à sa communauté d'appartenance. Il faudrait, en ce sens, rompre avec le « présupposé libéral » si caractéristique de la philosophie politique contemporaine

dominante d'après lequel il n'y a pas de lien substantiel entre les individus et leurs propres convictions (puisqu'ils peuvent les rejeter à leur
guise et leur en substituer d'autres).

Cette critique est méthodologique et sa pertinence dépend beaucoup
des ambitions que l'on forme pour la théorie[1]. S'il s'agit de décrire
la société politique telle qu'elle est, la critique précédente est éclairante. On n'observe jamais le voile d'ignorance, alors que chacun peut
mesurer l'ampleur des divergences normatives liées aux communautés
d'appartenance. Le problème qui se pose à ce niveau – et il est de taille
– concerne les appartenances multiples, qui sont la règle plutôt que
l'exception. S'il s'agit de décrire les possibilités de règlement des conflits
dans la société telle qu'elle est (c'est-à-dire marquée par des clivages entre
groupes), la critique est encore pertinente, mais elle peut entraîner trop
loin et faire méconnaître l'importance des attitudes individuelles. En
dépit de cette réserve, il demeure que dans de nombreux cas, la tâche
la plus urgente de la réflexion politique est effectivement d'élaborer le
dialogue ou la rencontre autour d'éléments communs, sur la base de
valeurs ou de convictions opposées.

Si l'enjeu de la critique est la réflexion proprement « normative »
sur les arrangements sociaux et politiques défendables, la critique
communautarienne apparaît beaucoup moins pertinente. Elle vise en
effet à contester le recours à la fiction d'un individu maître de ses propres
valeurs, chez des théoriciens qui cherchent à préciser les conditions
de l'acceptation, par un sujet individuel, des normes ou arrangements
sociaux. Or, précisément, il n'est pas possible de se lancer dans l'examen
de cette question si l'on ne suppose pas d'abord que l'individu est capable
d'accepter ou de rejeter ces normes ou arrangements. Dans le cas contraire,
il n'y aurait pas lieu de philosopher : il suffirait de décrire les convictions
que l'on a, tout en affirmant (sans explication) que l'on ne peut avoir
que celles-là. Mais tel n'est pas le cas pour ceux qui s'intéressent à la
philosophie politique, puisqu'ils souhaitent justement savoir quelles
raisons l'on peut avoir de préférer tel type d'arrangement social à tel
autre. C'est là probablement la question générique la plus typique du
champ d'investigation qui les intéresse.

---

1   Pour une vue d'ensemble des finalités actuelles reconnues à la philosophie politique,
     voir notamment : L. Chevalier, édit., *Le Politique et ses normes. Les débats contemporains en
     philosophie politique*, Rennes, Presses universitaires de Rennes, 2006 ; C. Nadeau, *Justice et
     démocratie. Une introduction à la philosophie politique*, Montréal, Les Presses de l'université
     de Montréal, 2007.

S'il est envisagé sous cet angle, le fameux « débat entre libéraux et communautariens » se ramène à une différence entre deux attitudes : d'un côté, ceux qui veulent connaître ce qui existe par-delà les convictions particulières liées à des communautés ou à des cultures données (ce qui peut expliquer ou justifier ces dernières, ou encore ce qui permet de les critiquer et de les rejeter). Grâce à quelques contributions théoriques majeures récentes (dont la *Théorie de la justice* de Rawls), ce type de savoir a beaucoup progressé, gagnant tout à la fois en profondeur explicative, en généralité, en précision et en systématicité. Ainsi, la théorie de Rawls a levé l'énigme qui a intrigué des générations de chercheurs en philosophie politique : celle de la possibilité d'articuler conjointement à des principes de libre choix les droits « négatifs » traditionnels (exprimés par les libertés publiques) et les droits sociaux. L'œuvre de Rawls, selon une voie particulière et sans doute amendable, a démontré par l'exemple la faisabilité de l'entreprise, même s'il est clair que le modèle des droits sociaux n'est que l'une des formes possibles d'interprétation et de mise en œuvre du versant économique et social des principes de justice proposés par l'auteur.

Pour autant, il reste possible de refuser d'aller si loin. On peut, comme A. MacIntyre dans *Après la vertu*, juger « interminables » les débats des philosophes, et souhaiter rompre là. Il reste toujours loisible pour chacun d'estimer que la fidélité à l'héritage éthique d'une communauté ou d'une tradition de pensée est supérieure, du point de vue de l'orientation pratique, aux raisonnements des analystes. Rien n'oblige en effet à rompre avec l'attitude naturelle propre à chaque communauté, qui porte à juger bon ce qui est jugé bon, et mauvais ce qui est jugé mauvais.

Il est à regretter, pour ces raisons, que l'étiquette du « libéralisme » se trouve désormais accolée aux tentatives philosophiques (libérales ou non quant au fond) qui reposent explicitement sur l'idée que les convictions et les jugements peuvent faire l'objet d'une critique et d'une libre acceptation de la part de sujets individuels. Cela peut s'expliquer pour des raisons historiques. On a souvent relevé que les principes « libéraux » modernes et contemporains (la liberté de culte par exemple) naquirent d'un contexte historique dans lequel il y eut tout d'abord une rupture de l'homogénéité des convictions au sein des communautés politiques, puis des conflits liés au choc des convictions contraires, et enfin une reconnaissance de la pluralité comme un fait appelant des solutions institutionnelles adaptées. La théorie politique, parallèlement, a privilégié l'acceptation individuelle des normes et des principes, ce qui suppose la possibilité de leur rejet. Mais ce simple parallélisme ne suffit évidemment pas à amener inévitablement la théorie politique en coïncidence, sur le terrain des implications doctrinales concernant la « bonne » société, avec des thèses « libérales » (favorables à l'approfondissement des libertés individuelles).

Pour autant que le théoricien du politique accepte cependant de considérer que les individus peuvent accepter ou rejeter des principes, un domaine s'ouvre à la connaissance, qui demeurerait clos si l'on s'en tenait au présupposé d'après lequel chacun est attaché à un ensemble fixe de convictions. Il n'est pas impossible qu'une certaine manière courante de comprendre la théorie politique contemporaine comme un effort pour articuler « les conceptions de la vie bonne » avec « une conception du juste » conduise par trop aisément à figer ces « conceptions de la vie bonne » comme si elles étaient imperméables au processus réflexif que l'on mobilise pour parvenir à une conception du juste. Tel n'était pas le cas chez Rawls d'ailleurs, en raison du retour réflexif des agents sur leurs propres convictions, à la lumière des principes de justice. Le risque est grand, surtout, d'identifier le problème politique lui-même à un problème de coexistence entre communautés distinctes structurées autour de valeurs elles-mêmes opposées entre elles. Si la philosophie politique vise à rendre explicites les raisons de l'acceptation (ou du rejet) des normes et des institutions, elle ne peut, semble-t-il, se satisfaire d'une telle conception.

L'antagonisme entre les valeurs n'a pas toujours une contrepartie évidente dans le domaine des prétentions contradictoires ou des actions conflictuelles (qui suscitent des problèmes auxquels la vie politique offre des solutions effectives). Mais les conflits de prétentions ou d'actions sont particulièrement importants dans le champ politique. De fait, la matrice libérale dont on décrira quelques ressorts n'est pas réductible à un ensemble de « valeurs » ; elle comporte un ensemble de solutions et de mécanismes qui répondent à des problèmes naissant de l'interaction sociale. C'est par là que les principes libéraux contraignent la vie publique, la façonnent de manière continue et la transforment dans ses procédures comme dans ses réalisations. C'est par là aussi que ces principes donnent des chances inégales aux bonnes raisons de différents ordres dans le débat public.

LE RAPPORT AUX DROITS
ET LA NATURE DES DROITS

LES DROITS À LA CROISÉE DE LA LÉGALITÉ
ET DE LA LÉGITIMITÉ

LES DROITS COMME DISPOSITIFS SOCIAUX FLEXIBLES
ET OUVERTS À L'INTERPRÉTATION

Les droits individuels relèvent-ils d'une zone intermédiaire entre le droit, la politique et la morale ? L'une des raisons de le penser tient au fait que si la contestation de la structure existante des droits s'étend aux décisions et aux normes faisant autorité dans l'ordre juridique, le règne du droit peut être ébranlé. Or, une telle contestation peut s'appuyer sur des considérations morales : c'est ce que l'on constate souvent dans le monde politique réel. Une seconde raison s'énonce ainsi : les droits consacrés dans le droit offrent des ressources normatives aux individus et aux groupes. C'est ce qui entretient l'habitude de parler de « droits » simultanément au sens de prérogatives que l'on a et au sens de prérogatives que l'on doit avoir. Par ailleurs – et c'est une troisième raison – ne pas respecter les droits (consacrés dans le droit) de certains individus, c'est enfreindre la norme morale d'égalité de traitement, laquelle est souvent présentée comme une norme commune à tous les systèmes éthiques[1].

Par ailleurs, il existe des aspects moraux du choix entre plusieurs interprétations possibles de l'exigence d'égal traitement des personnes du point de vue du rapport aux droits. Il me semble que ce sont, pour l'essentiel, les suivantes : (1) traiter de manière égale les cas qui sont explicitement mentionnés comme des cas appelant un traitement similaire ; (2) compléter le principe précédent en traitant de manière égale tous les cas auxquels les normes juridiques peuvent s'appliquer de manière similaire (et non pas seulement ceux qui sont explicitement

---

1   A.K. Sen, *Inequality Reexamined*, Oxford, Oxford University Press, 1992.

mentionnés à ce titre) ; (3) se soucier du fait que l'application de la stratégie précédente peut induire des inégalités de traitement et chercher à y remédier en mobilisant les normes disponibles (sans en exclure les droits fondamentaux proclamés, les principes généraux du droit, des principes divers dégagés de la jurisprudence...) de manière à favoriser un traitement substantiellement égal des personnes. Ce choix s'impose de manière continue et affecte la reconnaissance d'un statut moral aux personnes. Cette dimension morale du rapport politique aux droits individuels peut contribuer à expliquer la plasticité des droits, leur aptitude à conserver une forme générale et flexible dans le débat public en dépit des aspirations toujours renouvelées à leur concrétisation dans des dispositifs juridiques détaillés.

Hart a soutenu qu'il existe un domaine de la « moralité » dont l'objet propre est la détermination des conditions sous lesquelles la liberté d'une personne peut entraîner la limitation de celle d'une autre personne. Cela revient à délimiter la classe des actions dont il y a lieu de croire qu'elles peuvent valablement être soumises à des règles juridiques restrictives (ou coercitives), c'est-à-dire susceptibles d'influer sur le comportement des personnes soit par empêchement d'agir, soit par le jeu des incitations, à cause de la menace de sanctions ou de pénalités[1]. Cette manière d'amener droit et morale en conjonction est assez naturelle. Elle exprime le fait que les convictions morales au sujet des droits trouvent un terrain d'application dans l'encadrement des conduites individuelles par le droit.

Mais on ne saurait en déduire que la seule manière de considérer cet encadrement est d'y voir alternativement la traduction (ou l'expression) des droits véritables, ou bien un déni des droits véritables. Ce serait manifestement trop simple, pour deux raisons essentielles. Tout d'abord, il n'y a pas d'accord dans la société, en général, autour des droits véritables. Les controverses sur l'évolution des droits au sens juridique servent justement de points d'appui aux individus dans l'élaboration de leurs croyances ou convictions au sujet des « vrais » droits. C'est la matrice de revendications sans cesse affinées.

En second lieu, les droits qui existent au sens juridique sont les éléments d'une réalité sociale et politique complexe ; leur effet est vraisemblablement multiforme et il y a de très nombreux aspects par lesquels il peut répondre ou non à telle ou telle attente de justice, d'efficacité, de cohésion sociale, etc. Il serait en somme tout à fait arbitraire de rapporter

---

1   H.L.A. Hart, « Are There Any Natural Rights ? », *Philosophical Review*, 64 (1955), p. 175-191.

ces droits à un seul élément d'appréciation, à savoir leur capacité à exprimer ou transcrire des droits « moraux » d'arrière-plan avec lesquels on les suppose, un à un, étroitement corrélés.

LES DROITS, LE DROIT ET LA SANCTION

Les raisonnements dichotomiques sur les droits conduisent à accorder une place très importante à la légitimité des principes généraux et des opérations juridiques qui mènent à la délimitation des droits, et une place moins importante à la détermination des sanctions. Or, dans un contexte pluraliste, il est difficile de raisonner en termes de légitimité absolue des choses autorisées, ou en termes d'absence totale de légitimité des choses interdites. Dès lors, le niveau des sanctions apparaît extrêmement important tel qu'en lui-même, et non pas seulement en tant qu'ensemble d'instruments, dont la trace s'effacerait dans la réalisation des objectifs (l'obtention des comportements désirés, l'évitement des comportements réprouvés).

En effet, la sanction ne peut être abordée seulement comme la réalisation d'une sorte de plan décidé de l'extérieur et qui constituerait « la justice » – comme dans les conceptions les plus naïves du droit naturel ou de la loi divine. Il n'est pas ordonné d'avance qu'il faille subir des sanctions : il en va toujours du choix d'un dispositif de concrétisation sociale des droits et des obligations. Le choix de la sanction enveloppe celui d'un mode de coordination des actions. Imposer des normes assorties de sanctions, c'est choisir un dispositif présentant quelques caractéristiques remarquables, que l'on peut tenter d'identifier de la manière suivante :

1. à certaines initiatives individuelles ou collectives sont associées des réponses collectives organisées, souvent coûteuses et dont la complexité implique la mise au point d'appareils de pouvoir potentiellement dangereux pour les individus et leurs facultés d'action ;

2. ces initiatives peuvent en général aussi être soumises à une répression directe dans le cours de l'exécution de l'action (par exemple, grâce à l'intervention de forces de police) mais la sanction en elle-même s'appuie sur une forme de contrôle *ex post*, dans laquelle (a) l'individu conserve le libre choix entre plusieurs initiatives (les unes « correctes », les autres « incorrectes » et potentiellement frappées de sanctions), (b)

l'exécution même de la sanction présuppose une revendication
de sanction qui contribue à resserrer le lien entre les actions
du type incriminé et la sanction prévue ;

3. la réponse collective organisée présente un aspect dissuasif qui
est un maillon dans la recherche d'une coordination sociale des
comportements ; c'est en effet de la menace que l'on attend,
à tort ou à raison, la coordination sociale ; on privilégie cette
piste par rapport à d'autres pistes, telles que la négociation et
l'entente préalable entre les parties concernées.

Par ce troisième aspect, l'action elle-même s'inscrit de manière plus
libre dans la vie sociale de l'agent : elle est moins encadrée *a priori*, mais
il reste à voir si ce type de coordination est profitable. Ce que l'on peut
remarquer d'emblée, c'est que ce type de coordination paraît avoir une
certaine affinité avec des situations de décision dans lesquelles l'initiative
individuelle est peu contrôlée, voire peu contrôlable par autrui (parce
que cela est trop coûteux, trop « intrusif », etc.), dans lesquelles aussi la
négociation des actions appropriées entre les parties concernées apparaît
difficile (par manque de moyens de vérification, parce que les parties ne
se connaissent pas, ou parce qu'il s'agit d'actions consistant simplement
à nuire à autrui et ne s'inscrivant absolument pas dans un plan de
coopération ou d'avantage mutuel). Mais dire que la coordination par
la sanction pour cause de violation des droits a une affinité décelable
avec ce genre de situation sociale, ce n'est pas dire que l'association sera
trouvée partout et toujours. Elle peut être contrariée par des causes
qui découlent aussi des circonstances de l'interaction sociale et des
conventions sur lesquelles celle-ci s'appuie.

Par exemple, il peut y avoir un intérêt spécifique de certains groupes
de la société à promouvoir le contrôle préalable, par la généralisation de
la surveillance et de toutes les formes de contrôle (délation, interception
de courrier, etc.), jusque dans la sphère de la vie privée ou intime. Ce peut
être l'enjeu d'une concurrence établie entre groupes politiques sur la base
de conventions d'arrière-plan. Par exemple, des groupes politico-religieux
peuvent tenter de faire croître leur influence politique en s'engageant
dans ce type de démarche, comme on l'a vu chez certains groupes de
militants dans l'Iran post-révolutionnaire, dans la perspective de la lutte
active pour la promotion de la vertu et pour la répression du vice : dans
le contexte de conventions telles que l'adoption de normes religieuses
librement interprétées pour fournir un soutien à la vie publique, il s'est

agi de gagner de l'influence au détriment d'autres milieux sociaux en donnant des gages de zèle et d'efficacité quant à la garantie des droits des Iraniens à voir un certain ordre moral ou religieux respecté dans le cadre du régime issu de la Révolution islamique.

Dans bien des cas, les dispositifs sociaux peuvent faire refluer une partie du contrôle postérieur vers une phase préalable ; c'est par exemple l'effet de la généralisation des systèmes de surveillance, qui tendent à rendre possible l'intervention directe et la répression, d'une manière qui peut prévenir l'exécution d'actes qui, une fois commis, donneraient lieu à des sanctions spécifiques. Doser la sanction et les autres formes de contrôle, c'est répartir le pouvoir dans la société politique. Ce dosage est évident dans la coordination des décisions individuelles mais il pourrait fort bien intervenir aussi à l'échelon des rapports entre les institutions ou pouvoirs constitués.

Penser la sanction, cela se fait couramment en deux étapes. On considère ce qu'il faudrait faire ou ne pas faire pour ne pas être sanctionné, ce qui donne une certaine vision du respect du droit ; puis on considère ce qui se produit si certaines dispositions juridiques sont violées. Cela conduit à s'intéresser, d'une part, à la liberté dont jouissent les individus dans les marges de manœuvre que leur laisse le respect du droit et, d'autre part, à l'acceptabilité (ou au caractère adéquat) des sanctions prononcées ou prévisibles qui frappent les délinquants. Toutefois, si l'on adopte une perspective unifiée sur la décision individuelle qui conduit à respecter ou à violer le droit, ce type de conceptualisation en deux étapes n'apparaît plus très satisfaisant. Il serait plus correct d'incorporer le souci du respect du droit parmi les raisons capables de décider l'agent en faisant contrepoids à d'autres raisons. Et de même pour le souci de ne pas être puni, partie intégrante de la notion même d'une coordination privilégiant la menace.

Dans cette perspective, on est obligé de repenser la liberté du sujet sous les lois. Il faut en effet envisager les modifications spécifiques apportées par les lois non pas en termes de restriction du nombre des options ouvertes à l'initiative individuelle mais, bien davantage, en termes d'altération des conséquences associées aux initiatives individuelles alternatives. Ce fut un apport spécifique de la théorie du droit de Kelsen : nous permettre de penser la contrainte appuyée sur la sanction non pas tant comme une restriction de liberté que comme un schème d'aménagement de l'exercice des libertés personnelles, associant d'une certaine manière les comportements individuels aux conséquences.

Le droit étant selon Kelsen un ordre de contrainte, la norme fondamentale d'un ordre étatique apparaît d'emblée relative à l'exercice de la contrainte entre les hommes :

> [...] la contrainte doit être exercée par des hommes contre d'autres hommes, de la façon et sous les conditions qui sont déterminées dans la Constitution historiquement première[1].

Ainsi, la détermination du droit comme ordre de contrainte est toujours supposée en même temps que la norme fondamentale, de sorte que cette dernière est garante d'un dispositif interpersonnel de contrainte. Mais certaines objections se présentent. Les ordres juridiques contiennent des normes qui n'instituent pas d'actes de contrainte, mais permettent une conduite, ou bien confèrent un pouvoir. Cela appelle la réponse suivante : les normes en question sont non indépendantes. On doit les considérer en même temps que d'autres normes, auxquelles elles sont liées par une connexion essentielle, et ces autres normes instituent, de leur côté, des actes de contrainte. C'est le cas, par exemple, pour des normes constitutionnelles qui règlent la procédure de la législation sans prévoir de sanction en cas de non-respect : elles ne font que déterminer certaines des conditions qui doivent être remplies pour que soient ordonnés et exécutés les actes de contrainte institués par d'autres normes. D'une manière générale, deux normes doivent être considérées comme « essentiellement liées l'une à l'autre » si l'une prescrit une certaine conduite, tandis que l'autre institue une sanction pour le manquement à l'observation de la première[2].

De cette manière encore, on voit que l'obligation d'exécuter (conditionnellement) une sanction « fait écran » à l'obligation de se comporter de la manière prévue, dans la mesure où une norme se contentant d'exprimer la seconde obligation s'avère superflue, dès lors qu'il existe une norme posant la première obligation. Par exemple, la norme « tu ne dois pas tuer » est superfétatoire lorsqu'est mise en vigueur la norme « celui qui commet un meurtre doit être puni[3] ». L'intégralité du contenu de la première norme est conservée à titre de condition, comme en négatif, si l'on remplace cette norme par l'autre. Qu'en résulte-t-il, pour ce qui est de la description des systèmes juridiques ? Il faudrait logiquement observer d'abord les sanctions, puis reconstituer,

---

1 H. Kelsen, *Reine Rechtslehre* (édition de 1960), R 51, T 68 (R renvoie au numéro de page de cette seconde édition allemande et T, à la traduction fr. de Charles Eisenmann).

2 R 55, T 74.

3 R 56, T 74.

pour chaque opération de contrainte prévue, l'ensemble hiérarchisé des circonstances qui conditionnent la mise en œuvre.

Les systèmes juridiques peuvent contenir des normes qui prescrivent des conduites, sans attacher aux conduites contraires les conséquences de certains actes de contrainte. Est-ce vraiment une objection ? Ce que l'on rencontre alors, c'est le cas kelsénien de l'habilitation (sans obligation) à appliquer une sanction. En effet, si l'on se trouvait dans un autre cas, si donc aucune sanction n'était directement ou indirectement en cause, il ne s'agirait pas d'une prescription ayant un caractère juridique.

D'une manière conséquente, Kelsen n'excluait pas que certains actes des législateurs, qui sont tenus subjectivement pour des normes de l'ordre juridique, pussent être dépourvus de signification juridique réelle. Bien plus, il est possible de donner une forme juridique à certaines propositions, par exemple pour leur donner plus de solennité, alors que ces propositions n'ont aucune pertinence juridique et ne peuvent même pas être représentées subjectivement comme des normes : par exemple, si l'on exprime de cette manière les vœux de la nation au chef de l'État pour son jubilé, ou bien encore si l'on énonce avec solennité, dans les formes juridiques, une proposition affirmant que le droit émane de Dieu. On retrouve ainsi la distinction classique entre forme juridique (la procédure par laquelle le droit est créé, qu'il règle lui-même) et contenu juridique (le contenu créé en suivant cette procédure). Il faut seulement se garder de croire que la conformité de l'acte à une certaine procédure puisse jamais suffire à son interprétation comme acte de droit.

À quoi le droit ressemblerait-il, si l'on pouvait considérer comme « juridiques » des normes indépendantes dépourvues de sanction ? La norme fondamentale devrait alors être supposée d'après le modèle suivant :

> On doit, aux conditions définies par la Constitution historiquement première, se conduire de la façon qu'elle détermine[1].

Les normes dépourvues de sanction que poserait le législateur ne se distingueraient des normes morales que par leur origine et les normes juridiques issues de la coutume ne se distingueraient pas des normes morales issues de la coutume. À cause de cet inconvénient, il est utile de placer, à titre de condition requise pour toute définition possible du droit, le fait qu'elle le fasse apparaître comme un ordre de contrainte. Ainsi donc, une caractéristique essentielle de l'objet d'étude est obtenue

---

1   R 54, T 72.

par la voie épistémologique : cette caractéristique est nécessaire pour qu'il y ait tout d'abord un objet d'étude bien identifié, distinct de l'objet possible d'autres formes d'investigation – en l'occurrence, l'éthique.

Chez Kelsen, l'analyse des normes non-indépendantes découle de ces considérations. Ainsi, les normes qui permettent positivement une certaine conduite « ne font rien d'autre que limiter le domaine de validité d'une norme juridique qui interdit cette conduite en attachant à son contraire une sanction[1] ». Par exemple, les dispositions de la charte des Nations Unies qui interdisent aux membres l'usage de la force (article 2, §4) sous peine des sanctions établies dans l'article 39, et qui autorisent l'usage de la force en tant que légitime défense individuelle ou collective (article 51) forment en réalité une unité. L'autorisation ne fait que limiter le domaine de validité de l'interdiction. On aurait pu, remarque Kelsen, se borner à édicter un seul et unique article, prévoyant des sanctions pour le recours à la force lorsque celui-ci n'apparaît pas comme une forme de légitime défense[2].

De même, les normes abrogatoires ne font qu'anéantir la validité d'une autre norme. Quant aux normes d'habilitation, qui confèrent à un individu le pouvoir de créer des normes juridiques, leur opération réelle est de « déterminer l'une des conditions auxquelles un acte de contrainte est attaché – dans les normes indépendantes[3] ». Par là même, il faut admettre que les normes légales sont de simples conditions des normes individuelles prévoyant une sanction. À côté de l'établissement du fait du délit et de la constatation d'autres circonstances, il faudra ainsi ranger « la création conforme à la Constitution des normes générales à appliquer » et « la création conforme à la loi des normes individuelles » parmi les diverses conditions de l'accomplissement des actes de contrainte[4]. Cette unification théorique remarquable se transpose-t-elle à l'échelon du rapport individuel aux normes ?

Dans le système kelsénien sous sa forme classique, la rationalité instrumentale se trouve dépourvue de toute incidence sur la détermination de « ce qu'il faut faire » objectivement. Or, dans l'univers objectif des normes juridiques, les sanctions organisées et plus ou moins centralisées (qui attestent que l'on est bien en présence d'un ordre juridique) modifient les raisons de « faire » ou de « ne pas faire » qui sont accessibles aux individus.

---

1   R 56, T 75.
2   R 56, T 75.
3   R 57, T 76.
4   R 58, T 77.

Elles accomplissent cette opération d'après un schéma instrumental relatif à l'action individuelle, qui paraît capable de structurer le rapport individuel aux normes. En effet, elles rendent certaines actions incapables, dans la plupart des cas, de servir à la maximisation de sa propre utilité par un individu (soit en agissant directement sur le bilan coût-avantage des actes grâce à des sanctions liées aux actes, soit indirectement via les coûts spécifiques associés, dans une communauté donnée où se déploient des pressions normatives, à la transgression des normes communes).

Ces vues sont conformes à la notion générale d'un « schéma incitatif » telle qu'elle a été exprimée et formalisée par les économistes, en particulier dans *Economic Theory of Teams* de Jakob Marshak et Roy Radner en 1972. Elles paraissent en outre compatibles avec l'approche du droit proposée par Kelsen. Mais n'est-il pas insatisfaisant d'admettre la superposition de ces deux formes de devoir-être ? Peut-on admettre que le devoir-être subjectif lié à l'évaluation instrumentale des actes et aux rapports entre désirs personnels et désutilité liée aux sanctions reste extérieur au devoir-être supposé « objectif » qui s'attache à l'ordre juridico-étatique (dont on admet en même temps qu'il se démarque de la morale précisément grâce aux sanctions organisées) ? Et dans l'affirmative, pourquoi l'ordre objectif serait-il seul du côté de la liberté, alors que l'autre relève aussi d'une logique des choix délibérés et préférentiels ? Il pourrait paraître plus naturel, à certains égards, de penser que la différence est plutôt une affaire de degrés : on réalise que l'ordre étatique est commun, connu, reconnu par les autres (l'étranger) et efficace à un plus haut degré, pour peu qu'on le compare à d'autres ordres normatifs auxquels un individu peut vouloir se référer au moment d'évaluer ses propres actes. C'est cette conception gradualiste que l'on proposera ici de privilégier.

LES DROITS INDIVIDUELS,
L'ACTION DANS UNE SPHÈRE PRIVÉE ET LA PROPRIÉTÉ

TYPES DE DROITS ET COOPÉRATION SOCIALE

Notre rapport politique aux droits est social de part en part ; aussi devons-nous rapporter les conditions de la concurrence entre les droits aux formes générales de la coopération sociale. La société du libéralisme, particulièrement lorsqu'elle s'épanouit en une « société de marché » essentiellement fondée sur l'information et l'initiative individuelles, enserre les personnes dans un réseau permettant la coopération, mais sur une base très largement décentralisée. Chacun coopère tacitement avec tous sans pour autant se concerter systématiquement avec autrui. Pour les philosophes et les économistes, c'est la source de la fascination durable exercée par le modèle du marché : dans le cadre de règles impartiales qui s'appliquent à tous, chacun est dispensé, autant que faire se peut, de négocier avec autrui ou de lutter avec lui, et nul n'a à craindre la défaveur d'autrui (pas même celle des puissants).

Les libéraux cherchent dans cette direction les racines de la prospérité, et donc celles de multiples formes d'épanouissement individuel, à l'exemple de ce qui a été permis par le développement économique sans précédent des nations occidentales et du Japon après la fin de la seconde Guerre mondiale. Pourtant, un système de coopération fortement décentralisé présuppose une forme de vie sociale assez particulière, dans laquelle chacun œuvre de manière très limitée dans le champ qui est le sien et dans les directions qu'il juge bonnes. La coopération en vue de guider l'organisation collective (politique, en particulier) et le gouvernement des affaires communes se limitent alors à quelques formes de participation politique.

Pour cette raison, le libéralisme est hanté par une tension entre l'individualisme systémique dont on ne peut se dispenser et les aspirations collectives des individus (celles qui visent l'action et les finalités collectives, l'organisation sociale, la teneur et l'interprétation des normes et principes reconnus en commun). Les individus du libéralisme sont des hommes comme les autres : ils veulent faire avancer les causes qu'ils croient justes et faire reculer celles qu'ils trouvent injustes ; ils veulent faire le bien d'autrui ; ils veulent orienter de telle ou telle manière l'action collective et les institutions. Tout cela se trouve tenu en bride dans un système social dont le fondement est que chacun œuvre à part soi à améliorer sa situation et à organiser sa propre vie à sa guise dans le domaine qui est le sien. Bien entendu, le développement des formes délibératives et participatives de la démocratie, comme aussi l'échelonnement de la démocratie jusqu'aux échelons locaux et les multiples formes d'engagement associatif favorisent un dépassement des perspectives individuelles. Sans doute encore ne doit-on pas oublier la dimension collective de la vie au sein des entreprises. Il n'en demeure pas moins que de manière tendancielle, l'approfondissement des normes de marché et de concurrence dans la société libérale oblige les individus à consacrer l'essentiel de leur temps et de leurs autres ressources à des affaires auxquelles le système libéral lui-même, à travers ses expressions juridiques et institutionnelles, assigne un statut personnel ou privé. La reconnaissance même des activités individuelles par la puissance publique présuppose une individualisation ou une privatisation des raisons de l'action : par exemple, « avoir un but lucratif » ou « assurer un culte[1] ».

Inévitablement, un certain nombre de valeurs couramment partagées et jugées importantes sont battues en brèche par les développements du capitalisme de marché. Par exemple, l'égalité des ressources, des conditions ou des chances. Ces formes d'égalité ne sont pas essentielles au fonctionnement de ce type de société et il n'y a pas de raison *a priori* de penser que les fonctionnements sociaux doivent conduire à leur promotion sur une base régulière, même s'il ne faut pas se hâter d'affirmer que l'égalitarisme perd toute pertinence en régime libéral. D'autres convictions ou valeurs jugées fondamentales par de nombreuses personnes ont vocation à être frustrées de manière systématique en longue période, dans ce type de contexte social et politique.

On rencontre d'une autre manière encore la tension entre l'individuel et le collectif. La revendication des droits, qui a comme résultat l'espèce d'équilibre qui s'établit parmi les droits et les pouvoirs dans la société, s'appuie en grande partie sur la défense par chacun de ses intérêts, éventuellement par des moyens politiques. Mais cette revendication est générale dans sa forme : à cause du formalisme juridique qui prévaut et à cause des exigences rhétoriques propres au débat public, ce qui est accordé aux uns concerne dans la plupart des cas tous les autres agents qui se trouvent dans une situation similaire (selon la qualification des états de fait qui est retenue pour la formulation des normes ou principes pertinents). Bien plus, il se peut que les revendications présentées, bien qu'appuyées sur des intérêts privés qui sont en cause, soient en réalité motivées, à la faveur d'un engagement sincère, par des considérations générales (relatives par exemple à l'équité, à l'égalité, à la liberté ou à la justice).

La revendication des droits, alors même qu'elle s'adosse aux intérêts particuliers, est ainsi capable d'offrir aux individus un dépassement de leur sphère privée. C'est pourquoi le cynisme n'est pas une option théorique crédible. Mais ce dépassement excède quelque chose

---

1   Pour une mise en perspective historique sur la place des raisons individuelles dans les arguments fondateurs de l'individualisme politique, v. notamment la synthèse d'Y. Michaud, *Locke*, Paris, Bordas, 1984.

de défini : il présuppose une convention sociale sur le partage de ce qui est personnel et de ce qui est commun. L'action collective prend sens à partir du dépassement de ce qui est purement individuel. Par exemple, le « collectif » se constitue parce qu'un élément de dialogue ou de concertation est nécessaire à la mise en place d'une forme d'action. L'« individuel » repose, de son côté, sur des conventions sociales. C'est sur la base de telles conventions que l'on peut reconnaître les cas dans lesquels l'initiative purement individuelle et les accords entre individus ne peuvent suffire, dans les cadres reconnus de l'action, à la mise en place de formes d'action ou de structures collectives utiles, ce qui rejoint une voie classique de justification de la puissance publique. Un lien solide unit donc la justification du pouvoir aux conventions par lesquelles nous séparons l'individuel du collectif.

L'action collective est l'occasion de revendiquer et d'obtenir divers privilèges pour des groupes d'intérêts (par exemple des groupements professionnels) qui peuvent, par la voie de l'influence politique et de la mobilisation à leur profit du pouvoir de contrainte de l'État, abaisser la pression concurrentielle, autrement dit, neutraliser la contestation de leur position, normalement permise par les mécanismes de marché. Mais il y a plus : l'action collective et toutes les formes de mobilisation sont des occasions de présentation d'arguments, d'une manière qui consolide un espace public. Bien ou mal fondées, de « justes causes » sont publiquement défendues et engagent ceux qui les avancent dans des réseaux de réciprocité et de loyauté ; elles contribuent à la constitution et au renforcement d'identités collectives. Dans un régime politique libéral, et même si les effets en sont funestes à l'occasion, la défense des intérêts particuliers est toujours une sorte d'éducation à l'universel.

Outre les valeurs centrées sur les intérêts au sens étroit, les individus se préoccupent aussi de questions générales. Ces valeurs individuelles relatives à la collectivité se donnent carrière dans la formation des revendications au sujet des droits (leur défense, leur contestation, les efforts pour les répartir ou les respecter autrement). Les juges, les responsables de l'exécutif et les parlementaires ont à connaître de prétentions relatives à l'étendue des droits, qui sont appuyées sur des interprétations ou applications particulières de normes générales (lesquelles sont reconnues en commun). Les intérêts particuliers sont un levier pour la mise en œuvre de la norme générale. Dans la République libérale, cela constitue un horizon collectif de dépassement des intérêts personnels et, en même temps, de déploiement sur un plan collectif des causes personnelles.

À l'évidence, tout cela se fait dans le medium du langage et de l'argumentation, d'une manière qui présuppose des conventions initiales partagées sur la structure de l'action individuelle et de l'interaction sociale[1]. Le discours des droits repose toujours sur un agencement des catégories relatives à l'action. Cette dépendance à l'égard des catégories de l'action a pour effet de transformer les représentations sociales conventionnelles en autant d'enjeux de la revendication des droits.

Ainsi, la distinction courante entre les droits exprimant des « libertés négatives » (des protections contre des interférences extérieures non désirées) et des droits associés à la « liberté positive » (impliquant la disponibilité des moyens de parvenir à ses fins) indique l'importance de l'identification des *moyens* de l'action et donc une certaine perspective, fût-elle très approximative, sur l'aspect instrumental de l'action. Cela peut orienter les revendications adressées à la société ou au pouvoir politique (par exemple, dans le sens de la concrétisation de la « vraie » liberté entendue comme liberté positive à travers telle ou telle réforme économique et sociale). On se réfère quelquefois, à ce propos, à la distinction introduite par Joel Feinberg, dans son ouvrage *Social Philosophy*, entre droits actifs et droits passifs.

Selon cette distinction, un droit actif consiste en des assurances sur les facultés de l'individu : un tel droit l'assure du pouvoir de faire (ou d'avoir, d'être) quelque chose de spécifique. Cela signifie qu'une certaine stratégie (ou action) doit être disponible pour l'agent considéré. On peut ranger dans cette catégorie les droits de libre expression (notamment, de libre critique du gouvernement), le droit de pratiquer une religion, le droit de libre circulation ou le droit de vote. Par contraste, un droit passif est un droit qui implique certaines obligations des autres agents de la société de faire (ou de s'abstenir de faire) quelque chose, sans pour autant fournir à l'individu considéré le pouvoir de faire (ou d'avoir, ou d'être) quoi que ce soit en particulier. Les droits passifs sont orientés vers les conséquences (ou pour mieux dire, identifiables à partir des conséquences) : ce qui compte est l'assurance de parvenir à un certain sous-ensemble des états possibles de la société. Une telle distinction engage évidemment à adopter une certaine ontologie de l'action et de l'interaction, que l'on peut expliciter de manière plus ou moins fine, selon les problèmes à traiter. Sous une forme éventuellement moins précise dans la vie pratique, de telles structures du discours des droits ne restent pas sans impact sur la revendication des droits.

---

1   Le rôle du langage dans la décision est discuté d'une manière éclairante par F. Schick *Making Choices. A Recasting of Decision Theory*, Cambridge, Cambridge University Press, 1997.

Par exemple, s'il est possible d'accréditer l'existence de certains « droits passifs », il deviendra possible d'identifier de telle ou telle manière le fait d'être victime de manquements à l'égard de la satisfaction de ce droit ; on pourra se présenter comme « victime » et, par exemple, exiger réparation si le cadre juridique de référence peut être sollicité dans ce sens. Les conventions sociales relatives à la représentation de l'action, qui ne sont autre chose qu'un cadre conceptuel habituellement assez grossier, constituent en elles-mêmes un enjeu du processus social de revendication des droits dans la société libérale. On note l'importance du fait de pouvoir se présenter comme victime d'actions ou d'initiatives des autres, et en position de profiter substantiellement et d'une manière dès lors bien justifiée d'autres initiatives offrant une forme de compensation. En ce sens, on peut dire qu'il n'y a pas que du sentimentalisme dans la tendance actuelle des sociétés libérales à favoriser les revendications appelant à la compensation ou à la reconnaissance d'un statut de victime. Il en va aussi de la capacité des revendications à s'inscrire dans les cadres d'une privatisation des raisons acceptées et influentes dans les échanges publics.

Parmi les divers types de droits, les droits de propriété sont souvent supposés particulièrement liés à la société libérale. Ils fourniront ici un exemple privilégié avec une double visée substantielle (comprendre leur rôle matriciel dans l'évolution des normes de la société libérale) et méthodologique (saisir l'implication de la description de l'action dans les arguments typiques relatifs aux droits et pouvoirs). Certains auteurs, en particulier les « libertariens » contemporains, érigent les titres de propriété en modèle universel pour les droits. La doctrine libertarienne de la « propriété de soi » peut justement illustrer les insuffisances d'une approche seulement formelle et classificatoire des rapports entre norme et conduite ; elle illustre l'intérêt d'une attention renouvelée aux conditions de la décision individuelle et de l'interaction sociale. Les raisons de l'attrait théorique de cette doctrine sont assez claires : il s'agit d'une reconstruction des aspects jugés bénéfiques des systèmes normatifs, à partir d'un foyer d'imputation unifié (le sujet individuel) et par une formulation en termes d'accès et de contrôle qui permet de préciser l'opération des garanties juridiques et de caractériser les normes capables de former un rempart contre certains états de fait jugés inacceptables. En témoigne la première phrase de *Anarchy, State and Utopia* de Robert Nozick :

[L]es individus ont des droits, et il y a des choses qu'aucune personne ni aucun groupe ne peut leur faire (sans violer leurs droits).

Tant que l'on ne considère pas explicitement l'interaction entre plusieurs agents et le rôle bénéfique que peut jouer, dans cette interaction, un système de normes fixant des droits, il n'y a pas lieu de chercher dans les droits autre chose qu'un outil de description ou de présentation du système juridique en vigueur ou du code moral de référence (par exemple, un système moral libertarien). *A contrario*, il faut aborder les propriétés des systèmes de normes du point de vue de leur incidence sur l'action en société, si l'on veut comprendre les raisons associées à la défense des droits. C'est ainsi que la philosophie politique se double par nécessité d'une théorie sociale.

Il existe une indéniable parenté entre les formes typiques de la propriété privée et divers aspects de ce que l'on peut appeler la « sphère privée » des personnes, en désignant par là un ensemble de revendications ou de garanties exprimant des valeurs d'autonomie personnelle ou de libre choix. Qu'il s'agisse des « droits de l'homme » ou de garanties plus précises protégeant la vie privée et l'autodétermination des individus, il ne semble pas impossible de reconduire le débat au modèle de la propriété privée, comme l'illustrent jusqu'à l'excès les doctrines procédant d'une dogmatique de la « propriété de soi ». Cette réduction est souvent formelle ; mais la propriété elle-même consiste en règles formelles capables de s'appliquer à toutes sortes d'entités. Un problème central demeure : comment la propriété – la propriété privée spécialement – peut-elle être érigée en modèle, alors que sa propre valeur est au mieux ambiguë (car elle semble dépendre du contexte et des implications) et parfois clairement négative (puisqu'il est patent que la propriété a certaines conséquences sociales regrettables dans certains cas au moins, le type de « rationalisation » qu'elle introduit dans les rapports sociaux révélant dans ces cas ses défauts) ?

La défense de la propriété privée se nourrit d'un rapport complexe à l'autonomie personnelle. Selon une conception commune, la propriété privée serait simplement fondée sur des valeurs politiques de liberté ou d'autonomie. Elle serait en quelque sorte leur concrétisation. Toutefois, malgré les tentatives répétées des philosophes pour décrire une telle liaison, il est patent qu'aucun consensus n'existe sur sa nature exacte. Si les valeurs de liberté ou d'autonomie ont un caractère absolu ou inconditionné, il demeure malaisé d'expliquer comment elles pourraient demeurer elles-mêmes tout en se concrétisant dans des formes institutionnelles précises et inévitablement limitées (par exemple dans l'espace et le temps, ou encore selon des restrictions complexes obligeant les individus à tenir compte de la conduite des autres pour agir eux-mêmes de manière autonome). Cet embarras donne un certain crédit à la thèse selon laquelle les valeurs de liberté et d'autonomie sont d'emblée valorisées (de manière circulaire) à cause des formes d'existence collective que l'on défend en se référant à ces valeurs. Dans cette perspective, la liberté ne serait autre que le propre d'une existence politique libre, identifiable par diverses caractéristiques que l'on rattache une à une à la liberté.

Les valeurs de liberté pertinentes pour aborder les questions politiques – en particulier les questions d'attribution des droits – sont liées à la structure de l'interaction sociale : c'est mon hypothèse. Si donc la propriété privée est davantage un modèle social de l'indépendance individuelle que l'expression de valeurs abstraites de liberté et d'autonomie, il faut s'interroger sur ce qui lui permet de s'imposer à la manière d'un modèle de référence. Il est incontestable que la propriété privée, transposée de ses formes particulières à un statut plus général, joue le rôle d'une matrice pour diverses conceptions de la liberté politique, des libertés publiques et du statut du citoyen face à l'État. On doit donc s'intéresser au processus d'abstraction par lequel la propriété privée prend la forme générale qui lui permet de jouer ce rôle de modèle. La « propriété privée » et les « droits de propriété » renvoient essentiellement à certaines caractéristiques formelles de l'interaction sociale. Plus spécifiquement, ces caractéristiques concernent les modalités de contrôle qui sont confiées aux individus en ce qui concerne l'accès préférentiel à certains états du monde. Le « modèle » de la propriété n'est donc pas une référence ultime : il est lui-même fondé sur la sélection de certains aspects de l'interaction sociale et c'est sous cet angle qu'il convient de l'aborder.

Les travaux théoriques privilégiant ainsi l'accès et le contrôle – en particulier les contributions de la théorie des jeux et de la théorie des choix collectifs – mettent en évidence, dans certains cas privilégiés, l'étendue des incertitudes entourant la valeur des droits de propriété et de la propriété privée en général. Dans ces analyses, les droits individuels sont considérés en premier lieu, mais les concepts d'accès aux états du monde et de contrôle de ces accès peuvent facilement, dans la plupart des cas, être généralisés au cas des groupes. Surtout, les critères mobilisés sont impersonnels, en sorte que l'on doit se demander si la logique individualiste des droits subjectifs, qui prévaut dans ces travaux, ne conduit pas finalement à un traitement essentiellement « social » des droits, à l'opposé des théories postulant un lien substantiel et inviolable entre l'individu et sa propriété. C'est d'un point de vue critique, ne visant pas d'emblée à restaurer ce lien perdu, qu'il faut en effet étudier le déficit de légitimité qui semble caractériser l'imposant édifice social des normes assurant la protection de la propriété.

LA PROPRIÉTÉ PRIVÉE
ET L'ÉVALUATION NORMATIVE DE LA VIE SOCIALE

Les voies habituelles de la justification et de la critique

Parmi les justifications courantes de la propriété dans la société politiquement et économiquement libérale, la plus convaincante est aussi la plus clairement partielle. La propriété, fait-on observer, est essentiellement un mécanisme permettant la cession volontaire de certaines prérogatives au profit d'autres prérogatives. La propriété, pour le dire autrement, permet l'échange en adossant celui-ci au consentement individuel, permettant ainsi de parvenir à des arrangements mutuellement avantageux tout en faisant barrage à la violence, qui demeure habituelle dans les conflits autour de l'attribution des biens, lorsqu'ils demeurent non résolus à l'échelon normatif.

En amont de cet argument de base, on trouve les conditions de l'existence même des droits de propriété. Si la propriété est saisie comme une réalité institutionnelle, ces droits se concrétisent dans des normes publiques ordinairement assorties de sanctions ; pour mieux dire, ils sont un aspect ou un ensemble de caractéristiques de ces normes considérées comme un tout. Les droits apparaissent comme autant de garanties : il y a des choses que l'on ne peut pas faire, relativement à certaines choses, sans le consentement des « propriétaires » de celles-ci. La concrétisation juridique de ces garanties exclut logiquement la concrétisation d'autres garanties possibles relatives aux mêmes objets : par exemple, la certitude de pouvoir user soi-même de violence pour écarter autrui de l'usage de ce que l'on croit posséder. La propriété est l'enjeu d'arbitrages de nature politique : droits subjectifs de possession contre sécurité ; droit d'user de toute ressource disponible contre soumission aux barrières du tien et du mien telles que codifiées par une autorité publique. Il est en effet loisible, et même tautologique, de se représenter toute garantie juridique comme la contrepartie de l'abandon des droits subjectifs dont la concrétisation juridique se trouve logiquement exclue du fait de cette garantie même. On se borne alors à préciser que certaines prérogatives ne seront pas concrétisées, si d'autres le sont – une prédiction vide de contenu, mais valide.

En aval, on trouve la répartition précise des droits de propriété à un instant donné, dans une société donnée. Celle-ci est ordinairement contestable au moyen de critères eux-mêmes peu contestés. Par exemple, on peut critiquer la répartition de la propriété si les besoins fondamentaux de certains membres de la collectivité ne sont pas satisfaits. Si légitime (du point de vue du respect du consentement des uns et des autres) que soit le processus d'échange ayant conduit à cette configuration au cours d'un intervalle temporel donné, il est possible de se prononcer sur l'injustice du résultat final, ce qui reconduit logiquement à la configuration initiale des droits de propriété et à sa légitimité. Il n'y a pas de limite clairement assignable à ce processus de remontée conceptuelle vers des droits antérieurs. Au point de vue politique, toutefois, le point de départ pertinent est celui de la reconnaissance juridique la plus ancienne de la structure des droits de propriété, intervenue dans le cadre du régime politique encore en place à la date finale considérée. On retrouve alors cette question : au nom de quoi peut-on justifier cette reconnaissance étatique d'une structure de propriété ?

L'impératif du respect du consentement individuel suggère la réponse contractualiste : un pacte compatible avec la rationalité individuelle de chacun est concevable, aux termes duquel des droits antérieurs sont abandonnés au profit d'une structure alternative protégée par l'autorité politique. De cette manière, on peut comprendre que l'évaluation de la légitimité d'une configuration de droits de propriété conduise à prendre en considération un système plus fondamental de droits susceptibles d'être cédés par un individu. La propriété ne se déduit pas de la seule propriété. Cet aspect de la question se vit reconnaître une importance centrale, sous diverses formes, dans les théories du droit naturel ou de la loi naturelle[1]. Or, il n'est pas inutile de s'interroger sur la possibilité même de l'entreprise.

---

[1] Je ne développerai pas l'étude de ces théories. Pour comprendre leur incidence sur les représentations de la liberté politique, on peut consulter en particulier l'ouvrage de Jean-Fabien Spitz, La *Liberté politique.*, Paris, PUF, 1995. V. aussi les réflexions de Simone Goyard-Fabre, *Re-penser la pensée du droit. Les doctrines occidentales modernes au tribunal de la raison interrogative-critique*, Paris, Vrin, 2007. À propos des rapports des théories du droit naturel avec les proclamations de droits fondamentaux, B. Barret-Kriegel, *Les droits de l'homme et le droit naturel*, Paris, Presses Universitaires de France, 1989 ; B. Bourgeois, *Philosophie et droits de l'homme de Kant à Marx*, Paris, Presses Universitaires de France, 1990 et M. Villey, *Le droit et les droits de l'homme*, Paris, Presses Universitaires de France, 1983. Sur la place de ces théories dans la philosophie politique contemporaine, v. notamment le recueil d'études de R. George, édit., *Natural Law Theory. Contemporary Essays*, Oxford, Clarendon Press, 1992.

Deux approches au moins sont envisageables. Ou bien l'on considère qu'il y a un système préalable de droits dont la cession volontaire fait autorité parce que, tout d'abord, ces droits constituent autant de références normatives. Tel est le cas dans la théorie de l'appropriation chez Locke, reprise et développée sous diverses formes dans la philosophie contemporaine (chez Robert Nozick par exemple). Ou bien, donc, on ne postule rien au sujet de la légitimité des configurations « originelles » concevables en l'absence d'État[1]. Seule compte alors la légitimité de la substitution d'une situation « avec normes » à une situation « sans norme ». La logique des droits – en particulier, des droits de propriété – peut alors demeurer une logique du consentement, mais celle-ci prend une forme beaucoup plus abstraite et impersonnelle. Il ne s'agit pas de constater que les droits protégés par l'autorité civile se substituent rationnellement pour chacun (à la manière d'un échange auquel chacun pourrait consentir) à des droits antérieurs eux-mêmes légitimes et résultant d'un processus porteur de légitimation (comme dans le cas des théories de l'appropriation légitime dans l'état de nature). Il s'agit plutôt de penser la substitution du droit au non-droit. La question de la légitimité doit alors être adressée au processus de concrétisation par lequel un système de normes vient apporter des garanties (susceptibles d'être demandées ou critiquées par des sujets) en lieu et place de l'absence totale de garantie[2].

Les théories du premier type doivent aujourd'hui avouer la faiblesse de leurs justifications ultimes ; dans un univers politique pleinement pluraliste, la perte du référent commun théologique ou naturaliste leur porte un coup terrible lorsqu'il s'agit d'aller au-delà des convictions personnelles, en direction de l'agencement de la contrainte. La deuxième voie reste cependant ouverte. Or, il est assurément difficile de l'explorer et d'y trouver des implications pour le régime de la propriété sans considérer d'emblée les modalités de l'interaction sociale entre les membres de la collectivité, afin de comprendre l'opération précise des normes.

---

1   Sur les fondements des approches de la propriété dans les théories générales du droit, v. notamment M. Xifaras, *La propriété. Etude de philosophie du droit*, Paris, Presses Universitaires de France, 2004.

2   Dans le cas d'un système tel que celui de Hobbes, on peut observer que le système du droit naturel épouse simplement les contours de l'exercice par chacun de sa puissance en l'absence de norme contraignante. De la sorte, même si elle est formulée en termes de droit naturel et de substitution de la loi civile au droit naturel, la théorie peut être assimilée à une analyse des justifications des normes venant limiter l'exercice non contraint, par chacun, des capacités d'action indépendantes des normes.

La prise en compte de l'interaction sociale

Est-il possible de conduire à son terme ce type d'analyse en conservant dans leur intégralité les hypothèses hobbesiennes sur la nature intéressée et égoïste du calcul rationnel des individus en l'absence de normes ? Cette question ne peut pas, actuellement, être considérée comme réglée dans le cadre du débat scientifique. Il est bien évident que la plupart des théories actuelles relatives à la justification des principes de base de l'organisation étatique font appel à des considérations axiologiques ou déontologiques allant au-delà de la rationalité réduite à un calcul intéressé. Il n'est pas de théorie morale, fondée sur la recherche de l'intérêt personnel des agents, qui ne tâche de compléter le dispositif hobbesien (conservé à titre de modèle de référence), en introduisant par exemple (dans le cas de la théorie de Gauthier) la notion d'une « maximisation contrainte » des agents rationnels. Mais cela en bouleverse complètement l'esprit puisqu'il s'agit d'admettre que les agents sont capables d'agir au mieux de leurs intérêts dans le respect de certaines contraintes, qui sont intériorisées parce qu'elles seules permettent la coopération mutuellement avantageuse. Enfin, on dispose d'arguments convaincants pour montrer l'insuffisance des considérations de maximisation de l'avantage pour l'examen des questions de rang constitutionnel, dont la portée et les enjeux excèdent toujours la promotion des avantages tels qu'ils existent et tels qu'ils se répartissent à un moment donné dans la société.

Dès lors que la justification ne se limite pas à un calcul d'intérêt, elle doit incorporer des éléments extra-individuels qui tiennent notamment à la structure de l'interaction sociale entre les individus. La description de l'opération des normes implique en effet que l'on évalue les suites des actions des uns ou des autres, compte tenu des restrictions imposées. Or, un contexte d'interaction sociale est marqué par l'interdépendance des participants : les résultats de l'action de chacun dépendent de l'action des autres. Tel est bien l'horizon des théories décrivant et expliquant l'acceptation de contraintes sur la conduite individuelle à partir des avantages réciproques induits par l'abstention de certaines conduites. Et il n'en va pas autrement dans le cas des théories fondées sur la liberté des personnes.

En somme, il est difficile de faire l'économie des approches interactionnistes de la propriété – celles qui privilégient les propriétés souhaitables de l'action humaine et des mécanismes de la vie commune plutôt que des relations « correctes » supposées immanentes à la nature ou aux êtres – et ces approches semblent conduire à un terme précis. Elles conduisent à la dissolution de tout lien direct entre, d'une part, le contrôle de soi et du monde environnant et, d'autre part, la justification des normes et des institutions. Ce n'est pas parce que je suis autonome sous tel ou tel rapport que la société est correctement organisée ; il ne peut en aller ainsi sur un mode aussi immédiat, puisque l'exercice de ma liberté impose des contraintes aux autres. Il faut en passer par l'étude des raisons qui se font équilibre à propos de l'interaction sociale, et accorder une attention toute particulière, dans cette étude, aux relations entre les décisions individuelles et les conséquences collectives. Plusieurs questions essentielles se posent. À quoi sert le contrôle individuel ou privé ? Produit-il, socialement, les bons effets ?

Les critères d'efficacité et l'évaluation impersonnelle

En économie notamment, l'analyse des droits de propriété repose largement sur l'étude de l'efficacité de leur attribution. L'efficacité s'entend ici au regard de la satisfaction des préférences individuelles. Or, l'efficacité est toujours appréhendée d'un point de vue social : il s'agit de savoir si les règles de l'interaction ne peuvent pas être réaménagées de manière à améliorer le sort de certains sans léser personne. C'est précisément lorsqu'aucune amélioration de ce genre n'est possible que l'on parle d'efficacité (ou d'optimalité au sens de Pareto). C'est là un critère impersonnel insensible aux rapports particuliers entre les hommes et les choses.

Le caractère impersonnel des évaluations en termes d'efficacité peut être mis en évidence dans des contextes variés[1]. Par exemple, en matière de réparations consécutives au tort causé à autrui, la référence aux normes d'efficacité est quelquefois critiquée parce qu'elle ne s'harmonise pas nécessairement avec une conception substantielle de la responsabilité. Supposons que la personne B ait causé du tort à la personne A. Au nom de quoi la personne A peut-elle se plaindre du comportement de la personne B et exiger des réparations ? L'approche du droit en termes d'efficacité

---

1   J'emprunte cet argument au Pr. Jules Coleman, qui l'a présenté dans le cadre du séminaire « Le mental et le social », à l'Institut d'histoire et de philosophie des sciences et des techniques de l'université Paris-1 Panthéon-Sorbonne (« Tort Law and Tort Theory : Preliminary Reflections on Method »). Je remercie l'auteur et les organisatrices du séminaire (Sandra Laugier et Christiane Chauviré) pour la communication du texte de cette conférence.

sociale conduit à penser que B doit indemniser A pour autant que B est bien la personne à laquelle il est optimal de faire supporter le coût d'une sanction potentiellement dissuasive, relative à une action susceptible de présenter un inconvénient pour A ou d'autres agents. Pour savoir si tel est le cas, plusieurs considérations doivent intervenir. La personne B doit être celle qui indemnise la personne A seulement si elle est la personne qui se trouvera à l'avenir, selon la prévision que l'on peut établir, dans la position la plus adéquate pour réduire le risque de tels dommages (en sorte que la sanction soit optimale en tant qu'outil de dissuasion).

Il se peut évidemment qu'il soit trop coûteux de réunir les informations nécessaires pour établir ce point. C'est ainsi que l'on peut expliquer, d'un point de vue économique, le fait que la victime se retourne, en règle générale, contre celui qui a causé le dommage, alors que celui-ci n'est pas nécessairement celui qui se trouve dans la position la meilleure pour réduire, à l'avenir, le risque de dommage. Il se peut donc que la règle habituellement suivie ne revienne pas à diriger la sanction vers son destinataire optimal. Aucune évidence ne s'attache au fait que la personne ayant subi le dommage soit la personne qui se trouve dans la meilleure position pour identifier l'agent qui, à l'avenir, sera à même d'éviter les dommages avec la plus grande efficacité. On doit, dès lors, faire intervenir d'autres considérations (en particulier le coût de l'opération d'identification et le besoin pragmatique d'adopter une règle imparfaite à titre de pis-aller) si l'on veut justifier la règle adoptée.

De cette manière, l'analyse économique de ce type de règle repose tout d'abord sur la suppression de toute liaison entre la personne et son acte. Les notions de responsabilité personnelle dans le tort causé et de justice correctrice n'interviennent pas. À la lumière de la théorie, les intuitions courantes en la matière (« la victime a le droit, parce qu'elle est la victime, de demander réparation à l'auteur du dommage », « la victime doit établir qu'elle a subi un dommage, car ce fait est pertinent pour fixer ce qui est exigible de l'auteur de ce dommage ») apparaissent au pire erronées (si on prétend qu'elles fournissent un argumentaire rationnel) et au mieux inutiles (car elles ne donnent pas les vraies raisons).

Il en va de même pour la propriété : il n'importe pas réellement, en termes d'efficacité, que le propriétaire ait un titre spécifique à faire valoir pour justifier sa possession des biens. L'appropriation légitime n'est pas essentielle à la propriété : seule compte l'efficacité globale de la distribution des droits de propriété. C'est ce que laissent entendre certains travaux du courant « droit et économie », inspiré en particulier par les travaux de Ronald Coase sur le problème du coût social (assimilé à l'étude de l'attribution à des personnes et à des entreprises de certains droits d'agir et des répercussions de cette attribution sur ce qui est fabriqué et vendu[1]). Le propriétaire peut bien s'imaginer que la possession dont il jouit est justifiée parce que nul autre que lui ne saurait posséder ce dont il est propriétaire. Mais c'est pure illusion, et il peut parfaitement se faire que l'interaction du propriétaire et des autres agents, correctement analysée, conduise à vouloir déposséder le propriétaire. L'évaluation impersonnelle des règles révèle la part d'arbitraire qui subsiste dans l'attribution des rôles sociaux. Cet arbitraire est le fait de la coutume et de l'évolution culturelle.

Dans une économie stylisée (dans laquelle, en particulier, les coûts de transaction sont nuls), il est concevable que les règles juridiques d'attribution des droits de propriété n'aient pas d'influence sur l'allocation réelle des ressources, l'attribution des droits apparaissant dès lors simplement comme un préalable aux relations de marché, sans rapport assignable avec l'issue du processus d'échange : c'est le fameux « théorème de Coase ». Supposons, par exemple, que l'on découvre une nouvelle grotte. Les règles de la propriété indiquent seulement la personne avec laquelle il faut s'entendre pour obtenir l'utilisation de la grotte ; l'utilisation finale de la grotte (dépôt d'archives bancaires, réserve de gaz naturel ou culture des champignons) ne dépend que des intérêts en présence, et non pas de l'identité du propriétaire initial[2]. Cela conduit à penser qu'il n'y a pas de lien direct à établir entre la propriété des biens et leur usage et que, d'autre part, ce sont les imperfections du libre marché (plutôt que la logique libre-échangiste elle-même) qui donnent de l'importance au caractère personnel de la propriété. Dans un univers stylisé, la logique libre-échangiste ne demande, pour fournir tous ses effets, qu'une allocation quelconque, mais bien spécifiée, des facultés d'accès et de contrôle.

Les analyses conduites en termes d'utilité ou de bien-être (par exemple dans le contexte de l'ancienne doctrine utilitariste) ont toujours conduit à rapporter la légitimité des arrangements sociaux à leurs conséquences pour les individus, ces conséquences étant habituellement appréciées d'un point de vue impersonnel, donc sans égard pour les éventuelles relations spéciales entre les êtres (par exemple le rapport d'agresseur à victime), ou entre les êtres et les choses (comme dans le rapport du propriétaire à l'objet qu'il s'est approprié). L'aspect nouveau introduit par les

---

1   R. Coase, *La firme, le marché et le droit*. Paris et New York, Diderot multimedia, 1997 (trad. par A. Duval de *The Firm, the Market and the Law*, University of Chicago Press, 1988) ; p. 192.

2   R. Coase, *op. cit.*, p. 185-186.

analyses économiques du droit tient à la relation précise que l'on tente d'établir entre les caractéristiques contingentes de l'interaction sociale et l'allocation souhaitable des droits de propriété. Dans ce cadre, on fait jouer un rôle important aux « effets externes » par lesquels la conduite des uns influence le statut des autres sans que la décision de produire ou non ces effets appartienne en rien à autrui, malgré les conséquences subies. Ces effets donnent lieu, sur la base de critères d'efficacité, à la contestation éventuelle des allocations effectives de droits de propriété dans le cas non « idéal » où les coûts de transaction ne sont pas nuls et où l'on ne peut s'en remettre avec confiance au « théorème de Coase ».

L'essentiel est ici d'admettre, comme préalable à l'analyse, que lorsque B fait du tort à A, la question n'est pas uniquement de savoir comment l'on peut s'y prendre pour empêcher B de nuire. Il s'agit d'un problème de relations réciproques et la vraie question est la suivante : « doit-on permettre à B de faire du tort à A, et dans quelle mesure, ou encore doit-on permettre à A de faire du tort à B ? ». Le problème consiste en fait à éviter le tort supérieur[1]. Par exemple, on se gardera d'oublier que le droit de faire une chose préjudiciable est aussi un facteur de production[2], comme dans le cas d'une entreprise dont l'activité est polluante.

Les critères d'efficacité mobilisés sont le classique « principe de Pareto » – en vertu duquel on se trouve à un optimum si l'amélioration de la situation d'un participant suppose la dégradation de la situation d'un autre (et si tel n'est pas le cas, l'amélioration de la position de l'un sans détérioration de la position des autres est une « amélioration ») – ou bien la variante « avec transferts », consistant à admettre qu'il y a également amélioration (au sens de la pure efficacité) lorsque le changement, s'il consiste en l'amélioration de la position des uns accompagnée de la dégradation de la situation de certains autres, permet toutefois aux premiers d'offrir aux seconds une compensation grâce à laquelle personne n'est lésé en fin de compte. Par ailleurs, dans les analyses appliquées, et d'une manière étroitement liée aux critères précédents, une règle d'efficacité souvent invoquée est la maximisation de richesse.

On connaît les réactions spontanées négatives auxquelles se heurtent les conclusions des travaux de ce genre. L'une de ces conclusions est l'opportunité de la création artificielle, dans certains cas, d'un marché des « droits à polluer ». Cela permet en effet une « intériorisation » des effets externes : si un industriel veut polluer une rivière, le coût social

---

1   R. Coase, « Le problème du coût social », dans l'ouvrage précité, p. 114.

2   R. Coase, « Le problème du coût social », p. 182.

occasionné par la réalisation de ce projet doit en quelque façon intervenir parmi les déterminantes de sa décision. Tel est le cas s'il doit acquérir pour cela des droits de polluer, cette contrainte supplémentaire pouvant être justifiée par le fait que la rivière ne fait pas partie de sa sphère privée (puisqu'elle intéresse aussi les promeneurs). Cela peut permettre de parvenir à un état optimal. Pourtant, cette solution se heurte inévitablement aux intuitions telles que « la rivière est aux promeneurs », ou bien encore « les intérêts de l'industrie importent plus que les loisirs ». Là où l'intuition commune privilégie de manière unilatérale un certain type d'intérêt, en sorte que l'évaluation revient finalement à privilégier les uns ou les autres, les analyses conduites sur la base de la seule efficacité rétablissent l'égale prise en compte des intérêts. Au prix d'un dessaisissement intégral des droits de propriété qu'ont les êtres sur les choses, que l'on s'imagine souvent fondés sur la nature des êtres et des choses.

Dans le cas où les coûts de transaction ne peuvent être négligés, l'une des stratégies de recherche, en particulier dans le courant néo-institutionnaliste de l'économie politique, consiste à tenter l'explication des formes concrètes de la propriété à partir des caractéristiques de l'interaction sociale. Par exemple, on s'intéressera aux coûts de transaction liés aux difficultés rencontrées dans la définition et l'évaluation des biens, ou encore à la difficulté d'identifier les responsables de l'altération de la qualité d'un bien. Quelques intuitions importantes émergent dans ce domaine, notamment grâce aux recherches de Y. Barzel et de S. Pejovich[1]. En premier lieu, il convient souvent, pour atténuer les inefficacités qui naissent d'externalités, d'attribuer préférentiellement les droits de propriété aux agents dont la conduite modifie la valeur du bien (donc à ceux qui seraient à la source d'externalités s'ils n'étaient pas propriétaires). De plus, la spécification des droits de propriété est un processus coûteux, dans lequel les agents n'ont pas toujours intérêt à s'engager ; l'augmentation de la valeur des biens accroît naturellement l'intérêt des procédures de formalisation des règles d'attribution des droits de propriété. Dans ce courant de pensée, l'une des hypothèses centrales est que les agents parviennent spontanément à des résultats efficaces, ce qui n'est convaincant que si l'on prête aux agents une information suffisamment étendue sur le mécanisme social de leur propre interaction[2].

---

1   Y. Barzel, *Economic Analysis of Property Rights*, Cambridge, Cambridge University Press, 1989 ; S. Pejovich, *Economic Analysis of Institutions and Systems*, 2ème éd., Dordrecht, Kluwer Academic Publishers, 1998 (1ère éd. 1995),

2   K.J. Arrow, « The Property Rights Doctrine and Demand Revelation under Incomplete Information », in *Economics and Human Welfare*, dir. M. Boskin, New York, Academic

La possession des biens réduite à la possession des contrôles

Possède-t-on les qualités des choses ou bien les choses elles-mêmes ? Voilà encore une incertitude qui affecte le rapport politique aux droits de propriété individuels ou privés. Donnons un tour radical à ce questionnement traditionnel : lorsqu'il apparaît clair que ce sont des qualités des choses qui sont possédées plutôt que leur substance même, les qualités possédées appartiennent-elles en propre aux choses ? On peut en douter, car la possession n'est jamais absolue, mais toujours soumise à un réseau serré de conditions et de possibilités de retrait qui sont élaborées dans la vie sociale. La chose tient le propriétaire à distance. À moins, donc, de considérer que l'on ne possède jamais rien à proprement parler, il faut admettre que les représentations courantes de droits absolus sur les choses sont insuffisantes.

Les difficultés que l'on rencontre si l'on tente de décrire la propriété privée des biens en termes de possession de la chose même peuvent motiver un pas de côté : se limiter aux qualités par lesquelles la chose se rapporte à un agent. L'une des manières de s'apercevoir de l'opportunité de ce changement d'approche est résumée par l'argument suivant : les règles d'attribution de la propriété ont vocation à résoudre un certain nombre de conflits typiques qui concernent la jouissance des biens ; or, les biens concernés ne sont pas nécessairement divisibles, en sorte que la résolution de ces conflits suppose le partage, non pas des biens eux-mêmes, mais des diverses qualités ou attributs des biens, considérés dans leur rapport aux agents. Dans l'analyse économique des droits de propriété, c'est précisément cette division possible des qualités qui suggère, en vue de la résolution des conflits liés aux externalités négatives (par exemple dans les cas de pollution), la différenciation de certains droits initialement intégrés dans le tout indivis formé par l'objet possédé. Ainsi, le droit d'utiliser une usine de manière polluante peut être détaché des autres prérogatives traditionnellement liées à la possession d'un tel objet. L'atome de la propriété privée est scindé et, comme l'a montré James Coleman dans *Foundations of Social Theory*, cela autorise des changements dans l'allocation des droits, qui peuvent constituer des innovations sociales majeures.

L'acquisition et la cession des droits ainsi décomposés ne posent aucun problème conceptuel particulier et la différenciation peut être opérée, selon les cas, en fonction des types d'usage, des lieux et des temps, etc. Une telle division va d'ailleurs de soi en ce qui concerne les objets dont

---

Press, 1979. Repr. dans les *Collected Papers* de l'auteur, vol. 4.

la constitution est clairement conventionnelle, parce qu'ils consistent d'emblée en une certaine alliance de prérogatives hétérogènes, à l'exemple des parts de sociétés, qui mêlent des droits dans le partage des bénéfices à des prérogatives décisionnelles. De fait, dans un domaine comme celui-ci, il est aisé de se représenter d'assez nombreuses innovations comme la différenciation de droits de propriété initialement réunis, mais portant sur des réalités distinctes.

Cette approche ne paraît pas suffisante pour l'analyse normative envisagée d'une manière plus générale. En effet, la différenciation pertinente doit être poussée plus loin, si l'on veut être capable de penser non seulement la division des qualités des biens, mais aussi la division possible des diverses manières de jouir de ces qualités, ou de se rapporter à elles. Je peux, ainsi, avoir le droit d'utiliser un poste de radio dans la caserne entre 19 heures et 19 heures 30. La relation par laquelle je possède mon poste de radio se trouve précisée par cette disposition, qui repose sur la sélection d'une certaine qualité de l'objet (son aptitude à fonctionner durant une période journalière précise). Mais ce qui est réellement isolé par cette opération est, plus précisément, une certaine manière de se rapporter à l'objet : le fait de le faire fonctionner durant cette période journalière. Dans de nombreux cas, il n'est pas utile de distinguer l'attribut de l'objet qui se trouve sélectionné de sa contrepartie dans les actions relatives à l'objet. Mais cela peut être utile, par exemple, si l'on considère que l'avis des voisins de chambrée importe, en sorte qu'il y ait lieu de restreindre davantage encore l'usage du poste de radio, de la manière suivante : usage possible de cet objet, entre 19 heures et 19 heures 30, à condition de pouvoir réunir un accord unanime des parties concernées (à savoir, les voisins de chambrée). Dans ce cas, il apparaît très clairement que c'est l'action individuelle, et non pas une qualité de l'objet, qui constitue réellement le substrat des droits que l'on associe à la propriété de l'objet. Possède-t-on jamais autre chose que ses propres facultés d'action ? Encore n'est-ce que dans un registre métaphorique.

On peut synthétiser artificiellement les apparences d'une possession réelle de l'objet ou des qualités de l'objet. Ainsi, il est loisible de définir la possession de l'objet en réunissant les libertés d'en user, de le céder ou de l'échanger, de le détruire ou de le modifier, d'en tirer profit (ou d'autres choses encore) pourvu que cela ne comporte pas d'externalité négative pour les autres, à moins que ceux-ci ne l'acceptent. Mais l'acte même consistant à solliciter et à recueillir le consentement d'autrui ne sera jamais inclus dans la chose même : il en ira toujours d'une caractéristique possible des actes de la personne. De plus, comme l'a fait observer J. Coleman dans ses *Foundations of Social Theory*, cela suppose un très haut degré de consensus dans les structures de prérogatives que les individus se reconnaissent subjectivement les uns aux autres. Il faut que le lieu exact des droits acceptables (relativement à un certain objet) soit repéré de manière identique par toutes les parties concernées. En d'autres termes, il n'apparaît possible d'opérer la synthèse approximative de la propriété des biens (ou des qualités possédées des biens) que sur la toile de fond d'un réseau complexe de relations entre les personnes. Nous ne pouvons échapper, de ce côté, à la prise en compte explicite de l'insertion des relations liées à la propriété dans un contexte social et culturel excédant de toute part le rapport singulier du propriétaire à l'objet.

De la coexistence de différents systèmes subjectifs de localisation des droits, peut-on conclure, avec James Coleman, à l'impossibilité de toute entreprise de justification morale d'un système de droits particulier ? Dans la sociologie de Coleman, le rejet d'une justification de ce type s'explique par le refus de se mettre en quête d'un point de vue extérieur au système social considéré : tout ce que l'on peut dire – et seulement à partir d'un système social concret particulier – se limite à un redouble-ment de la distribution existante des droits : la distribution « correcte » (*right*) des droits (*rights*) ne peut être autre que celle qui prévaut, et ceux qui imaginent qu'ils peuvent la déterminer *a priori* recherchent le chaudron d'or au bout de l'arc-en-ciel. Cette prise de position se tient entre deux pôles, qui posent des problèmes distincts.

D'un côté, l'identification à la distribution « juste » de la seule dis-tribution disponible, à savoir celle qui prévaut en réalité. Mais cela enveloppe une inacceptable confusion du fait et du devoir-être : il n'y a rien de plus à en dire. D'un autre côté, il faut admettre que la distribu-tion existante des droits a une forme de réalité ou d'objectivité que ne possèdent pas les autres distributions imaginables. Il y a lieu de chercher à l'expliquer à partir des intérêts et des pouvoirs des agents. Cela n'est guère contestable, mais on peut mettre en question l'hypothèse d'après laquelle seule cette distribution avérée des droits est définie « d'après le système lui-même » (selon l'expression de Coleman). Le « consensus pondéré par les pouvoirs » que décrit cette théorie n'est pas capable, en lui-même, d'éclairer la nature des revendications d'élargissement ou d'approfondissement des droits qui, sur la base des caractéristiques de la structure sociale existante, prétendent justement réformer cette dernière. Or – et il faudrait certainement favoriser ici une collaboration plus étroite entre philosophie et sociologie – c'est souvent à partir de la structure existante des droits, conjointement avec l'élucidation de certaines bases de l'interaction sociale que l'on peut comprendre les prétentions qui paraissent justifiées aux acteurs eux-mêmes, et donc la conduite de ces acteurs et les bouleversements induits. Ces prétentions font, elles aussi, partie du système politique et social. Deux choses sont donc à distinguer : d'une part, l'équilibre social des prétentions à un instant donné et, d'autre part, les revendications compréhensibles d'après la structure du système. Il n'y a pas d'apparence que l'on puisse espérer contenir ces dernières dans les bornes de ce qui est réalisé par l'équilibre social qui s'instaure à un moment donné.

L'approche de Coleman exprime une hypothèse originale, relativement peu familière dans le contexte des théories individualistes : les droits sont d'emblée des « entités sociales » ; ils n'existent que s'il existe un haut degré de consensus à propos de leur localisation et le contrôle associé (leur exercice ou non) est toujours, indirectement, l'enjeu d'un choix collectif, s'il est vrai que « le contrôle du droit lui-même est toujours détenu collectivement ». C'est bien pourquoi les individus ne sont pas, au moment de céder des droits individuels, dans la situation critique qu'imaginait Hobbes. Coleman soulignait qu'en toute hypothèse, le détenteur d'un droit ne le détient que dans la mesure exacte où les parties concernées par l'exercice ou le non-exercice du droit en question y consentent. Cet aperçu est fondamental et il corrobore, à partir d'un autre cheminement intellectuel, le rôle distinctif reconnu par Hart aux règles de reconnaissance de la validité dans l'architecture normative de la société.

L'abandon individuel de certains droits se prêtant à un exercice individuel est toujours, dans les termes de Coleman, « une décision collective implicite au sujet des droits d'agir ». C'est dans cette perspective que le sociologue rapportait les droits aux rapports de force et d'intérêt. On ne peut même pas concevoir un droit dont la garantie serait ineffective : ce ne serait tout simplement pas un droit. L'inconvénient d'une telle approche est d'hypothéquer sans nécessité la comparaison des systèmes concevables d'attribution des droits afin de sélectionner le meilleur. La détermination à éviter toute confusion entre le droit et le fait doit prémunir contre cet inconvénient sans forcer à abandonner pour autant la piste – en elle-même féconde – de l'élaboration d'un concept des droits en vigueur à partir des intérêts et des capacités d'action en présence.

LA DIFFICILE DÉLIMITATION DU DOMAINE PRIVÉ

Les paradoxes des droits

La propriété privée classique apparaît finalement comme une sorte d'idéal-type fondé sur quelques aspects saillants de certaines formes d'attribution (ou de réglementation de l'échange) des contrôles, tel le droit aux bénéfices de l'usage, le droit à la cession et à l'échange, le droit de mettre en pratique l'exclusion d'un usage par autrui, etc. Ces caractéristiques sont autant de modalités de contrôle ayant pour objet réel, en dernière instance, l'accès préférentiel des individus à certains états du monde par le biais d'actions ou de décisions. Or, l'insertion des choix individuels dans un contexte collectif pose des problèmes spécifiques, qui rejaillissent sur la compréhension des systèmes d'allocation des droits.

En particulier, on ne peut ignorer les difficultés rencontrées en philosophie, comme aussi dans la théorie abstraite de la décision, lorsqu'il s'agit d'établir le cadre conceptuel permettant de donner corps à l'idée d'une sphère privée des personnes telle qu'elle affleure dans les doctrines libérales (celles de Constant ou de Mill par exemple), sous une forme qui paraît devoir se laisser ramener assez aisément au modèle de la propriété. L'étude de ces propriétés a fait l'objet de développements considérables dans le contexte de la théorie générale des choix collectifs, issue principalement des travaux de Kenneth Arrow et d'Amartya Sen[1]. Mais certains aperçus sont antérieurs à la constitution de cette théorie.

La critique de Mill par Sidgwick (au livre IV des *Methods of Ethics*) autour de la question de la sphère privée est particulièrement intéressante parce qu'elle semble préfigurer le « paradoxe libéral » dévoilé par Amartya Sen en 1970. Elle reflétait une manière de prendre position dans un débat très ancien, qui était déjà l'enjeu de la critique de Locke par Godwin. Les meilleurs choix ne peuvent-ils pas être « bloqués » par des contraintes supposées devoir s'appliquer strictement aux choix individuels ou collectifs ? Souvent, nous tenons à ces contraintes ; est-ce vraiment justifié ? Le problème examiné par Sidgwick est le sort à réserver à cette tendance propre à certains philosophes utilitaristes, qui les conduit à admettre que la délimitation d'une sphère de choix discrétionnaire des individus peut contrebalancer l'exigence d'une application stricte du principe d'utilité. Les normes en présence sont donc d'un côté

---

1   Cette théorie examine les propriétés, dans différents mécanismes, de la transition entre les préférences individuelles et les critères de choix et d'évaluation qui sont mis en œuvre par la collectivité.

une norme conséquentialiste (le principe d'utilité) et d'un autre côté, une norme que l'on peut dire procédurale (selon laquelle une certaine décision individuelle doit être réputée admissible du fait qu'elle concerne un domaine constituant la prérogative d'un individu – ce qui relève d'une problématique du « qui fait quoi », du « qui fait quoi à qui » et du « qui peut faire quoi à qui » – et non directement d'une recherche de la production des meilleurs résultats).

Naturellement, la décision individuelle est interprétable aussi comme contribution individuelle au choix collectif d'un état de la société. Au demeurant, le point de vue privilégié pour l'évaluation de la rationalité de la décision individuelle (ou de son caractère défendable) est bien un point de vue d'emblée collectif, puisqu'il s'agit ici d'une éthique universaliste prétendant à l'impartialité, dans laquelle ce qui est à évaluer est un état de chose qui intéresse une collectivité, sur lequel il faut se prononcer sans privilégier son propre point de vue.

Dans la critique de Sidgwick (*Methods of Ethics*, IV, chap. 5), il est suggéré que les critères du « privé », si même il devait y en avoir, devraient se négocier d'une manière qui fasse intervenir un principe supérieur (le principe de l'hédonisme universel, ou « principe d'utilité »). On ne peut pas se contenter d'une formule creuse (n'ayant que l'apparence de la simplicité) telle que l'hypothèse d'un domaine qui serait par nature « personnel » ; il faut en fait entrer dans les détails de l'interaction sociale et se prononcer au moyen de normes morales générales (si l'on suit Sidgwick, le principe d'utilité).

À travers cette critique, on voit se profiler l'idée suivante : les choix rationnellement défendables peuvent bien faire intervenir des normes éthiques ou des normes sociales (telle coutume ou telle convention que l'on choisit d'accepter parce que l'on arrive à se convaincre qu'elle est bien fondée). Ce sont alors des propriétés des procédures sociales jugées admissibles (par exemple, on juge souvent inadmissible qu'un individu en vienne à s'emparer par la force du bien d'autrui). Mais ces propriétés doivent elles-mêmes dériver de principes ou normes de rang plus élevé ; on peut dire qu'elles sont *filtrées* ou sélectionnées par l'application de normes d'un rang plus élevé, en tenant compte des particularités de la vie sociale (identifiée à la « procédure » par laquelle on parvient à des résultats bons ou mauvais). Cette structure générale n'est pas confinée aux réflexions des moralistes sur les procédures idéales de justification. Elle se retrouve aussi dans des procédures concrètes et institutionnelles de légitimation des pratiques.

Le cadre théorique des choix collectifs permet d'aborder avec précision les problèmes de ce genre. Il n'est pas question, dans ce cadre, d'objets possédés, mais seulement d'options ouvertes aux individus (par exemple, utiliser ou ne pas utiliser tel objet). L'exercice des droits – même lorsque ces droits sont liés à la « propriété » des individus – est d'emblée rapporté à certaines formes de contrôle des accès aux états du monde.

Plusieurs états du monde sont possibles ; un seul est finalement réalisé et la sélection de cet état dépend des options exercées par les membres de la communauté de référence. Dans ce contexte, l'attribution de droits quelconques aux individus s'avère paradoxale : c'est ce que paraît montrer le théorème du « Parétien libéral » (ou paradoxe libéral) dû à Amartya K. Sen (exposé en 1970 dans *Collective Choice and Social Welfare* ainsi que dans un article du *Journal of Political Economy*). Supposons que chaque individu sache classer de manière cohérente (sans intransitivité) les états sociaux possibles. Supposons que le classement social des options soit lui aussi cohérent (ou « bien défini », résolu) au sens minimal suivant : dans chaque sous-ensemble d'options, on peut définir au moins un « meilleur élément » (ou plusieurs). Est-il possible, alors, de se représenter le classement collectif comme un produit légitime des préférences individuelles ? Non, s'il existe des droits individuels. En effet, il paraît raisonnable d'admettre au moins conjointement les conditions suivantes :

1. les individus peuvent avoir des préférences quelconques ;

2. si tous préfèrent strictement un état social à un autre, alors le classement social de ces deux options doit refléter cette même hiérarchie.

Par ailleurs, l'existence de droits individuels implique certainement qu'il y ait au moins deux individus dont chacun « emporte la décision dans les deux sens » (*i. e.* quel que soit le sens du classement) pour au moins une paire d'états sociaux. Or, s'en tenant à de telles hypothèses, A. Sen a démontré qu'il n'existait aucun moyen de trouver un passage conduisant des préférences individuelles au classement collectif.

Les droits individuels engendrent d'ailleurs des paradoxes en dehors même des contextes où ils rencontrent la clause de respect de l'unanimité. L'application de la théorie des choix collectifs aux droits a pu susciter la critique, notamment parce que la relation entre la personne et l'objet des droits (chez Sen, l'obtention d'un état social de préférence à d'autres) n'y est pas immédiate : elle s'appuie sur un processus de choix collectif.

Nombreux sont les philosophes qui ne peuvent y consentir. On a pu chercher à cerner de manière plus appropriée le contrôle immédiat que peuvent exercer des individus sur des aspects de leur vie qui ne concernent qu'eux[1].

Selon la critique développée par Robert Nozick dans *Anarchie, État et utopie*, plus radicalement, il est erroné de concevoir les droits comme autant d'aspects d'un processus de choix collectif, puisque les droits, précisément, délimitent de l'extérieur l'espace des choix collectifs possibles. Toutefois, il apparaît difficile de faire abstraction des préférences individuelles au moment de réfléchir à l'opportunité de tenir compte de telle ou telle distribution des droits. Comment éluder la question de la transition de ces préférences à un ordre de priorité « collectif » ? L'articulation de ces deux registres reste assez mal éclaircie mais il n'est pas aisé de contourner les paradoxes révélés par l'approche en termes de choix collectifs.

Cette approche repose en effet sur la prise en compte d'aspects fondamentaux du problème : les droits à exercer sont habituellement pensés en termes de choix entre des options (et l'analyse révèle dans la plupart des cas que ces options intéressent en fait une collectivité et non pas l'agent seul) ; ce choix importe du point de vue de la satisfaction des préférences individuelles ; les droits exercés sont autant de garanties relatives aux conséquences de la vie sociale. La transition vers un autre formalisme (dans la plupart des cas, celui de la théorie des jeux) ne se justifie vraiment que si l'on considère que l'objet réel des choix est constitué par les actions (en fait, des stratégies complexes et capables d'incorporer des conditions relatives à la conduite des autres et aux

---

1 Mais on parvient dans ce cas aussi à des conclusions paradoxales, comme l'a montré A. Gibbard : « A Pareto Consistent Libertarian Claim », *Journal of Economic Theory*, 7, 1974, p. 388-410. On peut illustrer ce type de problème par l'exemple suivant, en considérant la société que forment un individu conformiste et un individu non conformiste. Chacun peut choisir un vêtement blanc (bc) ou un vêtement bleu (bu). L'état social à déterminer est constitué par deux données : la couleur du vêtement du premier agent (conformiste), et celle du vêtement du second agent (non conformiste). L'agent conformiste préfère (bc,bc) à (bu,bc) et (bu,bu) à (bc,bu). L'autre agent préfère (bu,bc) à (bu,bu) et (bc,bu) à (bc,bc). Il semble raisonnable, ici, de supposer que chacun des deux individus emporte la décision pour chacune de ces paires d'options. En effet, les options de ces paires ne diffèrent entre elles que par un élément qui intéresse directement la personne concernée (à savoir le vêtement qu'elle porte elle-même) et qui est placé sous le contrôle immédiat et indépendant de chacun. Mais alors, (bc,bc) devrait l'emporter socialement sur (bu,bc) ; (bu,bc) sur (bu,bu) ; (bu,bu) sur (bc,bu) ; (bc,bu) sur (bc ;bc), ce qui est impossible s'il n'y a pas d'incohérence dans le classement collectif. Ici encore, l'attribution minimale de droits aux individus dans une sphère personnelle s'avère problématique.

événements externes) et non pas par des options sociales. En somme, la prise en compte explicite de la nature sociale des « options » (dans l'exercice des droits) constituerait un premier saut épistémologique, accompli par la théorie des choix collectifs. Le deuxième saut consisterait à admettre que l'on ne choisit jamais vraiment des options, car l'on ne peut rien choisir qui ne dépende aussi de l'attitude d'autrui. La vérité serait alors que des agents se trouvent à l'initiative de certaines actions, entre lesquelles une sélection s'opère.

Il n'est donc pas si aisé, à l'examen, de délimiter une sphère privée des personnes. Par rapport aux motifs archaïsants de la « propriété de soi-même » (ou de la propriété « naturelle » des talents personnels, du travail personnel, des fruits du travail, etc.), les efforts de délimitation d'une sphère privée (ou d'un domaine réservé de l'action personnelle) représentent un espoir de progrès, mais le chemin est semé d'embûches. La racine du pro-blème n'est pas dissimulée très profondément. Pour l'apercevoir, il suffit de considérer les exemples qui servent parfois à illustrer les paradoxes reposent sur des effets externes liés au fait que les agents prennent inté-rêt aux actions des autres. Rien n'est plus rare que l'exercice d'un « droit individuel », si l'on entend par là que l'agent seul s'en trouve affecté. Il se trouve simplement que la philosophie politique libérale classique a sous-estimé l'importance du problème des effets externes. Seule l'analyse des interactions sociales et des choix collectifs en dévoile l'ampleur.

Le problème général de l'attribution des droits

Les considérations précédentes suggèrent que l'on ne peut faire l'économie d'une évaluation de la vie sociale fondée tout à la fois sur les actions, sur leurs conséquences et sur les rapports entre actions et conséquences. Ces différents aspects sont en effet pertinents. Omettre de considérer les actes, c'est compter pour rien les formes complexes de contrôle qu'ils offrent aux individus. Or, il y a lieu de penser que c'est précisément dans ces modalités de contrôle que trouvent leur origine les « valeurs » d'autonomie, de liberté ou de libre choix défendues, sous une forme abstraite et générale, dans la vie publique. La référence aux conséquences des actions est tout aussi essentielle, en sorte qu'il est difficile de prétendre trouver dans le respect de la liberté des échanges, visée comme unique principe de transfert compatible avec le libre consentement des personnes, le fondement exclusif de la contribution éventuelle des règles de la propriété à la liberté dans la société politique.

En envisageant simultanément les actions et les conséquences, il faut donc s'interroger sur l'adéquation des contrôles tels qu'ils sont répartis par les systèmes normatifs, par les règles de la propriété. De ce point de vue, on peut essayer d'identifier les propriétés attractives des restrictions sur le système des droits qui sont induites par les doctrines de la propriété de soi ou de la propriété naturellement liée à un sujet. Ce sont probablement, pour l'essentiel, l'égalité des prérogatives fondamentales des êtres humains (pouvoir décider de l'usage de ses propres facultés, pouvoir échanger, jouir de protections égales), la préférence pour l'absence d'interférence avec les projets personnels (contre l'interférence non désirée) et la récompense de l'effort ou du travail (en conformité avec un principe général de rétribution ou de réciprocité : « à chacun... selon... »). Les axiomatiques de la propriété de soi représentent une strate intermédiaire de l'argumentation : il faut décidément remonter plus haut que la propriété pour justifier ou critiquer la propriété.

Au-delà des normes d'égalité, d'autonomie et de réciprocité, il convient d'explorer les principes acceptables qui peuvent régir l'accès aux états du monde et le contrôle de ces accès. L'analyse pourrait gagner à étudier directement les accès et les contrôles, afin d'identifier les formes d'égalité, d'autonomie et de réciprocité qui paraissent aisément acceptables à ce niveau fondamental. Dans cette perspective, il n'est pas évident que les considérations d'égalité et de réciprocité doivent demeurer séparées : les unes et les autres pourraient consister finalement en une certaine prise de conscience, par les agents impliqués dans une interaction sociale, d'une forme d'égalité de leurs positions respectives dans cette interaction (égale dépendance réciproque et égal intérêt pour certaines garanties fondamentales) ; cette égalité peut s'étendre à l'aptitude multilatérale à se contraindre réciproquement de manière égale et parcimonieuse (sans aller au-delà du nécessaire), de manière à s'offrir mutuellement certaines garanties elles-mêmes égales.

Quant aux considérations qui ont trait à l'autonomie ou à l'initiative dans un certain domaine, il faut vraisemblablement les réinterpréter en termes de disponibilité maintenue d'actions qui permettent aux individus d'opérer une discrimination entre des groupes d'états du monde entre lesquels il leur importe de choisir. La difficulté centrale, au cœur des recherches actuelles, est de donner une signification naturelle aux notions de contraintes semblables et de garanties égales liées aux actions, ainsi qu'à l'idée d'un déploiement parcimonieux de la contrainte (si l'on veut bien accorder que celle-ci ne doit pas être considérée comme une fin en elle-même).

Il est entendu que l'analyse des droits individuels (en rapport avec leur exercice et leur libre cession particulièrement) s'est développée d'abord en liaison avec une entreprise de légitimation de la propriété privée et de la libre jouissance des facultés individuelles. C'est ainsi que l'on peut comprendre tout à la fois la complexité et le caractère central de la référence à Locke dans ce domaine, puisque Locke, dans le même mouvement, décrit les droits de propriété selon une méthodologie essentiellement individualiste et entreprend par ailleurs de les justifier dans une perspective morale et théologique qui a pu suggérer l'hypothèse de l'individualisme possessif.

Aujourd'hui, ces deux aspects sont disjoints. L'individualisme de méthode dans la description et la compréhension des mécanismes sociaux relatifs aux droits ne mène pas nécessairement à une prise de position normative en faveur de la défense des droits de propriété individuels. Disons même que l'étude de l'exercice des droits dans un contexte d'interaction sociale suggère, en ce qui concerne l'évaluation normative, des critères essentiellement impersonnels qui ne peuvent confirmer dans tous les cas les jugements que l'on pourrait vouloir tirer des modalités de l'appropriation individuelle, considérées indépendamment des conséquences sociales de cette appropriation. L'analyse individualiste des droits oblige à clarifier les relations qui existent entre l'exercice individuel des droits et les points d'aboutissement de l'interaction sociale. Ces derniers sont susceptibles, par exemple, d'une analyse en termes d'égalité, d'équité ou de satisfaction des besoins. On rend alors manifeste l'arbitraire d'un choix méthodologique qui conduirait à compter pour rien ces éléments d'appréciation.

Aperçu de la dynamique des droits

On le voit, l'analyse individualiste des droits, dans ses derniers stades, permet de rompre avec la mythologie « possessive » de l'appropriation intrinsèquement légitime, devenue inintelligible à cause du reflux, dans le débat philosophique, de la référence à son enracinement théologique natif. L'analyse individualiste des institutions politiques précipite le déclin de l'individualisme possessif et son remplacement par un individualisme de la dépossession, comme le montre le maniement des critères d'efficacité.

Dans les processus politico-économiques de la société libérale, les droits individuels sont constamment remaniés et donc remis en cause dans des compromis sociaux ou bien dans des processus aveugles qui ne sont pas guidés par la recherche raisonnée de compromis. Les droits qui abritent des actions qui déplaisent à d'autres sont contestés le moment venu, ce qui amorce souvent une évolution des droits attribués[1], face à laquelle les droits fondamentaux offrent des garanties (aux individus et aux minorités particulièrement), comme l'a montré Christian Seidl[2]. Compte tenu de l'importance avérée de l'interprétation des normes, la question se pose aussi des garanties que l'on possède face à la variabilité interprétative, elle-même dépendante du mouvement des idées en éthique, voire de l'évolution du sens des mots en rapport avec des conventions culturelles changeantes.

Dans les processus de ce type, valeurs et intérêts sont mélangés. Les droits protégeant des intérêts privés (notamment les droits de propriété) donnent lieu à réaction s'ils sont affectés par le processus politique, mais ils peuvent être remis en cause par l'appel à certains principes juridiques généraux, ou certains principes moraux ou politiques. Ainsi, l'égalité de traitement et le rejet de la discrimination peuvent remettre en cause des formes consacrées de traitement préférentiel sur le marché du travail (par exemple un monopole d'embauche syndical) ou bien encore des rapports privilégiés entre certaines entreprises et les autorités publiques.

La contestation de certaines activités peut passer par le filtrage, au vu d'un certain principe, des interprétations admissibles de quelque autre principe, sélectionnées dans un éventail d'interprétations possibles. Par exemple, un principe libéral tel que la libre entreprise peut guider la sélection des interprétations admissibles d'autres principes, comme ceux qui régissent les droits des travailleurs. Dans d'autres cas encore, la promotion d'un certain principe est assurée, dans le cadre d'interactions stratégiques, grâce à un jeu entre des institutions qui poursuivent en fait d'autres buts.

---

1   Ce mécanisme est invoqué et étudié dans certaines analyses de Pétron-Brunel (1998), prolongeant des acquis antérieurs de S.-C. Kolm.

2   C. Seidl, « Foundations and Implications of Rights », in *Social Choice Reexamined*, vol. 2, édit. K.J. Arrow, A. Sen et K. Suzumura, Londres, MacMillan, 1996 ; « Das Wesen liberaler Rechte », in *Effiziente Verhaltenssteuerung und Kooperation im Zivilrecht*, édit. C. Ott et H.-B. Schäfer, Tübingen, Mohr-Siebeck, 1996.

LA LOGIQUE DES DROITS, TRIBUTAIRE D'UNE LOGIQUE DE L'ACTION

REGARDS SUR L'ONTOLOGIE DE L'ACTION ET DES DROITS

LA DESCRIPTION DE L'ACTION

Nous avons pu constater qu'il est indispensable, pour comprendre le statut politique des droits individuels et les enjeux de leur évolution dans la dynamique contemporaine du libéralisme, de revenir à leur substrat : les actions, et l'articulation des valeurs aux actions. Il est patent que la manière de décrire l'action conditionne en partie notre description et notre évaluation des attributions de droits. Il en résulte un certain nombre de problèmes que l'on peut retourner en aperçus sur la structure des droits telle qu'on la rencontre au fondement du libéralisme contemporain.

Considérons par exemple un automobiliste qui a roulé vite et qui a eu un accident au carrefour C avec un autre l'automobiliste. On peut décrire son action en termes purement phénoménaux et physiques : il a appuyé à tel moment sur la pédale d'accélération, etc. Il s'agit alors de gestes, d'événements qui se produisent dans le monde physique (extérieur) et que l'on peut chercher à mettre en rapport avec des états internes de l'agent (ses contenus mentaux, l'activité de certaines aires de son cerveau, des influx nerveux…). On peut aussi s'appuyer sur les intentions : il cherchait à rentrer chez lui rapidement, sans avoir l'intention de provoquer un accident.

Mais dans certains cas, notamment si l'on s'intéresse à des questions de responsabilité ou de respect (ou violation) des normes, on pourra être conduit à décrire l'action de l'automobiliste plutôt de la manière suivante : négligeant le risque d'accident, il a conduit trop vite, d'une manière qui a causé un accident. Si l'on décrit l'action de cette manière, on se rapporte bien à des faits physiques qui se sont produits (l'accélération, des opérations de surveillance ou leur absence, l'accident). On n'en reste pourtant pas là ; en fait, on évoque un processus de mise en relation d'événements extérieurs distincts (l'apparition ou non d'un autre véhicule) avec des conséquences possibles. Les vecteurs de la mise en relation, ce sont précisément les actions, plans ou stratégies des agents.

Ce qui sous-tend la description de l'action, c'est alors une conception générale d'après laquelle l'action est une mise en correspondance d'événements possibles et de résultats possibles. C'est là précisément, en fait, la conception orthodoxe de l'action en théorie de la décision. On en retrouve certainement des éléments (à quelque degré au moins) dans les manières de parler courantes, surtout lorsqu'il est question d'intentions ou de plans comportant des éventualités, des branches d'un arbre de décision. On voit coexister trois modèles implicites : (a) l'action comme ensemble de gestes dans le monde extérieur ; (b) l'action comme exécution d'un plan ou d'une intention comportant la mention de certaines réalisations (ce qui est interprétable comme la délimitation d'un sous-ensemble de conséquences, à savoir celles qui sont visées d'une manière qui oriente l'action) ; (c) l'action comme mise en correspondance d'événements et de conséquences (ce qui reconduit au modèle orthodoxe de la décision).

ASSOCIATION DES DROITS ET DE LA LIBERTÉ

La plupart des « théories des droits » reposent sur l'hypothèse selon laquelle il existe des droits fondamentaux pouvant s'exprimer sous la forme de libertés liées à certaines actions ou certaines formes d'activité : droit à la liberté de parole ou de pensée, à la liberté religieuse, à la liberté de mouvement,... ; il peut s'agir plus généralement de l'hypothèse d'un « droit à la liberté ». Dès lors on se réfère au moins implicitement à des « droits de faire » X ou Y. Par ailleurs, dans les manières de parler courantes, on attache souvent une grande importance à des couples d'attitudes : droit de faire X ou de ne pas faire X (par exemple : droit de pratiquer une religion ou non, droit d'aller à une réunion politique ou non, etc.). Tout cela semble ouvrir l'analyse politique des droits sur une problématique morale de la liberté – ou, en termes plus restrictifs, de la liberté de choix. C'est ce que l'on retrouve dans les doctrines politiques libérales, qui accordent beaucoup d'importance aux actions individuelles et à leurs suites.

De telles manières de parler n'obligent d'ailleurs pas à se limiter aux « droits de » interprétés comme des libertés purement formelles, renvoyant au simple pouvoir d'agir ou de tenter d'agir. Jusque dans le domaine des libertés publiques classiques, en réalité, certaines garanties relatives aux résultats ou conséquences importent réellement. Par exemple, si l'on crée une société de philosophie, on s'inquiète non seulement de la possibilité de remplir des papiers instituant légalement cette société, mais aussi de certaines caractéristiques ayant trait au bon déroulement des réunions : par exemple, on souhaitera qu'il n'y ait pas de transmission aux autorités, par un observateur, des noms des orateurs exprimant des opinions dangereuses pour le régime ou pour le gouvernement. Ce qu'il faut noter, c'est le problème que constitue la tournure verbale « faire quelque chose » (ou « faire X »). S'agit-il seulement de la pure aptitude à se résoudre à faire tel effort, à appliquer telle stratégie ? Ou bien s'agit-il d'une description mieux définie de cet effort tel qu'on le met en application et des premiers résultats (voire de la totalité des résultats, soit la réalisation d'une intention) ? Selon l'interprétation retenue, évidemment, les manières de penser les droits en termes de « liberté de faire » (ceci ou cela) changeront du tout au tout.

Les rapports entre les devoirs et les droits soulèvent aussi certains problèmes. Robinson, Coval et Smith énoncent à ce propos une thèse « compatibiliste » : il est naturel de considérer simultanément que l'on a le droit et le devoir de faire une chose[1]. Par exemple, on peut très bien parler de « droit de vote » dans un État où le vote est obligatoire ; on peut dire des policiers qu'ils ont à la fois le droit et le devoir d'arrêter les criminels. Cette thèse suscite une réponse « anti-compatibiliste » : dans ces exemples, en fait, on ne précise pas « envers qui » l'on a un devoir, ni « face à qui » l'on peut faire valoir un droit. L'apparente coïncidence néglige le fait que l'on ne peut pas avoir un « droit de faire une chose » opposable à une certaine personne et en même temps un devoir, envers cette même personne, de faire cette chose. Par exemple, l'analyse correcte du cas du policier serait : envers le délinquant, il a le droit de procéder à une arrestation ; envers ses supérieurs, il en a le devoir[2].

On pourrait donc avoir un droit et un devoir relativement à une même chose, mais pas vis-à-vis des mêmes personnes. Si l'on accepte d'envisager les droits et devoirs comme formés de relations à trois termes (le détenteur, l'autre personne ou groupe de personnes, la chose que l'on

---

1 R.E. Robinson., S.C. Coval et J.C. Smith, J.C., « The Logic of Rights », *University of Toronto Law Journal*, 33, 1983, p. 267-278.

2 V. aussi sur ces questions : D. Lyons, « The Correlativity of Rights and Duties », *Noûs*, n°4, 1970, p. 45-55.

a le droit ou le devoir de faire), alors on peut soutenir qu'il n'est pas possible que les trois mêmes éléments (aux mêmes places) soient reliés par la relation « doit » et par la relation « devoir » ; l'argument décisif semblant être le suivant. « Avoir le droit de faire X » implique : « Pouvoir accomplir X et pouvoir choisir de faire X ou non sans être gêné par autrui dans l'une ou l'autre de ces entreprises ». Avoir un droit, ce serait donc toujours, en somme, pouvoir exercer un pouvoir de discrimination dans le choix de ce que l'on fait ; ce serait là un fait lié à la liberté. Or, si l'on a le devoir de faire X, cela signifie qu'il y a une restriction sur la faculté (ou possibilité pour l'agent) de choisir ou non de faire X. C'est donc que l'on n'a pas vraiment le « droit » de faire X.

Sous cette forme, l'argument a de quoi déconcerter. Lorsqu'il y a un « droit de faire X », il y a de toute façon toujours déjà des contraintes qui délimitent ce qu'il est possible de faire par ailleurs à la place de X (et qui valident aussi X lui-même comme une stratégie faisable en pratique). Dans l'exemple du policier, il y a des contraintes spéciales qui s'appliquent à la conduite du policier vis-à-vis du délinquant ; ce sont d'ailleurs ces contraintes spéciales qui autorisent à en faire la matière d'un « devoir » vis-à-vis des supérieurs hiérarchiques (ou même du public). En ce sens, on serait même fondé à dire que le policier a, vis-à-vis du délinquant, le devoir de l'arrêter, ce qui limite la portée de la thèse incompatibiliste puisque le policier a par ailleurs le droit d'arrêter le délinquant.

Cependant, il y a bien un certain sens à attribuer à la manière de parler courante, qui conduit à parler plutôt d'un droit du policier vis-à-vis du délinquant. En voici une analyse plausible : pour justifier un acte contesté, on s'efforce de montrer qu'on pouvait accomplir cet acte, qu'on en avait le droit. On veut dire par là qu'il n'existait pas de contrainte spéciale et objective interdisant d'agir de la manière contestée (alors que dans le cas courant, nous serions en effet rapidement confrontés à des empêchements s'il nous prenait l'envie de passer les menottes à nos prochains). Or, la conduite du policier vis-à-vis du délinquant présumé est bien de nature à être contestée, par exemple par l'intéressé dans la mesure où celui-ci aurait intérêt à une attitude différente de la part du policier.

De ce point de vue, l'utilisation du vocabulaire des droits et des devoirs semble tributaire de la justification des actions. Certains actes vont de soi ; d'autres prêtent à contestation. C'est à propos de ces derniers qu'il est spécialement pertinent, pour justifier ce qui a été entrepris, d'invoquer l'absence de contrainte instituée par les normes en vigueur. Dans les cas de ce type, l'association entre droit et liberté est donc spécialement forte et l'on insiste sur l'existence de droits dans le cas même où ces droits sont en fait redoublés par des devoirs.

LE TABLEAU DES RELATIONS JURIDIQUES
ET LEUR ONTOLOGIE

Dès 1919, Arthur L. Corbin soulignait l'intérêt d'une entreprise de clarification conceptuelle autour des droits (et de réduction de l'incertitude et de l'imprécision) comme celle de Hohfeld, à partir des articles de ce dernier (surtout un article de 1917 dans le *Yale Law Journal*)[1] ; il en offrait certains prolongements[2]. La variabilité des termes et l'incertitude des concepts étaient particulièrement mises en avant, ce qui est en soi un constat lourd de conséquences : nos droits dépendent de nos concepts relatifs à l'action et des mots qui les traduisent. À notre tour, engageons-nous plus avant dans l'ontologie de l'action.

L'ontologie sous-jacente aux développements proposés par Corbin est expliquée de la manière suivante. Le monde est constitué de faits. L'existence physique et les relations physiques sont des faits. Nos processus mentaux sont des faits. L'existence d'une relation juridique (*legal relation*) est un fait. Les changements et les variations sont des faits. Les faits incluent les actes et les événements.

Notons à ce propos une difficulté, qui est en fait considérable : si l'on inclut les actes parmi les faits, comme c'est le cas ici, il devient difficile de penser les actes comme des entités ayant notamment comme composants élémentaires des faits – ce qui est le cas par exemple si l'on dit que l'action de Mr. X se traduit par telle série d'événements (ou tel arbre de décision incorporant des descriptions d'événements). Il y aurait alors un problème catégoriel. Si l'on pense que ces manières de parler sont néanmoins inévitables, alors on peut se demander s'il ne vaut pas mieux réduire la classe des faits à celle des événements, et définir les actes d'une autre manière – autrement que comme des faits, en tout cas.

Selon Corbin, un acte est l'un de ces faits qui se manifestent aux sens ; il consiste en mouvements physiques volontaires (des contractions

---

1   Les contributions classiques de l'auteur sont réunies dans : W. Hohfeld, *Fundamental Legal Conceptions as Applied in Judicial Reasoning and Other Essays*, New Haven, Yale University Press, 1919.

2   A.L. Corbin, « Legal Analysis and Terminology », *Yale Law Journal*, 29 (1919-1920), p. 163-173.

musculaires qui sont voulues) de la part d'êtres humains. Une abstention est une absence, consciemment voulue, de mouvement physique. Les animaux non humains peuvent agir ou s'abstenir d'agir mais ils ne peuvent pas devenir les parties prenantes de relations juridiques. Un événement est tout changement dans la totalité existante des faits, en y incluant les actes des êtres humains.

Observons comment la difficulté signalée plus haut à propos de la description de l'action fait ici sentir ses effets. On aimerait pouvoir introduire les actes parmi les causes de changements et non parmi les changements eux-mêmes. L'approche de Corbin est solidaire d'une ontologie qui assimile les actes à des gestes volontaires (des initiatives, si l'on veut), eux-mêmes pensés comme des processus, lesquels font partie des faits.

Chez Corbin, un fait opératoire est tout fait dont l'existence ou la survenance engendre de nouvelles relations juridiques entre les personnes. On a pu parler également de faits qui rendent valide une certaine relation juridique), de faits constitutifs (ayant une valeur constitutive relativement à la validité de la relation juridique considérée), de faits ayant un statut causal relativement à l'existence de telle relation juridique précise ; on peut également considérer que certains faits constituent des dispositions, en fournissant les conditions exigibles pour la validité de telle relation juridique. Par exemple, X et Y étant mari et femme, la mort de X met fin au mariage entre X et Y. Le décès opère la dissolution du mariage parce qu'il affecte l'une des conditions constitutives du mariage (la vie des deux personnes).

La définition même de tels faits, souligne Corbin, repose sur une opposition claire entre les faits qui s'inscrivent dans le monde physique et les relations normatives qui sont de l'ordre de la « conception intellectuelle ». Les faits-témoignages sont des faits dont l'existence ou l'occurrence tend à prouver l'existence de tel autre fait. Par exemple, l'existence d'empreintes sur le sol tend à établir le passage récent d'une personne, de même que le fait qu'un individu X frappe un individu Y est un témoignage de l'intention de X de frapper Y. Un fait matériel est un fait qui est soit un fait opératoire soit un fait-témoignage. Une relation physique est une relation perceptible par les sens entre deux objets physiques. Cela concerne les relations de positionnement dans l'espace, de succession dans le temps, de rapports de poids, de couleur, de densité, etc.

Une relation juridique est une relation existant entre des personnes du fait qu'elles sont conjointement affectées par certaines conséquences de certains faits opératoires, ces conséquences étant consignées dans une règle de droit. En effet, les règles de droit, lorsqu'elles sont énoncées dans une langue, prennent la forme d'énoncés associant certaines conséquences (immédiates ou éloignées) à certains faits opératoires. Ces conséquences consistent en des formes définies d'action ou d'abstention d'action de la part des agents qui jugent ou, plus généralement, mettent en œuvre les règles d'une manière quelconque dans la société.

Dans cette ontologie, il y a une association étroite entre l'énonciation d'une règle de droit et la représentation de faits. En effet, si l'on dit qu'une relation juridique existe, on renvoie implicitement à des faits-conséquences (liés à des faits-conditions selon une relation d'imputation que devait théoriser Kelsen). On se représente donc des faits, des arrangements possibles du monde réel. Dans la perspective de Corbin, cela était encore pensé en termes de prévision : si A entre par force dans la maison de B, on peut prévoir d'après la loi que la police l'en expulsera et qu'une cour de justice accordera à la victime une compensation pour le dommage, dont une autorité surveillera le bon versement.

Dans un exemple comme celui-ci, on dit que A avait le devoir de se tenir au-dehors (en l'absence de permission d'entrer). Si toutefois B avait donné la permission d'entrer, alors on aurait pu dire que B avait une absence de droit (*no right*) relativement au fait que A reste au dehors, et que A avait le privilège d'entrer (une prérogative à lui attribuée en vertu de l'état de ses rapports normatifs avec B)[1].

Corbin insistait sur le caractère nécessairement binaire des relations juridiques ; il s'agit toujours d'une relation entre un agent A et un agent B, ce qui veut dire que lorsqu'il est question de plus de deux personnes, il y a lieu de décomposer les configurations normatives que l'on étudie en autant de relations dyadiques qu'il en existe. Ainsi, parler de relation juridique avec un État ou une firme n'est justement qu'une manière de parler ; il faut y voir simplement un raccourci, par lequel on effectue implicitement des regroupements par paquets des relations dyadiques pertinentes. Par ailleurs, il est tout à fait impropre selon Corbin de parler d'une relation juridique entre une personne et une chose : il s'agit toujours en fait des relations entre différentes personnes faisant intervenir la chose considérée. Ici encore, il ne peut s'agir que d'une facilité de langage.

---

1   Pour décrire ce type de situation, on est tributaire des particularités contingentes de la langue ordinaire. On dit en anglais *had no right that...* pour dire que l'« on ne possédait pas un droit particulier à ce que... », et l'on décrit volontiers cette configuration en disant que l'on « possédait le non-droit que... », ce qui, on le voit, ne peut se faire aussi naturellement en français.

Notons au passage que cela pose un problème si l'on veut attribuer des droits à des entités qui ne sont pas reconnues juridiquement comme des personnes et auxquelles on pourrait songer à accorder des droits (par exemple, des animaux) ou bien qui se voient reconnaître un statut original distinct à la fois de la personne et de la chose (par exemple l'embryon humain s'il est traité comme personne humaine potentielle). Pour pouvoir parler de droits dans de tels contextes, dans l'approche ici esquissée, il faudrait admettre une dissociation entre le statut de la « personne » et la qualité de « titulaire de droit » ou plus généralement, de partie prenante potentielle dans une relation de droit.

Dans une approche comme celle-ci, il est clair (Corbin n'en faisait pas mystère) que certaines configurations qui sont décrites dans le langage ordinaire comme des « relations juridiques » (par exemple un contrat, un mariage, le fait d'être propriétaire de quelque chose, le fait de se voir confier quelque chose) constituent en fait des faisceaux complexes de relations juridiques. Unifiés seulement, pourrait-on ajouter par des commodités de langage et par les exigences de la pratique. Corbin insistait sur la nécessité d'une opération de décomposition ramenant à des éléments invariants et plus simples, pour parvenir à une pensée claire des enjeux et pour parvenir à des décisions correctes.

L'approche formelle associée à la typologie classique d'Hohfeld peut alors être introduite à partir de questions simples sur l'état des relations juridiques, qui attirent d'emblée l'attention, par leur formulation même, sur quatre dimensions essentielles qui renvoient chacune à quelques-uns des problèmes fondamentaux de la philosophie du droit : les rapports entre devoir-être juridique et sanction ; les rapports entre obligation envers une personne et bénéfice pour cette personne ; les rapports entre obligation juridique et action sous la menace institutionnalisée (ou sociale) ; les rapports entre pouvoir au sens juridique et capacité de contrainte physique.

Les questions qui servent de point de départ sont en effet les suivantes, à propos de personnes A et B liées par une relation juridique : (1) que peut faire A (ou B) sans encourir de sanction sociale établie pour le bénéfice de l'autre ? (2) que doit faire A (ou B) sous la menace d'une sanction sociale établie pour le bénéfice de l'autre ? (3) que peut faire A (ou B) pour modifier les relations juridiques existantes qui lient l'autre partie ? (ce qui ne se réduit pas, notait Corbin, à une question de simple pouvoir physique).

Il y a là en réalité un essaim de problèmes que l'on pourrait vouloir isoler les uns des autres et traiter séparément puis ensemble. En particulier, on pourrait vouloir penser l'obligation d'une manière formelle, indépendante de l'existence empirique d'un mécanisme social de sanction. Et l'on aimerait pouvoir penser la sanction des relations juridiques entre A et B sans la rapporter obligatoirement (par un postulat très fort) à l'avantage de l'une des parties. Ne pourrait-on, par exemple, considérer un désavantage pour A plutôt qu'un avantage pour B, et exiger que le désavantage imposé à A soit socialement utile selon un critère ou un autre (mais pas forcément avantageux à B) ?

Ces questions peuvent demeurer ouvertes et les options suggérées par la formulation même des questions précédentes pourraient avoir des avantages au plan théorique. Mais il est significatif que l'effort d'analyse de Corbin, proche à cet égard des manières de parler et de penser courantes, privilégie l'imbrication et la corrélation des intérêts, donc implicitement aussi l'arrêt réciproque des revendications potentielles des parties prenantes relatives à la structure de leurs droits.

DÉVELOPPEMENTS DE LA THÉORIE HOHFELDIENNE

On avait noté depuis longtemps la corrélation entre droits et devoirs. On se souvient par exemple du texte de Kant, dans la *Doctrine du droit*, qui maintenait l'opposition entre doctrine des droits et doctrine des devoirs au sein du droit, tout en signalant la corrélation :

> Pourquoi la doctrine des mœurs <*Sittenlehre*> (Morale) est-elle qualifiée ordinairement (nommément par Cicéron) de doctrine des devoirs et non pas aussi de doctrine des droits, alors que les uns et les autres sont corrélatifs ? – La raison en est que nous ne connaissons notre liberté propre (de laquelle procèdent toutes les lois morales, par conséquent aussi tous les droits aussi bien que les devoirs) que par l'impératif moral, qui est une proposition commandant le devoir, et à partir duquel ensuite on peut développer la faculté d'obliger les autres, c'est-à-dire le concept du droit[1].

Ce constat trouve des prolongements dans les études menées au XXᵉ siècle[2]. Selon l'analyse d'Hohfeld, les relations juridiques d'obligation (ou devoir), de privilège, de droit et d'absence de droit (« non-droit ») ont

1   Kant, *Métaphysique des mœurs*, partie I : *Doctrine du droit*, « Division de la métaphysique des mœurs en général », tr. fr. Editions Vrin (Paris), p. 113.

2   F.B. Fitch, « A Revision of Hohfeld's theory of legal concepts », *Logique et analyse*, 39-40, 1967, p. 269-276.

la propriété remarquable de tolérer les équivalences suivantes (pour des P, R, N définissables d'une manière corrélée à un devoir D) :

1. X a le devoir D relativement à Y si et seulement si (en abrégé, ssi) X n'a pas le privilège P relativement à Y ;

2. Y a le droit R relativement à X ssi Y n'a pas le non-droit N relativement à X ;

3. X a le devoir D relativement à Y ssi Y a le droit R relativement à X ;

4. Y a le non-droit N relativement à X ssi X a le privilège P relativement à Y.

Ainsi, le devoir et le privilège sont vus l'un et l'autre comme des relations à deux termes (reliant deux personnes) et sont perçus comme des termes opposés (« *opposites* »). De même pour la possession d'un droit et l'« absence de droit » correspondante. Un devoir et le droit correspondant sont décrits comme « corrélés », et de même pour un non-droit et pour le privilège correspondant. Ainsi :

5. si X a le privilège face à Y de marcher sur la pelouse de Y, alors c'est que Y n'a pas de droit à ce que X ne marche pas sur sa pelouse.

Quels sont les principes généraux présidant aux corrélations ? Chaque paire de corrélats regroupe des termes inséparables au sens où lorsqu'on applique à une personne l'un des termes (par exemple un devoir), on est sûr qu'une autre personne peut se voir appliquer l'autre terme de la paire. Une autre contrainte est que l'un des termes exprime la situation de X face à Y et l'autre terme, la situation de Y face à X. Par exemple :

6. X a le devoir D de verser un dollar à Y ssi X n'a pas le privilège P de ne pas verser un dollar à Y.

7. Y a le droit R face à X à un paiement de 1 $ de la part de X ssi X a le devoir D de verser un dollar à Y.

Voici un cas plus intrigant : si X a le devoir face à Y de lui verser un dollar, alors X a le privilège de payer un dollar à Y, mais n'a certainement pas le privilège de ne pas payer à Y un dollar (ce serait alors précisément ce qui contredirait la relation juridique décrite dans l'énoncé du devoir considéré). Le privilège qui correspond (à titre d'opposé) au devoir de payer un dollar, c'est le privilège de ne pas verser un dollar à Y. On devrait donc, en toute rigueur, parler de « privilège de ne pas… » pour décrire le privilège comme l'opposé de l'obligation.

Par ailleurs, si par un acte volontaire A peut modifier les relations juridiques de B avec lui-même (A) ou une autre personne (X), alors on peut dire que A a un pouvoir légal (de le faire) et que B est exposé à une telle modification venant de A[1]. Il s'agit alors de pouvoirs relatifs à des situations qui sont intrinsèquement institutionnelles et que l'on peut appeler des faits d'institution.

Le fait d'être exposé à une modification venant d'autrui est une notion qui s'oppose à « l'immunité vis-à-vis de … », comme le montrent les définitions suivantes : si l'on peut établir que par son action volontaire la personne A ne peut pas modifier les relations juridiques de B, alors A a une incapacité (*disability*) et B a une immunité (*immunity*). On peut alors compléter la typologie hohfeldienne des opposés et des corrélats. Comme l'écrit Corbin, « les membres des paires de corrélats doivent exister ensemble » et « aucune paire d'opposés ne peut exister ensemble ». Par exemple, quand quelqu'un a un droit vis-à-vis d'une certaine personne à propos d'une certaine chose, il ne peut pas avoir un non-droit dans les mêmes conditions. Quand il a un privilège (de ne pas faire une chose) il ne peut avoir le devoir correspondant.

Dans ces développements, on voit se profiler une dépendance forte par rapport au langage, et une manière unitaire de parler de l'action est mobilisée. Bien que l'analyse soit toute formelle, elle s'appuie, pour renvoyer aux différents cas empiriques qu'elle recouvre, à des expressions courantes qui gravitent autour du verbe « faire » – le pur faire, l'action en général. Or, on pourrait vouloir distinguer plusieurs sortes d'action : l'action au sens du geste physique, l'action envisagée comme action intentionnelle finalisée et l'action considérée comme l'altération d'une situation juridique ou institutionnelle. On pourrait vouloir, par exemple, considérer les gestes physiques et dire ensuite qu'ils sont « comptés comme » une certaine modification juridique. Par exemple, le mouvement qu'imprime un agent à la plume sur le papier peut être compté, dans certaines circonstances, comme l'établissement d'un testament.

Par ailleurs, la cartographie des types de relations détermine la compréhension des relations de chacun des types. Dans l'école hohfeldienne, c'est à partir du réseau des correspondances entre les notions que l'on définit les droits et les autres catégories mentionnées. C'est ce qu'illustre remarquablement la définition que donne Corbin pour « droit » :

---

1 Corbin, *op. cit.*, p. 165.

> Une relation juridique (*legal*) entre deux personnes. Le corrélat d'obligation et l'opposé de non-droit. Une prétention concrétisable (*enforceable claim*) à l'accomplissement d'une chose (sous forme d'action ou d'abstention d'action) par un autre. C'est la relation juridique qui existe entre A et B lorsque la société exige (*society commands*) l'action ou l'abstention d'action par B et pénalisera d'une façon ou d'une autre la désobéissance à la demande de A[1].

Il s'agit toujours de répondre à la question : qu'est-ce qu'un autre doit faire pour moi ? Avec comme arrière-plan nécessaire, semble-t-il, le fait que si cela n'est pas fait, on m'aidera par le recours à la contrainte grâce à l'intervention d'une instance décisionnelle appropriée (un tribunal, par exemple). On voit par là que l'approche formelle et typologique s'infléchit assez naturellement dans la direction d'une approche proprement institutionnelle et qui fait droit aux demandes, aux revendications.

Dans la définition donnée par Corbin pour la notion de privilège, on peut noter que l'on s'élève à la notion claire d'une régulation globale de la conduite par un ordre normatif (comme chez Kelsen), même en l'absence d'indications spécifiques tirées du droir en vigueur. Il y a en effet privilège de A vis-à-vis de B lorsque A est libre ou en état de liberté (*free to* ou *at liberty to*) de se conduire (*to conduct himself*) d'une manière définie ; en d'autres termes, la conduite de A se trouve à certains égards non réglementée (*not regulated*) en vue du bénéfice de B par l'effet d'un commandement social (*by the command of society*). La considération d'un privilège répond ainsi, sous un angle donné (concernant certains domaines de la vie ou certaines affaires ou certaines formes d'activité) à la question : que puis-je faire ? (« *what may I do ?* »).

Corbin introduisait ou reconstituait d'autres catégories. Par exemple, la possession d'un droit *in rem* est avérée lorsque le droit considéré est un élément d'une classe de droits similaires possédés par l'agent A face à tous les membres de la société (ou presque tous les membres de la société). Par exemple, c'est le cas pour le droit que j'ai envers chaque membre de la société que l'on n'entre pas chez moi sans ma permission. On peut parler d'un droit *in rem* concernant mon domicile privé. De même pour le droit que j'ai, envers tel ou tel, que l'on ne me frappe pas. Il s'agit dans chaque relation juridique particulière de l'instanciation d'un droit général : il en va de la possibilité d'exprimer par l'expression « droit à » les membres d'une classe de relations juridiques reliées entre elles par la relation d'équivalence « similaire à… ». On voit alors se

---

1   Corbin, *ibid.*, p. 167.

profiler un certain concept de généralité dans la possession d'un droit (ce qui importe particulièrement si, en philosophie politique, on choisit de s'intéresser à la possession de droits effectivement considérés comme généraux, tels que les droits de l'homme). Mais on est ici tributaire, évidemment, des opérations de repérage de la similitude. Cet aspect cognitif (et probablement culturel et linguistique) reste dans l'ombre.

De même, on peut s'intéresser à la définition d'un droit *in personam*. Il s'agira d'un droit possédé par A face à B en l'absence de droits comparables face aux autres personnes (ou à presque toutes les autres personnes). S'il n'y a aucun droit comparable, on est dans le cas dans lequel Hohfeld recommandait de parler de *unital right* (les *paucital rights* concernant le cas où il y a quelques droits similaires). Droits *in personam* et *in rem* se trouvent ainsi ramenés aux extrémités d'un spectre unique. C'est sans doute un progrès ; à une juxtaposition conceptuelle de deux sortes de droits distinctes, on substitue un spectre et l'on connaît le moyen de parcourir ce spectre dans un sens ou dans l'autre.

Un droit « primaire » est à définir comme un droit résultant d'un certain fait opératoire ne constituant pas lui-même une violation d'un droit existant précédemment. Un droit « secondaire » sera un droit résultant d'un fait opératoire constituant la violation d'un droit existant précédemment. C'est le cas des droits à réparation, dont l'apparition est consécutive à une violation du droit. Par exemple, un droit à réparation consécutif à une violation des droits personnels. Un droit conditionnel est un droit à l'accomplissement futur de quelque chose (par quelqu'un d'autre) dans le cas où se produit un certain fait opératoire. Par exemple, le droit au versement d'une prime d'assurance (par l'assureur) si la maison prend feu pendant la durée de validité du contrat.

Bien que la démarche retenue oblige à revenir toujours à l'échelon individuel, on peut définir aussi dans ce contexte des droits conjoints (*joint rights*) : ce sont des droits pour lesquels il y a plusieurs parties obligées ou plusieurs parties obligeantes. Par exemple, si A et B ont chacun face à X le droit que X paie une certaine somme d'argent à A ou à B. Il s'agit alors de relations qui concernent d'une part A et X, d'autre part B et X ; simplement, on doit les énoncer ensemble. Dans ce contexte encore, les intérêts légaux d'une personne (*legal interests*) sont formés par l'agrégat des relations juridiques de cette personne autour de certains objets spécifiques (des biens, des terres…) ou autour des relations physiques qui concernent ces objets. Par exemple, si un agent possède un certain domaine, il a un intérêt légal consistant en une somme de droits, privilèges (il a le privilège de ne pas planter des rosiers), pouvoirs et immunités (le maire du village ne peut signer un document le dessaisissant de l'usage de sa propriété), etc.

Après avoir reconnu et apprécié l'effort de clarification philosophique engagé par les théoriciens du droit du début du siècle passé, mentionnons sans tarder quelques problèmes qui expliquent que la clarification hohfeldienne ait pu appeler d'autres développements et demeure, en quelque sorte, en progrès. Dans la citation concernant la définition générale de la possession d'un « droit » (*right*), par exemple, on voit une notion holiste d'obligation sociale se juxtaposer à l'individualisme de principe requis par la définition même de ce qu'est une relation juridique en général. La pleine compréhension de cette notion doit conduire à infléchir l'approche théorique dans un sens institutionnel. Dans l'ordre théorique – et sont-ils autre chose au fond que des constructions théoriques ? – les droits sont traversés par les institutions, donc par les pouvoirs socialement institués. On voit aussi qu'une notion comme celle d'un « droit » que l'on a ou que l'on possède se trouve reliée par principe à la notion d'une punition possible, se traduisant probablement par un désavantage constatable empiriquement. Le rapport du sujet à ses droits, loin d'incarner la liberté pure et simple, paraît comporter nécessairement le rapport empirique à la mobilisation de la coercition dans un contexte social et psychologique donné.

On réalise par ailleurs qu'il est difficile de mentionner (et tout aussi difficile de se contenter de faire intervenir tacitement) une notion vague ou indéfinie de « chose » liée à l'action (obtenir quelque chose, prétendre à quelque chose ou à l'accomplissement de quelque chose). La notion d'action elle-même reste protéiforme à cet échelon de la théorie : elle demeure aussi complexe et insaisissable que dans les manières courantes de parler. En particulier, « faire quelque chose à quelqu'un » n'a pas un sens très précis. Or, c'est ce à quoi l'on songe au moins implicitement, dans la plupart des cas, lorsqu'on évoque d'accomplissement d'une action et aussi lorsqu'on cherche à identifier les parties concernées ou impliquées à propos d'actions spécifiques. Il faut se demander dans quelle mesure exacte cela oblige à se référer à un quelconque avantage ou désavantage (spécifiquement considéré comme tel) pour un agent. Et dans cette mesure justement, comment apprécier l'avantage ou le désavantage pertinent ? Tout cela, il faut l'avouer, reste ici dans l'ombre, en dépit des progrès certains accomplis, dans l'école hohfeldienne, vers une meilleure maîtrise linguistique des aspects de notre mode de vie qui sont liés au droit (ou d'ailleurs, plus généralement, à des systèmes normatifs).

À l'arrière-plan, il y a un évident problème de relativité des droits par rapport aux conventions sociales et à la culture de la société particulière que l'on considère. Par exemple, dans tel pays et dans tel milieu social, entamer son déjeuner avant son hôte pourra être compté comme « lui manquer de respect » (donc « lui faire quelque chose »), alors qu'il en irait différemment dans un autre contexte social – par exemple dans un restaurant d'entreprise, où les convives entament souvent leur déjeuner sans attendre l'arrivée souvent incertaine des autres, et dans un ordre indifférent.

ANALYSE HOHFELDIENNE APPLIQUÉE AUX RÔLES IMPARTIS PAR LES NORMES

À propos de la théorie hohfeldienne, on a vu se constituer le problème du rapport entre les actes conçus comme des gestes volontaires et les actes conçus comme altérations du système des relations juridiques. L'approche consistant à considérer les gestes physiques et par ailleurs la manière dont ils sont comptés dans un jeu social structuré par des règles devait être développée plus tard chez Hart, et d'une certaine manière aussi dans les approches qui utilisent la théorie des jeux ou lui empruntent ses concepts. Voyons quels pourraient être les soubassements conceptuels d'une approche de ce type, en nous tournant vers la contribution d'Allan Ross Anderson[1].

À propos d'un « acte » tel qu'un mouvement aux échecs, Anderson propose de distinguer trois aspects constitutifs : l'acteur qui a « agi », c'est-à-dire engendré un nouvel état de fait ; l'autre joueur, qui est affecté par ce changement ; enfin, la situation (un état de fait) produite par l'action du premier joueur. D'où la représentation d'un « mouvement » dans le jeu sous forme de relation ternaire : M(x,p,y). Ce qui se lira : x a agi d'une manière qui crée l'état de fait p, et y en est affecté ; ou : « x a fait p à y ».

Anderson pense que ce type de mise en forme traduit l'esprit de l'approche hohfeldienne des relations juridiques, fondée sur l'idée de rôles à élucider dans des relations sociales normatives. L'« état de fait » lui-même est construit par des règles ou conventions sociales ; par exemple si l'on demande « qui a laissé la porte ouverte », il ne s'agit probablement pas de répondre « tout le monde » même si, de fait, personne n'est intervenu pour la fermer (en sorte qu'effectivement tout

---

1   A.R. Anderson, « Logic, Norms and Roles », *Ratio*, 4 (1962), n° 1, p. 36-49.

le monde a eu d'une certaine façon un rôle causal dans la production du résultat). On s'intéressera en priorité, par convention, à la dernière personne qui a franchi la porte, ou bien à un employé chargé de veiller à la fermeture de la porte, etc.

Par ailleurs, il n'est pas satisfaisant de laisser dans l'ombre la nature des états de faits considérés : comment connaît-on les éléments à intégrer dans la description et ceux qu'il faut laisser de côté ? C'est extrêmement vague à ce stade : on sait seulement qu'il faut intégrer dans la description ce qui importe pour l'agent qui est identifié, par l'effet d'une convention sociale et langagière, comme celui qui subit (quelque chose) ou, pour le dire autrement, comme celui à qui l'on fait (quelque chose). Bien entendu, interviennent ici des particularités linguistiques, qui ne sont pas sans rapport avec les manières de vivre dans les communautés.

Dans la description d'Hohfeld, il était apparent que les droits sont détenus face à d'autres, mais aussi en vue de la réalisation de tel ou tel état de fait. Par exemple, si X a un droit face à Y relativement au fait que Y reste au dehors de son terrain, alors Y a le devoir envers X de rester au dehors de cet endroit[1]. On peut en dire autant des pouvoirs et des devoirs. C'est dans cette approche générale que s'inscrivait le tableau des opposés et corrélats hohféldiens :

Corrélats :

X a un droit face à Y relativement à p	Y a un devoir face à X relativement à p

Opposés :

X n'a pas de droit face à Y relativement à p	Y a un privilège face à X relativement à p

Si l'on s'inscrit dans cette approche, dire que X a un droit (*demand-right*, *claim-right*) face à Y relativement à p, c'est dire qu'aux termes du droit existant, X peut s'attendre à ce que Y produise l'état de fait p. On ajoute parfois « pour X » ou « pour le compte de X ». Ce type de relation est destiné à représenter des situations dans lesquelles on dit que « X a droit à p de la part de Y ». En considérant des actions (*moves*, M) qui sont des modifications (ou le maintien) du *statu quo* du fait de l'action de l'agent Y, laquelle intéresse le « patient » X, on peut noter

---

1   Dans les termes d'Hohfeld : *"...If X has a right against Y that he shall stay off the former's land, {then} Y is under a duty toward X that he stay off the place".*

cela : OM (Y, p, X) ; soit : « il doit être le cas que Y fasse p pour (ou "à") X ». En d'autres termes : Y a un devoir de faire p envers X.

Hohfeld décelait une première équivalence, entre :

(a) l'absence de droit de X face à Y relativement à p :
~ OM (Y, p, X)
(« *No-demand-right* » : Y est exempt de créance de la part de X quant à la production de l'état de fait p).

(b) le « privilège » de Y face à X relativement à p : PM (Y, p, X)
(Y est libre de faire p [ou de faire en sorte que p] face à X)

On est alors en mesure de prendre du recul face à la construction hohfeldienne, qui pose comme « corrélats » le privilège de X de faire p face à Y et l'absence de créance « non p » de Y face à X, ce qui se traduit formellement par une seconde équivalence :

PM (X, p, Y) ↔ ~ OM (X, ~p, Y)
(« il est permis à X de faire p à Y » équivaut à « il n'y a pas d'obligation pour X d'avoir une action de type non-p face à Y »).

C'est bien en effet de cela qu'il s'agit dans la seconde partie de cette affirmation de Hohfeld :

> [...] le corrélat du droit de X (*i. e.* de son droit-créance) relativement au fait que Y n'entre pas sur son terrain est le devoir de Y de ne pas y entrer ; mais le corrélat du privilège de X d'y entrer lui-même est manifestement le « non-droit » de Y relativement au fait que X n'y entre pas[1].

Or, cela apparaît problématique. Dans l'un des deux sens, les choses sont claires, car si l'on admet que X a le privilège p face à Y, alors il faut admettre que Y n'a pas de créance non-p face à X. Mais en sens inverse, c'est moins évident. On le voit bien intuitivement : c'est qu'il est fort possible que l'absence d'obligation « pour X » de faire en sorte qu'une chose ne soit pas le cas « pour Y » provienne d'un système normatif qui prévoit simultanément l'interdiction de faire en sorte (par une action ayant un effet causal) que cette chose soit le cas, et l'interdiction de faire en sorte (par une action ayant un effet causal) que cette chose ne soit pas

---

1   Dans les termes d'Hohfeld : *"Thus the correlative of x's right {i.e. demand-right} that y shall not enter on the land is y's duty not to enter ; but the correlative of x's privilege of entering himself is manifestly y's « no-right » that x shall not enter"*, op. cit. p. 39.

le cas. Rien là d'impossible. De la sorte, si X n'a pas le droit de se mêler des affaires de Y, on pourra dire qu'il n'est pas obligé d'agir « envers Y » (ou « face à Y ») de la manière « non-p », sans que cela implique le moins du monde sa jouissance de la faculté d'agir « envers Y » en sorte que p soit le cas « pour Y ». Pour qu'il y ait équivalence, il faudrait écarter certaines interprétations de l'opérateur M et d'un terme tel que p.

Dans la formulation d'éventuelles restrictions de ce genre, il faut à l'évidence avoir le souci de contrôler les interprétations possibles en termes d'action, d'initiative, de contrôle exercé sur des alternatives, de production causale de modifications, d'incidence sur l'état de quelqu'un d'autre, de direction des initiatives *vers* quelqu'un d'autre. Ces expressions sont ambiguës. Elles figurent de manière importante dans nos manières de parler des droits, en sorte qu'il est naturel de les retrouver, d'une manière ou d'une autre, dans les essais de systématisation d'un cadre conceptuel pour l'analyse. Mais ces manières de parler reflètent nos conventions juridiques, politiques, économiques, culturelles et linguistiques, ce qui donne une importance singulière, jusque dans la théorie formelle, aux tâches d'interprétation. La philosophie des droits est ici étroitement dépendante de nos vues au sujet de l'action humaine.

On retrouve les actes des agents à deux niveaux distincts. D'abord, à l'échelon de p (dans la transition, causée par l'action d'un premier agent, du *statu quo* vers un autre état de fait) : il s'agit alors d'emblée d'actes qui sont « comptés comme » une manière de se comporter dans un jeu social réglé par un système de droits et d'obligations. En second lieu, à l'échelon des événements du monde (les opérations M) qui font l'objet d'un droit-créance, d'un devoir, d'une immunité ou d'un privilège. En effet, parmi ces choses, on ne trouve pas seulement la description partielle d'états du monde (*i. e.* la délimitation d'une classe d'états du monde) mais aussi des éléments qui concernent l'action.

L'erreur qu'induit la seconde équivalence hohfeldienne, selon Anderson, s'apparenterait à une erreur linguistique, à une confusion engendrée par la ressemblance superficielle entre la double négation et d'autres formulations. Il est assez facile de confondre les significations d'énoncés comme les suivants, alors qu'elles sont bien distinctes si l'on retient une perspective ordinaire sur l'action : « Jones a l'autorisation de ne pas faire en sorte que la pelouse ne soit pas tondue » et « Jones a l'autorisation de faire en sorte que la pelouse soit tondue ». Concernant la notion hohfeldienne d'« opposition » entre les relations juridiques, notons qu'Hohfeld lui-même reconnaissait que l'on n'était pas renvoyé à la négation pure et simple. Il soulignait la chose suivante :

> [...] alors que X a le droit ou la créance que Y, l'autre homme, reste au-dehors de son terrain, lui-même a le privilège d'entrer sur son terrain ; ou, pour le dire de manière équivalente, X n'a pas le devoir de se tenir au-dehors. Le privilège d'entrer est la négation du devoir de se tenir au-dehors. [...] quand on dit qu'un certain privilège est simplement la négation d'un devoir, ce que l'on veut dire, bien sûr, c'est toujours qu'un devoir a comme contenu ou teneur précisément l'opposé du contenu ou de la teneur du privilège en question[1].

Anderson estimait que Hohfeld pouvait avoir été abusé par la similitude entre ~M (X, p, Y) et M (X, ~p, Y), d'où viendrait l'équivalence entre ~ M (X, ~p, Y) et M (X, p, Y), donc, par exemple, l'équivalence entre les propositions suivantes : « il est permis à X de ne pas se comporter de la manière non-p » et « il est permis à X de p ».

En réalité, il y a implication dans un sens mais pas dans l'autre[2]. En effet, si X agit en sorte que non-p, il est bien sûr faux que X agisse en sorte que p, mais il ne suit aucunement de cette dernière assertion que X agisse en sorte que non-p (il peut agir d'une manière neutre au regard de l'alternative p / non-p). Selon l'argumentation d'Anderson, l'erreur d'Hohfeld serait liée aux spécificités de l'exemple retenu (celui de l'entrée sur le terrain) et cette critique corrobore le diagnostic d'une extrême dépendance des raisonnements sur les droits par rapport à l'interprétation des termes et expressions renvoyant à l'action. Dans l'exemple retenu par Hohfeld, de deux choses l'une : ou bien X est sur le terrain de Y, ou bien il ne s'y trouve pas ; et, dans chaque cas, on suppose implicitement, bien sûr, que c'est de sa propre initiative (on ne le transporte pas

---

1 Dans les termes d'Hohfeld : *"[...] whereas x has a* right *or claim that y, the other man, should stay off the land, he himself has the privilege of entering on the land; or, in equivalent words, x does not have a duty to stay off. The privilege of entering is the negation of a duty to stay off. [...] always, when it is said that a given privilege is the mere negation of a duty, what is meant, of course, is a duty having a content or tenor precisely opposite to that of the privilege in question".* Hohfeld, *ibid.*, p. 39.

2 De même, Anderson contestait l'« opposition » supposée entre le droit-créance et l'immunité (absence de « droit-créance »). Les termes employés par Hohfeld laissent supposer que si l'on interprète OM (y, p, x) comme voulant dire que x a une créance face à y relativement à l'état de fait p, alors la situation correspondante (« opposée ») d'absence de droit-créance (ou immunité de y face à x) s'écrirait :~OM (y, p, x). L'assertion hohfeldienne selon laquelle « il y a un droit de x face à y que y n'entre pas sur le terrain de x » est la négation (« l'opposé ») de : « x est exposé au fait que y entre sur son terrain » (*i. e.* « n'a pas de droit là-contre » – *no right*). Cela se traduirait formellement par : OM (x, p, y) ↔ ~ PM (x, ~p, y) ; et, en fait, cette équivalence n'est pas acquise dans le cas général ; on a seulement : OM (x, p, y) → ~ PM (x, ~p, y).

de force). Dans ces conditions, on a la disjonction : M(X,p,Y) ou bien
M(X, ~p, Y). Et si l'on se limitait à des cas de ce genre (en imposant
des restrictions bien choisies sur les interprétations possibles des termes
renvoyant à l'action), on pourrait admettre l'équivalence mise en doute
plus haut.

Supposons que l'on dispose d'un cadre d'analyse dans lequel l'action
est une action complètement décrite (comme dans les jeux sous forme
développée de la théorie des jeux) et non pas la description d'une modification d'un aspect du monde. L'action étant désignée par p, tandis que
M désigne l'initiative ou le choix effectif de l'action, on peut bien dire
alors que si ~M (X, p, Y) (*i. e.* s'il n'est pas le cas que X choisisse l'action
p), alors M (X, ~p, Y) (X choisit une action autre que p) ; et réciproquement. Dans un tel cadre d'analyse, la seconde équivalence hohfeldienne
serait admissible. Le fait de ne pas choisir une action équivaudrait ici
au fait de choisir une autre action parmi les autres actions disponibles.
Mais, bien sûr, cela s'éloigne quelque peu de nos usages courants. Par
exemple, selon nos manières courantes de parler, il est clair que le fait de
ne pas provoquer dans le monde une modification donnée de l'état du
monde (disons, la tonte de la pelouse du voisin) n'équivaut pas du tout
au fait d'agir en sorte que l'on provoque une modification (ou que l'on
assure une absence de modification) habituellement jugée « contraire »
(disons, faire en sorte que la pelouse du voisin ne soit pas tondue).

En ce sens, les variations entre Hohfeld et Anderson illustrent et
confirment la dépendance de nos raisonnements sur les droits par rapport
au cadre conceptuel dans lequel nous abordons l'action humaine. C'est
aussi un avertissement pour la théorie : les choix méthodologiques qui
peuvent contribuer à fixer ou à clarifier le cadre d'analyse impliquent
habituellement un certain décalage par rapport aux usages courants des
concepts relatifs aux droits. Or, ce sont bien ces usages courants qui sont
déterminants pour la revendication des droits, la rhétorique politique et
économique, donc finalement aussi pour l'équilibre social qui s'instaure
entre des prétentions contradictoires dans la société.

La classification d'Hohfeld des types élémentaires de relations juridiques a eu le mérite d'apporter de l'ordre dans le chaos des concepts et
des catégories disparates que l'on trouve dans la description des systèmes
normatifs (qu'ils soient juridiques ou moraux). Elle a facilité les tests de la
solidité ou la robustesse des catégories employées. Mais le formalisme et
la généralité de la théorie présupposent qu'un grand nombre de choses ont
déjà été clarifiées par ailleurs de manière à permettre la correspondance

avec le monde réel. En particulier, il faut s'être entendu sur ce que signifie vraiment « jouer un coup » dans une interaction réglée par un système de normes ; il faut savoir ce que c'est qu'agir (pour un individu) et, plus précisément, ce que c'est que faire telle chose « à quelqu'un ». Ce sont des choses qui ne peuvent être étudiées et explicitées qu'en poussant l'analyse jusqu'aux actions individuelles et à l'interaction sociale qui servent de substrat aux relations normatives. Ce que montre une analyse comme celle d'Anderson, c'est qu'il y a un problème dans la corrélation entre devoir et privilège. Revenons un instant sur la question, afin d'apercevoir l'effet du langage ordinaire et des représentations les plus communes sur nos conceptions normatives au sujet des droits.

À un certain niveau de description, qui semble tout à fait élémentaire ou commun, on peut bien affirmer, semble-t-il, la chose suivante : dire que « X n'a pas l'obligation de s'abstenir de p », ou que X n'a pas l'obligation de « faire » non-p, c'est dire que X a une certaine prérogative en vertu de laquelle il peut faire p. La formulation retenue conduit au problème mis en évidence par Anderson en 1962 : admettons que je n'aie pas le devoir de faire en sorte que votre pelouse ne soit pas tondue ; il n'en découle pas que j'aie la prérogative de la tondre. Mais l'usage du vocabulaire de l'action est-il suffisamment précis ? Ne pas avoir le devoir de faire en sorte que votre pelouse soit non tondue, qu'est-ce que cela signifie vraiment en termes d'action individuelle ? Cela signifie que je peux me comporter d'une façon quelconque, sans être obligé de sélectionner les actions (si elles existent) qui permettraient de garantir à l'état final de l'interaction une certaine caractéristique (le fait que votre pelouse reste non tondue) – appelons A l'ensemble de ces actions. J'ai une certaine prérogative, consistant à choisir l'une des actions qui se trouvent en dehors de l'ensemble A tout en faisant partie des actions possibles pour moi.

Anderson soutient que l'on peut noter ou appeler « faire p » le fait d'agir en sorte que tel type d'état du monde (ou de la société) prévale – par exemple, un état du monde dans lequel votre pelouse reste non tondue. Cela est identifié au fait d'agir d'une certaine manière (agir de telle manière que l'on ne tonde pas votre pelouse). En réalité, cela reste assez problématique. Dans le type de « jeu » avec des coups successifs qu'évoque Anderson, tout se passe implicitement comme si j'étais seul responsable, avec vous, de l'état de votre pelouse ; c'est pourquoi l'on peut décrire le fait de faire en sorte que votre pelouse reste non tondue comme un type spécifique d'action de ma part.

Dans la réalité de la vie sociale, il n'en va pas ainsi. Les choses se passent plutôt de la manière suivante : mon comportement a une certaine incidence causale sur l'état de votre pelouse, mais il en va de même pour de nombreuses autres personnes, dont le comportement n'est pas placé sous mon contrôle. Agir en sorte que votre pelouse ne soit pas tondue, cela peut vouloir dire, dans les circonstances habituelles de la vie courante, ne pas la tondre soi-même et déployer des efforts pour empêcher ou dissuader les autres de la tondre (avec des résultats incertains s'il y a dans le voisinage un partisan résolu des pelouses bien tondues). Mais alors je peux m'abstenir de ce type d'action sans pour autant tondre la pelouse : il suffit pour cela que je cesse de déployer les efforts mentionnés. Quel sens y-a-il à dire, tout d'abord, que j'agis de manière à faire en sorte que votre pelouse soit non tondue ? Une telle affirmation est quelque peu ambiguë, car le résultat est en principe incertain. Et il n'y a guère de sens à prétendre que ne pas agir de la sorte, c'est tondre votre pelouse.

Pour disposer d'un appui plus ferme dans le vocabulaire des normes et de l'action, il peut être utile d'endosser l'exigence suivante : pour un agent, une obligation est toujours une obligation de ne pas sélectionner certaines actions pourtant possibles. Cela permet notamment de jeter un pont vers le cadre conceptuel de la théorie des jeux, dans lequel on part toujours des actions possibles pour les agents, assimilées à des manières de mettre en relation les événements qui peuvent survenir (notamment les événements causés par les actes des autres personnes) et des caractéristiques de l'état de la société à l'issue de l'interaction. Une fois ces actions possibles énumérées, il est possible de n'en considérer qu'un sous-ensemble, par exemple, le sous-ensemble des actions autorisées par le système normatif considéré.

Nous apercevons maintenant le rôle important tenu par le langage et ses catégories dans les représentations et le maniement des droits, et jusque dans l'exercice de ceux-ci par ceux qui les possèdent. Le langage, principalement à travers la manière dont il aborde l'action et ses rapports aux états du monde, est une pièce maîtresse du jeu des droits. Même lorsqu'il s'agit de droits fondamentaux solennellement proclamés et protégés, nous avons recours à eux, dans l'argumentation et dans la revendication, avec la souplesse que permet un langage imparfait et adaptable. L'incidence du langage explique le recul que nous pouvons prendre vis-à-vis des droits lorsque nous ne sommes pas tout à fait satisfaits de ce qu'ils nous permettent (ou nous interdisent) de faire et de penser.

Notre description de l'action est redevable au langage – tout comme, et par voie de conséquence, nos revendications et les droits qui en résultent. Nous demandons les droits que nous pouvons exprimer d'une manière suffisamment simple pour que leurs interprétations morales et politiques paraissent naturelles. Nous déstabilisons la structure existante des droits en avançant des revendications, mais nous sommes ici tributaires des possibilités et des limites de l'idiome des droits, dont nous avons vu qu'il est structuré par des relations systématiques entre les termes utilisés.

DÉCISION ET PROCÉDURE
DANS L'EXERCICE DES DROITS

LES CONSIDÉRATIONS PROCÉDURALES DANS LA QUERELLE DES DROITS

Déontologie et conséquences

La flexibilité des droits est évidente à certains égards et un début d'analyse nous en a révélé quelques aspects moins directement évidents. Mais la rigidité des droits frappe aussi les esprits. Spécifier des droits, c'est souvent rendre très difficile, par le jeu des intérêts qui s'y rattachent, leur remise en cause ultérieure. Et si les droits sont fondés sur des raisons de principe explicites – comme ils le sont souvent dans les régimes politiques délibératifs – alors différentes sortes de considérations peuvent se trouver privées d'effectivité (et leurs porteurs privés de voix) dès lors que les droits auront été proclamés et auront trouvé une traduction institutionnelle. Par exemple, dans la plupart des pays, on ne peut pratiquement rien tenter contre le respect de la propriété, alors même que les grandes disparités dans la répartition des droits de propriété se voient attribuer un rôle dans les malheurs sociaux. Les droits évoluent cependant et cette évolution, en régime libéral tout au moins, est un enjeu permanent de la vie publique.

Les théoriciens et les avocats du libéralisme considèrent habituellement les droits fondamentaux comme des contraintes strictes données une fois pour toutes. Mais l'analyse suggère que jusque dans le champ des droits fondamentaux un rôle important est tenu par la transformation progressive des droits ou prérogatives. Ce processus met assurément en jeu certaines normes, qui se réfèrent notamment à des propriétés procédurales de la vie sociale (autrement dit, des propriétés qui ne concernent pas directement le caractère des conséquences, mais plutôt « qui fait quoi à qui » – des propriétés inscrites dans le processus d'interaction).

Pourtant, la référence aux conséquences joue aussi un rôle. Bien que les droits soient très souvent défendus à partir de raisons de principe concernant le traitement des personnes ou les obligations à leur égard, les évolutions que connaissent ces droits (ou les aménagements successifs de leur interprétation) font souvent intervenir la référence aux conséquences de la vie sociale telle qu'elle est réglée par les droits. Comment se formulent alors en pratique les critères d'admissibilité des procédures sociales traduisant telle ou telle configuration des droits ? Il faut notamment poser cette question substantielle : dans la société du libéralisme, supposée régie en grande partie par des principes de type déontologique (comme ceux qui expriment le respect dû aux personnes et à leur autonomie), quelle peut être l'emprise de la référence aux conséquences de l'interaction ?

Les droits, garanties associées aux actions

Nous associons les droits aux actions en parlant du « droit de faire (ceci ou cela) », ce qui renvoie à la conceptualisation de l'action. La théorie des jeux offre certainement la conception la plus claire de l'action qui soit effectivement disponible et utilisable aux fins de l'analyse politique et sociale. D'autres modèles de l'action interviennent dans les débats, qui livrent des aperçus précieux – par exemple la théorie de l'action d'Anscombe dans son ouvrage classique, *L'Intention*, ou celle que l'on doit à Michael Bratman.

L'action, explique-t-on dans le contexte de la théorie des jeux, est une fonction associant, à la sélection des événements aléatoires par la nature et au choix des actions par les autres, un état du monde (parmi ceux qui sont possibles). Cette relation reproduit en quelque sorte la compréhension instrumentale de l'action comme orientée vers certaines finalités, même si l'on se débarrasse des illusions encombrantes les plus ordinaires, en s'obligeant à prendre en compte l'intégralité des conséquences possibles dans toutes les circonstances possibles pour toutes les actions possibles des autres, ce qui relâche assurément le lien entre « moyen » et « but » à un degré considérable. Il reste que si l'on s'intéresse seulement aux stratégies et à leurs conséquences, cela empêche inévitablement de prendre en compte des éléments d'information potentiellement pertinents[1].

---

1   J. W. Friedman, *Game Theory with Applications to Economics*, New York, Oxford University Press, 1986, 2ème éd. 1991, p. 15.

À cette sorte de mise en correspondance se superpose une autre vision de l'action : celle qu'il faut mobiliser lorsqu'on décrit un jeu sous forme développée. On se réfère alors à des mouvements des agents, à leur comportement dans les « nœuds » successifs de l'arbre de décision (ce qui est d'ailleurs implicite dans la description sous forme stratégique). L'action individuelle apparaît alors comme une série de mouvements ou de séquences comportementales. De plus, dès que l'on considère des agents capables d'initiative, la description de ces mouvements comporte un volet clairement contrefactuel : on s'intéresse non seulement à ce qui est décidé pour telle étape du jeu, mais aussi à ce qui aurait pu être décidé (et aux raisons qui auraient pu conduire à tel autre choix). Au demeurant, la description sous forme normale n'a une interprétation simple en termes de « stratégies de comportement » que si l'on a affaire à des êtres intelligents.

Pour l'étude des droits, on s'intéresse typiquement aux empêchements, blocages et réactions des agents engagés dans des interactions où le respect des droits est en cause. Tant que l'on ne considère pas les objectifs, aucune hypothèse sur la nature des êtres concernés n'est mobilisée. Les mouvements qui se dessinent en un nœud donné ne sont pas nécessairement le résultat de la prise en compte intelligente de certains motifs d'action. Il peut aussi s'agir de déterminantes qui se prolongent par certains effets selon un processus déterministe dans lequel l'initiative intelligente n'intervient pas.

Les argumentaires dont l'enjeu est habituellement décrit comme la « liberté » ou l'ensemble des « droits » des acteurs posent assurément des problèmes complexes, mais ces problèmes peuvent être abordés de manière unifiée, les uns et les autres, en termes d'arbitrage entre garanties. Considérons d'abord les libertés consistant en la disponibilité effective, pour les individus, des moyens de parvenir à certaines fins. La disponibilité de ces moyens est une garantie suffisante pour permettre aux individus, s'ils le souhaitent, de pouvoir parvenir à ces fins au cours de l'interaction sociale. D'autres libertés consistent en des garanties de pouvoir effectuer certains actes sans entrave venant d'autres personnes. En outre, les clauses de symétrie ou de respect mutuel souvent incorporées dans les définitions de la liberté politique peuvent recevoir une interprétation en termes de garanties individuelles simultanément attribuées.

Considérons par exemple la caractérisation, proposée par André Tosel, de la liberté négative comme faculté « de prendre toute initiative compatible avec l'égale liberté d'autrui sans en être empêché par cet autrui[1] ». De quoi peut-il s'agir ? D'abord, évidemment, de l'absence de recoupement entre les sphères d'initiative souveraine des différents agents. Si je puis décider de la couleur de ma maison, et si mon voisin peut aussi en décider pour moi, les normes en vigueur ne donnent aucune assurance quant à l'effectivité de mon choix d'une couleur. D'où l'importance de la « condition formelle » discutée, à propos de la théorie kantienne du droit, par T. Pogge[2]. Si cette compatibilité (ou absence de recoupement) est une contrainte, l'égalité en est une autre.

En effet, une clause de symétrie peut imposer que les interdictions qui pèsent sur mon action soient les mêmes que celles qui pèsent sur l'action des autres (en particulier, mes obligations de m'abstenir d'interférer avec la décision des autres dans certains domaines – l'obligation de ne pas les gêner, de ne pas leur faire obstruction – seront les mêmes que celles d'autrui envers moi). Il s'agit là d'une contrainte délicate à manier puisque, dans la plupart des contextes concrets, les obligations mutuelles des individus sont fortement dissymétriques du seul fait des différences de situation qui existent naturellement entre les individus. Mais cette contrainte est souvent jugée plausible pour les normes générales garantissant la liberté des personnes à l'échelon le plus fondamental. Elle constitue, de fait, une sorte d'axiome pour la discussion de ces normes.

Observons que les interdictions pesant sur les conduites sont ambivalentes. D'un côté, elles interdisent certaines actions aux agents. Mais par un autre côté, elles leur garantissent certaines conséquences, en interdisant à d'autres individus d'adopter un comportement qui pourrait empêcher la réalisation de ces conséquences. Deux sortes de garanties égales entrent donc en ligne de compte : la faculté de pouvoir choisir son action dans un ensemble donné et la faculté d'atteindre un certain type de résultat par une limitation des actions disponibles pour tous. Sous ce second aspect, les garanties associées aux libertés publiques peuvent être vues comme les facultés (égales pour tous) de pouvoir atteindre certains types de résultats (par exemple, la réunion ou l'expression d'opinions sans obstruction).

Ainsi, la liberté « négative » (la protection contre l'obstruction) apparaît à l'examen comme une sorte de liberté « positive » (au sens d'une faculté de réalisation). Simplement, il s'agit d'une garantie formulée relativement aux conséquences de l'action personnelle (qui ne sera pas mise en œuvre

---

1   A. Tosel, « L'action collective entre coordination marchande, conseil et plan. Pour une philosophie du projet » in *L'action collective*, édit. R. Damien et A. Tosel, *Annales littéraires de l'université de Franche-Comté*, n° 653 (1998).

2   Thomas Pogge, « Kant's Theory of Justice », *Kant-Studien*, 79 (1988), p. 407-433.

si l'agent n'agit pas de la manière précisée). C'est ce qui met en relief l'initiative de l'agent : cette initiative conditionne la jouissance effective de la garantie. La « liberté négative » implique (comme l'a souligné Carol Gould) la disponibilité de certaines ressources matérielles et humaines[1]. Les garanties doivent apporter une protection effective pour un très large éventail de situations ou d'évolutions possibles, en particulier si nous nous intéressons à des règles intemporelles et pouvant s'appliquer à l'échelon constitutionnel (par exemple, les droits fondamentaux).

Tous ont de bonnes raisons de se considérer comme égaux devant certains problèmes que pose l'interaction sociale et qui menacent l'accès de certains agents à des résultats dont ils souhaitent (ou pourraient souhaiter) la réalisation. En ce qui concerne les droits, par exemple, il a parfois été observé que la possibilité même d'une entreprise de justification enveloppe la décision de régler autrement que par la lutte et la force certains différends avec des concurrents, la conversation sur les droits apparaissant ainsi comme un mode non-violent de la régulation des conflits et de la rivalité autour du pouvoir.

Le parti de traiter certaines normes sociales et politiques de manière conséquentialiste, c'est à dire uniquement comme des règles permettant aux individus d'obtenir différentes conséquences, est congruent avec certaines des approches les plus fondamentales du « problème politique ». Rappelons que, chez Hobbes, les « lois de nature » sont traitées comme des normes autorisant une solution rationnelle aux problèmes typiques de l'état de nature tel que le concevait l'auteur (en particulier, le fait que la vie y soit « courte et brutale »). C'est l'absence de garanties suffisantes dans l'état de nature qui rend illusoire ou ineffectif l'exercice par chacun de son droit sur toutes choses. De même, Kant identifie le « problème politique » (le problème spécifique que résolvent plus ou moins bien, en pratique, les institutions politiques) à la recherche de normes permettant la coexistence rationnelle, dans un monde commun, d'êtres intelligents dont on ne peut présumer la moralité.

La thématique de la recherche de garanties est profondément enracinée, de fait, dans un certain nombre d'arguments classiques et fondamentaux destinés à justifier certaines normes, ou à rendre compte de l'acceptation des normes. On en trouve un exemple célèbre au livre II de la *République* de Platon, lorsque Glaucon explique à Socrate, à partir des prémisses pour le moins douteuses de Thrasymaque, l'apparition des conventions de justice entre les hommes. Les hommes tirent avantage des actions qu'ils

---

1   C. Gould, *Rethinking Democracy*, Cambridge, Cambridge University Press, 1988.

nomment injustes lorsqu'ils en sont les auteurs mais il est désavantageux pour eux de subir ces mêmes actions lorsqu'elles sont choisies par autrui à leur encontre. Or, il y aurait plus d'inconvénient à subir les conséquences de ces actions entreprises par d'autres que d'avantage à les commettre. Lorsqu'on n'a pas l'assurance de pouvoir commettre l'injustice sans la subir en retour, il faut donc chercher à s'entendre avec autrui pour que nul ne se comporte d'une manière injuste. En d'autres termes, la convention, si elle est suivie d'effet, donne aux agents l'assurance d'un état certes moins bon que celui qui consisterait à commettre l'injustice sans y être exposé, mais meilleur que deux autres situations possibles (commettre l'injustice et la subir, d'une part et, d'autre part, subir l'injustice sans l'exercer en retour). Si l'on suit Glaucon, donc, la norme instaure une garantie que l'interaction « naturelle » (*i. e.* sans la norme) ne possède pas.

Une telle approche, familière dans la tradition de la philosophie politique, peut aussi être retenue et généralisée pour la théorie de l'acceptation des normes et des valeurs dans différents contextes de la vie sociale. Si elles sont clairement identifiées, les demandes contradictoires de garanties offrent un point de départ pour la recherche de solutions normatives prenant la forme de normes sociales de comportement individuel, et voilà bien ce que l'on trouve au cœur de la société libérale.

L'axe central de la controverse sur la modélisation des droits

La tradition philosophique abonde en arguments nous représentant les avantages collectifs du renoncement aux droits individuels. Mais que se passe-t-il lorsque les individus conservent des droits ? Peut-on encore formuler concurremment des exigences relatives au bien commun ou à l'avantage collectif ? Pour aborder cette thématique, tournons-nous vers un débat contemporain : celui qui a vu s'opposer, à propos de la conceptualisation ou de la modélisation des droits, l'approche d'Amartya Sen et l'approche proposée par Robert Nozick, suivi par Peter Gärdenfors[1]. On utilisera ici également des éléments plus spécifiques apportés par une contribution de Marc Fleurbaey et Wulf Gaertner[2].

1   P. Gärdenfors, « Rights, Games and Social Choice », *Noûs*, 15 (1981), p. 341-356 ; R. Nozick, *Anarchy, State and Utopia.*, New York, Basic Books et Oxford, Blackwell, 1974, tr. fr. *Anarchie, État et utopie* Paris, Presses Universitaires de France, 1988 et 2003 ; A.K., Sen, « The Impossibility of a Paretian Liberal », *Journal of Political Economy*, 78 (1970), p. 152-157 ; et *Collective Choice and Social Welfare*, Amsterdam, North Holland et Edimbourg, Oliver & Boyd, 1970.

2   M. Fleurbaey et W. Gaertner, « Admissibility and Feasibility in Game Forms », *Analyse & Kritik (Zeitschrift für Sozialwissenschaften)*, 18, 1996, p. 54-66.

Reprenons tout d'abord les termes du dilemme classique imaginé par Sen et publié en 1970 (dans un article du *Journal of Political Economy* et dans le chap. 6*, « Conflicts and dilemmas », de son ouvrage *Collective Choice and Social Welfare*), en concentrant notre attention sur l'exemple qui accompagne le théorème et qui en fait ressortir la nature d'une manière frappante, directement liée aux discussions éthiques et politiques à propos des torts et des vertus du libéralisme.

Deux personnages – Prude et Libertin, dont on retiendra les initiales, P et L – sont engagés, autour de la lecture d'un exemplaire de *L'amant de Lady Chatterley*, dans l'interaction suivante, qui concerne le choix social de l'un des trois états a, b et c (il n'y a qu'un exemplaire du livre, et les deux agents ne peuvent le lire ensemble).

	L lit	L ne lit pas
P lit		a
P ne lit pas	b	c

Monsieur P préfère c à a, et a à b. Monsieur L préfère a à b et b à c. Ce sont des agents qui ont l'un et l'autre des préférences complètes et bien ordonnées sur ce qui peut se produire dans leur petite société.

Voici alors une condition « libérale » minimale que l'on peut avoir le souci d'imposer : puisque la différence entre les états a et c ne concerne que la lecture de l'ouvrage de l'ouvrage par Mr. P, il faut que ses préférences à ce sujet soient reflétées dans le choix collectif. L'agent P devrait avoir le droit de voir a ou c prévaloir dans les cas où, respectivement, il préfère a à c ou c à a. De même, la paire {b, c} devrait être le support d'un droit pour l'agent L. D'un point de vue social, alors, on doit avoir : c préféré à a ; b préféré à c.

Or – et tel est le paradoxe – a est supérieur à b au sens du critère de Pareto (et même, du critère faible de Pareto). En effet, chacun des deux agents préfère strictement a à b ; pourquoi donc ne pas suivre cette préférence unanime ? Le problème est donc qu'il n'y a pas alors de « meilleur » choix social repérable. Nos critères à ce sujet révèlent simplement leur division.

Cette situation peut donc valoir comme illustration du « paradoxe libéral ». Supposons que chaque individu sache classer de manière cohérente (sans intransitivité) les états sociaux possibles ; supposons que le classement social des options permette de dégager un « meilleur élément » (*i. e.* un élément qui est tel qu'aucun autre élément n'est meilleur que lui) dans chaque ensemble d'options envisageable. On ne peut alors se représenter le classement collectif comme un produit légitime des préférences

individuelles. C'est exclu (et c'est le paradoxe), s'il existe des droits individuels. En effet, il paraît raisonnable d'admettre au moins que :

1. les individus peuvent avoir des préférences quelconques (hypothèse classique de domaine non restreint)

2. si tous préfèrent strictement un état social à un autre, alors
   le classement social de ces deux options doit refléter cette
   même hiérarchie. C'est une garantie minimale relativement
   à l'avantage collectif.

Par ailleurs, l'existence de droits individuels implique normalement
la chose suivante, nous l'avons vu :

3. il y a au moins deux individus dont chacun « emporte la décision
   dans les deux sens » (*i. e.* quel que soit le sens du classement)
   pour au moins une paire d'états sociaux.

Si l'on impose le respect de ces exigences, on rappelle qu'il n'y a
aucune formule d'agrégation des jugements qui puisse conduire des
préférences individuelles au classement collectif.

L'un des produits du débat considérable suscité par ce paradoxe est la
thèse selon laquelle on peut exiger (selon A. Sen) ou (selon Fleurbaey et
Gaertner) s'attendre à ce que les attributions de droits dépendent de critères
conséquentialistes reflétant la prise en compte des intérêts des personnes
concernées. Cette requête s'allie à un impératif de mise en cohérence ou
de compatibilité entre les droits des uns et des autres. L'enjeu sera ici, en
tirant parti des aperçus venus des controverses sur le « paradoxe libéral »,
de faire la part des principes immuables et de la prise en compte évolutive
des conséquences, dans la dynamique des droits propre au libéralisme.

On distingue aujourd'hui deux grandes approches, qui ont chacune un
versant formel ou logique (dans la théorie générale des choix sociaux) et
un versant de théorie sociale (analyse du libéralisme en politique, analyse
des effets externes en économie). Dans l'approche d'A. Sen, l'exercice de
droits individuels est conçu comme une restriction sur le processus de
choix collectif. Par contraste, chez R. Nozick, P. Gärdenfors et d'autres
auteurs, le choix individuel entre des options impose des contraintes sur
les options entre lesquelles il peut y avoir un choix social[1].

---

1   V. aussi : W. Gaertner, P. Pattanaik et K. Suzumura, « Individual Rights Revisited »,
     Economica, 59 (1992), p. 161-177. ; Rajat Deb, « Waiver, Effectivity and Rights as Game

Rappelons que dans le cadre de la théorie des choix collectifs (ou « théorie du choix social »), est « procédural » ce qui concerne la description du passage des préférences individuelles aux résultats collectifs. La transition même est ce qui exprime l'idée d'une « procédure » de décision. Dans le cadre d'analyse des « formes de jeu » (en théorie des jeux), ce qui est « procédural » n'est autre que ce que l'on appelle justement « la procédure », c'est-à-dire la donnée de la structure de l'interaction, qui permet notamment de décrire, pourvu que l'on introduise une notion d'admissibilité des actions, la manière dont les individus peuvent se comporter les uns vis-à-vis des autres, dans leurs actions. C'est là ce que les tenants d'une approche « purement procédurale » des droits reprochent aux théoriciens du choix social de négliger d'emblée, à cause du cadre conceptuel retenu, qui « socialise » d'emblée, en quelque sorte, les droits individuels.

Selon l'approche de Gaertner, Pattanaik et Suzumura (*op. cit.*), l'existence de droits individuels est essentiellement identifiée à l'admissibilité de certaines actions ou stratégies des individus. Comme l'a remarqué R. Deb, il s'agit alors de spécifier « qui peut faire quoi », sans faire référence aux motivations (par exemple sous la forme de préférences relatives aux issues de l'interaction), ce qui éloigne en apparence de l'approche préconisée par A. Sen en 1970[1]. Les issues sociales sont les résultats de l'exercice simultané ou séquentiel, par les individus, de stratégies permissibles (*i. e.* admissibles compte tenu des droits spécifiés). Pour conceptualiser les droits, on a alors recours à des notions formelles d'effectivité, pour formaliser l'idée qu'avoir un droit, c'est avoir le pouvoir d'imposer certains états de la société plutôt que d'autres (mais pas nécessairement d'une manière aussi précise qu'on le souhaiterait)[2]. Dans ces approches du second groupe, on a aujourd'hui recours à la représentation dite en « forme de jeu », dans laquelle les libertés et les droits des individus sont définis en spécifiant pour chacun un ensemble permissible d'actions ou stratégies. C'est seulement dans un second temps (si l'on veut établir un lien avec la théorie des jeux proprement dite) que l'on introduit les préférences des acteurs.

Forms », *Economica*, 61 (1994), p. 167-178. ; Bezalel Peleg, « Effectivity functions, game forms, games and rights » (avec mes commentaires), dans : *Freedom in Economics. New Perspectives in Normative Analysis*, édit. J.-F. Laslier, M. Fleurbaey, N. Gravel et A. Trannoy, Londres et New York, Routledge, 1998.

1   R. Deb, *op. cit.*, p. 168.

2   Sur la théorie mathématique des fonctions d'effectivité, voir : J. Abdou, « Stable Effectivity Functions with an Infinity of Players and Alternatives », *Journal of Mathematical Economics*, 16 (1987), p. 291-295 ; également, la synthèse de J. Abdou et H. Keiding, *Effectivity Functions in Social Choice*, Dordrecht, Kluwer Academic Press, 1991.

A. Sen, exprimant de manière répétée des doutes sur la valeur normative d'une telle approche, a réaffirmé la nécessité de s'intéresser aux conséquences et aux préférences sur celles-ci, lorsqu'on s'interroge sur les droits. L'argument central est que la prise en compte des conséquences et des désavantages qu'elles représentent pour certains agents fournit des raisons de modifier la forme de jeu. Sen prend l'exemple suivant : s'il apparaît que la permission de fumer conduit des victimes innocentes à inhaler la fumée des autres, alors il y a des raisons de penser que la structure du jeu (la « forme de jeu », donnant les règles d'interaction, quelles que soient les préférences) doit être modifiée de manière à ce que l'on interdise de fumer[1]. Cela oriente vers la prise en compte dynamique des revendications portées par des intérêts qui sont en cause. Mais des considérations procédurales interviennent aussi dans la manière d'invoquer des normes générales pour préciser les répartitions de droits. C'est dans cette perspective que nous nous tournerons vers des exemples, pour voir comment, en pratique, se modifient les formes du jeu social autour des droits. En particulier, pour essayer de confirmer cette alliance plausible des aspects procéduraux et conséquentialistes.

Ce qu'il y avait de typique dans une critique comme celle de R. Nozick dans *Anarchie, État et utopie*, c'était l'insistance sur le fait qu'un certain partage, induit par les droits, entre le licite et l'illicite doit être soustrait à toute négociation, ne devant pas être susceptible d'être affecté par l'application d'autres normes intervenant dans les choix sociaux (le respect de la volonté majoritaire, mettons). Un partage de ce genre, en effet, constituerait en lui-même une raison morale ultime et donc un fondement suffisant pour des jugements moraux. C'est une contrainte stricte à laquelle doit se plier la vie sociale (assimilée formellement à une procédure de choix) et cette contrainte délimite *a priori* son objet.

S'agit-il alors d'une contrainte procédurale ? C'en est à vrai dire, il faut bien le reconnaître, un exemple classique. Insister sur l'obligation *a priori* d'un respect scrupuleux de certains droits, c'est bien imposer des restrictions sur la faculté d'obtenir certains résultats (si bons soient-ils), en se fondant sur le fait que le processus lui-même compte, et ne peut pas être quelconque. C'est ce sur quoi insistent les philosophes qui sont préoccupés au premier chef par les risques qu'enveloppe toute atténuation, motivée par des raisons « sociales », des contraintes absolues qui naissent

---

1 A.K. Sen 1995, « Rationality and Social Choice« *American Economic Review*, vol. 85(1), 1995, p. 1-24 ; p. 14-15.

des droits. C'est l'une des formes d'un débat ancien et toujours renaissant : est-il dans la nature des droits de fixer des obligations absolues ?

Mais si le processus de détermination graduelle des droits-contraintes reste dans l'ombre, on risque de négliger certains autres aspects procéduraux du problème, des aspects moins classiques que l'exigence *a priori* de respect de contraintes « dures » relatives aux droits fondamentaux. On risque de passer à côté du fait que la détermination graduelle des droits, dans les contextes sociaux et institutionnels, est souvent elle-même légitimée par des considérations que l'on peut dire procédurales, dérivées de la structure de l'interaction : quelle est la nature des activités ? Qui agit (et de quelle manière) envers qui ?

Dans une perspective dynamique, il est difficile de s'en tenir à une approche dans laquelle les contraintes imposées seraient tirées de raisons entièrement indépendantes, extérieures à la structure de la vie sociale elle-même. La représentation des normes comme autant de contraintes sur les comportements paraît naturelle, et elle n'entre pas en contradiction, en elle-même, avec l'idée que l'on peut aussi s'intéresser aux droits individuels comme à des garanties relatives aux résultats de l'interaction sociale. Comme l'écrivent M. Fleurbaey et W. Gaertner, les conséquences importent aussi pour l'approche en termes de « formes de jeu » et les individus, à travers leurs classements par ordre de préférence, s'en soucient en effet[1].

Comment s'expliquer alors qu'il puisse être question dans certains débats du « choix » entre les deux conceptions des droits ? On peut formuler cette hypothèse : lorsque les droits sont traités comme des contraintes incorporées dans la « forme de jeu », on peut avoir l'impression qu'il s'agit de contraintes fixées une fois pour toutes et que l'on perd le contrôle de ce qui les détermine et les justifie. Cette impression est d'ailleurs renforcée par le fait qu'historiquement cette approche a émergé parce que l'on a voulu préserver certaines contraintes strictes de toute atténuation liée à l'utilité des choix sociaux. De la sorte, on en vient assez naturellement à se représenter le débat dans les termes suivants.

D'un côté, ceux qui veulent que les droits soient des contraintes considérées comme déjà données, extérieures à l'interaction sociale. En face, ceux qui pensent que les droits doivent être vus comme des propriétés de l'interaction sociale. Mais il paraît possible de tenir compte simultanément de ces deux points de vue en remarquant que, d'une

---

1   Fleurbaey et Gaertner, *ibid.*, p. 55.

part, les droits fixent en effet les conditions d'admissibilité des actions (et jouent ainsi le rôle de contraintes sur l'interaction sociale assimilée à une procédure de choix collectif) et que, d'autre part, ces contraintes sont elles-mêmes motivées par des raisons qui tiennent, pour une part notable, aux propriétés de l'interaction sociale.

Dans les processus sociaux concrets, on peut souvent apercevoir comment des normes d'arrière-plan interviennent, conjointement avec les particularités de l'interaction considérée, dans la délimitation progressive des droits. Les normes d'arrière-plan qui interviennent peuvent concerner les résultats ou bien certains aspects des procédures suivies (« qui [placé dans quelle position sociale] fait quoi à qui » ?...). Pour l'apercevoir, examinons maintenant plus précisément quelques voies empruntées par l'analyse contemporaine pour introduire de manière explicite la structure de l'interaction sociale dans la théorie des droits.

L'APPROCHE DE PETER GÄRDENFORS

Chez A. Sen, le principe d'unanimité et le libéralisme minimal sont formulés comme des contraintes sur les choix sociaux et plus précisément sur la manière dont les valeurs individuelles débouchent sur la mise en ordre des choix sociaux. Selon R. Nozick, les droits individuels, lorsqu'ils sont exercés, agissent plutôt à la manière de contraintes sur l'alternative qui demeure ouverte à la décision sociale ; leur opération précise est d'exclure certaines possibilités, d'en fixer d'autres, etc. Ensuite seulement, on peut étudier des procédures de décision sociale, s'il reste des choix à faire. Les droits sont par ailleurs supposés compossibles par principe : chaque personne peut exercer ses droits selon sa manière de choisir et l'exercice de ces droits détermine (« fixe ») certains traits du monde. Si l'on donne ainsi aux droits individuels une priorité absolue par rapport aux questions de bien-être social, le conflit présumé entre les deux registres normatifs disparaît.

P. Gärdenfors, dans sa contribution de 1981, prenait bonne note de la similitude entre le point de vue de R. Nozick et le refus kantien de tout compromis entre le droit (et les droits des hommes, réputés sacrés) et l'utilité ; cependant, il se faisait fort de montrer que, selon une interprétation raisonnable du principe de Pareto, une priorité accordée au droit ne signifie pas nécessairement que l'on renonce à la recherche d'un optimum. Par ailleurs, à la suite de Peter Bernholz, P. Gärdenfors remarquait qu'un aspect essentiel des revendications de liberté fondées sur les droits est que ceux-ci garantissent aux individus un pouvoir de décision par leur propre action. De ce point de vue, si l'on offre des pouvoirs de décision sur des paires qui ne sont pas nécessairement retenues dans les choix sociaux effectifs, cela ne suffit pas ; la garantie offerte est déficiente quant à l'influence réelle consentie aux individus sur les choix sociaux. En effet, dans la société libérale réelle, aux « extrémités » des alternatives, une fois fixé tout ce qui concerne clairement une pluralité d'individus, on trouve toujours des embranchements qui tournent autour d'enjeux personnels, en sorte que la société aura bien à choisir, quels que soient les enjeux et l'orientation des choix sociaux, entre des états ne se différenciant les uns des autres que par des aspects étroitement personnels. C'est donc bien un type d'arbitrage social auquel il est naturel de s'intéresser.

Les droits privilégiés dans les travaux de Sen et de Nozick sont des droits simples, que l'on peut exprimer sous la forme générique : « i peut faire en sorte que F^1 », où F n'est pas un état social particulier mais plutôt une propriété pour (ou une condition sur) les états sociaux. Par ailleurs, il pourrait y avoir des droits moins simples, des droits comme ceux que fixe un contrat (la possibilité de contracter étant un aspect essentiel des prétentions libérales). Ces droits-là, remarquait Gärdenfors, ne peuvent pas être analysés de manière exhaustive en termes de droits individuels ; ils sont attribuables à des groupes.

Ce qu'oblige à considérer explicitement le cas des contrats, c'est la dimension institutionnelle des droits, qui est effectivement un aspect collectif ; mais on peut penser qu'elle est aussi présente implicitement dans le cas des droits « simples » que Sen et Nozick ont privilégiés. Nozick et Gärdenfors négligent une dimension institutionnelle qui les concerne aussi pourtant. Dans l'approche de Sen, l'importance de cette dimension institutionnelle se remarque en particulier au fait que l'on entend prendre en compte une conséquence minimale de l'existence d'un système de normes instituées incorporant des exigences libérales. On s'intéresse aux garanties quant aux issues normatives que les individus possèdent de par le système normatif en vigueur.

Dans la théorie de Gärdenfors, l'exercice d'un droit (comme le renoncement à l'exercice d'un droit, l'abstention) peut être regardé comme un mouvement ou un « coup » dans une sorte de jeu social – un jeu d'exercice des droits, appelant d'autres mouvements de la part des autres participants. Un tel mouvement est réalisé par une série de choix qui,

---

1   Sur la logique de ce type d'opérateurs, voir la thèse de doctorat de Michel Paquette en 2006. Sur les applications à la théorie des choix collectifs, v. celle d'Anne Pétron-Brunel, en 1998.

ensemble, constituent une stratégie. Ce jeu est normalement tel que les individus peuvent se concerter dans leurs choix, en formant des coalitions. L'ensemble des stratégies accessibles à un groupe en tant que tel donne une idée de son pouvoir dans l'interaction sociale. On peut identifier le résultat d'un jeu d'exercice des droits à l'ensemble des états sociaux qui restent disponibles lorsque toutes les coalitions ont sélectionné leurs stratégies respectives (donc les droits qu'elles choisissent d'exercer ou de ne pas exercer).

Nozick et Gärdenfors, en étudiant des droits « simples » (que chacun exerce de manière décentralisée et qui sont compossibles), tendent à présenter l'exercice de ces droits comme s'il s'agissait d'un fait de la nature. Mais en réalité, il s'agit ici d'institutions comme les autres ; il se trouve simplement que certaines initiatives sont confiées aux individus sur une base décentralisée. Si l'on oublie la dimension institutionnelle des « droits simples », on ne saura prendre la mesure de l'importance des garanties normatives que possèdent les individus, grâce à ces droits, quant à l'obtention de certains résultats sociaux. Faute de considérer ce caractère institutionnel, en effet, on n'est plus en mesure de distinguer, d'une part, l'obtention régulière de certains résultats dans les interactions sociales et, d'autre part, les garanties normatives que l'on peut se représenter sous la forme de pouvoirs.

Ces auteurs orientent la discussion vers l'opposition entre propriétés de la procédure et obtention d'états sociaux. Mais l'adoption d'une perspective institutionnelle oblige à considérer tout d'abord, en fait de propriétés de la procédure, les garanties que possèdent les individus, de par les règles en vigueur, quant à l'obtention d'états sociaux de certains types. Pour déceler une dimension « procédurale », alors, on n'est plus obligé de se détourner d'emblée de ce qui concerne aussi les garanties relatives aux états sociaux.

Prendre au sérieux la dimension institutionnelle des droits simples, ce doit être possible aussi dans une perspective comme celle des « formes de jeu », lorsqu'on spécifie des règles du jeu et lorsqu'on étudie une situation d'un point de vue normatif, – en considérant ce à quoi les individus ont droit d'après les règles et non pas seulement pour modéliser ce qui se passe dans les processus sociaux empiriquement donnés. Simplement, il faut sans doute se délivrer d'une vision des choses selon laquelle le passage à cette représentation consisterait à choisir le droit contre l'utile, ou le respect de l'individu contre la primauté de la société ; se délivrer, aussi, de l'opinion selon laquelle cette représentation, à propos des droits individuels dits simples, ne ferait que répliquer des pouvoirs naturels aux individus, associés à certaines initiatives. Car il est tout aussi naturel aux individus de s'organiser d'une manière telle qu'ils ne puissent pas atteindre certains résultats par certaines initiatives.

D'ailleurs, dans le cadre d'analyse dit des « formes de jeu », la définition même des actions incorpore la référence aux résultats ; rien ne masque alors que si l'organisation des individus était différente, ils n'obtiendraient pas les mêmes résultats par les mêmes initiatives ou les mêmes gestes. Le modèle lui-même invite à ne pas considérer des actions « purement individuelles » ou des choses que les individus « obtiennent par eux seuls » car dans la définition des actions on voit bien que c'est toujours en conjonction avec certaines conduites des autres que certains résultats sont atteints.

Dans la théorie de P. Gärdenfors, les droits sont fondamentalement des opportunités, offertes à des groupes ou à des individus, de restreindre l'ensemble des états sociaux qui peuvent résulter de l'interaction sociale[1]. On peut alors, avec Gärdenfors, envisager un certain nombre de conditions opposables aux systèmes de droits, qui montrent que des exigences significatives, aisément interprétables en termes moraux ou politiques, peuvent être formulées à cet échelon d'analyse. Il en va ainsi pour une condition de cohérence (si deux groupes d'individus exercent leurs droits, il restera un état social possible après avoir placé ces restrictions), pour une condition sur les droits des groupes (les droits d'un groupe doivent comprendre au moins les droits attribuables aux sous-groupes de ce groupe, y compris les individus), pour une condition sur la combinaison des droits (les droits qui ne s'excluent pas mutuellement peuvent être combinés sans qu'on sorte du champ des droits).

Cela concerne aussi une version du « libéralisme minimal », ou « condition libertaire minimale » : chaque individu peut librement décider de certains aspects de l'état social qui prévaut finalement ; chaque individu est capable d'imposer une restriction, de faire en sorte que tout

---

1   On retient, dans cette théorie, les conventions suivantes. I est l'ensemble fini, non vide, des individus ; G, G^1, G^2…sont des sous-ensembles non vides de I ; S est l'ensemble des états sociaux possibles (contenant au moins deux éléments) ; X, Y…sont des sous-ensembles de S. Un droit est alors la possibilité (terme qui devra recevoir une interprétation précise) pour un groupe G d'individus de restreindre l'ensemble des états sociaux à un sous-ensemble X de S. On le notera : (G,X), ou (i,X) dans le cas d'un droit individuel (de l'individu i). Un « système de droits » est la donnée d'un ensemble de paires telles que (G,X) ou (i,X). Pour un groupe G donné, pour traduire le sens intuitif des droits « à faire une chose ou à ne pas la faire », il faut souvent incorporer dans L des éléments tels que : (G,X) et (G, S\X).

S (l'ensemble des états sociaux) ne soit pas possible[1]. Bien sûr, ce qui est dit par cette dernière condition ne peut pas s'interpréter seulement en faisant référence à une action purement individuelle imposant des restrictions indépendamment de toute organisation sociale ; la définition même des actions que choisissent les individus pour exercer leurs droits incorpore la référence à des états sociaux, donc implicitement aux actions des autres. Actions et issues sociales doivent être définies ensemble, de manière cohérente. Et si l'on ne supprime aucune des actions considérées, on a un système social particulier – qui peut servir de référence pour étudier certaines restrictions sur les actions à choisir, – ce qui ne rend pas les actions « purement individuelles » pour autant. Il s'agit bien encore de l'association entre des initiatives et des garanties normatives sur ce que l'on peut attendre de ces initiatives, et de ce point de vue, un philosophe tel que Hobbes avait raison de parler d'un « droit de nature » à propos de son état de nature, ce qui permettait de suggérer que même dans ce cas un point de vue pertinent sur les garanties est possible. On peut dire que la considération d'un état où aucune action n'est spécialement interdite est simplement ce qui permet de définir conjointement les issues sociales et les actions de référence.

Par ailleurs, P. Gärdenfors parvenait à donner sens, dans son cadre d'analyse, à l'idée d'une distance entre les jugements et l'exercice des droits. Considérons l'exemple suivant pour illustrer la nature des conditions de ce niveau (A. Gibbard, *op. cit.*). S est ici un ensemble d'états du monde regroupant trois issues possibles de l'interaction sociale ; x : Edwin épouse Angelina ; y : le juge épouse Angelina et Edwin reste célibataire ; z : Angelina et Edwin restent célibataires. Edwin et Angelina peuvent rester célibataires et, en tant que groupe, ont le droit contractuel de se marier. Edwin préférerait rester célibataire mais est prêt à épouser Angelina pour qu'elle ne se marie pas avec le juge. Le juge veut tout ce que veut Angelina. Angelina voudrait épouser Edwin mais pourrait se contenter d'épouser le juge. On peut décrire le système des droits explicites dans cet exemple :

(Edwin, {y,z}) ; (Edwin, S) ; (Angelina, {y}) ; (Angelina, {z}) ; (Angelina, S) ; ({Edwin, Angelina}, {x}).

Conformément à la convention retenue pour les droits des groupes, on peut attribuer au groupe formé par Edwin et Angelina les droits individuels possédés par Edwin ou par Angelina. La découverte

---

d'A. Gibbard était la suivante : il peut être rationnel, dans certains cas, de ne pas exercer un droit que l'on possède, même si l'on a une préférence en ce qui concerne les options en présence.

Autrement dit : l'exercice des droits individuels ne réplique pas forcément la structure des jugements ou valeurs de l'individu. Edwin préfère à x, par exemple, un état dans lequel il reste célibataire. Il a l'option de rester célibataire et s'il exerce ce droit (d'une manière qui paraît aller dans le sens de ses préférences), il force les états sociaux à se trouver dans {y, z}. Mais c'est en réalité une mauvaise idée, car alors Angelina se marie avec le juge (on obtient y). Comme tous deux préfèrent x à y, ils seraient mieux avisés de s'entendre de manière à exercer leur droit de se marier, ce qui présuppose qu'Edwin n'exerce pas son droit de rester célibataire. C'est ce qui conduit à exiger que les individus puissent ne pas exercer dans le sens de leurs préférences un droit comportant une restriction sur les possibles.

P. Gärdenfors considérait pour chaque individu une relation de préférence sur les états sociaux et une relation de préférence sur les ensembles non vides d'états sociaux. Le problème était alors de comprendre la liaison entre ces deux relations pour des individus qui réfléchissent, ce qui fait intervenir leur compréhension du mécanisme social de sélection des états. Outre ses mérites propres, cette contribution a donné le signal d'un programme de recherche consistant à aborder les droits avec les outils de la théorie des jeux[1].

DROITS, RÈGLES ET PROCÉDURES :
REMARQUES SUR LES ANALYSES DE M. RISSE

M. Risse a préconisé les orientations suivantes dans le contexte de la querelle sur la modélisation des droits et autour de la « résolution » du problème de Sen : montrer que le domaine de pertinence du problème n'est pas très grand ; argumenter contre la thèse d'après laquelle le conflit de principes révélé par Sen serait « paradoxal » ; proposer une résolution du conflit pour une classe particulière de cas[2]. En substance, il s'agit de jeter le doute sur la centralité dans le libéralisme du concept particulier de droit effectivement formalisé par Sen et de suggérer que le concept des droits entendus comme contraintes latérales (conformément à la thèse

---

1   Les concepts de base sont évoqués dans l'annexe A et, à partir du cadre d'analyse proposé par Fleurbaey et Gaertner, l'annexe B illustre la manière dont les approches de ce genre sont capables de livrer à la fois une description et un schéma explicatif pour la dynamique des droits.

2   M. Risse, « What to make of the Liberal Paradox ? », *Theory and Decision*, 50 (2001), n° 2, p. 169-196.

de Nozick) oblige à voir les droits comme des dispositifs qui donnent, sans condition, un pouvoir de décision ou une autorité. L'assimilation des droits aux pouvoirs serait donc très poussée.

Dans cette contribution au débat, la condition L* (« libéralisme minimal ») de Sen est baptisée « Privilège », et le caractère décisif dans les deux sens (le fait de voir ses préférences sur une paire d'états sociaux reflétées dans les priorités sociales, quelle que soit la teneur de ces préférences) est appelé « privilège sur une paire d'états ». Risse attaque la thèse selon laquelle le paradoxe serait une illustration d'un conflit qui survient lorsque les agents ont des préférences intrusives, axées sur ce qui arrive dans une « sphère privée » des autres (thèse qui suggère, comme voie de résolution, un travail de « nettoyage des préférences »). Il faudrait donc renoncer à l'indissociabilité présumée du théorème et des exemples qui servent habituellement à l'illustrer et qui comportent justement des préférences intrusives. L'argument est simplement que l'interprétation en termes d'intrusion n'est qu'une interprétation particulière.

On peut en effet songer à d'autres situations, formellement analogues au problème de Lady Chatterley, mais dans lesquelles l'interprétation naturelle est tout à fait différente. En voici un exemple. Alice et Bob doivent recruter un collègue parmi trois candidats x, y, z. Il peut se faire que le classement d'Alice soit, par ordre de préférence : x,y,z ; et celui de Bob : z,x,y. Or, il peut se faire aussi qu'Alice et Bob se reconnaissent mutuellement des compétences et une expertise d'une manière différenciée, en sorte qu'ils conviennent d'accorder à Bob un privilège sur le choix (y,z) et à Alice un privilège sur le choix (x,z).

Ici, il n'est question ni de préférences intrusives ni d'un domaine privé, ni d'interférence abusive – de telles interprétations seraient en fait très peu satisfaisantes compte tenu de la nature du problème examiné. Selon Risse – et c'est là pour nous, à ce stade, l'intérêt principal de son argumentation – la différence avec l'exemple de « Lady Chatterley » tient au fait qu'ici, on a affaire à des options qui sont clairement sociales : on ne les rattache pas à des actions spécifiquement « individuelles », par lesquelles les agents peuvent produire par eux-mêmes certains résultats. Au contraire, cela semble bien être le cas dans l'exemple de Sen pour des options sociales telles que « L lit le livre » ou « P lit le livre ». Cet argument attire l'attention sur le fait que, dans un contexte de choix social, on peut mettre en doute le fait que les facultés dites « individuelles » soient purement individuelles. Il faut donc remonter au-delà de l'opposition entre le social et l'individuel.

Or, dans l'exemple de Sen, il n'est pas vrai que les options « L lit le livre » et « P lit le livre » résultent seulement de l'action décentralisée de ces acteurs. Dans la mesure où il n'y a qu'un seul livre, il faut bien que la répartition provienne d'un choix collectif au moins tacite (en effet, on ne considère pas des initiatives décentralisées pour s'emparer du livre ou le mettre dans les bras de l'autre). Selon l'interprétation qui est privilégiée par Sen, le respect social des privilèges respectifs des individus est une conséquence minimale des arrangements normatifs (juridiques) valides dans la société considérée. C'est pourquoi il s'agit de « libéralisme minimal » : on considère des conséquences que les arrangements juridiques non totalitaires ne peuvent pas ne pas avoir du point de vue des choix du groupe en tant que tel. Contrairement à ce qu'indique M. Risse en tentant de faire ressortir le contraste entre son exemple et celui de Sen, il s'agit bien de choix sociaux attribuables seulement au groupe en tant que tel – en particulier, résultant de règles en vigueur dans le groupe (conformément d'ailleurs à ce que dit très correctement M. Risse du type de problème dont s'occupe la théorie des choix collectifs).

Il peut être instructif de chercher à comprendre les vraies raisons pour lesquelles les deux situations semblent différentes l'une de l'autre. Dans l'exemple de Sen, on considère des options qui sont confinées dans un microcosme (dans lequel on doit décider en commun à qui donner le livre) mais qui sont caractérisées (repérées ou décrites de manière abrégée) par des états personnels qui, dans la vie réelle, résultent habituellement d'initiatives décentralisées des agents (par exemple, lire un livre qu'on a acheté, ou ne pas lire un livre que l'on ne souhaite pas acheter).

Il faut rester conscient du fait que ce n'est là qu'un raccourci : en réalité, il ne faudrait pas dire « L lit le livre », par exemple, mais plutôt : L et P, appliquant les règles en vigueur dans leur micro-société pour le choix entre les options disponibles, ont choisi l'option « L lit le livre » sur la base de l'information concernant les préférences des agents.

Dans la vie sociale réelle, c'est bien ce que l'on observe. En disant que le fait de lire un livre est dans la « sphère privée », on ne veut pas dire que cet état résulte seulement de l'action d'un agent personnel ; ce qui n'est d'ailleurs pas le cas : lorsque cet état prévaut, il résulte toujours aussi de l'absence d'empêchement actif de la part des autres. Par là, il faut reconnaître la primauté réelle de la thématique des garanties dans la jouissance ou la revendication des droits. Ces garanties sont adossées aux normes qui ont été posées par des autorités.

Ce que l'on veut dire, c'est que l'application du système des règles en vigueur garantit à un agent de connaître un état social dans lequel il lit le livre de son choix, s'il le souhaite. Ce qui donne ici l'impression d'un état social atteignable simplement sur une base décentralisée est assez facile à identifier : c'est le fait qu'en ce qui concerne la lecture des ouvrages, l'application des règles sociales est en général laissée à l'initiative des acteurs individuels et à leur manière personnelle de tenir compte de leurs propres préférences et de celles des autres (à eux de voir s'ils suivent simplement leurs propres goûts ou intérêts en un sens étroit, centré sur leur propre personne, ou bien aussi leur désir éventuel de choquer autrui, de servir d'exemple à autrui, etc.). Dans l'exercice des droits dits individuels, la concertation n'est pas requise par les institutions sociales ; en particulier, on n'impose même pas, en pratique, la vérification par un individu du respect de l'unanimité dans la société au sujet de son initiative. On peut donc oublier qu'il s'agit toujours de résultats institutionnels (le fait que personne ne se mette en infraction en empêchant autrui d'exercer son droit de lecture), et l'on peut se laisser aller à décrire la situation simplement en termes physiques (en disant par exemple que quelqu'un s'est saisi d'un livre pour le lire, et le lit – ce qui n'a rien à voir avec le libéralisme dans l'organisation normative de la société, mais constitue seulement la description d'un état de fait).

L'originalité de la contribution d'A. Sen a bien consisté à faire entrer dans l'étude des choix sociaux les normes en tant que telles, en particulier celles qui spécifient des droits. S'il s'était agi seulement de décrire la manière dont des états de la société résultent de choix individuels s'effectuant notamment dans des domaines très personnels, une approche comme celle de la théorie du choix social ne serait guère appropriée. En effet, si l'on s'intéresse bien dans cette approche à l'attribution de droits aux individus et au rapport qui s'établit alors entre les états de la société et les jugements personnels, on s'y intéresse plus précisément sous l'angle suivant : dans quelle mesure les garanties qui existent de par le respect des règles permettent-elles de satisfaire aussi des exigences normatives d'un autre type (éthiques, politiques, économiques, etc.) ? On s'intéresse donc aux garanties spécifiquement apportées aux individus par les règles fixant des droits. C'est cela qui est l'enjeu de l'investigation, et non pas la correspondance empirique entre les désirs propres à une personne et des états sociaux (correspondance qui, d'ailleurs, pourrait être vérifiée pour des raisons sociales contingentes n'ayant rien à voir avec l'attribution de droits).

Dans l'exemple de M. Risse, au contraire, la concertation est explicitement requise (c'est forcément en commun que l'on nomme un collègue dans une procédure collective de nomination) en sorte que dans ce cas, on ne peut pas oublier que l'on a affaire à un fait institutionnel. L'exemple de Risse a le mérite d'attirer l'attention sur un aspect très important du problème : les *raisons* du respect d'un domaine placé sous le contrôle des individus. La force de ces raisons doit dépendre des formes de l'interaction sociale entre les membres du groupe. A cause de cela, les raisons jugées convaincantes par les individus ne reflètent pas forcément une éventuelle croyance en un caractère intrinsèquement « personnel » de certaines affaires. Intervient normalement aussi la réflexion sur le caractère approprié ou inapproprié des règles alternatives envisageables pour fixer les choix sociaux. Au-delà des désirs contingents des uns ou des autres, les individus peuvent avoir des raisons de laisser les choix sociaux se régler d'après les préférences des autres (par exemple en respectant leurs droits). Et ces raisons peuvent tenir, d'une manière compréhensible, à la structure de l'interaction sociale.

Ainsi, dans l'exemple de Risse, la reconnaissance mutuelle des compétences peut déterminer chacun des agents à respecter un domaine d'exercice, par l'autre agent, d'un privilège. Le cas échéant, au détriment de l'application de la règle d'unanimité. Demandons-nous alors : que signifie, pour ces individus, le renoncement à l'application du principe de respect de l'unanimité ? Au fond, le renoncement provient du fait qu'ils savent que leurs préférences ne sont que des préférences « en première approche ». Ils savent qu'ils sont prêts à se ranger à l'avis de l'autre, à la faveur de ce qui ressemble bien à un processus de révision de leurs propres jugements, sur la base des raisons qu'ils apprennent à discerner. Ainsi, ils considéreraient vraisemblablement comme « ayant un coût » le fait de ne pas suivre l'expertise de la personne qu'ils considèrent comme experte.

Dans l'exemple de Lady Chatterley, les choses se présentent différemment. Les bonnes raisons de respecter les préférences de l'autre dans un certain domaine ne sont pas très claires. D'abord, parce qu'il se peut que les individus ne soient pas spontanément « libéraux » et subissent simplement l'obligation de respecter des règles sociales libérales qu'ils n'ont pas choisies. La prise en compte du fait que telle option est considérée socialement comme « privée » ne détermine pas forcément, ici, une évolution du jugement ou des préférences individuelles. En particulier, cette sorte d'évolution n'est pas du tout à prévoir si les individus ne se soucient pas spécialement du jugement des autres. De plus, dans l'exemple de Sen, les individus ont des jugements qui dépendent des préférences d'autrui sur les états sociaux vécus en commun. Dans ces conditions, le respect de ces préférences n'est pas une affaire « purement personnelle », à moins de supposer (abitrairement) que les individus sont des libéraux convaincus.

Cela suggère une approche du problème de Sen. Dans une petite société telle que celle de l'exemple de Lady Chatterley, les individus se soucient très directement les uns des autres. Dès lors, des règles telles que les conditions L (libéralisme) ou L* (libéralisme minimal) de Sen, consistant à attribuer des privilèges, ne sont guère susceptibles d'être appuyées sur des raisons très convaincantes, par lesquelles un agent pourrait se persuader de ne pas intervenir dans le respect des préférences d'un autre. En réalité, les préférences d'autrui dépendent précisément des siennes propres. C'est le type d'interdépendance très poussée que l'on rencontre dans les interprétations naturelles de la structure des préférences de l'exemple de « Lady Chatterley ». Dans la mesure où un individu est, par sa seule présence, à la source de différences dans la valeur des états du monde pour autrui, on ne voit pas très bien pourquoi cet individu devrait s'abstenir de toute interférence avec la réalisation des états sociaux qui sont le support de ces différences de valeur. Il s'agirait là d'une forme de respect d'autrui qui aurait bien peu de chances d'avoir une influence prépondérante sur les jugements d'une personne (à la différence de ce qui se passe dans le cas du respect pour l'expertise).

Dans le cas des droits classiques du libéralisme, le « respect de la liberté » qui s'attache à l'attribution de privilèges sociaux (comme dans l'exemple de Lady Chatterley) s'enracine probablement dans les circonstances suivantes. D'abord, l'expérience de la vie sociale nous dispose à attribuer une grande valeur au fait de nous abstenir d'entrer en conflit avec autrui au sujet d'affaires qui apparaissent personnelles ; probablement parce que, souvent, les conditions suivantes prévalent :

> (a) l'intérêt à défendre est faible, *i. e.* les bénéfices de l'interférence sont douteux (en dehors des cas de compétition idéologique autour d'enjeux privés, dans le cadre d'un système collectif d'interférence ou d'obstruction),

> (b) les conflits associés sont pénibles à supporter,

(c) nous pouvons facilement nous prémunir contre l'exposition au spectacle de l'exercice de ces privilèges par autrui (par exemple en n'y faisant pas attention).

En second lieu, nous sommes nombreux à être attachés aux procédures (démocratiques) qui consacrent les privilèges personnels de base d'une manière rigoureuse. Enfin, nous pensons volontiers à des situations typiques d'exercice de ces droits, qui concernent une « grande » société. Dans ces situations, il serait très coûteux (et pas forcément jugé pertinent) de s'intéresser aux préférences de l'ensemble des membres de la société pour parvenir à déterminer des choix collectifs. Ce qui s'applique réellement, ce sont des règles impersonnelles et générales de respect des droits de base, des libertés publiques ou de la vie privée ; et ces règles interdisent d'interférer avec la réalisation, à l'initiative des agents individuels, de certains états de fait.

Il est habituel de considérer le résultat de l'application des règles sociales comme un fait empirique, que l'on peut décrire dans les termes de l'absence d'interférence avec une « action purement personnelle » alors qu'en réalité, bien sûr, c'est seulement la mise en œuvre collective (et le respect par les uns et les autres) de règles sociales qui permet de décrire un domaine de choix comme « personnel » (au sens où ce qui prend place dans ce domaine reflète très directement, en un certain sens lié aux conventions sociales dominantes, les préférences d'une personne particulière). Si l'on adopte cette perspective sur le dilemme de Sen, on considère que les choix sociaux sont toujours des choix effectués par application d'une procédure. Il peut s'agir simplement des règles juridiques. Les états sociaux sont alors conçus comme pouvant être « comptés comme » le respect de certaines garanties dont jouissent les individus grâce au respect des règles en vigueur. Cela revient à retenir l'interprétation de la théorie du choix social en termes de choix. Selon cette interprétation, on s'intéresse aux procédures par lesquelles une collectivité sélectionne certaines options plutôt que d'autres. Il ne s'agit pas d'une opération abstraite de sélection d'options parmi d'autres options : il s'agit bien de procédures sociales permettant d'effectuer de telles sélections.

Que se passerait-il si l'on privilégiait une interprétation en termes de simple évaluation impartiale ou impersonnelle d'états sociaux ? On serait alors en peine de différencier le respect des droits provenant du respect des règles de la simple conformité empirique à certaines conditions sur les états de la société (quelles que puissent être les raisons de cette conformité empirique et quel que puisse être le rapport à la liberté du processus qui conduit à la conformité).

On peut parvenir aux mêmes conclusions à partir d'un autre point de vue. Si l'on dit qu'il y a des états dont la réalisation est ce qui est désirable du point de vue des droits (des états en lesquels consiste le respect des droits) et qui doivent pouvoir être atteints grâce à un mécanisme social approprié, alors ce sera le respect des règles de ce mécanisme qui donnera aux agents les assurances qu'il peuvent appeler leurs « droits ». L'exercice ou le respect des droits sera une opération consistant à « compter comme » (le respect des droits ou leur exercice) la réalisation de certains états au terme d'une interaction sociale. Ce qui permet cela, alors, c'est le respect des règles (ce n'est pas une intuition morale privilégiant certains états sociaux et ce n'est pas davantage le respect de contraintes latérales qui permettraient à des actions « purement individuelles » de se déployer sans interférence aucune, dans un vide sidéral).

M. Risse thématise comme des « privilèges » les formes de contrôle étudiées par A. Sen. De leur côté, R. Nozick et P. Gärdenfors rejettent en fait la conception des droits comme privilèges et c'est par cette voie qu'il faudrait comprendre pourquoi, fondamentalement, ils rejettent la modélisation d'A. Sen[1]. Selon leur manière de voir, la spécification des droits introduit une démarcation entre un domaine privé (laissé à la discrétion des individus) et un domaine public (dans lequel des choix sociaux s'opèrent). De la sorte, les droits devraient être toujours conçus comme des contraintes latérales, permettant de définir le domaine des choix sociaux (dans lesquels les droits ne doivent pas intervenir). Selon M. Risse, c'est là une thèse favorisant un usage peu adéquat du vocabulaire des droits. Car en fait, on utilise bien ce vocabulaire dans des cas que l'on peut décrire à meilleur escient comme des privilèges. Voici un exemple de Risse : dans les comités de sélection de certaines universités allemandes (pour le recrutement des enseignants-chercheurs), on note l'inclusion d'un agent chargé de faire respecter la lutte contre les discriminations ; son pouvoir est parfois si grand qu'il a un contrôle sur toute paire comprenant un candidat de chaque sexe. Il s'agit alors au fond d'un privilège dans une procédure sociale, mais on parlera volontiers de son droit de regard ou du contrôle qu'il exerce sur les nominations.

---

1   V. aussi : R. Sugden, *The Political Economy of Public Choice*, Oxford, Martin Robertson, 1981.

Toutefois, les défenseurs des « contraintes latérales » peuvent soutenir les thèses suivantes.

> (i) Leur perspective est la plus nette, la plus conforme à l'esprit du libéralisme, celle que devrait favoriser une vision libérale de la politique. L'emploi du vocabulaire des droits associe le libéralisme au mouvement historique de la reconnaissance et de la protection des droits, au point de les rendre indissociables.

> (ii) Le théorème de Sen ne concerne pas les droits compris comme contraintes latérales, mais seulement les privilèges ; en conséquence, il ne représente pas un défi pour le libéralisme correctement conçu[1].

---

1   En ce qui concerne (ii) on peut songer à un argument présenté notamment par A. Sen : dans tous les cas où il existe des droits opérant comme des contraintes latérales, on doit pouvoir élaborer un modèle de la situation dans lequel ces droits sont des privilèges. Cela signifie que la représentation des droits comme privilèges incorpore un aspect qui est de toute façon impliqué par une compréhension des droits comme contraintes latérales.

DROITS INDIVIDUELS, LIBERTÉ
ET INTERDÉPENDANCE : LA LÉGITIMATION
DES DROITS ET LA QUESTION DE LA LIBERTÉ

PRINCIPES GÉNÉRAUX

PROBLÉMATIQUE

Notre conception de l'opération des droits dans la société libérale est souvent liée à la conviction suivante : l'introduction de contraintes sur les comportements doit, par une sorte d'émulation artificielle, concrétiser les normes devant régir l'existence commune des individus dans la collectivité politique (en particulier, des normes de justice, d'équité, de liberté et de respect d'un certain nombre de prérogatives essentielles des individus). Interviennent alors en bonne place et à plusieurs titres les droits dits « fondamentaux » des individus. La contrainte doit, en un certain sens, leur donner une réalité ou de l'effectivité, ce qui suppose un agencement approprié des normes et des institutions pertinentes. On leur offre une protection dont la réelle efficacité politique repose, en dernière analyse, sur le sentiment de légitimité concernant ce qui est protégé et les modalités de la protection elle-même.

Cette représentation est sans doute tout à fait essentielle dans la tradition, et aussi dans l'actualité, de la philosophie politique et de plusieurs domaines d'étude voisins. Et pourtant, si c'est le type de concrétisation des droits que l'on envisage, il faut admettre alors qu'on ne « concrétise » pas seulement ces droits en tant que normes ou références morales et politiques. On institue aussi des sanctions, pour le monde non idéal dans lequel les droits ne seront de toute façon jamais uniformément respectés. Et puis il faut esquisser, serait-ce seulement sous une forme schématique (voire à titre implicite) les formes sociales de la dynamique des droits, en particulier, en ce qui concerne leur degré d'ouverture à la contestation publique et à d'éventuelles révisions ; ou bien les conditions de leur concrétisation plus ou moins fine, plus ou moins contraignante ; et aussi la manière dont ces droits sont susceptibles d'affecter les relations entre les centres de pouvoir. Voilà ce que l'on voudrait se mettre en position de discuter et, tout d'abord, de décrire. Pour cela, il n'y a pas d'autre moyen que de prêter attention aux formes ordinaires de la défense des droits : c'est dans ces manières de parler, d'argumenter et de revendiquer que se donnent à lire les caractéristiques centrales du type de réalisation ou de concrétisation que l'on attend pour les droits.

SOURCES DÉONTOLOGIQUES

On cite en général à l'appui des droits reconnus aux individus une source déontologique essentielle : le respect dû aux personnes physiques en tant que personnes morales[1]. Ces personnes naturelles, dont on suppose habituellement qu'elles doivent appartenir à l'espèce humaine, sont appréhendées comme des êtres appartenant à la nature, capables de choix délibérés, mettant en œuvre des facultés causales dont ils jouissent. Considérer de surcroît les êtres ainsi identifiés en tant que personnes au sens moral, c'est, d'une manière générale, les supposer capables de responsabilité (on peut leur imputer ce qu'ils font, et ils peuvent être appelés à en répondre) et capables de développer une interprétation ou une certaine forme de conscience de ce qu'ils font et de ce qui leur arrive.

Cette perspective soulève notamment le problème du recoupement plus ou moins exact entre la notion de personne et celle d'humanité. Certaines formes d'existence s'inscrivant de plein droit dans l'humanité pourraient n'offrir aucune prise à l'argumentation normative sur les droits, si celle-ci présuppose l'aptitude à la responsabilité, à la conscience, ou même simplement à l'initiative délibérée et à l'action (patients en état comateux irréversible, personnes très lourdement handicapées mentalement). La même remarque s'applique à plus forte raison à des formes de vie liées à l'humanité, comme celle des embryons humains. Si l'on admet qu'une conception exigeante de la personne est à la fois nécessaire et susceptible de nous interdire d'identifier personne et être humain, alors il est clair que la théorie morale de l'acceptation et de la justification des droits nous fait courir le risque d'écarter du champ de la justification certains individus de l'espèce. Pour certains philosophes, il s'agit là d'un choix délibéré et le risque corrélatif d'affaiblissement des garanties accordées à

---

1   Voir : S.I. Benn *A Theory of Freedom*, Cambridge, Cambridge University Press, 1988 ; p. 240 et p. 247.

l'être humain en tant que tel est un risque assumé. Pour d'autres, il faut au contraire assumer un « égoïsme d'espèce » et s'accorder des droits du fait de l'appartenance à une espèce dont les représentants ont des actions qui importent pour la réflexion normative (alors que l'on s'abstient en général de porter un jugement normatif sur le comportement des animaux des autres espèces – un tel jugement, s'il venait à être formulé, serait certainement considéré comme extérieur au droit, à l'économie normative, à la philosophie morale, à la philosophie politique, etc.).

Examinons brièvement les directions dans lesquelles se prolonge la source déontologique du respect des droits (ou de leur promotion, ou de l'acceptation des règles qui les instituent, les concrétisent ou les sanctionnent). Le plus souvent, cette source déontologique est associée au respect pour les personnes physiques considérées commes des personnes morales, dignes de respect moral. On lui rattache principalement les éléments suivants : des principes de non-interférence avec autrui (l'une des motivations du respect des finalités d'autrui pouvant être ce fait, que l'interprétation des actes n'est pas forcément la même d'un individu à l'autre) ; le respect de la vie privée ou d'une sphère privée de la personne (ou d'un domaine réservé) ; les doctrines de la propriété de soi, qui insistent sur le fait que certaines formes d'accès ou de contrôle relatives à la personne à la vie de la personne doivent être subordonnées au consentement explicite de la personne (comme dans les formes classiques de droit de propriété) ; des principes de prise en compte égale (témoignant le même respect à tous) des intérêts ou valeurs des uns et des autres, en accord avec l'impératif d'impartialité, habituellement considéré comme une condition nécessaire, et aussi (conjointement avec d'autres conditions nécessaires) *identifiante*, du jugement moral en général.

LA SOURCE AXIOLOGIQUE

On privilégie sur ce versant la valeur attribuée aux êtres humains (ou vivants) ou à la vie humaine ; cette valeur peut être associée au respect de certaines formes de « bonne » vie, à ce qui rend la vie « digne d'être vécue ». Plus simplement, les sources axiologiques de l'identification des droits de base et de l'injonction de respecter des droits peuvent renvoyer au fait que certaines orientations sont désirables pour le développement de la personne humaine et au fait que certaines qualités (et leur développement) représentent une forme ou une autre d'excellence. Par exemple, le fait de pouvoir s'exprimer ou se réunir avec d'autres dans un but commun constituerait un ensemble d'occasions de rendre la vie digne d'être vécue, ou plus riche ; ce, qui suffirait à accréditer l'opportunité de proclamer et de concrétiser des droits protégeant ces activités. C'est en ce sens que l'on présente souvent les droits fondamentaux des individus comme des conditions ou des garanties du plein développement de la liberté positive de la personne humaine[1].

Par exemple, selon la Déclaration Universelle des Droits de l'Homme (ONU, 1948), c'est de cette manière que se dessinent les droits à l'éducation, au loisir, ou encore, à la participation à la vie culturelle de la communauté. De là sort cette sorte de cercle vertueux, dans lequel le respect des droits et des libertés apparaît comme l'un des aspects qui donnent de la valeur à la vie humaine, d'une manière qui renforce le bien que produit la protection des droits. Dans cet esprit, certains auteurs proposent d'associer systématiquement droits et intérêts, à l'exemple de Joseph Raz pour dériver les droits des intérêts des personnes :

> Un intérêt est suffisant pour fonder un droit si, et seulement si, il existe un argument valable [*sound*] dont la conclusion est qu'un certain droit existe, et qui comporte dans ses prémisses non-redondantes un énoncé affirmant l'existence d'un certain intérêt du détenteur du droit, les autres prémisses donnant des fondements pour attribuer à cet intérêt l'importance requise, ou pour le considérer comme pertinent pour une personne particulière ou une classe particulière de personnes, en sorte que cette personne ou ces personnes soient à considérer (plutôt que d'autres) comme obligées envers le détenteur du droit[2].

Par ailleurs, une personne a intérêt à être respectée en tant que personne et les raisons des droits rattachées à la notion de respect sont elles-mêmes fondées sur les intérêts des personnes. Selon J. Raz, tous les droits sont fondés sur des intérêts et certains droits peuvent être fondés sur l'intérêt que représente la jouissance de ces droits eux-mêmes (« ce n'est pas plus circulaire que si l'on dit que Jack aime Jill parce qu'elle a besoin de son amour »). De plus, dans la mesure où l'intérêt que l'on prend au fait d'avoir un droit peut être servi par le fait d'avoir effectivement ce droit, on tient là un fondement suffisant de l'attribution du droit en question.

Parmi les facteurs de convergence entre les deux approches fondamentales mentionnées, relevons en particulier la thèse de corrélation fondamentale entre droits et obligations. Richard Brandt en donne la formulation suivante :

---

1   Voir notamment : C. Gould, *op. cit.*

2   J. Raz, *The Morality of Freedom*, Oxford, Clarendon Press, 1986 ; p. 181.

X a un droit absolu de jouir de Y, avoir Y ou avoir l'assurance de Y » signifie la même chose que : « c'est une obligation objective et devant l'emporter lorsque tout a été pesé [*objective overall obligation*], pour quelqu'un, de faire en sorte que X ait l'assurance de Y, possède Y ou jouisse de Y si X le souhaite[1].

L'accord qui se réalise aisément autour de cette thèse (ou de ses variantes) ne prive pas d'objet les discussions sur la primauté éventuelle de l'une ou l'autre notion. Selon J. Raz, un droit est le fondement de l'obligation corrélée avec ce droit[2] ; cela provient du fait que pour un droit donné, il n'y a pas de liste fermée correspondante d'obligations, de sorte qu'un changement dans les circonstances peut conduire à la création de nouveaux devoirs fondés sur le même droit ; on le voit dans l'exemple suivant, illustrant ce que J. Raz appelle la dimension « dynamique » des droits :

> Le droit à la participation politique n'est pas nouveau, mais c'est seulement dans les États modernes, avec leurs bureaucraties d'une énorme complexité, que ce droit justifie – comme je le pense, – un devoir pour le gouvernement de rendre publics ses projets et ses propositions avant qu'une décision les concernant ne soit atteinte[3].

Cet argument de J. Raz met en relief un fait important : l'insistance politique sur les droits, et surtout sur les droits de base qui intéressent chacun, a un rapport étroit avec la dynamique sociale de la concrétisation des droits. Si les droits sont tellement importants dans la politique de l'âge libéral, c'est aussi parce qu'ils se comportent d'une certaine manière dans la dynamique des systèmes sociaux. Quoi qu'il en soit des difficultés d'interprétation et de mise en œuvre qui les entourent, ils constituent une matrice pour des développements normatifs et institutionnels étagés dans le temps et dont la progression n'est pas linéaire. On peut chercher en eux la matrice du libéralisme, sans réduire pour autant le libéralisme à une simple affaire de valeurs morales.

L'ACCORD SUR QUELQUES CRITÈRES D'IDENTIFICATION USUELS DES DROITS FONDAMENTAUX

Comme l'a montré C. Gould (*ibid.*), un accord se forme habituellement, à un très haut niveau de généralité (et d'imprécision), autour des critères suivants, concernant l'identification des droits fondamentaux.

---

1   R.B. Brandt, *Ethical Theory*, Englewood Cliffs, NJ, 1959 ; p. 438
2   J. Raz, *op. cit.*, p. 171.
3   J.Raz, *ibid.*, p. 171.

D'abord, l'universalité. Ce critère est habituellement rattaché au fait que chacun doit être traité de la même manière que les autres : la différence des personnes ne doit pas faire de différence. Mais, sous cette forme, le principe court le risque d'être rendu trivial et de ne plus guère offrir de critère discriminant. En effet, un argument purement formel tel que « chacun est égal devant la loi » pourrait servir à indiquer l'universalité d'un régime de droits fondamentaux alors que ceux-ci connaîtraient des modulations importantes selon les individus.

Pour se prémunir contre ce risque, il est sans doute préférable de proposer une formulation portant simultanément sur les droits et sur les raisons de leur attribution : des droits, pour pouvoir être considérés comme fondamentaux, doivent être associés à des justifications conduisant (a) à les attribuer à tous d'une manière formellement égale et (b) à rechercher, pour les uns et les autres, une jouissance substantiellement équivalente des capacités que garantissent les droits.

Ensuite, la faisabilité. Ce critère doit tenir la formulation des droits fondamentaux à bonne distance de l'attribution de droits purement imaginés, propres seulement à stimuler l'enthousiasme, par exemple. Bien entendu, l'appréciation de la faisabilité est notoirement délicate dès lors que l'on examine des normes socio-économiques dont la réalisation dépend étroitement de la structure des incitations. La faisabilité doit-elle s'apprécier au regard des motivations existantes, de celles qui pourraient exister, ou bien encore, au regard de celles qui devraient exister ? C'est là un objet de controverse. En tout état de cause, il n'est pas légitime de prétendre que l'insistance sur la faisabilité introduit un biais en faveur du poids donné aux libertés négatives au détriment des droits-créances économiques et sociaux. La faisabilité est bien requise pour la concrétisation normative des droits dans une structure socio-politique.

Par ailleurs, l'importance centrale. Cette caractéristique est essentiellement liée à la généralité des revendications fondées sur les droits fondamentaux. Pour que des revendications spéciales puissent être adossées à un discours sur les droits fondamentaux, il faut bien que ces derniers soient à même d'opérer la liaison et la synthèse entre les arguments relatifs à de nombreuses revendications au moins potentielles. Les droits fondamentaux ont ainsi une place centrale dans les argumentaires relatifs aux normes et à leur évolution. Ils assurent, si l'on veut, leur connexité.

En quatrième lieu, la priorité ou l'irrévocabilité. L'invocation des droits fondamentaux comme tels comporte habituellement l'affirmation du caractère prioritaire de ce qui découle de ces droits. Cette caractéristique est la forme que prend ici une caractéristique habituellement reconnue aux jugements moraux en général : l'aptitude à être décisifs en dernier ressort sans pouvoir être ébranlés de l'extérieur par d'autres catégories d'arguments (parce qu'ils proviennent précisément de la considération et de la pondération, à titre préalable et dans une perspective éthique, de tous les arguments pertinents).

Citons encore, dans cette liste, la valeur de ressource normative, que mettent en relief ces vues de Stanley Benn :

> Le telos d'un droit au sens juridique [*legal right*] est de donner aux personnes physiques [*natural persons*] des ressources institutionnelles normatives protégeant leurs capacités de sélectionner et de mettre en œuvre leurs propres projets[1].

LE DISCOURS POLITIQUE SUR LES DROITS

Le discours politique sur les droits – en particulier celui qui porte sur les droits fondamentaux ou les droits de l'homme – est à coup sûr un discours historiquement situé. Il apparaît en plein jour sous un double visage (politique et théorique) surtout à la fin du dix-huitième siècle. Or, dès cette époque, et dans le sillage des discussions en Europe et en Amérique autour des œuvres de Locke, de Montesquieu et de Rousseau, il semble structurer une vision d'ensemble du politique. À tout le moins, il semble exprimer une vision relativement unifiée et cohérente des rapports entre individus et collectivités publiques. Nous devons examiner dans les grandes lignes ce qu'il en est de cette cohérence d'ensemble.

Les grandes déclarations canoniques des droits paraissent exiger en termes assez voisins la vie, la liberté et l'égalité. De toute évidence, il ne s'agit pas là de dispositions juridiques de détail ; il s'agit plutôt de contraintes sur ce que le droit et le pouvoir peuvent être, d'une manière qui paraît se rapprocher de la perspective de Nozick et de Gärdenfors sur la signification de la possession des droits. Il s'agit d'exigences éthico-politiques *a priori* concernant les formes de la vie politique et ces exigences paraissent dessiner une philosophie politique d'ensemble.

De plus, ces exigences semblent suffisamment générales pour n'être pas partisanes ou « idéologiques ». C'est là un point central pour la doctrine des droits fondamentaux : jusqu'à quel point est-elle capable d'incarner une forme de neutralité ou d'impartialité en tant que référence commune dans la vie publique et à partir de quel point devient-elle une

---

1   S.I. Benn, *op. cit.*, p. 240.

affaire d'engagement partisan ? Cette question est devenue centrale pour
nous parce que nous sommes partagés entre deux aspirations : préserver
la référence à un ensemble d'exigences « neutres » et acceptables par
tous, mais aussi (parfois) concrétiser et protéger sous la forme de droits
fondamentaux des choses qui nous semblent fondamentales… et qui
pourtant ne font pas l'unanimité. On ne peut interdire aux citoyens
d'essayer de faire valoir le caractère fondamental de ce qu'ils trouvent
fondamental. Dans la société du libéralisme, cette tension est un aspect
important des conflits entre des demandes de garanties ou de libertés
mutuellement contradictoires.

Dans la Déclaration d'Indépendance des États-Unis d'Amérique[1],
on lit la chose suivante :

> Nous considérons comme des vérités évidentes, que tous les hommes sont créés
> égaux, et qu'ils sont dotés par leur Créateur de certains Droits inaliénables,
> parmi lesquels la vie, la liberté et la poursuite du bonheur.

De son côté, la Déclaration des Droits de l'homme et du Citoyen
(France, 1789), dans un vocabulaire moins théologique mais non moins
finaliste, ni moins étranger au registre des retrouvailles avec l'évidence,
posait les principes suivants : la fin de l'association politique est la préservation des droits naturels et imprescriptibles de l'homme, et ces droits
sont la liberté, la propriété, la sécurité, la résistance à l'oppression. De
tels discours, largement convergents sur l'essentiel, semblent imposer
des contraintes très fortes sur la conception même du politique, voire
de la nature humaine (et surtout peut-être de la destination humaine).
Pour qu'ils aient un sens, il est bien connu qu'il faut admettre certains
postulats (ou, si l'on préfère, certaines « évidences »), comme l'a noté
C.Gould dans *Rethinking Democracy*.

> (a) Les hommes ont certains attributs « naturels », logiquement
> antérieurs à toute forme de contrat social et d'association
> politique, et indépendants d'eux ; ils sont attribués à tous de
> manière égale. En somme, ce qui est fondamental est aussi
> ce qui est égal (ce qu'exprime bien la référence à la nature).

---

1   Déclaration rédigée par Thomas Jefferson, émanant de 13 États, adoptée le 4 juillet 1776
     par le Second Congrès Continental (date devenue ensuite *l'Independence Day* fêté aux USA).
     L'extrait cité a été repris par Leo Strauss dans *Droit naturel et histoire* pour illustrer le type
     de croyance en la liberté humaine que menaçait de détruire selon lui l'approche relativiste
     (sociologique ou positiviste) qu'il dénonçait.

(b) L'association politique (l'État) doit protéger la jouissance par chacun des facultés associées à ces attributs. C'est là sa fonction, son but ou sa destination. C'est aussi ce qui permet de la juger. La fin de l'association politique, en ce sens, est de l'ordre de la garantie donnée aux personnes.

(c) Il n'y a pas de recoupement entre le domaine de ces attributs fondamentaux et le domaine des choses auxquelles on peut renoncer par convention. C'est là l'origine d'un rapport perpétuellement problématique avec la logique du consentement individuel.

(d) On peut dresser avec confiance, en se fiant à une forme d'évidence, la liste des attributs concernés : vie, liberté, aptitude au bonheur, etc. (avec des variations importantes à ce niveau, d'une déclaration à l'autre).

C'est, en somme, le « noyau dur » de la philosophie politique du libéralisme moderne. Celle-ci comprend, dans la plupart des formulations, une esquisse de formes institutionnelles. En effet, certains pouvoirs sont d'emblée exclus, explicitement ou par implication (par exemple, la faculté d'emprisonnement arbitraire). Se dessine également l'esquisse d'une conception publique de l'autonomie ou de la liberté des citoyens, à travers une sorte de « modèle de l'homme » (ou du sujet) utilisable comme référence commune dans la vie publique et dans le rapport au droit positif.

On trouve donc ici quelque chose qui s'apparente à ce que J. Rawls devait décrire dans sa *Théorie de la justice* dans les termes d'une « conception publique de la justice ». Au sein de l'ensemble des systèmes possibles de la justice sociale, le modèle que nous rencontrons ici repose sur deux traits distinctifs : la référence à des droits naturels (et à leur distribution égale) et l'importance accordée à l'autonomie personnelle (interprétée notamment en termes de libre consentement, de protection contre l'arbitraire d'autrui et d'aptitude à rechercher soi-même son propre bonheur). Ces différentes dimensions se laissent décrire sous une forme un peu plus systématique, en disant que sont mises au premier plan l'égalité (sous la forme de l'égale répartition des droits), l'existence d'un statut fondamental des personnes (logiquement indépendant des formes particulières de la vie publique et du droit mais contraignant pour ceux-ci) et la liberté personnelle, entendue comme *autonomie* (au sens de l'aptitude à poursuivre des choses que l'on détermine soi-même, unie à la faculté d'en réunir les moyens selon la maxime que l'on se donne).

NATURALISME ET JUSTIFICATION
DANS LE CHAMP DES DROITS ET OBLIGATIONS

Aborder ainsi la question des droits par le versant moral, que l'on parte des valeurs ou bien des impératifs de respect, voilà qui conduit en toute hypothèse à devoir affronter la dualité des règles qui peuvent régir la conduite : celles de la morale, celles du droit. Cela importe à la fois en ce qui concerne le parti individuel dans l'action et en ce qui concerne la justification des règles. Le rapport du « social » au « naturel » est également très fortement en cause. Faisons donc un détour par la question des rapports entre la justification des règles et l'explication des droits et obligations.

Consultons le « Catéchisme moral » composé par André Lalande[1]. Le premier article proposait une définition : « La morale est l'ensemble des règles suivant lesquelles on doit agir et juger les actions ». Réagissant à cet article, le R.P. Laberthonnière faisait une remarque :

> Il me paraîtrait nécessaire de définir d'abord la morale, non par ce fait qu'elle impose des règles d'action, ce qui lui est commun avec les règlements administratifs ou les lois, mais par ce fait qu'elle consiste en une certaine disposition interne, une inquiétude de l'âme sans laquelle les règles et la conformité extérieure aux règles n'ont aucun caractère proprement moral (p. 5).

Et dans l'article 3 de ce catéchisme, il était précisé que les règles de la morale sont des règles qui subsistent par elles-mêmes, qui sont « supérieures à l'État ». Elles ne sont pas imposées par les gouvernants ; en sens contraire, il revient au citoyen de veiller à ce que les gouvernants les respectent. Cela pose d'emblée des problèmes de justification : comment rendre compte rationnellement des règles imposées, des droits et devoirs qu'elles codifient ? Comment rendre compte de l'évaluation qui est faite des règles publiques ? En outre, dans le débat qui eut lieu en 1906 à la Société française de philosophie, une inquiétude était apparue, à propos des rapports entre l'explication de l'émergence des règles et leur justification. En effet, André Lalande avait proposé une comparaison avec le langage, faisant ressortir la dimension conventionnelle des règles sociales :

---

1   A. Lalande, « Petit catéchisme de morale pratique », *Bulletin de la société française de philosophie*, séance du 29 novembre 1906. Le texte et la discussion qui l'entourent constituent un témoignage remarquable de l'activité de philosophes engagés dans l'élaboration critique d'un code moral utilisable dans les établissements d'enseignement public, donc aussi un exemple d'insertion à visée constructive d'un discours moraliste dans un contexte civique. Lalande répondait au vœu du Proviseur du lycée Michelet.

(article 4) Comment la morale peut-elle exister ainsi au-dessus des individus et des lois écrites ? Il en est de la morale comme du langage, qui s'est constitué spontanément, et qui s'impose à tout le monde, même quand les règles qui le constituent ne sont pas formulées.

Cet argument pose un problème épineux. Car la morale est alors présentée comme « au-dessus des individus » pour des raisons qui tiennent à son émergence (personne ne l'a fabriquée) et vraisemblablement aussi à ses possibilités de modification (comme pour le langage, il n'est pas aisé d'en modifier arbitrairement et unilatéralement les règles). Or, ces raisons ne concernent pas le type d'obligation, et pas davantage la teneur des préceptes. Il s'agit en réalité de propriétés sociales des règles morales, qui peuvent être comparées sous cet angle avec des règles dont la teneur est manifestement tout autre, sans confusion possible (les règles linguistiques). C'est d'ailleurs ce que faisait observer P. Lapie :

> Ne serait-il pas bon de faire remarquer que cette comparaison, si elle explique la genèse des règles morales, ne sert pas à justifier leur autorité ? L'enfant pourrait croire qu'il n'est pas plus grave de commettre une faute que de faire un solécisme.

Maurice Blondel, de son côté, s'exprimait en ces termes :

> J'ajouterais que l'effet de la réflexion morale contribue à dégager de nouvelles obligations et à constituer la gamme des devoirs. C'est ainsi qu'en réfléchissant sur la solidarité naturelle on a mis récemment en lumière des obligations de justice morale et sociale qu'on regardait auparavant comme de simples devoirs de charité.

Lalande en tombait d'accord (le titre VIII du Catéchisme était d'ailleurs consacré à la solidarité). Commentant l'article 44, Blondel renchérissait :

> La tendance qui produit la lutte pour la vie produit aussi non moins spontanément, et non moins impérieusement, l'entr'aide pour la vie, la solidarité naturelle, matière et base de ce qui sera la solidarité formellement morale.

Ainsi donc, on ne craignait pas de pousser très loin un parallèle entre le droit et le fait, au point finalement de confondre deux choses bien distinctes : d'une part, l'explication de l'émergence (ou de la stabilité) des règles ; d'autre part, l'explication de l'opportunité d'obéir à ces règles. Avec, à la clé, la délimitation promise d'une sorte de noyau essentiel de la morale. Est-ce commettre le fameux paralogisme naturaliste que redoutent les philosophes – celui qui consiste à déduire des faits un devoir-être ? Peut-être. Une hypothèse plus vraisemblable est, cependant, que ces auteurs avaient à l'esprit une clause demeurée implicite : il est bon d'obéir à des règles qui, pour des raisons que l'on peut comprendre, émergent et prévalent naturellement. Sous une hypothèse latérale de ce genre, il n'y a pas de paralogisme. Mais la clause elle-même est difficilement acceptable : en quoi le fait que quelque chose participe d'un processus « naturel » constituerait-il une recommandation morale ? Une étape supplémentaire était franchie à l'article 15 (au titre III : « Le bonheur »), car alors il s'agissait d'une véritable « nécessité » :

> Pourquoi doit-on se conformer aux vraies règles morales ? Parce que cela est raisonnable et nécessaire pour vivre avec nos semblables.

Parler de « nécessité » est assurément problématique, dans un contexte où il s'agit précisément de guider l'action libre des individus. Mais ce qui est en jeu est en fait, très vraisemblablement, le caractère acceptable ou inacceptable des situations dans lesquelles on respecte ou on viole les règles morales. Ainsi, en réponse à la question « Qu'arrive-t-il à celui qui ne s'y conforme pas ? » (art. 16 – question dont l'intitulé même montre qu'il ne pouvait être question de nécessité au sens strict dans l'article précédent), A. Lalande répond, étageant les sanctions de la pure extériorité jusqu'à la conscience intime :

> Il peut être condamné par les tribunaux ou puni par les autorités de qui il dépend. Il a contre lui l'antipathie et la défiance de tous ceux qui le connaissent, même s'ils ne valent pas mieux que lui ; il a l'esprit troublé et mal à l'aise, parce qu'il se met en contradiction avec son propre jugement.

La contradiction en question se trouve explicitée dans l'article suivant, en relation avec l'impératif d'universalité : est en contradiction avec lui-même celui qui veut pour les autres ce qu'il ne veut pas quand il s'agit de lui-même. Ainsi, la sanction accompagne naturellement des obligations qui sont elles-mêmes naturelles. Bien entendu, rien de tout cela ne va de soi. À celui qui n'est pas convaincu, deux opérations de dissociation paraissent particulièrement indispensables.

En premier lieu, on aimerait pouvoir distinguer l'explication de ce qui fait émerger les normes (ou de ce qui les rend stables) de la justification du bien-fondé de l'obéissance à ces normes ou de leur acceptation par un sujet. En second lieu, on aimerait séparer, parmi les motifs de l'adoption d'une certaine règle de conduite, ce qui relève de la crainte de la sanction organisée ou « naturelle » de ce qui relève de l'acceptation de la règle elle-même, pour des raisons de principe. Or, on peut constater que le catéchisme associait véritablement à un repérage de « nécessités » naturelles des formes définies d'explication des droits et devoirs, en allant jusqu'aux questions appliquées. Par exemple, à l'article 98, Lalande posait la question : « Que demande la justice à l'égard de la propriété ? » ; et il répondait :

> Elle demande d'abord que nous respections la propriété telle qu'elle est établie par les lois de notre pays, même si nous nous efforçons d'en faire adopter de meilleures ; elle défend par suite le vol et l'escroquerie sous toutes ses formes et à tous les degrés.

Ainsi, la morale vole au secours du droit de propriété sous la forme que lui donnent les lois du pays ; on peut même dire qu'elle le consacre et l'affermit, en portant à le respecter tel qu'il est fixé par les lois. Or, il y a évidemment un pas à franchir, pour passer de ce qui apparaît « naturel » au respect des dispositions positive prévues par un ensemble de lois ou de codes qui auraient pu être différents de ce qu'ils sont, puisque leur origine est contingente et conventionnelle. La morale telle qu'elle est présentée invite à franchir ce pas, en sorte qu'on a finalement l'impression qu'il y a une continuité totale entre le registre moral et le registre juridique. Le discours moral sur les droits individuels – en particulier, les droits de propriété – se nourrit souvent de cette oblitération de l'élément conventionnel[1].

Le naturalisme qui prévalait dans l'identification des devoirs concerne tout particulièrement l'explication du rapport entre la finalité de la société et les devoirs des individus les uns envers les autres. Ainsi, l'article 104 reconnaît qu'il y a un « but essentiel de la société », qui est : « Le développement de la personnalité morale chez les individus qui la composent ». Ce but n'est pas à entendre comme le but de tel ou tel individu s'associant avec d'autres ; en effet (article 105) : « On ne peut pas dire que les hommes se soient associés en vue d'un but, puisque nous ne connaissons aucune époque où ils aient vécu dans l'isolement » (argument que Pareto, vers la même époque, agitait contre le contractualisme politique). La société est décrite simplement comme « un fait que nous constatons, comme nous constatons la forme du corps humain » (art. 105).

---

1   En voici un autre exemple : « *Quel est le devoir du citoyen à l'égard des autorités constituées ?* Il doit les respecter et collaborer spontanément avec elles pour faire régner l'ordre dans les rapports sociaux » (article 110).

Or, à ce fait peut être associé un but sans tomber dans le finalisme, car :

> Il faut entendre par là, non pas les causes qui l'ont constituée, mais ce qui fait que notre conscience et notre raison en jugent désirables la conservation et le progrès (art. 106).

Les devoirs se répartissent alors en deux espèces :

> [...] les premiers ont pour objet la Société dans son ensemble : ce sont le respect des lois et des intérêts publics, la défense du droit, le devoir politique, le devoir professionnel et le patriotisme ; les seconds ont pour objet nos rapports particuliers avec les autres hommes : ce sont la justice, l'égalité, la solidarité (art. 107).

L'explication courante des obligations liées aux règles nous instruit de la difficulté de discerner les registres d'obligations et de préciser le classement des différentes règles dans ces registres. Clairement, les formes de la justification doivent dépendre du registre de règles auquel on se réfère et de la nature des règles que l'on considère. Mais on voit aussi apparaître la tentation de transitions rapides d'un registre à l'autre : de la nécessité biologique à l'opportunité politique et sociale, et de celle-ci à la règle juridique. Cette difficulté est particulièrement importante pour la philosophie des droits, dans la mesure où l'on y rencontre sans cesse la dualité entre les règles qui fondent des droits ou obligations au sens juridique et celles qui les fondent au sens moral. Les deux registres sont parfois amenés en coïncidence, autour de notions telles que les « droits de l'homme », l'obligation du « respect de l'humanité » ou la bienfaisance envers l'humanité. Ou bien, d'une manière beaucoup plus controversée encore, à propos des droits de propriété, des frontières de la vie privée, des libertés économiques. Autrement dit, dans les domaines que l'on retrouve au cœur des progrès du libéralisme dans les sociétés contemporaines.

JUSTIFICATION DES DROITS ET LIMITES
DE LA RAISON PROCÉDURALE

JUSTIFICATION ET EXIGENCE RATIONNELLE

Les déclarations classiques des droits exprimant des libertés synthétisent un ensemble de bonnes raisons, dans une systématisation sans doute imparfaite ou marquée par des contingences culturelles. Par exemple, la référence occasionnelle à la divinité ou à la nature a un lien évident avec l'idée d'inviolabilité – l'idée de décrets contre lesquels on ne pourrait rien, serait-on un prince ou un roi. De même, la transition si aisée et si confondante du naturel au politique (dont nous avons pu avoir un aperçu) a un lien évident avec la recherche du bonheur : il y a quelque chose d'incorrect dans l'idée que l'on peut faire le bonheur des hommes (ou assurer leur salut) contre les hommes ; tout se passe donc comme s'il fallait respecter ce que les hommes ne peuvent manquer de rechercher naturellement – à savoir, leur bonheur. Ne nous hâtons donc pas de parler d'irrationalité et, pour autant, n'esquivons pas la question de la rationalité du discours.

Du point de vue de la justification, les grandes Déclarations suggèrent une voie que l'on peut appeler formelle – et peut-être est-ce le corrélat d'une relative neutralité ou impartialité face aux conceptions particulières. La responsabilité et l'autonomie personnelle sont mises au premier plan, sans que l'on sache très bien dans quelles directions elles s'exerceront concrètement : il s'agit surtout ici d'une forme générale des rapports entre individualité et collectivité. Le bonheur apparaît comme ce qui peut être recherché par des entités individuelles : en dehors de cela, on ne sait pas très bien en quoi il consiste. Et il est lui-même appréhendé d'une manière extrêmement formelle : à chacun d'imaginer son contenu. On ne sait pas très bien non plus ce qui constitue pour les individus une vie bonne, ni ce qui mérite d'être recherché ou poursuivi dans la vie. Tout ce que l'on sait, c'est que certaines choses (vraisemblablement dans un domaine assez étendu) méritent d'être confiées aux soins des individus eux-mêmes. Un schème général de décentralisation ou d'autonomie dans les décisions se trouve donc promu.

La référence au contrat ou à l'association volontaire, par ailleurs, amène la doctrine des droits de l'homme dans le voisinage d'un critère philosophique éprouvé, et tout formel : est juste ce sur quoi l'on peut tomber d'accord rationnellement (que ce soit dans les conditions de la vie réelle ou dans des conditions spécialement décrites, supposées plus pertinentes pour le problème étudié). Cela explique l'association pérenne avec une exigence politique pluraliste (au niveau « constitutionnel » en tout cas) et permet aussi d'éviter l'éparpillement d'une énumération rhapsodique de divers droits, en donnant une sorte de cohésion à l'ensemble.

APPROCHE PROCÉDURALE DES DROITS INDIVIDUELS

Avec sa *Théorie de la justice*, J. Rawls proposait une théorie procédurale de l'adoption de principes de justice. Une théorie remarquable tant par sa défense pluraliste exigeante des droits et libertés fondamentaux que par la continuité établie entre ce registre et celui des dispositions socio-économiques fondamentales (qui peut comprendre des « droits sociaux »). L'auteur prenait soin d'isoler le domaine des droits et libertés du domaine des avantages économiques et sociaux. Ses règles de priorité sont sans équivoque à ce propos. Mais on peut considérer que son traitement des critères de justice régissant les avantages socio-économiques appelle typiquement, en pratique (même si cette interprétation n'est pas exclusive en droit) la consécration de droits individuels. Ces deux registres peuvent-ils relever au même titre des exigences de la raison ? La même sorte de garantie collective accordée aux individus est-elle bien à l'œuvre dans les deux registres ?

Comme l'a fait observer Harsanyi, le « principe de différence » serait rationnel, comme objet de choix sous voile d'ignorance, seulement pour des agents extrêmement prudents (des agents semblables à ceux qui, dans la vie réelle, refusent de prendre le train et l'avion et hésitent à prendre le risque de traverser la rue). Cette prudence est justement de l'ordre de celle qui nous pousse à considérer comme une assurance certains droits que nous ne sommes pas certains d'exercer un jour (comme le droit au chômage, le droit d'exercer un culte, le droit d'élever soi-même ses enfants, etc.). Depuis Épicure, au demeurant, la perspective conventionnaliste sur la politique (dans laquelle s'inscrit Rawls) privilégie une logique de recherche d'assurance ou de garantie.

Il s'agit en l'occurrence, aux termes du second principe de justice de Rawls, du droit d'être traité aussi bien qu'il est possible d'être traité si l'on occupe la position la moins favorable dans la société (pour toute société respectant l'ouverture à tous dans des conditions de juste égalité des chances des positions sociales qui sont les supports d'inégalités socio-économiques) et il est requis de le garantir à chacun dans l'organisation sociale. Cela apparaît rationnel dans une logique de revendication égalitaire de titres normatifs à faire valoir face à la collectivité politique, assimilée à une sorte de grande organisation devant fonctionner à l'avantage de chacun[1].

---

1   Par « égalitaire », on peut entendre ici : émanant de tout un chacun sans distinction.

La présentation de Rawls met en avant la recherche d'une organisation aussi juste que possible, du point de vue des chances individuelles, dans une structure sociale à créer, avec une concentration sur la position sociale la moins favorisée. Mais un antagonisme se profile ici entre deux approches. D'un côté, une logique de la revendication de garanties aussi étendues que possible en prévision du cas où l'on occuperait la position la moins favorisée dans la société (c'est ce qu'exprime le second principe de Rawls, dont l'unité avec le premier principe est par là rendue bien visible puisqu'il s'agit dans les deux cas de garanties octroyées aux individus, en particulier parce que les personnes ont à se soucier de la préservation, contre toute éventualité, de leur aptitude à élire librement des finalités, sans être soumis à autrui et à vivre en conséquence). D'un autre côté, une logique de la maximisation (conséquentialiste) des perspectives individuelles sous le voile d'ignorance, puisque les agents rawlsiens poursuivent leur propre intérêt.

Il est clair que l'intention de Rawls est de parvenir à des principes qui puissent régir les institutions de base, autrement dit, régir l'organisation par ces institutions de garanties fondamentales encadrant l'existence des individus en société. Certaines institutions fondamentales que l'on se représente quelquefois comme « naturelles » (telle la propriété privée) sont entièrement rapportées à ce point de vue. Le problème est que Rawls a recours, dans sa présentation, à une logique de maximisation de l'avantage sous le voile d'ignorance, alors que l'enjeu est en fin de compte la revendication rationnelle de protections ou garanties essentielles, ou encore de droits fondamentaux, dans le contexte d'une éthique du dialogue sur les principes, à propos des institutions sociales de base. On peut comprendre qu'il n'y ait rien de vraiment étonnant dans la disparité possible entre les deux perspectives, à partir de l'analogie suivante. Si un organisme de placements financiers veut donner (par les moyens dont il dispose) à tous ses usagers des garanties maximales (quelle que soit la chance ou la malchance de chacun dans la vie), il les orientera vers un segment sûr du marché. Si maintenant les responsables de l'organisme considèrent que l'important n'est pas de hisser pour chacun les garanties contre le pire au niveau maximal, mais d'optimiser pour chacun les chances d'avoir les moyens financiers de mener une vie intéressante et satisfaisante, alors le problème se pose d'une manière toute différente. Une solution intéressante pourra consister à renvoyer chacun à ses propres responsabilités, en lui confiant le soin de déterminer un profil de placement correspondant à sa perception personnelle de l'arbitrage satisfaisant entre sécurité et rendement.

Dire que l'on veut caractériser l'accord rationnel sur des principes éthiques oblige à circonscrire le domaine des convictions individuelles légitimes (compte tenu du fait que les principes de justice tels que les conçoit J. Rawls contraignent en partie les convictions morales personnelles). C'est ce qui fait d'ailleurs qu'il existe une continuité très forte entre la théorie de la justice de Rawls et sa conception du pluralisme raisonnable, particulièrement telle qu'elle est expliquée par cet auteur dans *Libéralisme politique*. Mais c'est un fait connu que l'exigence éthique du pluralisme oblige à préciser le degré de pluralisme que l'on admet. C'est une affaire de cohérence dans la construction de la doctrine[1]. À cet égard, d'ailleurs, Rawls est parfaitement cohérent ; mais, tout en poussant très loin l'analyse de la nature et des exigences du pluralisme, il est connu qu'il retient finalement une conception qui est loin d'être maximaliste. On pourrait souhaiter par exemple que les individus restent libres de penser que, moralement parlant, un égalitarisme strict et une liberté égale « moins que maximale » (pas aussi étendue que possible) sont préférables à ce que recommande Rawls[2].

On peut dès lors rechercher une méthodologie permettant de garantir un pluralisme plus exigeant. Il semble que cela soit possible sans abandonner l'interprétation en termes d'intérêt individuel de la rationalité de l'adoption des règles « constitutionnelles » assurant l'existence et la stabilité de la collectivité, mais à condition d'adopter une conception élargie de l'intérêt, qui puisse comprendre le souci intrinsèque de la protection. En somme, la démarche que nous pouvons proposer à ce stade devrait adopter comme postulats :

1. que la société bien ordonnée est possible avec des conflits éthiques majeurs sur ce qui est moralement juste dans la vie sociale ;

2. que certaines formes d'accord entre des personnes ayant des convictions contrastées sont possibles sur la base de processus cognitifs que l'on peut tenter de reconstituer.

---

1   Sur les enjeux contemporains du pluralisme en théorie politique et dans les domaines connexes, on peut consulter : B. Reber et R. Sève, édit., dossier « Le Pluralisme »., *Archives de philosophie du droit*, 49 (2006).

2   Une question importante qui se pose dans cette perspective est celle de l'incidence des désaccords moraux à propos du juste ou des droits, sur l'intérêt pris par les individus à des formes de coopération importantes dans la vie politique : la défense d'intérêts communs et la disponibilité pour la recherche d'accords pacifiques et argumentés avec d'autres citoyens autour de valeurs de référence ou de questions de principe.

Cela relève bien de l'éthique au sens ordinaire (et non pas d'une éthique procédurale qui serait à distinguer de l'éthique substantielle comme chez Rawls) et conduit à aborder ces questions en rattachant les options morales des individus non pas à des convictions aveugles mais à des formes assignables (éventuellement partielles et insatisfaisantes) de compréhension de l'interaction sociale et des interdépendances qu'elle comporte.

3. que le domaine de l'accord autour de règles « constitutionnelles », constitutives de la communauté politique, relève de l'intérêt personnel (au sens large) des individus, à la fois pour ce qui relève des droits et libertés et pour les avantages socio-économiques.

On peut, dans ce contexte, retrouver et transposer certaines idées importantes de Rawls. En premier lieu, la conception générale de la société comme entreprise pour l'avantage de tous. Cela s'entendra ici non pas au sens fort de la maximisation des intérêts du citoyen comme si celui-ci était un actionnaire de la société, mais au sens plus faible d'une amélioration apportée dans différents domaines par rapport à une situation de référence (par exemple, une situation dans laquelle il n'y a pas d'association politique), assortie de garanties essentielles contre la soumission des individus à d'autres individus.

En second lieu, l'idée qu'il ne faut pas considérer seulement les intérêts tels qu'ils existent empiriquement à un moment donné, mais les intérêts tels qu'ils pourraient être. Sans même envisager des quasi-individus placés sous voile d'ignorance, cette idée s'impose d'elle-même si l'on veut bien reconnaître que les personnes sont dans l'incertitude quant à leurs options futures (et quant à celles des autres personnes dont le bien-être et les accomplissements dans la vie leur importent).

LIMITES DE LA PERSPECTIVE PROCÉDURALE

Quels sont donc les aspects de la réflexion sur leurs propres droits que devraient privilégier les individus, dans une telle perspective ? Il faut tout d'abord indiquer en termes généraux la nature des droits individuels et je propose de le faire dans les termes que suggère notre aperçu antérieur de la question de la modélisation des droits. Un droit individuel sera vu comme la garantie de pouvoir accéder à un certain sous-ensemble d'états sociaux, grâce à des actions d'une certaine sorte (ce qui peut s'exprimer comme un ensemble de restrictions sur les actions conjointes des participants à l'interaction).

Se pose alors un problème général : les droits accordés paraissent trop « formels » lorsque les actions en question ne sont pas stratégiquement intéressantes pour les titulaires de ces droits (en supposant même que les actions des autres s'ajustent de façon à assurer les garanties voulues). Ce qui serait satisfaisant du point de vue de l'exercice réel des droits, c'est que chaque droit accordé corresponde à des actions avantageuses dès lors que la sélection de l'ensemble visé d'états sociaux est elle aussi avantageuse.

Par ailleurs, il y a inévitablement une certaine ambiguïté dans les rapports entre la proclamation de droits généraux et la promotion du dialogue par-delà les divergences doctrinales. D'un côté, par la proclamation, on renvoie à des valeurs générales, qui peuvent permettre de s'entendre même si l'on ne s'entend pas sur les détails ; mais d'un autre côté, on cautionne par avance un système juridique dont il n'est pas exclu que certains aspects paraissent radicalement inacceptables à des personnes qui, pourtant, pourraient accepter les droits généraux proclamés, selon certaines interprétations crédibles du moins. Cela risque de rendre impraticable l'accord sur les droits en contexte. Et pour la théorie, cela indique – et nous devrons nous en souvenir – que la question de l'interprétation est au cœur de la revendication, de l'équilibre et de la concrétisation des droits.

Ce problème conduit à dissocier plus nettement deux rôles des droits fondamentaux proclamés : (1) servir de médiation au dialogue en renvoyant à une strate normative plus générale, opposable aux dispositions de détail à titre d'exigence minimale et en offrant un appui à des arguments ou à des interprétations des normes ; (2) formuler par avance une légitimation du système juridico-étatique, en demandant aux citoyens d'admettre que leurs différends sur l'interprétation des droits généraux proclamés (leurs querelles sur ce qu'ils impliquent, sur les significations) sont inessentielles et ne doivent pas compromettre leur respect des autorités et des dispositions juridiques.

Il y a certainement un espace à conquérir pour une argumentation strictement politique dont la conclusion serait la suivante : il est opportun ou approprié, pour les citoyens, de respecter le jeu des institutions démocratiques et ses conséquences, même en présence de divergences radicales sur l'interprétation des droits fondamentaux proclamés. Et cela, pour des raisons diverses : maintien de la paix civile, préservation des conditions de la concurrence démocratique pluraliste entre les systèmes de valeurs, etc. En revanche, il semble inapproprié de présenter cette exigence comme une exigence morale, qui concernerait l'adaptation ou le remaniement des valeurs personnelles des individus. Il faut se garder de trouver de la justice dans ce qui n'est pas moral et laisser les personnes se déterminer par elles-mêmes sur le partage entre la moralité et l'immoralité.

Abordons maintenant plus directement la question du procéduralisme. Faut-il retenir une approche procédurale, dans laquelle les qualités de la procédure de justification et d'accord suffisent à qualifier comme « juste » ce qui fait ainsi l'objet de justification et d'accord ? Il faut reconnaître que les approches procédurales de la justification des droits en termes de justice se heurtent à une critique massive : si nous pouvons en effet accorder une certaine importance à des raisons qui tiennent aux procédures d'accord (réelles comme dans le vote ou dans d'autres formes de consultation, ou bien virtuelles, comme dans le recours à la « situation originelle »), toutefois, ces raisons ne sont pas suffisantes, habituellement, pour contrebalancer les raisons qui nous font rejeter certains arrangements sociaux que nous jugeons épouvantables selon notre propre jugement.

Les critiques communautariennes font valoir que les argumentaires soutenant les droits fondamentaux et fondés sur une conception procédurale de la rationalité manquent leur cible, car nos idées sur la justice sont enracinées dans des pratiques et des conceptions propres à une ou plusieurs communautés d'appartenance. Même si l'on rejette l'idée d'un enracinement nécessaire des valeurs personnelles dans la vie communautaire (et dans les faits cette idée correspond bien mal aux réalités des États libéraux), on peut accorder du poids à l'une des composantes de la critique : le fait que les raisons qui s'attachent de manière intrinsèque à des modalités de choix collectif des valeurs ne sont pas forcément suffisantes (et même, sont habituellement insuffisantes) pour déterminer les jugements personnels au point de faire accepter comme justes des choses que, fondamentalement, on juge inacceptables. Cet aspect de la critique est en effet très sérieux et l'insistance de Rawls sur le consensus moral explique le rôle important qu'a joué la discussion de sa doctrine dans l'émergence d'approches de l'éthique sociale et politique fondées sur le respect du désaccord et la culture du compromis.

Chez J. Rawls, la dimension collective du choix des principes est explicitement assumée mais la portée de ce constat est en même temps partiellement oblitérée, parce que l'auteur considère en fait un agent représentatif, et refuse explicitement d'entrer dans la logique de la négociation sur les valeurs[1]. Ce refus est même, pour cet auteur, une raison de rejeter une construction théorique qui s'appuierait sur des personnes ayant des valeurs individuelles spécifiées. Mais il est clair que seule la fiction de la position originelle permet de faire l'économie de la prise en compte des particularités des jugements personnels. Il ne faut pas perdre de vue qu'il s'agit d'une fiction, même si elle peut éventuellement être invoquée dans la discussion réelle, aux fins d'explication et de justification (ou pour la critique) d'un certain arrangement normatif que l'on trouve donné.

Dès lors que l'on considère le processus réel d'argumentation, il apparaît clairement que la force critique ou persuasive de la théorie (et du recours à la fiction qu'elle comporte) dépend des valeurs personnelles de l'agent. Le problème de la diversité des jugements et des valeurs n'est donc pas annulé, de ce fait qu'on ne le prend pas en compte dans la fiction considérée, à l'échelon où la fiction prend place dans la théorie. L'examen du problème est simplement reporté et il vient toujours un moment où il faut l'affronter.

Si l'on ne veut pas négliger la force argumentative ou critique des théories par lesquelles nous nous considérons nous-mêmes en faisant abstraction de certaines différences interpersonnelles, on doit simplement considérer que ces représentations peuvent fournir certaines raisons aux agents. Mais non pas toutes les raisons. Certaines raisons subsistent – et ce sont souvent les plus fortes, – qui nous font approuver ou désapprouver certains états de fait (et aussi certains arrangements normatifs) en fonction de valeurs ou de jugements qui ne doivent rien aux procédures fictives d'accord entre des agents dont les jugements moraux personnels seraient d'abord ignorés par méthode. La tâche de la synthèse des raisons reste ouverte.

On peut penser que les limites de l'approche procédurale ne sont pas la marque d'un échec total, mais plutôt, la conséquence du simple fait que nos jugements sur le juste ne sont pas orientés par les seules raisons procédurales. De là, cependant, une difficulté nouvelle : où est la place de la justice réalisée (celle qui, dans les termes de Rawls, prévaudrait

---

1   Ce tournant devait être opéré par d'autres auteurs, notamment Stuart Hampshire, Bernard Dauenhauer et Richard Bellamy.

dans la société bien ordonnée), si l'accord complet ne peut se faire ni à l'échelon substantiel du débat sur la bonne manière de vivre et de se comporter, ni à l'échelon procédural ?

À vrai dire, le tableau d'une vie publique comportant des désaccords radicaux et permanents n'est pas nécessairement celui d'un affrontement généralisé, dans lequel les désaccords moraux se traduiraient par des actions violentes et où les rares instants de paix et de sécurité seraient imputables aux précautions des factions et aux menaces réciproques. Rien n'impose cette montée aux extrêmes régulièrement dépeinte, avec des couleurs inquiétantes, dans les contributions de J. Rawls (et chez Thomas Pogge dans *Realizing Rawls*). Habituellement, plusieurs motifs d'accord pragmatique sont identifiables, dans de larges secteurs de la vie publique :

1. d'abord, des zones assez larges de consensus réel, d'accord substantiel ;

2. la force de conviction que peuvent présenter les raisons procédurales (même si elles sont incapables de jouer le rôle absolument déterminant que leur font jouer certaines théories libérales). En particulier, certaines procédures politiques de choix collectif se voient reconnaître une autorité réelle par des citoyens qui, pourtant, n'approuvent pas les décisions qui en résultent ;

3. les individus savent qu'ils se causent les uns aux autres des désagréments parce que leurs valeurs divergent dans un contexte de vie commune réclamant (jusqu'à un certain point) des normes communes, et ils peuvent apprendre à se savoir gré réciproquement de la tolérance pour les torts subis ; là peut se situer une partie importante de la pratique de la vertu de justice dans un contexte d'interdépendance sociale.

La question du domaine dans lequel il est approprié de parler de « justice » ou d'« injustice » est une question difficile, qui ne peut aujourd'hui être considérée comme définitivement réglée. Pour autant, une discussion des droits et de leur statut dans l'organisation politique peut difficilement faire l'économie d'une évocation de la justice, considérée dans son rapport à l'attribution de droits aux individus ou aux groupes.

Voici les hypothèses qui seront retenues. On admettra que chacun peut, selon son propre système de valeurs, émettre des jugements en termes de justice ou d'injustice sur la société dans laquelle il vit et sur son organisation ou sa structure de base. En ce qui concerne ces jugements, les individus ne peuvent prétendre obtenir un consensus. Ils se soucient néanmoins de leur coexistence et de la paix civile. De plus, et pour des raisons qui sont liées à cette préoccupation, ils sont capables de dissocier une première question, celle de la justice des arrangements sociaux, de la question de la justice de leurs propres actions dirigées contre certains aspects de ces arrangements sociaux. Par conséquent, la lutte contre ce qui est injuste à leurs yeux n'est pas forcément juste à leurs yeux, et de même concernant la lutte pour ce qui est juste à leurs yeux. Une telle conception d'arrière-plan peut paraître situer l'enquête à un niveau trop modeste. L'adoption d'un tel point de vue est pourtant recommandable, pour plusieurs raisons.

D'abord, le consensus autour de la justice risque, dans une société pluraliste, de ressembler à une opération de nivellement, par laquelle chacun renonce à ses propres valeurs essentielles pour se satisfaire un peu trop vite d'une société qui n'est pas juste à ses yeux. Ne vaut-il pas mieux que chacun s'en tienne à ses vraies valeurs, d'une manière qui puisse être le levain de la société dans son ensemble ? Ne faut-il pas encourager chacun à tenter des expériences limitées, orientées par des valeurs particulières propres à des individus ou à des groupes ?

De plus, certaines valeurs positives s'attachent au renoncement à la lutte dans le but de préserver la paix civile, alors même que l'on est profondément insatisfait de l'état de la société, à cause de ses valeurs personnelles. Par ailleurs, les conflits moraux sont tels, dans des sociétés marquées par l'ouverture de nouvelles possibilités techniques, que l'objectif d'un consensus parfait de nature éthique sur les normes publiques apparaît de plus en plus irréaliste, tout simplement parce qu'il est hors d'atteinte. Enfin, il ne serait pas très naturel d'ignorer le fait que la valeur de l'action n'est pas la même, selon qu'elle détermine entièrement un certain état de choses (auquel on attribue de la valeur) ou, au contraire, exerce seulement une influence insignifiante.

Cette dernière considération est particulièrement importante en ce qui concerne les actions de révolte, de contestation ou de subversion entreprises à l'encontre de certains arrangements sociaux. Si bien justifiées soient-elles, ces actions peuvent avoir des inconvénients tout à fait indépendants des mérites que le sujet individuel associe à ses propres finalités dans l'action. Les actions entreprises peuvent nuire à la coopération sociale, à l'entente nécessaire et à la coexistence profitable entre les citoyens. Le sujet individuel est en mesure de comprendre ces inconvénients, et d'en tirer des conclusions sur l'illégitimité de certaines formes d'action, alors même qu'il est prêt à admettre le bien-fondé de la finalité que l'on peut associer à ces actions. Tout cela peut même être dit rationnel dans certains cas, lorsque les raisons mobilisées sont extrêmement contraignantes. Pour autant, la distance reste grande, qui sépare cet état de fait d'une autre situation, dans laquelle l'individu renoncerait réellement à appeler juste ce qu'il trouve juste, et à juger injuste ce qui lui apparaît tel.

Un partage doit être opéré entre, d'une part, un domaine dans lequel les individus peuvent espérer faire advenir des choses qui ont de la valeur pour eux sans causer pour autant à autrui un tort spécifique attribuable à leur action et, d'autre part, un domaine dans lequel, au contraire, les inconvénients spécifiques de l'action sont significatifs et difficilement évitables. Dans le second domaine, la recherche individuelle de la bonne vie peut s'épanouir, pourvu que des conditions d'arrière-plan satisfaisantes soient vérifiées, qui délimitent ce que chacun peut imposer à autrui.

Pour des interactions sociales typiques, on doit préciser un tel partage en expliquant les actions possibles, l'obtention des résultats à partir des configurations d'actions, les conflits impliqués. Il nous faut donc revenir à certains aspects fondamentaux de l'interdépendance sociale.

On peut certainement affirmer qu'il y a des actions individuelles dont il est vrai que le fait qu'elles soient décidées ou non par un agent se détermine d'une manière largement indépendante des rapports entre l'agent et les autres individus ; indépendante, donc, de l'équilibre qui s'instaure entre les actions des uns et des autres. Et pourtant, ces actions figurent bien parmi les facteurs dont tiennent compte les autres au moment de fixer leur propre conduite. Il y a ainsi des conduites dont on peut dire que les autres s'y ajustent, en déterminant leur réponse à ces conduites, alors que la connaissance de l'action des autres ne contribue pratiquement pas à la décision de les mettre en œuvre. Et parmi elles, il en est pour lesquelles on peut apporter des garanties (quant au résultat) sans modifier significativement l'utilité des autres actions (des agents considérés ou des autres agents). C'est le terrain privilégié de la recherche individuelle ou privée du « bien » ou de la poursuite de la bonne vie, selon des modalités que les droits individuels peuvent protéger avec efficacité sans susciter de sentiment d'injustice. Si l'identification d'un domaine privé des personnes est guidée par des considérations de ce type, on peut admettre qu'elle est enracinée d'une manière compréhensible, sans contradiction avec son caractère inévitablement conventionnel, dans les conditions générales de l'interdépendance sociale dans les communautés humaines. Cela ne va pas nécessairement jusqu'à éveiller le sentiment de la justice des arrangements politiques, juridiques et sociaux, lequel ne peut émerger et s'installer que dans des circonstances très favorables. Un accord plein et entier sur la justice serait assurément une chance, comme l'amour ou l'amitié : une chance que l'on ne maîtrise pas. La réalité politique oblige habituellement à se contenter d'une limitation prudente de l'injustice ressentie.

LE CONCEPT DE LIBERTÉ ET LE RÈGNE EFFECTIF DE LA CONTRAINTE

ACTION ET LIBERTÉ : LES LEÇONS DE HOBBES

Il sera intéressant, à ce stade, de faire retour à Hobbes pour comprendre comment peuvent se nouer les relations entre la représentation des droits individuels et la conception de l'action et de l'agent dans un contexte d'interdépendance sociale. C'est notamment à partir des notions de cause et de raison de l'action que se dessine une conception de l'acteur qui, chez Hobbes, a des conséquences importantes en théorie politique, pour la compréhension de ce qu'il y a de rationnel dans la renonciation des individus à certaines prérogatives. Rappelons d'abord que, dans *Léviathan*, la liberté est assimilée à l'absence d'obstacle :

> On entend par LIBERTÉ (*liberty, libertas*), selon la signification propre de ce mot, l'absence d'obstacles extérieurs, lesquels peuvent souvent enlever à un homme une part du pouvoir qu'il a de faire ce qu'il voudrait, mais ne peuvent l'empêcher d'user du pouvoir qui lui est laissé, conformément à ce que lui dicteront son jugement et sa raison[1].

Cette définition est d'une certaine façon réductrice, en ce qu'elle offre un point de vue étroitement physicaliste sur la liberté. Toutefois, on doit constater deux choses. D'une part, c'est bien par rapport à « ce qu'il voudrait » (quelque chose, donc, qui est de l'ordre du projet ou du souhait du sujet) que s'apprécie la liberté ou la privation de liberté. Même si les privations de liberté consistent finalement en une certaine configuration physique d'obstacles, c'est bien le projet individuel de modification des états du monde qui leur donne un certain relief et qui conduit à en donner une description (notamment à des fins politiques).

---

1   Hobbes, *Léviathan*, Part 1, ch. 14 « Des deux premières lois naturelles et des contrats », éd. Sirey, tr. fr. de la version anglaise par F. Tricaud, p. 128.

D'autre part, les obstacles extérieurs ne sont jamais tels qu'ils puissent empêcher complètement un homme d'user de son discernement pour choisir ce qui est pour lui la meilleure option (fût-elle très mauvaise). Hobbes se souvient ici d'Aristote : les conditions de l'action ne sont jamais telles qu'il n'y ait absolument pas de libre choix ou d'exercice d'un pouvoir par l'individu dans l'action.

Cette approche est réaffirmée et exploitée au chap. XXI (« De la liberté des sujets »), dans la 2ᵉ partie :

> Les mots de *liberty* ou de *freedom* désignent proprement l'absence d'opposition (j'entends par opposition : les obstacles extérieurs au mouvement), et peuvent être appliqués à des créatures sans raison, ou inanimées, aussi bien qu'aux créatures raisonnables. [...] un homme libre est celui qui, s'agissant des choses que sa force et son intelligence lui permettent d'accomplir, n'est pas empêché de faire celles qu'il a la volonté de faire. Quand au contraire les mots de libre et de liberté sont appliqués à autre chose que des corps, c'est un abus de langage. [...] La crainte et la liberté sont compatibles. Ainsi, quand un homme jette à la mer ce qui lui appartient, par crainte de voir le vaisseau sombrer, il le fait néanmoins tout à fait volontairement, et il lui serait loisible de refuser de le faire si telle était sa volonté. C'est donc l'action d'un homme qui était libre. [...] D'une façon générale, toutes les actions que les hommes accomplissent dans les Républiques par crainte de la loi sont des actions dont ils avaient la liberté de s'abstenir[1].

Ces extraits illustrent une conception très particulière, quoique familière à cause de son retentissement historique jusqu'à nos jours[2]. En effet, l'existence d'une contrainte juridique est assimilée à un régime de liberté, dans lequel la crainte due à la contrainte ou à la menace de l'emploi de la force n'est que l'un des facteurs de la libre décision du sujet. En même temps, la crainte est la crainte d'un état de fait qui est précisément l'existence d'un obstacle que les autres hommes ont suscité. C'est pourquoi la crainte de la sanction ou de la contrainte renvoie tout à la fois à un état de fait possible (un dispositif physique de contrainte effective, que l'on peut éprouver au sens où l'on peut se heurter à lui) et à un régime de liberté aussi longtemps que l'obstacle possible n'est pas actuellement présent. Dès lors, dire que certaines choses sont interdites par la loi ne peut jamais vouloir dire que certaines actions sont littéralement supprimées de l'éventail des possibles. Ce ne sont pas les stratégies de l'agent qui subissent directement la contrainte. C'est

---

1   Hobbes, *op. cit.*, éd. Sirey, p. 221-222.
2   V. sur ces questions, pour une perspective historique, la synthèse d'Y.-C. Zarka, « Liberty, Necessity and Chance : Hobbes's General Theory of Events », *British Journal for the History of Philosophy*, 9 (2001), nᵒ 3, p. 425-437.

seulement l'agent, s'il choisit certaines stratégies plutôt que d'autres, en présence d'une menace crédible prévue par le droit.

Faisons deux remarques à ce propos. D'abord, on voit que la doctrine hobbienne s'avère finalement compatible avec l'idée kelsénienne d'après laquelle tant qu'il est question du rapport d'un sujet à un ordre juridique, on reste dans le domaine du devoir-être, non pas dans l'ordre de la pure factualité. En second lieu, on peut souligner l'intérêt, pour nos enquêtes actuelles, d'une approche telle que celle de Hobbes. Dans cette approche, les garanties apportées par la loi ne sont pas obtenues par l'élimination pure et simple de certaines actions : ce n'est possible à la rigueur que pour certains actes extérieurs, pour lesquels on peut prévoir un certain dispositif de blocage extérieur, mais non pour les actions au sens plus profond de stratégies conditionnelles décrivant des projets conformes à ce qui est réellement visé par l'agent. On obtient des garanties grâce à certains aspects prévisibles de la conduite, induits par la présence d'une menace. Cela est particulièrement intéressant pour penser des situations politiques dans lesquelles les individus ne s'estiment pas tenus d'observer la loi au point de faire eux-mêmes le tri entre leurs actes autorisés et les actes interdits. La référence à la volonté de l'acteur reste essentielle dans le cas des hommes, comme on le voit dans le texte déjà cité, d'après lequel être libre, c'est ne pas rencontrer d'empêchement sur le chemin tracé par la volonté.

Ainsi, la liberté des êtres humains n'est pas radicalement étrangère à ce que nous appelons volontiers les « degrés de liberté » dans les systèmes physiques et Hobbes fait observer à ce propos que l'on parle volontiers d'un manque de « pouvoir » (plutôt que d'un manque de liberté) lorsque l'obstacle au mouvement réside dans la constitution de la chose elle-même. Ainsi, on dira d'un homme obligé par la maladie de rester allongé qu'il n'a pas le pouvoir de se lever (c'est l'exemple de Hobbes).

Une certaine manière de comprendre la promotion active de la liberté positive des individus (leur aptitude réelle à faire des choses qu'ils veulent faire), consiste à mettre l'accent sur la promotion de leurs pouvoirs ou capacités, par la suppression des obstacles intérieurs aux personnes (éventuellement d'ordre psychologique comme dans le cas d'inhibitions), ou par la compensation sociale des handicaps personnels. À première vue, il semble bien que Hobbes énonce une conception purement « négative » – peut-être réductrice à ce titre – de la liberté, laquelle consisterait seulement en l'absence d'obstacle ou d'empêchement. Toutefois, il semble nécessaire de remettre en question cette première impression. Car enfin, manifestement, les individus de l'état de nature hobbesien ont en vue certains avantages positifs auxquels ils aspirent. Ils souhaiteraient, plus précisément, avoir la jouissance assurée de ces avantages (la vie continuée, certains éléments de bien-être – en d'autres termes, des garanties).

Les garanties offertes aux individus et les restrictions sur les actions des autres individus sont, si l'on part d'une théorie comme celle de Hobbes, deux manières alternatives de décrire la même chose. En effet, lorsque l'attention se porte sur les aléas inhérents à l'interaction sociale plutôt que sur le face-à-face entre l'homme et la nature, le seul moyen de donner des avantages aux individus est de placer des restrictions sur la conduite autorisée des autres. L'avantage garanti est la même chose que l'existence de restrictions sur la conduite. C'est seulement du point de vue d'un individu particulier que les deux choses peuvent être perçues comme différentes ; d'un point de vue impersonnel, elles coïncident et ne forment qu'une seule et même réalité.

On a quelque raison de penser que la manière hobbesienne de traiter de la liberté, qui fait dépendre celle-ci de l'existence d'une volonté chez le sujet, et se révèle ainsi profondément subjectiviste, a l'inconvénient de rendre difficilement saisissables des éléments comme la privation de liberté que l'on peut chercher à reconnaître dans le fait, par exemple, de manquer d'ambition ou d'initiative. Dans certains cas, comme y a insisté A. Sen en particulier, cela peut être imputé aux conditions de la vie sociale des individus, et assimilé à une sorte de privation de liberté[1].

La complémentarité (voire l'identité) de la contrainte négative et de la garantie positive est particulièrement nette dans la discussion de la signification de l'abandon, par un individu, de son droit sur une chose (c'est-à-dire, on s'en souvient, le genre de renoncement qu'exige la formation de la société politique selon Hobbes). Le philosophe montre en effet que l'abandon d'un droit sur une chose, considéré du point de vue des autres, ne fait que garantir (en rétrécissant le domaine des possibles) des issues qui étaient déjà présentes (possibles) de toute façon. Par ailleurs, l'abandon d'un droit ne peut être que motivé par un certain bien visé par l'agent qui cède son droit :

---

[1] Dans l'idiome de l'« éthique du développement », on dit qu'il y a non pas un rétrécissement des « capacités » – *capabilities* – des individus, mais un affaiblissement de ce qu'ils accomplissent en effet, leurs *functionings*, tout simplement parce qu'il y a des choses que ces individus n'ont pas la volonté de faire, quand bien même ces choses contribueraient à leur bien-être, à leur épanouissement ou, selon une interprétation moins répandue, à leur perfectionnement personnel. Voir, pour une appreciation méthodologique récente, la thèse de doctorat de Muriel Gilardone en 2007.

Se dessaisir de son droit sur une chose, c'est se dépouiller de la liberté d'empêcher autrui de profiter de son propre droit sur la même chose. [...] Chaque fois qu'un homme transmet son droit ou y renonce, c'est soit en considération de quelque droit qui lui est réciproquement transmis, soit à cause de quelque autre bien qu'il espère pour ce motif. C'est en effet un acte volontaire, et l'objet des actes volontaires de chaque homme est quelque bien pour lui-même. C'est pourquoi il existe certains droits tels qu'on ne peut concevoir qu'aucun homme les ait abandonnés ou transmis par quelques paroles que ce soit, ou par d'autres signes[1].

CONTRAINTE ET LIBERTÉ DE CHOIX

Une partie des analyses contemporaines de la liberté de choix trouve sa source dans la prise de conscience d'une distance qui sépare la satisfaction des préférences d'un individu et son bien-être global et réel. C'est dans une telle perspective que l'on s'est intéressé à la liberté de choix des individus relativement aux opportunités qui sont les leurs[2]. On a pu s'étonner (à l'instar de S. Bavetta et M. Del Seta) de l'absence de référence aux contraintes sur le choix dans ce type d'approche. On s'intéresse traditionnellement aux options diponibles et, le cas échéant, aux préférences de l'agent, mais où sont les contraintes ? Ces dernières peuvent paraître extrêmement importantes pour préciser ce que l'on entend par « liberté ». Ce qui est thématisé en termes de choix purement individuel des options pourrait bien renvoyer dans une large mesure, même si on ne le rend pas toujours explicite, à des caractéristiques de l'interaction sociale – en particulier, la nature des contraintes rencontrées. Ces caractéristiques affectent manifestement les représentations individuelles de ce qui est acceptable ou tolérable, parmi toutes les restrictions concevables sur ce que l'on peut faire ou ne pas faire.

Comment, donc, apprécier les obstacles que peut rencontrer la liberté des agents (obstacles dont l'absence plus ou moins complète est garantie par la possession de droits) ? Si l'on conserve comme référence l'approche de Hobbes, on est conduit à s'intéresser spécialement à la présence (actuelle ou anticipée) d'obstacles qui bloquent le mouvement dont seraient animés certains corps s'ils ne rencontraient pas ces obstacles. Le rapport entre le sentiment d'une contrainte et la menace d'un obstacle physique au mouvement d'un corps peut, dans de nombreux cas, apparaître

---

1   Hobbes, *ibid.*, éd. Sirey p. 130-131.

2   V. notamment : Sebastiano Bavetta et Marco Del Seta, « Constraints and the Measurement of Freedom of Choice », *Theory and Decision*, 50 (2001), p. 213-238.

fort lointain. Certains actes de contrainte physique se profilent bien à l'horizon des obligations légales, mais ces dernières sont fréquemment interprétées comme des privations de liberté par des agents qui adaptent leur conduite aux lois existantes et ne rencontrent donc pas, ni ne pensent rencontrer, des obstacles physiques suscités par les hommse, opposés à leurs mouvements corporels. Dans ces conditions, les agents n'ont pas à souffrir du déploiement de la contrainte mais ils éprouvent éventuellement le mécontentement lié au fait de ne pouvoir accéder qu'à certains états du monde, alors que d'autres seraient accessibles si les lois étaient différentes. Notons que la dichotomie de la présence ou de l'absence d'obstacle ne conduit pas à une conception opératoire des degrés de contrainte. On ne voit pas non plus comment apprécier dans ce cadre les degrés de la valeur attachée à la suppression graduelle des contraintes.

NORME ET CONTRAINTE : PROBLÈMES KELSÉNIENS

NORMATIVITÉ ET CONTRAINTE : UN PREMIER PROBLÈME

Si les droits de la société libérale sont essentiellement des garanties, leur jouissance effective dépend des formes de contrainte qui, justement, permettent de concrétiser ces garanties. La conscience de ces garanties enveloppe donc la représentation que l'on se fait de la contrainte appuyée sur la loi et de ses rapports avec la liberté. Mais n'est-ce pas dire que les garanties dont on jouit en droit dépendent en vérité beaucoup du fait de la contrainte, ou de la menace ? Il y a là une source d'interrogations toujours renouvelées : la concrétisation du droit et des droits ne rabat-elle pas la norme sur les faits ?

Kelsen a présenté des arguments, qui demeurent difficiles à contredire, pour soutenir la thèse d'une séparation des relations relevant du devoir-être (l'imputation, en particulier) et des relations relevant du cours des choses dans le domaine de la nature ou de « ce qui est » (telle la causalité). Or, l'analyse de l'imputation (qui joue un rôle-clé dans sa construction d'une théorie pure du droit comme dans son analyse parallèle des systèmes éthiques) conduit Kelsen à saisir les normes comme des opérations de mise en relation de faits-conditions et de faits-conséquences. Le devoir-être concerne des rapports entre faits.

Dans le cas des normes appuyées sur des sanctions organisées – ce qui est le cas pour les normes juridiques – cela conduit à inclure dans la description des conséquences ce qui est prévu par les normes, à savoir, des sanctions en cas de réalisation par un agent de choses dont il est spécifié qu'elles exposent à des sanctions. De là, une conséquence bien connue (et sévèrement critiquée, notamment par Hart) : en simplifiant quelque peu, la vraie norme ne commande pas de ne pas voler ; la vraie norme est celle qui ordonne que si l'on vole, on reçoive une sanction.

Kelsen met ainsi en évidence une relation qui se superpose, sans s'y réduire, au déroulement des événements dans la nature. Dire que le vol conduit à la sanction ne signifie pas, en effet, que l'on prédise l'administration de la sanction dans le monde de la nature. Il ne s'agit pas d'un rapport causal. Cette irréductibilité à la prévision des enchaînements naturels, Kelsen la garantissait en rapportant la norme au commandement (ce qui justifiait chez Hart une critique conjointe de la théorie de Kelsen et du modèle de l'assimilation des règles juridiques à des commandements sous la menace, chez le juriste Austin). Il en allait d'impératifs, conditionnés par le désir de celui ou celle qui pose la règle : je veux atteindre tel but (par exemple que les voleurs soient punis) donc je pose une règle faisant obligation à certains agents de punir certaines personnes dans telles et telles conditions, de telle ou telle manière. Il en a résulté un débat nourri et profond au sujet des rapports entre le type d'obligation que l'on trouve à l'œuvre ici et d'autres formes d'obligation, elles aussi susceptibles d'un traitement formel appuyé sur la logique de l'obligation (les obligations morales, en particulier)[1].

L'un des problèmes qui se posent est le suivant : les systèmes juridiques courants semblent bien nous faire obligation de ne pas voler. L'autre obligation (punir les voleurs) apparaît seulement dérivée ou complémentaire. Elle est un moyen (un dispositif incitatif) de faire en sorte qu'il y ait moins de vols. Lorsque nous réfléchissons sur les obligations auxquelles nous sommes soumis, nous pensons à des choses telles que l'obligation de ne pas voler.

Et cependant il y a manifestement deux éléments extrêmement intéressants dans la description théorique que privilégie Kelsen. D'abord, il est vrai que l'on trouve dans les systèmes d'obligation juridique une certaine mise en relation, de nature non causale, entre des faits-conditions du genre « voler » et des faits-conséquences du type « recevoir

---

1   Voir : Otto Pfersmann, « Pour une typologie modale des classes de validité normative », *Cahiers de philosophie politique et juridique de l'université de Caen*, n° 27 (1995), p. 69-113.

telle sanction ». Si l'on se rapporte aux événements qui se produisent dans le cours des choses, cette relation apparaît certainement comme typique de l'opération même d'application de la norme. Si l'on s'en tient à la notion que quelqu'un déclare illégale telle conduite, on paraît s'arrêter à mi-chemin : rien n'est dit de ce qui arrive vraiment, en fin de compte, à la personne qui a manqué à ses obligations. Tout devient plus clair si l'on pousse l'analyse jusqu'à la description de ce qui arrive aux personnes. C'est l'explicitation des conséquences (au sens causal) de l'action, telles qu'elles sont modifiées par l'introduction de dispositions non causales relatives à l'action, grâce à un mécanisme de coordination sociale autour de ces dispositions (lesquelles permettent l'imputation et la qualification des actes).

On retient aussi de l'analyse kelsénienne la notion d'une mise en relation entre des faits qui ne coïncide pas avec la succession temporelle de ces faits dans des enchaînements naturels. Il est vrai que si le droit s'applique efficacement, les voleurs sont habituellement punis ; mais ce n'est pas là ce qui conduit à parler de « norme » et, de l'avis général, ce ne serait d'ailleurs pas suffisant pour parler de norme. Si l'on veut préserver ces deux acquis importants et éviter de donner l'impression de « déplacer » l'obligation (en invitant à la chercher ailleurs qu'à l'endroit où chacun la trouve), on peut songer à laisser de côté l'idée même d'obligation. On pourrait en effet privilégier la notion abstraite d'une mise en relation de certains états de choses avec d'autres états de choses, en laissant les individus interpréter cette mise en relation en termes d'obligation, si cela leur plaît ou si (comme en morale) cela paraît exigible au nom d'idéaux variés.

NORMATIVITÉ ET CAPACITÉ DE CONTRAINTE : UN SECOND PROBLÈME

Kelsen a proposé une solution au problème de l'union de la normativité et de la capacité de contrainte ; c'est la solution qui passe par les notions d'efficacité et de seuil d'efficacité. Cette approche permettait – ou plutôt, devait permettre – de préserver la notion d'un système impersonnel d'obligations existant réellement ou objectivement, indépendamment des convictions des individus. Cela traduisait notamment, chez Kelsen, le souci de maintenir une opposition stricte, kantienne – en fait l'opposition la plus stricte possible – entre le monde des faits naturels (en y rangeant les phénomènes psychologiques relatifs aux convictions des individus ainsi que les faits sociaux) et les déterminations du devoir-être.

En dépit de la description sans complaisance de la relativité des valeurs qu'autorise et développe le système kelsénien, le système normatif assis sur la « norme fondamentale » vaut objectivement ; son existence est l'existence objective d'un ordre du devoir-être (un réseau d'obligations se laissant exprimer par des propositions de droit décrivant ce qui doit être en fait de relations d'imputation associant des faits-conditions à des faits-conséquences). L'approche kelsénienne revient à projeter toute la normativité sur l'ordre objectif des normes étatiques[1]. Les évaluations personnelles se font bien d'une manière normative, mais ne participent pas de l'objectivité, ce qui nous situe dans le voisinage de Hobbes tout autant que dans celui de Kant.

On doit reconnaître la présence de la normativité dans les évaluations personnelles des actes d'après des systèmes de principes et de normes. Par contre, il n'est pas absolument évident que l'on doive penser le rapport aux normes étatiques sur le modèle d'un ordre de devoir-être qui serait reconnu comme tel par tous, étant objectif. À cause de problèmes d'interprétation considérables et parfois manipulés stratégiquement, et aussi à cause de problèmes d'information et de qualification des situations, il n'est pas du tout évident que l'ordre étatique possède pleinement l'objectivité que lui prête la construction kelsénienne. Des désaccords peuvent subsister.

Doit-on alors penser autrement ce qu'il y a d'objectif dans le droit valide ? Il pourrait s'agir simplement d'un dispositif incitatif appuyant des prévisions mutuelles des conduites. Cette thèse est celle dont Hart voulut se démarquer, et à cause de laquelle il crut nécessaire de s'écarter, sur quelques points décisifs, de la conception normativiste et positiviste de Kelsen. Mais Kelsen lui-même avait tenté de rendre impossible tout rapprochement entre son approche et ce type de réduction de la norme à un dispositif empirique[2]. Par ailleurs, les philosophies idéalistes ont une tendance marquée à amener en

---

1   Le problème de ce que l'on perçoit quelquefois comme un biais « étatiste » dans le kelsénisme s'enracine dans des aspects fondamentaux que l'on peut rencontrer dans d'autres philosophies, notamment idéalistes. À propos du cas important de Hegel, v. la discussion approfondie de Jean-François Kervégan *L'Effectif et le rationnel. Hegel et l'esprit objectif*, Paris, Vrin, 2007. Pour une critique du positivisme juridique en lien avec la question de l'obéissance aux normes étatiques, voir : S. Goyard-Fabre, *Les Principes philosophiques du droit politique moderne*, Paris, Presses Universitaires de France, 1997.

2   Le débat s'est poursuivi. Sur les aspects fondamentaux des approches contemporaines, v. la discussion de Sandra Laugier : « La naturalisation des normes », in R. Pouivet et J.-P. Delville, édit., *Penser la norme. Approches juridiques et philosophiques*, Rennes, Publications du Centre de recherche sur la logique et son histoire (université de Rennes-1), 1994.

coïncidence la sphère des normes publiques et le domaine d'un accord rationnel (au moins concevable) entre les citoyens ; la « réduction » des normes publiques à un dispositif de contrainte réciproque paraît alors inacceptable, si du moins une telle conception ne réserve aucune place à la notion générale d'un « devoir-être » impersonnel et abstrait attaché à l'ensemble du dispositif.

Mais à la réflexion, on peut se demander s'il y a vraiment « réduction » lorsqu'on s'engage dans cette voie. Il faut avouer qu'il n'est pas absolument évident que l'on puisse parler, à propos des normes étatiques valides, d'un devoir-être transcendant absolument les opérations individuelles et concrètes de reconnaissance et d'acceptation de certains principes et normes comme réellement valables pour évaluer sa propre conduite ou celle des autres. N'est-ce pas alors se conformer aux faits, et à des faits qui sont en eux-mêmes de nature normative, que reconnaître le rôle essentiel des conventions, des acceptations collectives de certaines propositions ?

On pourrait très bien continuer, en s'engageant dans cette direction, de penser sur le mode de la normativité et du devoir-être la relation individuelle aux normes. Dès lors en effet qu'il s'agit d'acceptation par un individu d'un système normatif, une recherche des prescriptions ou évaluations appropriées est naturellement impliquée. Il faut savoir au nom de quoi l'on accepte ce qui est proposé à l'accord. Donc la normativité n'est pas éliminée. Mais on doit reconnaître qu'elle est conçue de manière plus modeste, pour laisser de la place aux désaccords : tous n'apprécient pas de la même façon « ce qui vaut », « ce qui s'applique », « ce qui doit être appliqué », etc.

Les normes qui ont la validité objective ont un arrière-plan conventionnel. C'est seulement en rapport avec des conventions sociales que les normes publiques qui valent objectivement offrent un support à des jugements collectifs. Elles peuvent être mobilisées alors que personne ne règle son propre jugement d'après elles ; or, dans de nombreuses situations de revendication et de formation d'un équilibre socio-politique qui intéressent les droits individuels, les convictions personnelles apparaissent déterminantes pour le succès des revendications et pour les interprétations proposées des normes qui offrent des repères collectifs. La présence de normes collectivement reconnues comme valides en un sens objectif ne prive donc pas du tout de pertinence, pour l'analyse de la revendication et de l'équilibre des revendications, les normes identifiées et endossées par les individus, lesquelles déterminent le rapport individuel aux normes publiques : la manière de les appliquer et de les faire appliquer, la manière de s'y conformer, etc.

Dans le cas même d'un régime stable et démocratique, l'autorité politique est sans cesse contestée et l'organisation délibérée et publique de la violation de la loi est très fréquente (parfois même au sein du service public). Cela n'est pas sans effet sur l'évolution du droit (par exemple, parce que la violation régulière du droit facilite souvent sa réforme, dès lors interprétable comme une simple manière de mettre fin à l'hypocrisie). De tels phénomènes s'expliquent par les intérêts et les valeurs antagonistes, par les conflits substantiels au sujet de ce qui est juste et au sujet de l'interprétation souhaitable des règles et des principes généraux qui les régissent et les coordonnent entre elles. Nous savons aujourd'hui que certains espoirs de Hobbes sont déçus : l'instauration d'un pouvoir étatique souverain ne fait pas disparaître le conflit des prétentions ; il en fixe seulement les enjeux. Malgré l'autorité maintenue de principes tels que l'« état de droit » et la « légalité républicaine » de très nombreux agents et groupes sociaux prennent régulièrement position pour dénoncer le respect du droit, non pas en vertu d'un principe de lutte contre le droit en tant que tel, mais au nom de causes jugées supérieures et donc, finalement, en vertu de certains rapports personnels aux règles qui ont la validité objective.

L'étude des droits et du libéralisme doit tenir compte de la relative instabilité qui résulte de la diversité des rapports à la loi. Elle doit appréhender, en les rapportant aux revendications compréhensibles des individus et aux particularités de leurs rapports aux normes, les frontières mouvantes des droits. On rencontre là une caractéristique centrale de la dynamique libérale et du rôle matriciel qu'y jouent les droits individuels fondamentaux, dans leur version la plus générale. Le pluralisme engendre l'incertitude au sujet des formes de la mise en œuvre des normes, et cette incertitude est au cœur de la dynamique politique qui entoure des principes qui, en eux-mêmes, paraissent immuables. C'est dans cette dynamique, et non dans des significations immuables, que les garanties individuelles s'expriment dans un contexte politique. Il s'agit de frontières mouvantes du licite et de l'illicite, fondées sur des conventions sociale progressivement concrétisées dans des dispositifs de pouvoir et de contrainte.

LES GRANDS PRINCIPES FORMULÉS EN TERMES DE LIBERTÉ
DE CHOIX : L'APPROCHE POLITIQUE

LA LIBERTÉ DIFFRACTÉE PAR LA CHOSE PUBLIQUE

La liberté n'est pas seulement une valeur morale : dans un contexte politique, elle n'est ni seulement un principe d'évaluation morale, ni une pure aspiration individuelle. Elle correspond à une certaine structure de pouvoir, de contrainte et de sanction. C'est dans cette perspective qu'il faut ici reprendre la question tellement disputée du respect du libre choix dans la société politique. Nous examinerons plus loin la manière dont l'adoption de la norme du libre choix dans différents domaines – et en particulier, de la norme de libre échange en matière économique – exerce une contrainte sur les formes de l'organisation politique[1]. Pour le moment, tâchons de préciser le niveau d'intervention des contraintes qui émergent.

Il y a d'abord les contraintes exercées par la norme de libre choix sur l'organisation institutionnelle et, en particulier, sur la répartition des pouvoirs ou des capacités d'action. Par exemple, si une instance reconnaît aux individus un certain droit, dans des matières purement personnelles, d'exercice du libre choix, cela crée habituellement (comme cela est révélé dans l'interprétation de ce droit par les autorités compétentes) des obligations pour les institutions créatrices de normes de rang subordonné, dès lors que ces institutions se voient confier des responsabilités dans le domaine. Par exemple, si l'on proclame la liberté d'avoir recours à l'avortement volontaire, cela signifie que des institutions médicales doivent organiser l'accès à ce type d'opération et que celle-ci soit définie sur une base médicale (en se référant donc à des pratiques médicales).

De même, dans un contexte de concurrence entre des ordres juridiques de plusieurs niveaux (par exemple, étatique et supra-étatique), les droits personnels et les droits de libre échange rendent précaires certains pans de législation d'échelon inférieur et certaines formes d'organisation. Par là, ils ouvrent des chemins possibles pour la renégociation des pouvoirs entre

---

1   On se référera à cette fin à des exemples politiques concrets – principalement tirés de la vie des institutions dans l'Union européenne – non pas pour expliquer les phénomènes sociaux que l'on rencontre à cette occasion, mais pour illustrer par des situations effectives, lorsque cela est possible, la réalité de contraintes qui sont par ailleurs identifiables, dans leur principe et à titre de simples possibilités, par l'analyse.

les différents niveaux de pouvoir. Ensuite, on doit admettre (comme cela sera illustré plus loin) que les principes du libéralisme économique, fondés sur le respect du libre choix des acteurs sociaux, ont des conséquences directes sur les formes du gouvernement. Par exemple, ils excluent – au moins à titre de modalité permanente de gouvernement – le contrôle des prix et la maîtrise planifiée de l'industrie par un organe tel qu'un ministère de la production.

Si l'on veut traiter politiquement du principe de libre choix, on ne peut pas s'en tenir à l'idée d'un principe général qui trouverait simplement à s'appliquer grâce à certaines solutions institutionnelles. En effet, ce principe structure l'application de principes régissant la distribution des pouvoirs, tels les principes fixant le domaine des responsabilités économiques respectives des institutions publiques aux différents échelons de la gouvernance. Par ailleurs, il filtre les interprétations possibles d'autres principes, notamment des principes directement issus de préoccupations éthiques (par exemple, les droits sociaux ou le principe de respect de l'égalité entre les travailleurs). Face à un principe éthique aussi général et indéfini que le respect de l'égalité des travailleurs, le principe de libre échange oriente vers certaines voies bien précises d'interprétation et de concrétisation institutionnelle, tout en fermant d'autres voies[1].

Dans le monde politique contemporain, la norme du libre échange remet en cause les formes antérieures de répartition des pouvoirs. Cela résulte de l'impératif de préservation du libre échange tel qu'il est reconnu dans les instances en charge de l'assurer. Les décisions de justice relatives au libre-échange affectent la perception des enjeux par les agents institutionnels. Cela peut s'analyser comme un impact sur les dimensions du choix, certaines de ces dimensions étant véritablement constituées par des normes relatives au libre-échange, par exemple le respect adéquat de la concurrence non biaisée[2]. Ainsi, les formes du pouvoir politique sont affectées par les droits et les zones de libre échange qui sont reconnus.

De fait, il n'y a rien de moins privé que les droits personnels. Quel est alors le rôle que doivent jouer ces droits dans notre compréhension des formes d'organisation politique? Certaines formes d'incidence sont nettement identifiables et méritent d'être mises en relief. Les principes

---

1   Voir : S. Sciarra, « Building on European Social Values : an Analysis of the Multiple Sources of European Social Law », in F. Snyder, édit., *Constitutional Dimensions of European Economic Integration*, La Haye, Kluwer Law International, 1996.

2   On en trouve des illustrations frappantes dans P. Moser, « A Theory of the Conditional Influence of the European Parliament in the Cooperation Procedure », *Public Choice*, 91 (1997), p. 333-350.

relatifs à la liberté et au libre choix n'interviennent pas tels qu'ils sont dans un ciel des idées. Bien plutôt, ils interviennent d'une manière qui est fondamentalement liée au processus politique d'identification et de reconnaissance des intérêts ou valeurs en présence, à la culture politique et aux usages sociaux.

D'abord, les droits individuels affectent le rapport à la norme étatique chez les citoyens. Si leur concrétisation s'appuie en dernière instance sur l'ordre politique et sur l'organisation de la répression, néanmoins, la mise en œuvre de la contrainte se heurte constamment à la perception individuelle de la loi en tant qu'obstacle. L'ordre politique se donnant un fondement dans la liberté est inévitablement confronté à la tendance individuelle à interpréter les normes en vigueur dans un sens nettement favorable à la plus grande étendue de ses propres libertés. Les conflits qui en résultent sont incessants et les comportements impliqués voisinent fréquemment avec la manifestation publique du choix de la violation du droit. De nombreux groupes d'agents, dans les démocraties occiden-tales, utilisent consciemment la violation de la loi à titre de moyen de faire évoluer la loi dans la direction désirée. Pour cette raison, le modèle idéal de l'État de droit dont les normes sont habituellement respectées ne correspond pas exactement à l'observation de la vie politique concrète dans les démocraties libérales. Dans ces pays, la loi est souvent violée de manière publique et concertée, pour la défense d'intérêts, par conviction morale ou par idéologie.

On doit étudier aussi le filtrage prévisible des autres grands principes en vigueur ; ces principes ont leur importance, mais c'est bien la liberté qui est revendiquée comme fondement essentiel. Dès lors, les autres prin-cipes éthico-politiques de référence sont passés au crible des dispositions rattachées à la norme de liberté. Leurs interprétations acceptables sont sélectionnées de cette manière, comme on peut notamment l'observer dans le contexte communautaire européen.

SPÉCIFICITÉ DES PRINCIPES DE LIBRE CHOIX ET DE LIBRE-ÉCHANGE

Les principes relatifs au libre choix et au libre-échange se distinguent d'autres principes éthico-politiques généraux, du point de vue de la contrainte exercée sur la structure des pouvoirs. Ce sont des principes dont la violation correspond toujours à un obstacle rencontré par un individu, dont cet individu peut rendre responsable un autre individu (ou plusieurs). Dès lors, la conquête de nouvelles dimensions du libre choix ou de la libre concurrence (élimination de formes d'organisation antérieures, nouveaux objets d'échange...) peut se faire par la voie juris-prudentielle, en défendant devant les tribunaux certaines interprétations des normes en vigueur.

Les droits fondamentaux sont d'emblée rapportés à des valeurs de « liberté », leur exercice étant par ailleurs souvent pensé en termes de libre choix. Or, d'un point de vue politique, comme nous avons eu l'occasion de le voir, il est difficile d'isoler la liberté de la contrainte. On veut cerner ce qui peut faire la spécificité de certains droits, en vertu d'une liaison avec la liberté, mais sans perdre de vue le fait que des valeurs subjectives comme celles du libre choix ne peuvent trouver qu'une expression provisoire, toujours problématique, dans les règles de la société politique.

Pour cerner la spécificité des droits qui se prêtent à une interprétation naturelle en termes de libre choix, on peut partir de quelques remarques sur les conditions de contestabilité des droits et chercher à identifier les propriétés singulières des processus par lesquels on conteste des normes existantes afin d'obtenir l'élargissement, l'approfondissement ou tout d'abord la création de ces droits. Plusieurs éléments remarquables peu-vent être mentionnés à cet égard.

D'abord, les droits intimement liés au libre choix sont des droits dont la revendication semble permettre une entorse « locale », à des fins expressives, à l'autorité de la loi. Les droits relatifs au libre choix individuel ont souvent été conquis, dans l'arène politique, sur la base d'une violation préalable des règles en vigueur (ce fut le cas pour le droit à l'interruption volontaire de grossesse en France, par exemple). On rencontre ici des droits dont l'exercice anticipé (illégal) est inter-prétable comme le résultat d'une préoccupation et d'une aptitude à agir ayant un caractère tout spécial, en sorte que les raisons de la violation éventuelle de la loi apparaissent spéciales et circonscrites. Ces raisons ne peuvent aisément servir de référence pour un refus des règles de l'État de droit, qui serait transposable à d'autres questions, ou généralisable à l'ensemble des citoyens. Par exemple, les médecins qui pratiquaient des avortements illégaux avant la promulgation de la loi Veil en France agissaient en rattachant strictement leur action à leur conception du bien des personnes concernées dans une situation très particulière et à leur conception des devoirs du médecin. Sur ce modèle, il s'agit de domaines tels que la violation de la loi, même si elle est systématique, concertée et publique, a peu de chances d'affaiblir l'autorité globale de la loi.

Par ailleurs, ce sont des droits dont la revendication se prête bien à l'initiative personnelle relayée par la jurisprudence, parce qu'il est possible de les conquérir (ou de conquérir leur approfondissement ou leur élargissement) en montrant simplement quels obstacles on rencontre en tant qu'agent particulier, affronté à une situation particulière. On peut rendre manifeste le tort que l'on subit soi-même. Ce sont aussi des droits dont la contestation (totale ou partielle, par exemple contre certains approfondissements) pose typiquement un problème d'action collective à ceux qui sont susceptibles de bénéficier de la contestation parce qu'ils peuvent se considérer comme des opposants. Par une action isolée (en particulier, devant un tribunal) il leur est difficile d'obtenir gain de cause et de provoquer un changement normatif en montrant que leurs intérêts ont été spécialement lésés, car le « tort » qu'ils subissent est en réalité d'une nature très générale, peu dépendante de leurs intérêts spéciaux. C'est simplement le désagrément de vivre dans une société dont on n'approuve pas toutes les règles. Or, un tel désagrément n'a rien de spécial à une personne particulière dans une situation particulière ; il ne se qualifie pas comme un « tort » subi, dans un univers politique et juridique libéral privilégiant des raisons individualisées plutôt que collectives.

Sans doute les opposants ne se représentent-ils pas spontanément leur cause de cette manière ; le plus souvent, ils y voient un cas de conflit de valeurs. Mais l'individualisation progressive des raisons, qui est la règle dans la vie publique en régime libéral, conduit dans cette direction. Sous les conventions individualistes qui prévalent, on peut donner un sens au fait qu'ils soient mécontents. Mais il serait beaucoup plus difficile d'attribuer du sens, politiquement parlant, à des idées telles que le « mal » qui est fait dans la société, le manquement à des devoirs, etc. Rien de tout cela ne peut être exprimé dans l'idiome dominant de la satisfaction individuelle et de la frustration causée à une personne.

Dans ce type de configuration, les mécontents subissent un tort, certes, mais ce n'est pas « leur » tort : c'est un tort auquel toute personne s'expose, dès lors qu'elle endosse certaines valeurs dans la société telle qu'elle est. C'est, si l'on veut, un tort dont on est soi-même l'origine. Dans le processus libéral d'individualisation des raisons reconnues par l'autorité publique, de telles considérations ont leur place seulement dans les consultations publiques qui engagent des choix de société. Mais dans ces processus eux-mêmes, les raisons de ce genre ont quelque difficulté à obtenir des succès, car elles font face à des intérêts et à des choix de vie qui, eux, peuvent véritablement être rattachées à certaines personnes et à certains intérêts d'une manière pleinement individualisée. En régime libéral, il y a bien une construction sociale de la différence entre des torts personnels et des torts moins personnels, ce qui gouverne le régime de contestabilité des droits.

Cela donne beaucoup de force à certains droits : ceux dont la violation implique directement la frustration de personnes identifiables pour des raisons qui sont directement liées à la situation et aux pratiques de ces personnes. En revanche, les considérations générales sur la marche de la société ont beaucoup moins de force et de résistance dans la concurrence des revendications. Par exemple, chacun peut penser ce qu'il veut de l'éducation des enfants par deux parents de même sexe, il n'en demeure pas moins que le rejet légal de ce type d'éducation va à l'encontre des attentes de certains foyers, alors que le bénéfice que les adversaires de l'homoparentalité tirent de ce même rejet est beaucoup plus diffus : selon les conventions culturelles prédominantes, il ne les concerne pas en propre et, en un certain sens, ce n'est pas leur affaire. En régime libéral, il est possible que l'homoparentalité soit exclue ; mais sa revendication aura une vigueur certaine, même dans un contexte culturellement hostile (aux États-Unis par exemple) ; et si elle est autorisée, elle offrira une résistance particulière aux attaques. De telles revendications passent aisément à travers le filtrage opéré par les normes de libre choix, alors que les revendications contraires rencontrent plus de difficultés à cet égard.

En sens inverse, il faut admettre que certaines causes qui concernent d'emblée l'ensemble de la société (plutôt que les intérêts de tel ou tel) conservent une certaine force, notamment les préoccupations égalitaristes, qui inspirent toujours certains programmes politiques et de nombreuses pratiques sociales. Néanmoins, on doit remarquer aussi que les formes d'égalitarisme qui tendent à prévaloir (l'action publique pour l'égalité des chances, la lutte contre les discriminations et les abus, le développement de formes égales de sollicitude ou d'assistance) sont de celles qui ne contredisent pas l'exercice exigeant du libre choix dans la vie sociale et économique. D'une certaine façon, ces formes d'égalitarisme ont un rôle fonctionnel dans la légitimation de la prévalence du libre choix et du libre-échange ; leur affinement participe au renforcement de l'acceptabilité des normes de libre choix et de libre-échange. Les formes « dures » d'égalitarisme (prônant par exemple l'égalité des revenus ou du capital) ont au contraire assez peu d'incidence hors des pays gouvernés de manière autoritaire.

On peut d'ailleurs observer que la « libéralisation » des pratiques entraîne quelquefois un surcroît d'attention aux considérations d'égalité, auxquelles elles conduisent pourtant à donner moins d'importance dans un premier temps. Prenons comme exemple le processus français d'évolution vers la libre négociation des conditions de vente[1]. Par ce processus, les partenaires commerciaux (en particulier les industriels fournisseurs et les commerçants qui vendent au public) doivent devenir plus libres qu'auparavant de négocier les prix établis par les fournisseurs et, d'un autre côté, les conditions du partenariat entre fournisseur et commerçant (sur la base des services offerts par le commerçant en tant que distributeur des biens). V. Sélinsky prend note d'un « corollaire obligatoire de cette liberté » :

> […] l'interdiction des pratiques discriminatoires est abrogée. C'est le cœur de la réforme, car on ne peut à la fois négocier librement et se mouvoir dans un cadre juridique où les différences de traitement entre acheteurs constituent un abus automatique[2].

Dans un premier temps, donc, le mouvement vers plus de liberté se traduit par un moindre poids attribué aux considérations d'égalité (lesquelles peuvent toujours être décrites en termes de non-discrimination). On protège l'arbitraire des choix : la liberté est à ce prix. Mais l'histoire ne s'arrête pas là. Une telle évolution s'accompagne de garanties supplémentaires qu'il faut créer, de manière à se prémunir contre le sentiment et la réalité de l'abus. Le mouvement de libéralisation, qui passe par la suppression de certaines garanties pour certains agents, a pour contrepoids la création de nouvelles garanties (certes plus vagues en l'espèce). En effet :

> […] l'abrogation de l'interdiction des discriminations ne pouvait aller sans instituer des garanties offrant aux victimes la possibilité d'obtenir réparation en cas d'abus (V. Sélinsky, *op. cit.*, p. 27).

En pratique, cela se traduit par un renforcement du rôle de la Commission d'examen des pratiques commerciales et par un enrichissement du répertoire des « fautes » (incluant désormais le « déséquilibre

---

1   Outre les caractéristiques mentionnées ici, cet exemple peut illustrer un thème qui sera développé plus loin : la défiance qu'engendrent le caractère général des principes et les incertitudes sur leurs modalités d'application.

2   V. Sélinsky, « La libre négociation des conditions de vente, une révolution française », *La Tribune*, 15 mai 2008 ; p. 27.

significatif entre les droits et obligations des parties » et les « conditions manifestement abusives imposées au fournisseur »). En somme, le mouvement de « libéralisation », qui rencontre ici d'abord les préoccupations d'égalité de traitement dans une sorte de choc frontal, mène pourtant secondairement à un regain d'intérêt pour la lutte contre le traitement inégal des agents. La préoccupation pour la non-discrimination se trouve réorientée – « filtrée », peut-on dire, par l'évolution vers plus de libéralisme. C'est alors une nouvelle sorte de non-discrimination qui devient collectivement pertinente, par l'effet de l'approfondissement des prétentions à la liberté qui se trouvent satisfaites.

Pour une autre raison encore, les droits intimement liés à la liberté de choix sont des droits qui rendent difficile aux contestataires éventuels de montrer (une fois surmontés chez eux les problèmes d'action collective dans la mobilisation) que la suppression de ces droits ferait réellement une différence significative, capable de contrebalancer dans l'argumentation les intérêts bien tangibles de ceux qui veulent tirer parti de l'exercice des droits en question. En effet, il apparaît souvent facile, pour les opposants, de veiller eux-mêmes à ce que l'autorisation des pratiques qui ne leur plaisent pas ne cause pas de différence tangible dans leur existence. Par exemple, il existe de nombreuses raisons de ne pas approuver l'essor du secteur commercial de la pornographie. Mais il est patent que la cause anti-pornographique, en l'absence de relais dans une idéologie d'État, a fort peu de chances d'entamer les droits de production et de consommation liés à la pornographie, une fois ceux-ci établis et protégés. En effet, alors que ce secteur commercial engendre des revenus pour certains, il ne cause habituellement à ceux qui ne l'approuvent pas que des désagréments contre lesquels il est assez facile de se prémunir. Qu'elle soit bien fondée ou non, la conviction dominante qui s'exprime dans la rhétorique politique des sociétés libérales est qu'il suffit de ne pas s'y intéresser pour n'en être pas notablement affecté.

Dans cette configuration, le souci d'interdire certaines pratiques privées est facilement assimilable, dans la rhétorique politique, au souci de nuire, ou de faire en sorte que tel avantage ne soit pas disponible pour autrui, ce qui est difficilement rationalisable en termes de recherche de bonnes conséquences. En effet, en menaçant de répression telle pratique on frustre celui qui voudrait choisir cette pratique, sans donner pour autant à ceux qui sont hostiles à cette pratique un bénéfice particulier, suffisamment individualisable. Dans l'hypothèse d'une interdiction, au surplus, il n'y aurait de bénéfice assignable pour les opposants à la pratique concernée qu'en cas de violation de l'interdit, suivie d'un châtiment qui provoque la satisfaction éventuelle des opposants. Autrement dit, seulement si l'on raisonne dans le cas non idéal où les dispositions juridiques ne sont pas respectées par tous.

Parallèlement, la négation des droits au libre choix, dans de tels domaines, occasionne typiquement des coûts importants, en particulier en fait de surveillance, répression, protection et sanction. Car il s'agit le plus souvent de domaines d'action sur lesquels les agents privés ont un meilleur contrôle – de meilleures connaissances, des facultés d'action plus complètes – que les autorités politiques ou administratives ou tout autre organe à qui l'on confierait des tâches de contrôle et de répression. La construction culturelle de ce qui est personnel ou privé s'articule ici étroitement à certaines caractéristiques naturelles, en particulier la difficulté de surveillance ou d'accès pour autrui.

Ces éléments contribuent certainement à expliquer pourquoi l'on parle si facilement de « liberté » lorsqu'il s'agit de faire reculer des barrières relatives à des enjeux qui, sur le plan éthique, peuvent rester disputés. À l'échelon des seules « valeurs », il n'est pas évident que la liberté soit toujours du côté des solutions dites « libérales ». Celui qui est hostile à l'homoparentalité peut toujours essayer de montrer que la promotion de la liberté bien comprise passe par une éducation assurée par des personnes des deux sexes (certains le tentent en effet). Et l'on peut toujours dire que les choix collectifs risquent de priver cet opposant de la liberté de vivre dans une société qui protège la parentalité traditionnelle. Il n'en demeure pas moins une certaine dissymétrie entre les deux causes du point de vue des intérêts que l'on peut faire valoir à l'appui des revendications.

C'est que l'on rencontre, dans les exemples de ce genre, des droits dont la privation ou la limitation paraît toujours refléter un obstacle que l'on suscite et une initiative publique motivée par une idéologie (plutôt que par l'attention aux principaux intérêts en cause) ou par un choix de société arbitraire. D'un côté, les intérêts bien tangibles de certaines personnes ; de l'autre, des prétentions à gouverner la vie des autres. Bien entendu, ce contraste est superficiel et il repose sur des conventions culturelles. Mais cela ne nuit pas à sa vertu persuasive ni à son potentiel structurant pour la vie publique. Cette puissance fait sentir ses effets jusque dans des régions de conflit éthique très vif, par exemple à propos de la liberté de se livrer au clonage à des fins thérapeutiques ou à des fins de reproduction. Les arguments de principe fondés sur des considérations très générales (comme le destin de l'espèce humaine ou le respect de l'être humain) ont en vérité peu d'incidence dans les débats publics et les délibérations politiques. Le souci de la réputation et de la tranquillité est un frein qui s'avère beaucoup plus puissant en pratique : ne pas se déconsidérer (pour les universitaires), ne pas faire fuir les actionnaires (pour les entreprises de recherche), ne pas être confronté à l'hostilité de certains segments du public, etc.

On mesure par là le bénéfice qu'il y a à revenir, au-delà de la nature intrinsèque de certains actes, aux conditions de contestabilité des droits associés, si l'on veut être en position de mieux comprendre les raisons de la prédominance, en régime libéral, du point de vue de la libre initiative personnelle. Cette prédominance n'est pas inscrite dans la nature des choses. Elle concerne des actions dont il est clair que l'on peut aussi les considérer comme des déterminantes d'un état social intéressant (positivement ou négativement) une pluralité de personnes ; or, si l'on s'en tenait à ce dernier point de vue, on ne pourrait rien dire du point de vue de la liberté. On pourrait seulement remarquer que les processus de « libéralisation » ne peuvent unilatéralement être rattachés à la liberté, puisqu'on peut aussi voir en eux l'oppression de ceux qui sont mécontents – la fermeture, pour eux, de l'accès aux états du monde qu'ils désirent[1]. La nécessité d'opérer des choix collectifs nous rend tour à tour libres et non libres, selon les options retenues collectivement, de vivre dans une société conforme à nos vues. La vérité est simplement que nous sommes contraints par les choix collectifs : chacun est un obstacle potentiel pour tous les autres.

Il faut donc chercher ailleurs les sources de la dissymétrie que nous voyons entre les approches « libérales » et moins libérales des droits au libre choix, lorsque ces droits ne sont pas unanimement approuvés et restent en débat. L'hypothèse développée ici consiste à soutenir qu'elles se trouvent dans le régime de contestabilité. Elles tiennent à la fois à des conventions sociales (relatives à l'intérêt, au type de raisons que l'on peut prendre en compte publiquement, à l'évaluation comparée des bénéfices et des torts), aux propriétés sociales des mécanismes d'action collective (est-il aisé ou non de se mobiliser collectivement pour telle ou telle cause ?) et à des éléments de la condition naturelle des hommes (en particulier, ceux qui sont relatifs à leurs capacités

---

1   Ou leur effectivité plus limitée, dans les termes du cadre analytique de référence décrit dans l'annexe A.

naturelles en fait de contrôle ou de surveillance, de capacités de modifier les états du monde et de protection de soi-même ou des autres). On se met par là en position d'expliquer par ces facteurs la dissymétrie décelable entre des causes « libérales » et des causes moins libérales, pour ce qui concerne le rapport aux normes publiques et l'allocation des autorisations.

Ainsi, une dissymétrie est introduite par le fait d'« être l'auteur de… » ou d'« avoir l'initiative de… ». Cela gouverne le type d'association que l'on trouve entre les droits et le respect de la liberté : respecter la liberté, cela concerne, au-delà de la conformité des choix collectifs aux préférences individuelles, le respect pour l'initiative en tant que telle, en même temps que certaines garanties relatives aux résultats de l'initiative.

Dans la rhétorique politique dominante en régime libéral, ce fait dispose à considérer avec sérieux et de manière privilégiée les garanties qui peuvent entourer les conséquences de telles initiatives, et la manière dont l'action publique et les normes pourraient améliorer ces garanties. En réalité, tous sont potentiellement affectés par les conséquences, et l'impartialité requiert une égale attention aux intérêts des uns et des autres, mais il est clair que les intérêts de ceux qui ont l'initiative sont considérés en première ligne. Ce sont des intérêts qui apparaissent suffisamment sérieux pour pousser à agir et les individus peuvent, sur cette base, être constitués comme des agents qui sont des causes identifiables de certaines actions et, par là, de ce qui arrive à autrui. Cela peut évidemment contrarier l'espoir de voir l'attention impartiale aux conséquences triompher dans la régulation de l'allocation des droits et pouvoirs.

Pareillement, une dissymétrie dans la revendication ou la contestation peut être rattachée au fait d'« empêcher celui qui a l'initiative de… ». Le blocage de cet empêchement apparaît typiquement comme une façon de restaurer la liberté en « faisant obstacle à l'obstacle », selon l'expression kantienne. À un certain niveau d'analyse, toutefois, ce n'est pas là une évidence. Celui qui a une certaine initiative suscite par là même un obstacle pour ceux qui ne veulent pas voir prévaloir les conséquences de son action. Mais selon les conventions habituelles, l'obstacle est d'un côté, pas de l'autre. Ces remarques disposent à penser qu'il faut donner un très grand poids, dans la compréhension de l'incidence des droits en régime libéral, aux faits contingents relatifs à la contestation et à la concurrence des prétentions dans les sociétés humaines.

LA JUSTICE ET LES ÉCHANGES VOLONTAIRES
DE DROITS

LA POSSESSION ET L'ÉCHANGE DES DROITS :
AU CŒUR DU LIBÉRALISME

Le paradigme du respect du libre échange des droits est indiscutablement important dans la vie politique et dans la théorie politique contemporaine, ne serait-ce qu'à cause de la prévalence du modèle du marché dans les échanges sociaux. Voici ce qu'écrit à ce propos Roberto Unger :

> La forme institutionnelle dominante du marché dans les pays riches de l'Occident opère à travers l'attribution de titres plus ou moins absolus sur des portions divisibles du capital social – des titres qui peuvent être transmis en une succession temporelle ininterrompue, notamment par l'héritage[1].

Dans une perspective contractualiste, – que l'on considère une théorie classique comme celle de Hobbes ou des théories récentes comme celles de D. Gauthier, S.-C. Kolm ou J. Buchanan, – l'un des enjeux essentiels est de chercher à comprendre la rationalité du renoncement individuel à des droits ou prérogatives, ou encore à des facultés d'action ou de choix. De plus, lorsque le type d'arrangement politique que l'on cherche à justifier comporte au moins certains droits individuels, la question se pose de l'inclusion de limites éventuelles à l'échange de ces droits entre les individus. Ces limites sur les échanges possibles interviennent soit dans les conditions de base de l'union sociale (« nul ne pourra être vendu comme esclave »), soit dans les politiques publiques justifiées par des principes généraux (« la scolarité sera obligatoire jusqu'à seize ans », « la vente d'alcool aux mineurs sera interdite »).

J'examinerai de manière critique la thèse libérale selon laquelle le respect de droits individuels aussi étendus que possible permet de minimiser la contrainte subie par les individus. Concernant la justice dans l'opération même d'échange des droits individuels, je montrerai

---

1   Dans l'original : « The prevailing institutional form of the market in rich Western countries works through the assignment of more or less absolute claims to divisible portions of social capital, claims that can be transmitted in unbroken temporal succession, including inheritance ». R. Unger, *The Critical Legal Studies Movement*, Cambridge (MA.), Harvard University Press, 1986, p. 32.

qu'il n'est pas très facile de retrouver aujourd'hui l'intuition d'une justice commutative. Divers facteurs conduisent à privilégier, au-delà du consentement des « contractants », une approche plus globale de l'interaction sociale.

Dans les débats contemporains sur la justice des arrangements politiques fondamentaux, il se trouve que l'on peut isoler une tendance fondamentale, consistant à prévoir une sphère aussi étendue que possible de droits effectivement confiés aux individus par l'État (ces droits pouvant délimiter une sorte de « sphère privée » des individus) et une limitation aussi faible que possible – et si possible inexistante – de l'aptitude individuelle à échanger ces droits les uns contre les autres. C'est ce qui est souvent décrit en se référant au progrès du « néolibéralisme », ou d'un libéralisme plus marqué, dans les sociétés libérales, et il est de fait que l'emprise plus rigoureuse d'un système libéral de droits individuels peut être interprétée comme l'instrument d'une réduction de la contrainte collective (politique) exercée sur les individus.

À la limite, les droits que les individus échangent pourraient se confondre avec les simples facultés naturelles par lesquelles les individus peuvent exercer une influence sur l'état du monde. Mais ce n'est qu'une limite : c'est ce qui serait le cas s'il n'y avait pas d'État. S'il y a un État, certaines limitations du *jus in omnia* tel que le concevait Hobbes sont inévitablement prévues. Mais on peut s'intéresser, dans ce contexte, aux droits dont l'exercice est effectivement confié aux individus : par exemple, des droits d'expression et de réunion, le pouvoir de s'associer pour chercher à atteindre des objectifs communs, etc. Ces droits sont au cœur du libéralisme politique et économique.

L'orientation fondamentale qui a été décrite est rapportée tantôt à une philosophie morale « libertarienne », tantôt à l'idéal politique d'un « État minimal » (voire ultra-minimal), l'un n'excluant pas l'autre, bien au contraire. Souvent placées sous le patronage lointain de Locke, les théories contemporaines qui s'inscrivent dans cette tendance ont joué un rôle de premier plan dans la contestation des théories privilégiant la thématique distributive – en particulier, on peut songer à la critique des idées de John Rawls par Robert Nozick et à la thèse de David Gauthier selon laquelle les marchés libres et compétitifs seraient des sphères soustraites à la juridiction de la morale (parce que cette dernière y serait sans objet).

On pourrait évoquer à ce propos une tradition politique de la déférence envers le libre échange des droits, doublée d'une approche de la justice fondée sur la cession et la constitution volontaires des droits par des échanges de droits (une approche dans laquelle le consentement apparaît typiquement comme un critère essentiel pour parler de justice ou d'injustice). Au cœur de cette vision du monde, on trouve le renoncement à des configurations de droits au profit d'autres configurations de droits – un renoncement qui peut, d'une manière générale, prendre la forme du contrat ou de la convention entre des individus.

PERSPECTIVES CRITIQUES

À moins d'avoir recours à une approche purement intuitive ou inspirée, reposant exclusivement sur l'importance intrinsèque de telle ou telle conception de la liberté individuelle, la question des droits accordés aux individus, de leurs limites et des conditions de leur inclusion dans des transactions doit être discutée en rapport avec les conséquences de ces dispositions dans l'existence des individus.

On doit rappeler ainsi que l'attribution des droits aux individus pose des problèmes fondamentaux relatifs aux conséquences sociales de leur exercice, et que ces problèmes ne sont pas toujours résolus en pratique. Ces problèmes sont essentiellement liés à des phénomènes divers auxquels renvoie un concept commun : celui d'externalité ou « effet externe ». Ainsi, certaines recherches montrent que l'échange des droits à créer des effets externes (lesquels doivent être considérés comme des aspects des droits de propriété ou comme des droits d'un genre spécial, selon la conception retenue de la propriété) ne résout pas de manière systématique les problèmes d'inefficacité liés à l'existence d'externalités ; certaines externalités « profondes » ne disparaissent pas[1].

Les effets externes traduisent en fait une dissymétrie dans la situation des agents d'une interaction : certaines décisions sont le fait d'individus qui, objectivement, ne sont pas les seules parties intéressées à l'échange. Il y a un déséquilibre qui tient au pouvoir que certains ont sur d'autres, en sorte que la satisfaction de leurs propres préférences dans l'échange n'incorpore pas nécessairement le coût que les conséquences de cet échange occasionnent pour d'autres. Peut-on alors parler de rupture de l'égalité dans l'échange ? Oui et non. Il ne s'agit pas d'un écart entre ce qui est donné et ce qui est reçu. Il s'agit plutôt d'une inégalité des situations face à l'échange et à ses conséquences. Il s'agit même d'une

---

1   Voir : P. Hammond, « Rights, Free Exchange and Widespread Externalities », avec les commentaires d'Antonio Vilar, in *Freedom in Economics, op. cit.*, 1998.

inégalité de pouvoir. Si l'on évoque une absence d'internalisation des coûts, c'est, négativement, parce que l'on a en vue une situation possible d'égalité dans le système global de l'échange social, – situation dans laquelle nul n'aurait le pouvoir de détériorer la situation des autres à travers l'exploitation de ses propres occasions de mieux-être. De fait, dans la tradition philosophique, on situe parfois le vieil adage *neminem laedere* à la base de la justice commutative, ce qui est naturel si l'on s'attache au respect égal des positions des uns et des autres dans la société dans son ensemble (dans l'échange social considéré globalement)[1].

On doit rappeler, à l'appui des thèses libérales, que le libre échange des droits de propriété peut être, d'une manière générale, un vecteur de la promotion de l'avantage mutuel, comme le montrent en particulier les modèles économiques ordinaires de l'échange bilatéral. On doit signaler par ailleurs que les problèmes liés à l'existence d'externalités peuvent dans certains cas trouver des solutions par la négociation des droits entre les parties concernées (approche de Coase), ou par la création étatique de droits librement échangeables, là où ces droits n'ont pas émergé spontanément (c'est l'exemple de l'institution de droits à polluer négociables dans l'Union Européenne). Il faut également rappeler que le conflit supposé entre l'existence de droits individuels et la satisfaction efficace des préférences (dilemme du Parétien libéral) a fait l'objet de tentatives de résolution qui passent par la prise en compte de l'aptitude des individus à renoncer à leurs droits, c'est-à-dire à les céder à autrui (en particulier dans les analyses de James Buchanan). Ainsi, un libéralisme plus profond que celui qu'illustrait le dilemme de Sen parviendrait à restaurer la compatibilité avec l'efficacité[2].

Mais un autre problème se pose. L'élargissement de la sphère des droits échangeables peut, en elle-même, provoquer la détérioration de la situation de certains acteurs. Par exemple, dans le cas d'un élargissement de marchés de biens : il y a une possibilité de modification des prix relatifs, et donc de détérioration consécutive de la situation de certains consommateurs (ce qui est bien analysé dans les analyses économiques en équilibre général). Dans le cas de la légalisation d'activités antérieurement illicites, il peut y avoir un accroissement d'activités violentes liées non pas à l'échange de marché lui-même, mais à la mise

---

1   V. à ce propos le texte de Leibniz, *Méditation sur la notion commune de justice*. In : R. Sève, édit., *Le Droit de la raison*, Paris, Vrin, 1994.

2   Voir, sur les différentes approches proposées : A. Pétron-Brunel (*op. cit.*) et la thèse de doctorat d'H. Igersheim en 2004.

sur le marché (cette dernière étant devenue plus intéressante pour de nouvelles catégories d'acteurs ou de plus nombreux acteurs par suite de la légalisation). La légalisation d'activités dangereuses, en outre, peut permettre aux individus d'exprimer par leurs choix leur goût du risque, mais éventuellement à leurs dépens.

Par ailleurs, la légalisation d'activités antérieurement illicites apparaît souvent irréversible, pour des raisons que l'on peut chercher à identifier et qui tiennent à la possibilité d'une contestation appuyée sur des motifs recevables. L'une de ces raisons – c'est du moins mon hypothèse – est que le coût individuel de la critique de ces activités est bien moindre durant leur phase d'interdiction. Ainsi, en France, critiquer le recours aux drogues douces n'expose qu'à un faible degré de réprobation sociale. Mais si demain on autorise la consommation de drogues douces en France, alors la réprobation sociale à laquelle devront faire face les opposants à la légalisation sera probablement aussi grande que celle que doivent affronter, aujourd'hui, les partisans de l'interdiction totale du tabac et de l'alcool. La raison de base est assez simple : les actes interdits sont habituellement moins nombreux et moins avoués que les actes licites, en sorte que la contestation de ces actes, une fois l'autorisation acquise, expose à la colère d'un plus grand nombre de bénéficiaires directs de ces actes ou de personnes directement concernées. En outre, les béné-fices que l'on conteste sont des bénéfices illicites ou cachés, durant la phase d'interdiction ; après la libéralisation, au contraire, la critique de certaines activités s'apparente à une attaque directe contre les activités légitimes des autres.

Ainsi, l'autorisation des actes moralement contestés n'est pas seulement une décision qui penche d'un certain côté dans le choix des valeurs : c'est aussi un renforcement de la difficulté de la défense de l'un des deux points de vue. C'est donc ici le régime de contestabilité des droits qui offre une clé pour comprendre la dissymétrie, dans la rhétorique politique et dans la revendication, entre ce qui est rapporté à la liberté et ce qui est rapporté à la restriction de la liberté.

En somme, l'autorisation ne laisse pas intactes les conditions du débat public, de la confrontation entre les visions du monde antagonistes. Par là même, l'autorisation de pratiques moralement contestées nuit habituellement aux opposants à ces pratiques non pas seulement du fait de l'autorisation, mais aussi du fait de la difficulté accrue de s'exprimer négativement sur la question. La libéralisation des sociétés libérales est, de ce fait, auto-renforçante (même si ces sociétés sont souvent bien peu permissives). Ce schéma explicatif peut servir à combattre la tendance naïve à interpréter systématiquement comme un « progrès » ou comme le signe d'un mouvement vers la « modernité » le reflux graduel des critiques morales publiques autour de divers sujets de société ; la vraie cause peut être, plus prosaïquement, l'inconvénient qu'il y aurait à critiquer les usages des autres, conjugué au souci de ne pas être soi-même en butte à la critique.

Dans un autre registre, ne peut-il y avoir un préjudice lié au fait même de faire entrer certaines entités dans la sphère des objets sur lesquels il existe des droits légalement spécifiables et échangeables ? La question mérite d'être posée car, dans la société du libéralisme, les valeurs d'inviolabilité et de respect sont capables, dans une certaine mesure, de faire pièce aux prétentions toujours plus grandes au libre choix.

Par exemple, dans le cas de la réification des embryons humains et de la constitution d'un système d'échanges en vue de leur mise à disposition pour l'expérimentation ou pour l'industrie, y a-t-il un préjudice ? On peut dire, certainement, qu'il y a un préjudice subi par les personnes qui refusent le sort réservé à ces entités, ou qui refusent ce que cela représente, de leur point de vue, pour l'ensemble du genre humain (la perte d'un statut d'inviolabilité simplement lié à l'appartenance à l'espèce).

Ce préjudice est notamment sensible pour ceux qui, parmi ces opposants, appartiennent à des institutions impliquées et qui risquent donc de voir leur profession (p.ex. la profession de médecin), leur condition (par exemple celle d'étudiant) ou leur affiliation institutionnelle (université, laboratoire, etc.) changer de signification et perdre une partie de leur valeur à leurs propres yeux. En effet, le libéralisme exacerbé qui consiste à « laisser les gens faire ce qu'ils veulent » ne laisse pas intacte, normalement, la valeur attribuée par les uns ou les autres à l'appartenance aux institutions au sein desquelles les pratiques visées se déploient ou s'organisent[1]. De plus, l'élargissement des droits individuels qui résulte de la spécification de droits sur des nouvelles entités peut provoquer des pertes de bien-être liées aux conflits et aux pressions normatives autour de l'exercice ou de la cession de ces droits.

Par exemple, si la médecine offre aux patients la possibilité de se faire soigner grâce à un procédé nouveau qui est considéré une faute par une partie de la population (mettons, le clonage thérapeutique), peut-on dire de manière non ambiguë que le patient s'en trouve nécessairement mieux, parce qu'il a plus de choix, les options antérieures lui demeurant accessibles ?

---

1 Ces problèmes sont d'autant plus aigus, évidemment, que les désagréments de la reconversion individuelle ou du changement d'emploi (ou d'affiliation) sont plus importants.

En toute rigueur, la réponse est négative. Car il se peut que les deux options (se faire soigner par le nouveau procédé ou bien par l'ancien) soient inférieures, après ouverture de la nouvelle option, à l'option unique antérieure. C'est le cas, en particulier, si (1) le choix de la nouvelle option s'accompagne de reproches moraux intérieurs d'un niveau suffisant et si (2) le choix de l'ancienne option s'accompagne de reproches familiaux ou amicaux d'un niveau suffisant (« tu ne penses qu'à toi, tu fuis tes responsabilités et l'amour de tes proches à cause d'une morale rétrograde »). En réalité, ce que l'on décrit dans le langage ordinaire comme un élargissement de l'éventail des choix correspond à une modification de l'ancienne option et à l'ajout d'une autre option.

Seul l'oubli des conflits et des pressions normatives entourant l'exercice des prérogatives individuelles peut conduire à négliger des problèmes aussi graves et aussi évidents dans des sociétés pluralistes où le désaccord sur les valeurs fondamentales est plutôt la règle que l'exception. Le développement du libéralisme contemporain est souvent abordé du seul point de vue de ceux qui bénéficient graduellement d'autorisations supplémentaires pour faire avancer leurs intérêts à leur guise ; c'est là un point de vue inadéquat pour décrire l'évolution d'un ensemble d'opportunités individuelles dans un contexte social[1].

DE LA JUSTICE DANS L'ÉCHANGE À LA LOGIQUE DE L'INTERACTION

Les progrès du libre échange sont souvent glorifiés sur la base de la justice immanente que l'on trouve dans la rencontre des consentements. Mais on doit rester conscient des problèmes qui illustrent la difficulté de se situer pleinement aujourd'hui dans une perspective de « justice commutative » au sens classique de l'expression, qui concerne ce qui arrive à des contractants ou à des parties intervenant directement dans un échange. Si l'on peut encore attribuer une certaine pertinence à la problématique de la justice commutative, c'est au prix d'un élargissement considérable de cette notion. Plus précisément, il ne semble possible de maintenir utilement une référence à l'égalité dans l'échange qu'en élargissant la signification de l'« égalité », de telle sorte que l'on renvoie par là essentiellement à une égalité de situation des contractants plutôt qu'à une égalité des choses échangées. Les problèmes que j'évoquerai

---

1   Voir, pour un panorama et une typologie des critères explorés dans la littérature de référence, A. Baujard, « Conceptions of freedom and ranking opportunity sets. A typology. ». *Homo Œconomicus*, 24(2), 2007, p. 231-254.

plus particulièrement sont ceux de la difficulté d'une définition discriminante de l'égalité dans l'échange, du caractère impersonnel des évaluations appuyées sur les critères d'efficacité, et enfin, du privilège que donne la liberté des échanges aux premiers arrivés par rapport aux nouveaux arrivants.

Si la justice doit être pensée en termes d'échange de droits, peut-il s'agir de n'importe quel échange volontaire de droits ? Si la réponse est positive, cela signifie que l'échange volontaire de droits est juste en lui-même. Mais ce n'est pas crédible, et pas seulement à cause des difficultés éventuelles concernant l'expression et la nature du consentement. Il en va aussi de l'existence d'effets externes, par lesquels l'échange volontaire de droits entre des individus A et B entraîne une modification subie des droits d'un autre individu C. Il est alors difficile de prétendre tenir un critère de justice, si l'on ne prête pas attention à toutes les parties prenantes. L'intuition centrale de la thématique de la justice commutative – celle d'une égalité dans l'échange – n'est donc pas toujours éclairante.

Si ce qui est offert par l'un a moins de valeur que ce qui est offert par l'autre (pour une manière définie de comprendre la « valeur »), parle-t-on alors toujours d'un manquement à l'égalité dans l'échange ? Dans la plupart des cas, c'est plutôt l'échange lui-même qui est un critère d'égalité : il faut un accord égal (c'est-à-dire simplement le consentement unanime) des diverses parties. Il est patent que, dans de nombreux cas, on cherche à se protéger – à la manière d'une protection contre l'injustice – de certains échanges jugés frauduleux. Cela peut conduire à des réglementations (prévenant certains échanges) ou à des décisions de justice (réalisant une sorte de correction). On parle ainsi de « tromperie sur la marchandise » (par exemple dans le cas du chocolat à faible teneur en cacao), d'abus de la « crédulité » des consommateurs (comme dans le cas de la vente de talismans égyptiens inefficaces), etc. Mais dans de tels cas, l'exigence de justice revient en fait à construire une distinction sociale entre différents types de biens et à veiller à ce que les consommateurs sachent toujours sur quel marché ils se situent. Le critère de l'échange « correct » des biens résulte d'une construction sociale et culturelle de ce qui constitue une « tromperie ». Ainsi, la vente de talismans « inefficaces » peut, dans certains cas, être comptée comme une tromperie ou un abus de confiance, alors que la vente de nombreux autres talismans pourra sembler acceptable (typiquement, si les espoirs suscités sont moins grands).

Faut-il par exemple donner raison aux acheteurs de maisons hantées se plaignant de l'absence d'information, au moment de la vente, sur la présence de revenants (des exemples de ce genre sont cités aux États-Unis)? Ce qui est en jeu ne semble pas tant la sanction d'un échange inégal (car on peut admettre que les plaignants ont la possibilité de s'assurer de l'inexistence des fantômes) que la tentative pour vendre un produit (une maison réputée hantée) pour un autre (une maison « non hantée », donc plus chère toutes choses égales par ailleurs). Ce qui est véritablement en cause, c'est la dissymétrie d'information entre le vendeur et l'acheteur en ce qui concerne le marché de référence pertinent (celui des maisons hantées ou celui des maisons vraiment vides au moment de l'achat).

On ne retrouve pas clairement, ici, le principe d'un échange de valeurs intrinsèquement inégales à l'occasion d'une transaction. En effet, ayant acheté une maison hantée, je puis éventuellement jouir à mon tour d'une dissymétrie d'information, jouant cette fois en ma faveur, et me retrouver en position d'acheter une maison non hantée grâce au produit de la vente de ma maison hantée. Suis-je alors lésé? Non, sauf si j'ai dû déployer des efforts particulièrement importants pour trouver un acheteur (suffisamment naïf ou peu informé) ou si j'ai subi, du fait de la vente et de la revente, des coûts de transaction non récupérables. Ce sont là des circonstances possibles mais elles concernent les conditions du fonctionnement des marchés plutôt qu'une hypothétique valeur intrinsèque des choses mises en jeu dans l'échange.

On pourrait penser, par ailleurs, qu'il y a échange inégal, et donc rupture de la justice commutative, dès lors qu'il y a exploitation, *i. e.* lorsque le travail n'est pas rémunéré à son juste prix. Mais on se trouve alors dans l'obligation de préciser le système de croyances qui permet de donner sens à cette notion de juste prix. Or, il est notoire qu'il n'existe pas de consensus scientifique sur la manière de donner sens à une telle notion. C'est une construction culturelle[1] et, au surplus, la question de l'exploitation ne semble pas concerner uniquement les termes de l'échange, mais renvoie aussi aux caractéristiques de la répartition des opportunités réelles dans la société, donc à la justice distributive.

---

1   Les historiens insistent à l'occasion sur la manière dont la coutume, en régime féodal, fixait les degrés de l'exploitation de la force de travail des paysans par les seigneurs. Georges Duby insistait aussi à ce propos, dans *Féodalité* (Paris, Gallimard, 1996), sur le caractère souplement évolutif, graduellement construit, de la coutume (certaines innovations s'inscrivant dans un répertoire de précédents grossièrement tolérables, d'autres tombant dans l'oubli ou suscitant la rébellion).

C'est là d'ailleurs un thème fort classique : si les co-contractants sont dans des situations très inégales, le respect de l'égalité dans l'échange n'existe pas. On peut alors penser que, même s'il y a un double consentement, il ne peut y avoir de justice au sens plein dans l'échange (pour certains domaines de l'échange au moins). Par exemple, dans l'argument de Rousseau relatif à l'injustice du pacte de soumission ou d'esclavage (prévoyant le travail perpétuel, entre un riche propriétaire foncier et des individus démunis), l'inégalité dans l'échange provient du fait que l'une des parties pourrait tirer parti d'une position en elle-même plus avantageuse[1]. On peut alors penser que, la situation étant inégale, le double consentement n'est pas un indicateur de justice. L'inégalité de la situation rend prévisibles des termes de l'échange eux-mêmes inégaux (si l'on dispose d'un critère pour caractériser cette inégalité – laquelle ne pourra être ici simplement l'impossibilité d'obtenir le double consentement). C'est enfin le type de remarque qui conduit dans certains cas à penser qu'une action préventive est opportune pour rétablir l'égalité des contractants (une égalité des positions de départ dans une certaine séquence, jugée importante, de l'interaction sociale).

On a pu en tirer argument pour dire que la justice distributive doit avoir la priorité sur la justice commutative. En particulier, selon Leibniz, conserver les hommes dans leur bien (formule de la justice commutative) peut être compatible avec la misère des uns ou des autres lorsque certaines conditions ne sont pas réunies. Cela donne une raison de s'intéresser en priorité à la répartition des biens capable d'assurer la subsistance de chacun. Ainsi, selon Leibniz, en l'absence de telles mesures pleinement adéquates, la justice commutative peut prévoir des exceptions, par exemple lorsqu'il y a indigence du débiteur ; l'illustre philosophe en faisait aussi une raison de prévoir des systèmes de magasins publics distribuant des denrées ou d'autres produits nécessaires[2]. Ces diverses questions se ramènent essentiellement à la thématique de l'inégalité de situation des contractants (du fait d'un différentiel d'information ou de dotation initiale, ou encore d'opportunités initiales).

PEUT-ON IGNORER LES EFFETS EXTERNES ?

En dehors du problème de l'inégalité dans l'échange, la présence d'effets externes figure parmi les principales raisons de ne pas accepter le consentement de l'ensemble des contractants comme critère suffisant

---

1   Voir : Rousseau, *Contrat social*, 1re version, chap. 5 (bibl. de la Pléiade, Paris, Gallimard).
2   Leibniz, *Grundriss eines Gedenckens von Aufrichtung einer Societät in Deutschland zu aufnehmen der Künste und Wissenschaften.*

de la justice de la modification résultante des droits. Mais existe-t-il des raisons de ne pas se préoccuper du problème des effets externes (négatifs en particulier) ?

En théorie, oui. On peut dire que les droits possédés par les individus reflètent leur consentement à des effets externes qui peuvent, le cas échéant, se manifester concrètement. Si j'ai acheté une maison et si je souffre du bruit causé par la fête organisée conjointement par mes deux voisins, d'une certaine manière, je ne fais que jouir de la possession de ma maison. Avec la maison, j'ai acheté l'éventualité des troubles causés par les arrangements mutuellement avantageux de tierces parties. Il faut d'ailleurs avouer que les conditions de l'échange auquel j'ai consenti (en particulier le prix de vente de la maison) reflètent normalement les risques de ce genre. Que ces troubles n'émergent pas de manière certaine ne remet pas en question la plausibilité de cette analyse : nous achetons simplement un bien dont la consommation a une utilité psychologique aléatoire (comme pour n'importe quel bien).

Cette résolution du problème, toutefois, n'est pas entièrement satisfaisante. Pour la jouissance de la plupart des biens ou des situations personnelles, on trouve dans l'existence ordinaire une distinction au moins approximative entre des conditions anormales et des conditions normales ou prévisibles. Seuls les aléas négatifs entrant dans cette dernière catégorie sont considérés comme « acceptables » du simple fait que l'on a consenti à la jouissance de tel bien ou de telle situation personnelle. Par exemple, habituellement, on n'admet pas que l'assassinat en pleine rue par une bande armée soit une suite légitime de l'entente volontaire entre les membres de la bande et de la rencontre entre leurs intentions criminelles et l'envie de prendre l'air qu'a pu avoir la victime. On ne dit pas que l'assassinat en pleine rue est une suite possible, consentie par avance, de la promenade dans la rue.

Certains événements défavorables, mais non tous, sont ordinairement assimilés à des risques auxquels on consent par avance sans s'exposer par là à une injustice. Les autres apparaissent, de manière persistante, comme des injustices. C'est un fait notable en ce qui concerne les sentiments de justice et d'injustice. On peut tenter de rendre compte de ce fait, notamment, en remarquant que les « torts » qui paraissent injustes sont souvent ceux qui sont liés à des activités « inévitables » : marcher dans la rue, se trouver chez soi, boire, manger, etc. On se plaindra si l'eau du robinet n'est pas bonne, mais on ne se plaindra pas si les parois du sommet du Mont Blanc sont glissantes et mal entretenues, bien que le risque encouru puisse être d'une magnitude comparable. Ainsi, on peut formuler l'hypothèse suivante : les activités qui (sous une forme ou une autre) apparaissent liées à des initiatives individuelles ou privées « nécessaires » ou « inévitables » ou encore « irremplaçables » sont celles qui donnent lieu à une spécification « large » des effets externes réputés injustes des activités des autres. En tout état de cause, il n'est pas facile de consentir à l'élimination du problème des effets externes par un « geste » théorique radical revenant à faire disparaître l'ensemble de la problématique. Ce serait compter pour rien une large part des jugements ordinaires au sujet de la justice dans les échanges sociaux.

L'EFFICACITÉ ET L'ÉVALUATION CONSÉQUENTIALISTE

Il y a une correspondance profonde entre la thématique contemporaine de l'efficacité et la thématique classique de la justice commutative. On peut dire que la première a pris en charge une partie des préoccupations qu'exprimait la seconde. Mais la logique de l'efficacité, poussée à son terme, conduit à une perspective impersonnelle qui ne laisse guère de place aux principes de correction des torts que l'on peut vouloir associer au respect de l'égalité dans le libre échange.

La justice commutative consiste selon Leibniz à respecter la personne et les biens d'autrui (ne pas nuire, conserver autrui dans son état propre, et même le rétablir dans cet état s'il a été dérangé). Si l'on suit Grotius, cela correspond, pour l'adressataire de l'action – *i. e.* celui qui en subit les effets –, à une faculté de droit strict. Il s'agit de garantir la stabilité des positions.

On trouve dans des *Définitions* de Leibniz l'injonction suivante :

> B) Ne rien changer dans les choses constituées sans un espoir suffisamment grand d'un bien plus grand. B) Conserver chacun dans les choses qu'il a en son pouvoir.[…] De « B » suit la doctrine de la justice commutative, ou doctrine du droit et de la propriété, et de la manière de conserver chacun dans les choses qu'il a en son pouvoir car en ce sens, le « droit » n'est rien d'autre que de nous conserver les choses qui sont en notre pouvoir. (édit. Couturat, 1903, p. 517).

La justice commutative ainsi entendue est donnée comme le principe du droit privé dans son ensemble (en y comprenant, au-delà du droit des obligations, des problèmes tels que le partage d'une succession ou le partage des profits d'une société, que l'on pourrait vouloir rapporter à la justice distributive). Comme le soulignait Leibniz, dans *Définitions* : « De là naît la jurisprudence ou doctrine du droit, de la propriété, des obligations et des actions ». Ici, il s'agit de garantir les individus contre ce qui ne serait pas, pour eux, des améliorations. De ce point de vue, seules peuvent être admissibles des améliorations parétiennes (des améliorations pour certains, qui ne nuisent à personne) et, par exemple, on ne pourra pas cautionner par la recherche de l'efficacité la transition d'un état vers un état efficace au sens de Pareto (*i. e.* un état à partir duquel nulle « amélioration parétienne » n'est possible), mais qui ne pourrait être atteint à partir du premier état qu'en faisant des perdants.

Aujourd'hui comme hier, pour les économistes et les juristes particulièrement, mais aussi pour les moralistes qui veulent s'en tenir à une perspective conséquentialiste, l'analyse des droits de propriété accorde une large place à l'étude de l'efficacité de leur attribution et aux rapports entre leur modification et l'efficacité. La norme d'efficacité s'appuie sur la satisfaction des préférences individuelles. Or, l'efficacité reste toujours appréhendée d'un point de vue social : il s'agit de savoir si les règles ou les modalités de l'interaction ne peuvent pas être réaménagées de manière à améliorer le sort de certains sans léser personne.

C'est, on l'a vu, lorsque nulle amélioration de ce genre n'est possible que l'on parle d'efficacité (ou d'optimalité au sens de Pareto). La description individualiste des actions et des préférences (donc aussi de la satisfaction des uns et des autres) s'allie, on le voit, à l'usage d'un critère entièrement impersonnel, à l'opposé des analyses jusnaturalistes fondées sur la légitimité intrinsèque de l'appropriation. Mais aussi, très loin des considérations de respect de l'égalité dans un sous-groupe d'agents de la société (tel qu'un sous-groupe de « contractants »). Dans la grande majorité des cas, l'analyse procède de manière « conséquentialiste », en fondant les jugements d'évaluation sur les conséquences finalement atteintes[1]. L'évaluation qui est justifiée par l'analyse possède alors, comme nous l'avons déjà vu, un caractère largement impersonnel. Or, dans des approches de ce genre, on ne retrouve pas vraiment la thématique de la justice commutative. Il ne s'agit même pas ici, en effet, de rétablir une égalité de situation. Le traitement sélectif des uns et des autres s'appuie sur les raisons qui naissent du contraste entre la situation des uns et celle des autres.

---

1   Sur les aspects généraux du conséquentialisme, on peut se reporter utilement à l'article de Philip Pettit, « Conséquentialisme », dans le *Dictionnaire d'éthique et de philosophie morale*, sous la dir. de M. Canto-Sperber (Paris, Presses Universitaires de France).

LE PRIVILÈGE DES PREMIERS ARRIVÉS

On a pu montrer, dans le cadre de la théorie des choix collectifs (C. Seidl, *op. cit.*) que la renégociation des droits par libre échange entre les individus pose un problème du point de vue dynamique : si des coalitions se forment, les nouveaux venus, extérieurs aux coalitions déjà formées, peuvent se retrouver dans une position défavorable du point de vue de l'aptitude à contracter avec autrui. Il y a des opportunités perdues, pour les échanges futurs, à cause des échanges entre les autres dans le passé. La liberté de contracter peut ainsi poser problème en accentuant l'inégalité entre les personnes quant à l'aptitude à bénéficier des échanges. En somme, la liberté des échanges peut créer de l'inégalité dans l'échange (entendue non pas au sens de l'échange de valeurs inégales, mais au sens de l'inégal accès à des échanges mutuellement avantageux).

Cette analyse fournit par ailleurs un aperçu du rôle des sanctions et de l'utilité de droits fondamentaux soustraits à toute négociation. Classiquement, la peine est rapportée à la justice commutative ou correctrice, parce que la peine (comportant réparation et punition) peut être vue comme un gain compensant une perte, c'est-à-dire comme un élément dans un échange au moins partiellement involontaire. Plus précisément : un dédommagement compensant la perte que le délit avait provoquée pour la victime (c'est une réparation) et pour la société (c'est une punition).

Dans l'approche développée par C. Seidl, on assiste à un singulier retournement de cette problématique. La sanction n'apparaît pas comme une correction ou une réparation consécutive à un tort causé à autrui. Elle est elle-même un dommage que subit un individu du fait qu'il évolue dans une société dont les autres membres ont associé certaines conséquences désagréables à certaines actions (que lui-même peut trouver profitables). Par ailleurs, les droits fondamentaux apparaissent ici comme des garanties protégeant les « nouveaux » individus des pactes conclus entre les autres : ils auront certaines garanties de manière certaine, quoi qu'aient pu faire les autres.

On peut notamment retenir de cette approche l'intérêt, pour la réflexion normative sur l'attribution des droits, de la question de l'impact des modifications sur l'accès individuel à des transactions sociales avantageuses. Cette question est relativement négligée mais elle est très importante, parce qu'elle concerne le sort de chacun (à travers la possibilité pour chacun d'améliorer son sort). De plus, c'est une question qui est liée à celle des privilèges. Lorsque des privilèges sociaux se constituent, et obtiennent éventuellement un renforcement à travers des dispositifs publics, l'effet le plus regrettable est évidemment la limitation arbitraire, pour les individus, des possibilités d'améliorer leur sort de la manière qu'ils jugent bonne, même lorsqu'ils sont disposés à accomplir les efforts nécessaires. Or, un tel processus peut parfaitement résulter de l'introduction de nouvelles facultés de contracter et, dans certains cas, il peut compromettre la valeur de dispositifs publics.

Par exemple, considérons le cas des études de médecine en France. Pendant longtemps, les étudiants ont eu une attitude plutôt passive face à l'échéance du concours en fin de première année. Aujourd'hui, un secteur commercial florissant propose des formations complémentaires de la formation universitaire, en sorte que les étudiants qui sont disposés à payer des sommes importantes peuvent espérer réussir le concours avec une plus grande probabilité. Doit-on simplement considérer que c'est une chance pour eux ? C'est une interprétation possible de la situation, complémentaire de cette autre interprétation : les chances de ceux qui ont une moindre disposition à payer s'amenuisent, même si leur disposition à faire des efforts n'est pas moins grande. Si l'on a en vue principalement le principe d'égalité, on pourra certainement méditer sur le processus (très courant) par lequel le souci d'égalité s'accommode des inégalités. Mais l'égalité n'est pas le seul principe en cause. On peut aussi être frappé, dans ce type de processus, par la manière dont une limitation arbitraire des chances de réussite résulte, non sans paradoxe, de l'élargissement du spectre des choix possibles.

RÉEXAMEN DE LA LIBERTÉ DE CHOIX
DANS LE RAPPORT AUX NORMES

LE MODÈLE DE LA NORME COMME CONTRAINTE

Nous avons l'habitude de défendre nos droits ou de revendiquer des droits en nous référant à la liberté, et plus précisément à notre liberté de choix, capable d'exprimer notre autonomie. Cette manière de voir a pour corrélat naturel la thèse d'après laquelle l'interdiction de faire telle ou telle chose, qui est incontestablement une privation de certains droits que l'on pourrait avoir, est en même temps la privation d'une certaine liberté.

Le droit et la liberté apparaissent alors comme complémentaires : je suis libre de faire ce que le droit n'interdit pas ; et dans certaines directions, la loi m'interdit de faire certaines choses, autrement dit, me prive d'une certaine liberté de choix dans l'action. Bien sûr, si le droit me permet plus de choses, j'ai plus de droits et, partant, je suis plus libre. Cette manière d'associer le droit, les droits individuels et la liberté est très courante. Et dans de nombreux cas, cette vision des choses correspond assez bien à la réalité. Il y a de nombreuses choses que nous n'envisageons même pas de faire, malgré l'éventuelle envie de les faire, de peur des sanctions ; nous pouvons dire alors que notre action est contrainte par le droit au sens où, de par le droit, certaines options sont comme exclues de notre champ de vision parce que la perspective des sanctions les modifie au point de les rendre parfaitement indésirables.

Par exemple, je peux vouloir m'exprimer et pourtant, si je vis dans l'une des nombreuses et prospères dictatures du monde contemporain, il peut devenir à peu près exclu que je m'exprime librement (par exemple sur des sujets politiques) de crainte de subir un châtiment aussi sévère qu'injuste. Dans des cas de ce genre, nous avons le sentiment justifié de pouvoir superposer au modèle de l'action encadrée par des normes un modèle plus simple : celui d'une limitation par la contrainte de certaines de nos marges de manœuvre (ou de nos degrés de liberté dans l'action). C'est un modèle simple de la liberté. Toutefois, même dans des cas de ce genre, nous savons bien que le modèle est une simplification. Il est toujours possible d'exprimer des idées politiques, même si cela conduit au peloton d'exécution. Une analyse théoriquement plus correcte de la situation consiste à dire qu'entre deux options, dont l'une consiste à s'exprimer et à subir la sanction prévisible, et l'autre à ne pas s'exprimer et à ne pas subir de sanction, nous préférons la deuxième. Le modèle de la norme comme contrainte pesant sur la liberté est une manière simplifiée de s'exprimer et chacun a les moyens de rétablir une analyse plus précise.

Pour autant, le modèle de la norme privative de droits, assimilable à une restriction de la liberté de choix, est très présent dans les revendications d'extension ou d'approfondissement des droits. Il se pourrait qu'il obscurcisse les choses, en particulier lorsqu'on se situe dans des cas qui n'ont rien de simple. En effet, si l'on se contente de ce modèle, on risque de privilégier de manière excessive l'alternative « je peux / je ne peux pas » (faire telle action, avoir telle initiative) en oubliant que lorsque les systèmes de normes interviennent dans des contextes sociaux, ils sont mis en œuvre avec des sanctions. Des sanctions organisées, comme dans le cas du droit, ou plus diffuses, comme dans le cas des dommages à la réputation qui sont liés à des violations de conventions sociales. Ces sanctions peuvent expliquer que l'on ait la conviction de ne pas pouvoir faire certaines choses. Mais si l'on croit cerner la privation de droits en disant qu'il y a des choses que l'on ne peut pas faire, en omettant de préciser ce que l'on entend par « ne pas pouvoir », on n'est pas vraiment en mesure de comprendre les enjeux de la situation pour ceux qui voudraient justement faire ces choses.

L'INITIATIVE INDIVIDUELLE ET LE RAPPORT CALCULÉ
AUX NORMES DANS L'ÉTAT DE DROIT IMPARFAIT

L'analyse du rôle des normes risque donc d'être très incomplète, surtout si l'on s'intéresse à des situations dans lesquelles de nombreux agents ne se conforment pas au droit de manière simplement habituelle, mais calculent leur éventuelle violation du droit. Dans la théorie politique traditionnelle, il est vrai que l'on a coutume d'opposer une situation paradigmatique de respect habituel du droit (celle d'un état de droit dans l'État) à une situation d'anarchie rampante ou déclarée, dans laquelle le respect du droit n'est pas habituel (pour peu qu'il existe encore un « droit » identifiable). Mais la réalité de la vie politique est bien différente et ne s'inscrit pas dans les termes de cette dichotomie. Nos démocraties abritent de très nombreuses violations calculées et concertées du droit, ce qui rend sensible le bénéfice d'une analyse plus détaillée du rapport à la norme.

Il est très facile de penser à des exemples de violation systématique et limitée du droit. Souvent, il ne s'agit pas pour les protagonistes de renverser l'ordre politique dans son ensemble. Des revendications sont présentées, très souvent formulées en termes de « droits » devant être consacrés dans le droit. Les institutions publiques apparaissent alors comme des institutions déviantes, qui manquent à leur mission, ou simplement comme des obstacles. On veut seulement que le droit soit juste, selon l'idée personnelle que l'on se forme de la justice et cela conduit, à l'occasion, à violer le droit existant. Le paradoxe de la situation est que le mépris affiché pour la légalité procède de motifs qui consistent à exalter le droit, au-dessus de sa vraie nature sans doute. C'est parce que l'on veut que le droit soit juste (en un sens intégralement moral) que l'on ne se croit pas obligé d'obéir au droit tel qu'il est, bien que l'on bénéficie d'un régime politique à la fois démocratique et respectueux des libertés fondamentales.

Il s'agit dès lors de luttes illégales mais non clandestines. Comme en un renversement du critère kantien de publicité, leur succès dépend de leur visibilité médiatique. L'effet escompté (ce qui est décrit comme une « prise de conscience » salutaire dans l'opinion) dépend de la révélation au public (par l'intermédiaire du recours des pouvoirs publics à la répression) des desseins du groupe activiste. La conséquence de la violation de la loi – la condamnation – est alors vécue d'une manière qui n'a qu'un rapport très lointain avec ce que l'on enseigne encore parfois aux étudiants en s'inspirant des philosophies idéalistes de la peine (la reconnaissance de la faute, le châtiment qui permet d'être réintégré dans la collectivité nationale après « avoir payé », etc.). Le châtiment est habituellement vécu sur un mode purement externe ; c'est un à-côté désagréable de certaines actions légitimes, et cet inconvénient tient à des éléments contingents de la structure juridique actuelle, qui est imparfaite et ne concrétise pas l'ensemble des « droits » réels. La subversion, dans ce type de scénario constamment répété, s'appuie sur la répression (et la publicité qu'elle donne à l'action illégale) plus qu'elle ne la craint.

En lui-même, le châtiment est considéré comme mauvais (répressif) tout autant que la situation sociale qui a motivé l'action illégale. On peut se souvenir à ce propos de l'observation si juste de Hobbes dans *De Cive*, d'après laquelle il y a deux manières de considérer la loi : ou bien comme prescrivant ce qui doit être le cas, ou bien, d'une manière conditionnelle, comme prescrivant ce qui doit être fait en cas de non-respect d'une certaine condition. La violation du droit est souvent évoquée comme une valeur positive, témoignant du sérieux d'un engagement. C'est parfois une étape dans l'accumulation d'un capital social pour certaines personnalités, qui se donnent pour mission de faire évoluer les lois.

Ce type de processus ne se limite pas aux « grandes causes » présentant une dimension éthique : la violation de la loi est souvent présentée publiquement comme belle et bonne également dans le champ des intérêts économiques. Pensons par exemple au long combat de certains commerçants, en France, par la voie de l'initiative illégale, pour conquérir le droit d'ouvrir les boutiques le dimanche, ou encore aux surfacturations illégales d'honoraires par certains médecins lors de certains épisodes de revendication. Ce qu'il faut bien remarquer, c'est que rien de tout cela n'est dirigé contre l'ensemble de l'ordre établi. Le traitement théorique de ce type de phénomènes ne doit certainement pas monter aux extrêmes. Dans des affaires de ce genre, on remarque d'ailleurs souvent les signaux de limitation : il s'agit de violations de la loi basées sur des intérêts bien précis et limités. On remarque habituellement l'usage d'expressions suggérant que l'on reste raisonnable, que l'on n'ira pas trop loin dans les provocations, ou bien encore, que l'on saura se montrer responsable (on évoque alors une initiative « citoyenne » venant compléter la démocratie formelle).

Considérons aussi l'exemple de l'accroissement illégal des frais d'inscription dans certaines universités françaises. En principe, la loi doit être respectée dans le fonctionnement du service public ; mais ce n'est pas toujours ce que l'on observe. En l'occurrence, ces pratiques illégales sont limitées et maîtrisées. Elles constituent en apparence des outils de chantage vis-à-vis du pouvoir politique et, en réalité des anticipations illégales d'évolutions qui sont souhaitées par des autorités politiques acquises au principe d'une pénétration plus grande des préceptes du libéralisme économique au sein même de la fonction publique (en vertu d'une sorte d'imitation). Ainsi, en France, diverses formules permettent de faire évoluer la situation : reconnaissance graduelle par l'État des titres des facultés privées, reviviscence du statut d'université technologique, formules d'association entre des instituts spécialisés (préparant à des diplômes) et les universités, invitations ministérielles à traiter comme « équivalents » les titres proprement universitaires et les titres délivrés par divers Instituts ou Ecoles imposant des frais d'inscription élevés, etc. On trouve toujours des moyens de sortir de l'impasse, pour mettre fin à l'illégalité des pratiques de fait. L'essentiel est à chercher ailleurs : dans le mouvement imprimé à une évolution vers un auto-financement plus large, dans le souci de combattre efficacement les évolutions antérieures vers une certaine démocratisation dans le système d'élite que constituent les universités, dans la volonté de mettre en place une correspondance antérieurement bannie entre le bénéfice individuel et la contribution individuelle (à l'instar de ce qui se pratique très largement dans les institutions du secteur marchand de l'enseignement supérieur).

Bien adaptés à l'univers du libéralisme contemporain, les mouvements activistes choisissant l'action illégale jouent le jeu d'une interaction politique dans laquelle chacun se contente de défendre ses propres intérêts (ou du moins, ce qui est socialement construit comme un intérêt propre à une partie de la population seulement) ou ses propres valeurs personnelles. Tout se passe alors comme si la limitation de la prétention à imposer un point de vue à l'ensemble de la société avait comme contrepartie la revendication d'un approfondissement des moyens mobilisables (jusqu'au choix conscient de l'action illégale) en vue de défendre des intérêts particuliers ou des valeurs particulières.

La théorie classique de la subversion (en particulier chez Hobbes et chez Spinoza) insistait sur la nécessité de réduire par les mécanismes de l'autorité publique la diversité des jugements qui sont suivis d'actes. Mais dans l'univers de la politique et de l'économie libérales, les jugements sont ce qu'ils sont : à chacun de défendre les siens. Dans ces conditions de concurrence, les « règles du jeu » ne sont pas un cadre rigide. Leur violation (éventuellement accompagnée du recours privé à la contrainte) fait partie du jeu, parce qu'elle fait partie des mécanismes de l'évolution des normes. On peut évidemment le regretter pour de nombreuses raisons, et vouloir que cela change, mais c'est pour le moment un fait d'expérience crucial dans les démocraties occidentales.

LE RÔLE COMPLEXE DE LA NORME DE LIBRE CHOIX
DANS L'INTERACTION SOCIALE

Un autre inconvénient du modèle courant de la norme assimilée à une contrainte est de conduire trop vite à penser que le seul problème avec la jouissance de certains droits tient au fait qu'ils consacrent la possibilité d'user de manière abusive de sa propre liberté (en particulier, pour accomplir une mauvaise action). Ce serait la source essentielle de la limitation légitime des droits (avec la contrainte purement formelle de compatibilité mutuelle des attributions de droits). Mais c'est aller vite en besogne. Comme tout élément d'un système d'interaction sociale, la concrétisation de droits considérés comme l'expression de la liberté de choix peut présenter divers avantages et inconvénients et l'on voit mal pourquoi il faudrait s'en tenir par principe à une seule propriété (protéger un usage abusif de la liberté ou bien s'en tenir à la protection d'usages légitimes de la liberté).

On risque notamment de perdre de vue le fait que dans les interactions sociales, les torts et les avantages que l'on se cause mutuellement ne tiennent pas seulement aux effets des actes réellement accomplis, mais aussi à des possibilités qui, pour n'être pas choisies, ne laissent pas d'être ouvertes, et de servir de support éventuel à des attentes, à des craintes ou au ressentiment. Plus généralement, on risque de négliger une dimension importante de l'opération réelle de la liberté de choix dans la vie sociale : son rôle d'élément de coordination dans des interactions qui peuvent être complexes. Pour ces raisons, il y aura lieu de s'éloigner du modèle de la privation des droits assimilée à la privation de liberté (le modèle de la norme comme contrainte). La prééminence de ce modèle nous empêche de voir des aspects importants de l'opération sociale de la norme de liberté de choix.

Considérons par exemple le problème de l'autorisation ou non de la détention d'armes à feu destinées à la protection personnelle. Une manière d'aborder la question consiste à se dire que si l'on prive les citoyens de ce droit, ils perdent la liberté de se procurer des armes destinées à cet usage. La loi les prive d'une liberté qu'ils pourraient avoir. Aux États-Unis, certains jugent qu'il s'agit là d'une liberté importante, reflétant une prérogative à laquelle on ne saurait renoncer aisément, et d'ailleurs consacrée à l'échelon constitutionnel (du moins selon l'interprétation du Second Amendement désormais prédominante – validée par la Cour Suprême – qui déconnecte le droit au port d'une arme de l'inclusion dans une *militia*[1]). C'est le point de vue de la *National Rifle Association*. D'autres attirent l'attention sur le caractère nuisible de certains actes liés à l'usage des armes ; limiter la disponibilité des armes, c'est rendre ces actes plus difficiles ou moins probables. Détenir des armes chez soi à des fins autres que sportives ou cynégétiques relève peut-être d'un abus de la liberté individuelle, et une législation restrictive n'est pas condamnable, du moins peut-on le soutenir, si elle prive non pas de la liberté mais de l'abus de la liberté. Il faudrait comparer les inconvénients d'un certain usage de la liberté avec la valeur associée à cet usage de la liberté.

Incontestablement, ces arguments ont du poids. Mais il y a d'autres aspects importants du problème et il est facile de les laisser dans l'ombre si l'on s'en tient à l'idée que la loi prive de liberté en n'accordant pas tous les droits. Considérons la situation suivante (hélas tirée d'un fait divers tragique). A (un adolescent dépressif) demande à B (son père) de lui acheter une arme d'un certain calibre. B hésite ; il demande conseil

---

1   Parler de « droit constitutionnel » ne règle pas tous les problèmes, notamment parce que la question se pose des restrictions à prévoir dans l'usage de ces droits. Certaines de ces restrictions légalement prévues sont reconnues par la Cour Suprême : pas de libre port d'armes pour les personnes souffrant de maladies mentales, ou dans les écoles, ou dans les locaux du Gouvernement, etc. Mais d'autres restrictions qui ont un fondement juridique (selon certaines interprétations au moins) ne sont pas validées par la Cour. En particulier, la Cour a frappé de nullité des dispositions importantes du droit relatif au port des armes applicable dans le District de Columbia. Certains critiques font alors valoir que ces dispositions du District de Columbia ne font qu'exprimer le droit à la sécurité publique dans ce District – une valeur de rang constitutionnel qui devrait contrebalancer le poids donné à une interprétation particulière (à première vue peu convaincante) du Second Amendement.

à un ami (C) qui possède des armes. C conseille à B d'offrir à A l'arme qu'il demande. D'un point de vue moral ou bien d'un point de vue psychologique, on peut se poser le problème de savoir quelle est, pour B, la conduite à tenir. D'un point de vue politique, il y a cependant une autre question susceptible de retenir l'attention : quel est le rôle que joue ici la norme de libre choix qui, concrétisée dans les droits, permet à B de se procurer une arme pour son fils, s'il le souhaite ?

Le fils risque de faire un mauvais usage des armes (celle-ci ou bien les autres armes qu'il aura appris à manier grâce à celle-ci) ; par exemple, tuer son père et sa mère ainsi que bon nombre de ses camarades de classe dans un accès de folie (ce qui devait arriver dans le fait divers dont je m'inspire). On peut aussi réaffirmer, si l'on est un libéral convaincu, qu'il est très important pour les citoyens de pouvoir se procurer des armes et de pouvoir initier leurs propres enfants à leur maniement ; certains rattachent à ce droit des bénéfices en termes de sécurité familiale face à d'éventuels agresseurs, ainsi que des bénéfices éducatifs (apprendre à assumer ses responsabilités, à compter sur soi-même). Ce sont les élé- ments traditionnels du débat.

Mais à l'évidence, il y a d'autres aspects intéressants dans la situa- tion de référence. Le choix de B est structuré par le droit. En effet, s'il n'accède pas à la demande de son fils, il sait qu'il provoquera chez ce dernier une déception, voire une certaine rancœur à son endroit. La déception n'aurait pas du tout été la même s'il s'était agi de demander à B d'être le complice d'une opération illégale de détention d'armes. Dans ce dernier cas, B n'aurait certainement pas prêté la moindre attention à la requête et celle-ci n'aurait été formulée qu'avec un espoir de succès extrêmement faible.

Par ailleurs, pourquoi est-il important de demander son avis à C ? Parce que dans la famille de C, on possède des armes depuis longtemps. On sait comment initier les enfants à leur maniement, on sait (ou l'on croit savoir) comment se prémunir contre de mauvais usages de ces armes, etc. En somme, posséder des armes fait partie d'un mode de vie conforté par certaines croyances. L'émergence et le maintien de ce mode de vie sont soutenus par la loi, lorsqu'elle permet de posséder des armes.

Ce mode de vie est l'objet du souhait de A : il sait que des gens vivent comme C et il veut vivre comme eux. Il ne s'agit pas pour A de se procurer des armes en cachette de ses parents pour imiter des mal- faiteurs. Il s'agit de demander à ses parents la permission de jouer un certain rôle dans un jeu social structuré par le droit.

C'est pourquoi C met B en garde contre le danger de faire apparaître la détention d'armes comme un fruit défendu. Si B refuse d'accéder à la demande de son fils, il lui refuse une chose dont A sait qu'il pourrait la lui accorder sans prendre de risque face à la justice de son pays. On lui refuse un objet et ce refus porte la marque exclusive de l'autorité parentale, ce qui peut rendre la situation intolérable aux yeux de A. Au moment de choisir, B sait que le libéralisme de la législation en vigueur affecte les enjeux des choix possibles parce que c'est à lui que la faculté de contraindre a été déléguée. S'il dit « non », il prend la responsabilité du refus et encourt des reproches ou de la rancœur, tout en risquant d'aviver le désir pour l'objet refusé. Le droit, ici, ne se contente pas de réguler par la menace l'expression des désirs dans les actes ; au-delà, il joue un rôle constitutif dans la formation des attentes.

Si l'on dit que la liberté de choix de B est accrue par la loi qui lui permet de se procurer des armes (par comparaison avec une situation de référence où ce ne serait pas permis), et si l'on s'en tient là, on pourra poser certaines questions, mais on en oubliera d'autres. On pourra se demander, par exemple, si l'action permise par le droit n'est pas dangereuse (au point de constituer, selon l'expression consacrée, un « abus » de la liberté individuelle). Mais on laissera de côté le fait que B ait à affronter des enjeux qui sont pour partie constitués par la norme elle-même. Ces enjeux ne tiennent pas seulement aux choix qui auront été faits, mais aussi aux choix qu'il aurait été possible de faire. Et les désirs ou sentiments qui s'attachent à ces choix (réels ou simplement potentiels) tiennent pour partie à la manière dont la norme les met en concurrence avec d'autres choix possibles. En somme, la liberté de choix est ici un élément dans un système d'ensemble de coordination des conduites.

LA REVENDICATION DES DROITS

L'IMPLICATION D'AUTRUI DANS LA REVENDICATION

HÉTÉROGÉNÉITÉ DES GARANTIES VISÉES

On s'intéressera aux garanties en les associant à des intentions, elles-mêmes assimilées à des descriptions de certaines séquences d'événements possibles (ou à des stratégies dans une interaction). C'est ce que l'on peut thématiser comme des prétentions : des prétentions à telle sorte de résultat en conséquence de telle ou telle manière de se comporter.

Certaines intentions font l'objet de résolutions internes qui, au sens d'Adolf Reinach dans sa philosophie du droit civil, sont des actes impliquant autrui. Les garanties demandées ne peuvent alors être réalisées qu'en contraignant autrui à se comporter de telle ou telle manière ; ce comportement apparaît donc pour le sujet demandeur comme un support de garanties. Par exemple, si je demande la garantie de pouvoir empêcher autrui de pratiquer sa religion (ou tout au moins, de pouvoir interférer avec des actes d'autrui extérieurement semblables à ceux de qui cherche à pratiquer une religion), cela présuppose une conduite d'autrui consistant à tenter de pratiquer une religion (ou à se comporter extérieurement d'une manière analogue). Il ne semble pas pouvoir être question alors d'octroyer de manière absolue des garanties : cela doit dépendre des relations entre les personnes, des contreparties qu'elles s'offrent mutuellement, etc.

Il y a au contraire des garanties (mettons, celle de pouvoir pratiquer son culte sans entrave) qui ne présupposent pas d'attitude très spécifique de la part d'autrui. On demande simplement qu'autrui n'interfère pas avec certaines pratiques du sujet demandeur. Cette limitation des possibilités d'action pour autrui peut difficilement être dépeinte comme un inconvénient. En effet, si par extraordinaire le but d'autrui était d'obtenir la fin de toute pratique religieuse, l'interférence avec « ma » pratique ferait peu de différence de toute façon (il y aura toujours des pratiquants ailleurs…) en l'absence d'une action collective organisée. Il ne peut pas s'agir d'une garantie donnée à un individu en ce qui concerne les résultats de telle ou telle action ou réalisation d'intention (ce qui semble être le cas pour les droits individuels en général).

Et si l'objectif d'autrui était simplement d'avoir le plaisir d'interférer avec moi (ou avec quelqu'un) pendant la pratique religieuse, on pourrait trouver des substituts aux gestes impliqués (par ex. dans une pratique théâtrale ou symbolique) et, pour la composante « non substituable » (l'interférence avec quelqu'un lors d'une tentative sincère…) il n'y a de toute façon aucune garantie possible que le droit soit capable d'apporter (puisqu'on ne peut obliger personne juridiquement à avoir telle ou telle intention de pratique sincère, cela étant invérifiable).

LE RÔLE MOTEUR DES INTÉRÊTS INDIVIDUELS DANS LA DYNAMIQUE DES DROITS

On peut aisément relever, dans les mécanismes concrets par lesquels les droits sont défendus (ou contestés, ou conquis) la prééminence des intérêts individuels. Par un autre côté, cependant, on ne peut que constater le maintien dans ces mécanismes d'une dimension collective s'exprimant par des impératifs partagés. L'individuel paraît comme travaillé par le collectif. S'il est question, par exemple, de l'évolution ou de la régression des sanctions associées à certains actes individuels, on relève fréquemment l'intervention d'arguments faisant intervenir des notions telles que la répression, la dissuasion, le rachat d'une faute, la réintégration dans la collectivité, etc. Ce sont là des aspects de l'existence collective qui jouent un rôle dans les préférences personnelles, et qui ne sont pas aisément individualisables. Il est fait référence à des propriétés de la société entière.

Trois finalités des personnes ou des groupes apparaissent dans les processus considérés. D'abord, obtenir la redéfinition de ce qui constitue un intérêt personnel (pouvant être lésé d'une manière spécifique par des agents de telle sorte, et soutenant un « droit » à ce que ce ne soit justement pas le cas). C'est typiquement l'opération des décisions judiciaires, à l'occasion de cas particuliers qui font jurisprudence. En second lieu, obtenir une nouvelle répartition des pouvoirs décisionnels par de nouvelles normes. Enfin, infléchir, en favorisant la prévalence de certaines interprétations des normes (sur d'autres interprétations également possibles) la répartition réelle de l'exercice des pouvoirs.

Les institutions ont des vertus contrastées, quant au type de cause qu'elles peuvent efficacement relayer. Les juridictions sont bien placées

pour assurer la défense d'intérêts particuliers ou celle d'intérêts lésés
d'une manière spéciale par diverses instances, et notamment la défense
d'intérêts ou valeurs minoritaires face aux souhaits possibles d'une majorité
ou face à l'indifférence. Le pouvoir législatif assure le progrès de causes
s'exprimant par des aspirations générales au sujet de ce que doit être la
société. Ce qui compte de manière primordiale n'est pas seulement le
fait que les orientations et décisions publiquement formulées aient un
lien indirect avec les vœux d'une majorité, mais aussi le fait qu'elles
portent sur des éléments normatifs qui peuvent dépasser la manière
dont sont mis en cause les intérêts personnels ou privés (tels que repérés
socialement comme « personnels » ou « privés »). Sont mises en causes, y
compris à l'occasion de jugements dans des cas particuliers, des options
générales sur la société dont la portée dépasse de loin ce qui arrive à tel
ou tel. Cela peut être admis, quand bien même on aurait des doutes
sur le sens à donner aux énoncés traditionnels concernant la protection
de la société, la sauvegarde de l'ordre public, la réhabilitation vis-à-vis
de la société et toutes les notions holistes de ce genre, qui reposent sur
une ontologie et sur des croyances d'un type très particulier.

Les prétentions avancées au sujet des droits mettent inévitablement
en cause les droits d'autrui, sous leur forme actuelle ou dans les formes
qu'ils pourraient prendre. Les droits protégeant des intérêts privés
peuvent être remis en cause par l'appel à certains principes juridiques
généraux ou par des principes moraux (égalité de traitement, absence
de discrimination, etc.). La contestation de certaines activités peut
passer par un filtrage, au vu d'un certain principe (par exemple la libre
concurrence), parmi une diversité d'interprétations possibles d'un autre
principe (par exemple les droits des travailleurs). Dans certains cas, la
promotion d'un certain principe est assurée grâce à un jeu stratégique
entre institutions autour de la défense d'autres principes. Dès lors, les
efforts pour exercer une influence relèvent bien d'une sorte d'initiative
éthique, dans laquelle les individus et leurs convictions jouent le premier
rôle. De manière typique, il s'agit d'argumenter pour la parité entre
certaines actions interdites et certaines actions autorisées (pour faciliter
la légalisation des premières), ou bien en faveur de nouvelles formes
d'égalité de traitement (reposant en particulier sur la prise en compte
de nouvelles caractéristiques des situations personnelles).

De tels processus influencent l'identification sociale des enjeux politiques. On fait souvent remarquer que les sociétés libérales reposent, d'une
manière toujours plus approfondie, sur des dispositifs et des règles qui

n'ont de sens qu'au regard des intérêts personnels (au détriment, parfois, de formes traditionnelles de solidarité ou d'attachement à la solidarité dans un groupe). Or, cette évolution n'est pas sans rapport avec le rôle des normes typiquement invoquées dans les revendications de droits que l'on voit s'exprimer dans les instances de délibération publique ou bien dans le débat général au sein de la société. Ainsi, se référer à l'intérêt personnel présente des avantages de simplicité lorsqu'il s'agit d'appliquer des règles d'égal traitement ou de non discrimination. La protection de l'intérêt personnel par des normes permet, de plus, d'être assuré que ceux qui se plaignent d'une infraction défendent des intérêts qui sont bien les leurs (et non pas simplement des intérêts qu'on leur prête).

Ce type d'évolution pose, à première vue, un problème de parité. D'un côté, on assiste (dans les mécanismes concrets par lesquels les droits sont défendus, contestés ou conquis) à la prééminence des intérêts individualisables et socialement individualisés. Mais, d'un autre côté, les justifications courantes de la sanction renvoient fréquemment à une dimension collective (impératifs collectifs de répression ou de dissuasion, rachat d'une faute, réintégration dans la collectivité, etc.). Autrement dit, à des aspects de l'existence collective qui, malgré leur place dans les préférences personnelles, ne sont pas aisément individualisables. Mais les droits ne sont rien sans la sanction, en sorte que ce sont alors les droits eux-mêmes qui dépendent, pour leur défense, de croyances partagées au sujet de la collectivité.

Le régime de la contestation des droits impose des contraintes. Dans la société libérale, les droits relatifs à des intérêts individuels jouent un rôle toujours plus important dans la coordination et la coopération sociales. Dès lors, ces droits sont pour chacun un enjeu à défendre et aussi le support de la contestation de telle ou telle manière de délimiter ou d'interpréter les droits d'autrui. En d'autres termes, l'intérêt individuel apparaît déterminant (conjointement avec les caractéristiques pertinentes de l'action collective dans la revendication) dans la manière dont s'instaure un équilibre entre les droits des uns et des autres. Cette thèse ne doit pas être confondue avec une thèse psychologique sur l'égoïsme éventuellement croissant des citoyens.

L'intérêt individuel est ce qui est protégé, mais il est aussi ce qui permet d'abaisser la protection de l'intérêt d'autrui. Cette caractéristique est d'une importance particulière pour notre propos. La manière normative de se référer aux intérêts doit donc mettre en relation, à l'occasion de la défense de l'intérêt individuel, cet intérêt et l'intérêt pareillement individuel de chacune des personnes concernées[1]. C'est en tout cas de cette manière que s'impose une syntaxe pour la revendication des droits et pour l'invocation, dans la délibération publique, des principes éthiques les plus généraux. L'évolution et la concrétisation des principes s'enracinent par là dans les intérêts et surtout dans cette liaison entre les intérêts qu'instaurent les principes eux-mêmes. Les inflexions apportées au sens des normes ou valeurs sont susceptibles, par là, d'influer sur la manière dont les intérêts se font contrepoids ; certains intérêts peuvent s'en trouver favorisés au détriment de certains autres. Rien là n'oblige à adopter une perspective réductionniste sur les normes et les valeurs, qui conduirait à ne voir en elles que le masque des intérêts. Mais l'interpénétration des deux registres est attestée dans les processus dynamiques par lesquels s'opère la délimitation concrète des droits.

LES INTÉRÊTS ET LA DÉLIMITATION
PROGRESSIVE DES DROITS

LE PARTAGE ENTRE LE DOMAINE PUBLIC ET LES INTÉRÊTS PRIVÉS

Les conjectures formulées dans la section précédente demandent à être étayées par l'observation. À travers plusieurs exemples, je tenterai de montrer comment, en pratique, dans les processus de revendication ou de réaménagement des droits, la satisfaction des intérêts est médiatisée par la reconstruction et la différenciation sociales des types d'intérêts en présence. De ce point de vue, la dynamique de la répartition des facultés d'action ne reflète pas seulement le jeu naturel de la confrontation des intérêts, mais aussi le rôle spécifique des normes et des procédures sociales qui instaurent des rapports définis entre les intérêts en présence. Nous allons voir à l'œuvre, dans les processus réels de délimitation graduelle des droits, les éléments suivants : le souci de l'autonomie et l'exposition aux aléas du fait de décisions autonomes, le rapport au pouvoir politique, des considérations sur l'articulation des pouvoirs et sur le rapport du

---

1 Peut-être cela donne-t-il l'impression d'une dépendance accrue et trop forte des principes de la vie publique par rapport aux intérêts en présence : on invoque en ce sens à l'envie les intérêts industriels et financiers, ceux des bénéficiaires de droits sociaux, voire ceux des fonctionnaires.

citoyen au pouvoir politique, des attentes relatives à la liberté de choix ou au libre-échange (selon une manière définie d'envisager ces notions).

Tournons-nous vers un exemple qui concerne la pénétration des idées dite « libérales » (ou néolibérales) dans les pratiques de gouvernement. À propos de la jurisprudence de la Cour de Justice des Communautés Européennes (CJCE), Victoria Louri a donné une étude du processus de délimitation progressive, à travers les initiatives de la Cour, de la catégorie d'*undertaking* (« entreprise »)[1]. Le comportement des juges s'explique en partie par les Traités et d'autres références juridiques majeures, mais en partie seulement, car la marge d'interprétation et de mise en œuvre s'est révélée très importante. Les règles de la concurrence énoncées dans le Traité de Rome s'appliquent aux entités désignées comme *undertakings*. La concurrence elle-même, ainsi que la concurrence potentielle (au sens que la théorie économique donne à cette expression) sont définies comme des relations entre *undertakings*. Mais le Traité n'en fournissait pas de définition précise.

Interviennent alors les critères devant permettre d'établir que certaines activités ne relèvent pas de l'*undertaking*, ou de décider que certaines activités qui en relèvent échapperont en fait à l'application du droit de la concurrence. Cela concerne le domaine légitime de l'action publique : on voit ici comment il se détermine par la construction sociale graduelle (faisant intervenir des normes ou principes généraux) d'intérêts privés devant être protégés par certaines garanties, ne devant pas être affectés par l'action des collectivités publiques (ou ne devant pas être affectés d'une certaine manière). C'est aussi la construction d'intérêts devant être soumis à des normes (celles du libre marché et de la concurrence) excluant certaines interventions des États. L'interprétation des normes de référence co-évolue donc avec la construction sociale des intérêts de référence. Cela conduit à l'étude des critères définissant (juridiquement et, dans le cadre des pouvoirs ou domaines reconnus aux États, politiquement) les formes légitimes d'action publique et, corrélativement les intérêts privés qui peuvent être lésés dans le cadre d'une action publique (et ceux qui ne le peuvent pas).

Par deux aspects centraux, cette jurisprudence et son évolution mobilisent une problématique voisine de l'argumentation sur les droits individuels classiques. D'abord, la Cour retient, comme critère important pour l'attribution de la qualification d'*undertaking*, la qualité d'agent

---

1   V. Louri « "Undertaking" as a Jurisdictional Element for the Application of EC Competition Rules », *Legal Issues of Economic Integration*. 29 (2002), p. 143-176.

autonome des entités examinées. Elle s'intéresse à cet égard à l'aptitude des agents à prendre des risques et à supporter leurs conséquences, à l'occasion d'activités régulières et finalisées. Cela revient à privilégier les cas dans lesquels un agent est disposé à agir d'une certaine manière, pour tout un éventail d'actions possibles des autres agents économiques. Dans un contexte d'interdépendance, l'autonomie a toujours quelque chose à voir avec la capacité à maintenir les mêmes choix (à titre de meilleurs choix) dans une pluralité d'hypothèses concernant le comportement des autres.

On note ensuite que la Cour privilégie la finalité des actions (par exemple, la finalité commerciale), par rapport aux considérations de statut ou de nature des agents et des institutions. Ainsi, même si la catégorie d'*undertaking* est destinée à couvrir prioritairement l'ensemble des entreprises privées (à but lucratif), certains organismes publics peuvent se trouver désignés au moyen de cette catégorie (tel a été le cas, par exemple, de l'Institut National de la Recherche Agronomique en France). L'élément intentionnel apparaît important dans le processus de spécification des droits des agents (par exemple, pour savoir si leurs requêtes sont à arbitrer d'après le droit européen de la concurrence ou en mobilisant d'autres secteurs du droit). On s'intéresse au sens de leurs initiatives, à leur orientation vers certaines réalisations.

Nous sommes ici dans un domaine plus controversé que celui des libertés de base classiques. Mais les domaines controversés sont reliés aux domaines moins controversés et ce n'est pas un hasard si le néolibéralisme s'inscrit dans la continuité du libéralisme politique. De plus, cette manière de privilégier la dimension intentionnelle des activités se rapproche de la démarche souvent retenue à propos des droits classiques des individus, comme on le voit par exemple dans la définition de la liberté procédurale au sens de S. Kolm. En effet, à travers l'idée d'une « liberté procédurale pure » introduite par cet auteur dans le cadre d'un effort pour mettre en évidence le fondement des droits de base du libéralisme classique, on retrouve la priorité donnée aux finalités de l'action.

Si l'on suit S. Kolm, le libéralisme est une réalisation de la liberté procédurale, en vertu de laquelle les individus doivent être libres d'agir sans interférence forcée, tout en pouvant bénéficier (sans interférence non plus) des conséquences de leurs actions. Ce serait « la théorie éthique fondamentale et centrale du monde moderne ». En un sens plus précis, cette forme de libéralisme demande une réalisation aussi complète que possible de la liberté procédurale, dans laquelle c'est seulement le respect pour les autres qui peut venir imposer une limite d'origine sociale à la liberté individuelle[1]. Or, dans ce dispositif, c'est la liberté relative à un but qui se trouve promue, car on place l'accent sur ce à quoi l'on a droit en rapport avec l'action libre (ce à quoi l'action donne un titre)[2]. Pourquoi s'attache-t-on à ce type de liberté ? Parce que l'on veut pouvoir agir, et obtenir les bénéfices de l'action sans subir d'interférence forcée. Or, cela peut être considéré, selon S. Kolm, comme la suite nécessaire de l'action intentionnelle. Vouloir l'action, c'est la vouloir sur la base de ses résultats attendus[3]. Chacun étant capable d'action intentionnelle, une conception impartiale de la justice doit alors prévoir ce type de liberté pour tous.

Ici encore, nous pouvons prendre la mesure des difficultés qui entourent le rapport entre l'action, les effets et la liberté. S. Kolm remarque en effet que le droit « défensif » à la sécurité pour soi-même et pour ses biens n'est pas explicitement mentionné dans la formulation retenue pour la liberté procédurale. C'est important, peut-être central ou fondamental, mais il est difficile d'y voir l'effet spécifique de telle ou telle action. Dans l'approche préconisée par S. Kolm, on se tire d'embarras, après avoir reconnu la difficulté, en faisant valoir que le droit à la sécurité est implicite : « il suffit de considérer qu'un acte particulier peut être celui de vivre de manière sûre, tranquille et sans dérangement, usant de son propre droit légitime[4] ».

Pour la liberté procédurale ainsi conçue, la légitimation normative fait intervenir une forme de cohérence qui tient au fait que, l'action étant par nature finalisée, on ne peut pas vouloir l'action sans souhaiter qu'elle réussisse. Comme la clef de voûte de la légitimation est l'accord ou le consentement unanime (selon la méthodologie kolmienne du choix social endogène), on peut remarquer que ce qui est remarquable à propos des intérêts protégés par les droits (et cela fonde selon Kolm leur légitimation), c'est que le désir de leur protection est indissociable du choix de l'action correspondante (en vertu de cette forme spéciale de cohérence). L'intention serait donc le vecteur de l'attribution de garanties.

---

1   S.-C. Kolm, « La théorie des transferts sociaux et son application », mai 2002 (Commissariat général du Plan, Paris), p. 61. V. aussi, pour des analyses liées, du même auteur : « Free and equal in rights : the philosophies of the 1789 Declaration of the Rights of Man and of the Citizen », *Journal of Political Philosophy*, 1 (1993), n° 2, p. 158-183 ; *Modern Theories of Justice*, Cambridge (Mass.), The MIT Press, 1996 ; « The Values of Freedom », in *Freedom in Economics. New Perspectives in Normative Analysis (op. cit.)*.

2   *Ibid.*, p. 64. À noter : pour un acte donné et des moyens donnés, la liberté relative au but (*aim-freedom*) est la liberté qui est réduite lorsqu'il y a interférence, par la contrainte, avec la poursuite du but.

3   *Ibid.*, p. 56.

4   *Ibid.*, p. 64.

En suivant cette logique, si maintenant l'on considère les intentions d'autrui qui sont frustrées du fait de la préservation des droits fondamentaux d'une personne, il importe de se demander dans quelle mesure cela est bien, justement, acceptable sans contestation par autrui. Est-ce que le bénéfice de l'intention frustrée est récupérable en partie par ailleurs (grâce à une action non interdite) ? Est-on sûr que l'action d'autrui que l'on interdit n'était pas une action qu'autrui veut accomplir quelle que soit l'attitude des autres (même s'il y a répression et sanction), dans certaines circonstances au moins ?

Les droits libéraux classiques ne se bornent pas à illustrer la « liberté procédurale pure ». Ils l'illustrent à propos de types d'actions intentionnelles que nous formons tous à quelque titre selon des modalités diverses (nous voulons tous plus ou moins nous déplacer, nous exprimer, nous joindre à d'autres en réunion, etc.) et, de plus, nous savons tous que ces actions intentionnelles apparaissent dans certains cas si importantes (se déplacer pour rejoindre ses parents malades, parler ou publier pour dire des choses essentielles, se joindre à d'autres pour pratiquer un culte ou pour critiquer les cultes…) que nous ne serions alors prêts à y renoncer pratiquement à aucun prix, c'est-à-dire quelles que puissent être les conséquences prévisibles – dût-on affronter, au cours de l'action même, une attitude belliqueuse de la part d'autrui, la rigueur de la répression ou des menaces de sanctions.

De telles actions apparaissent « non négociables » ; seule la protection attachée à leurs conséquences est négociable et peut faire l'objet d'arrangements qui incluent aussi les protections associées à d'autres actes. De là aussi, probablement, la gravité – amplement avérée historiquement, – des conflits qui mettent en jeu la frustration de telles intentions et la violence des révoltes qui mettent fin à cette frustration.

LES MANIÈRES LÉGITIMES D'AFFECTER LES INTÉRÊTS PRIVÉS DANS L'EXERCICE DES PRÉROGATIVES PUBLIQUES

La délimitation des droits, si l'on ne s'est pas trompé, n'est pas sans rapport avec la capacité à faire valoir les torts que l'on subit du fait de l'action des autres, ou de la puissance publique. L'observation peut nous instruire de la manière dont se construit socialement un espace d'immunité face aux initiatives non désirées. Par exemple, on peut aborder par la voie de l'observation le problème suivant : selon les conventions sociales dominantes en régime libéral, quels sont les critères à trouver pour qu'un préjudice individuel, selon ces critères, ne permette pas de contester des décisions publiques en emportant la conviction ? Cela revient à préciser les conditions normales de l'exposition à des interférences non voulues, liées aux lois et à l'action publique. C'est l'un des problèmes qui donnent au droit son importance politique, parce que ce qui se négocie là, ce sont évidemment, qu'on le veuille ou non, les poids relatifs de l'individuel (ou du privé) et du public. Bien sûr, s'il était possible aux administrés de contester tout et n'importe quoi, l'idée même d'un pouvoir politique, comme celle de l'autorité de l'État, s'évanouirait. Mais la manière de fixer le seuil de la contestation est importante. Elle dépend de conventions sociales et culturelles, consolidées dans l'histoire politique et les traditions en matière d'interprétation. En ce sens, on peut dire que les régimes politiques et économiques de type libéral reposent sur certaines conventions au sujet des formes de contestation qui peuvent être jugées pertinentes dans l'univers institutionnel de référence.

Pour notre propos, il faut souligner que l'examen des processus de délimitation progressive des droits illustre un fait central : les intérêts personnels ou privés capables de faire face légitimement aux prérogatives de la puissance publique ne sont pas « personnels » ou « privés » par nature ; ils sont socialement construits comme tels, ce qui ne veut pas dire qu'ils n'aient pas de rapport, par ailleurs, avec certains aspects naturels (physiques, biologiques) de la vie en collectivité ; en effet, la manière dont les conventions culturelles se déterminent et évoluent peut s'ancrer, plus ou moins profondément, dans des aspects naturels de l'existence. En tout état de cause, les intérêts que l'on rencontre dans le processus d'aménagement graduel des droits et garanties des individus ne sont donc pas des intérêts correspondant aux « préférences » brutes des agents telles qu'elles sont données dans la nature ; ce sont plutôt des intérêts reconstruits par les institutions, puis endossés ou acceptés comme tels par les agents institutionnels.

Il s'agit donc d'intérêts partiellement médiatisés par un processus social. Les intérêts privés sont à la fois construits et filtrés par des principes politiques généraux qui portent sur l'arrangement des pouvoirs (leur répartition entre les institutions, leur partage entre les institutions et les individus). Dans la jurisprudence de la Cour de justice des Communautés européennes, notamment, on peut suivre des développements qui illustrent la manière dont des agents privés obtiennent la reconnaissance du bien-fondé de leurs revendications de retour au *statu quo*, en particulier lorsqu'il s'agit de la protection des résultats prévisibles des activités économiques des agents, face à l'intervention des pouvoirs publics[1]. Ce processus fait apparaître un filtrage très rigoureux des intérêts pris en compte pour délimiter le domaine des intérêts légitimes des agents privés. Ce sont les intérêts qui sont alors considérés comme capables de faire pièce à des autorités administratives ou judiciaires légitimes. Ils sont filtrés, et leur admissibilité débouche sur l'octroi et la consolidation de garanties.

Ainsi, lorsqu'on se plaint, il peut être nécessaire de montrer qu'il y a eu détournement de pouvoir ou détournement de procédure et que les parties susceptibles de se plaindre pour le motif visé sont en très petit nombre. La nature du problème apparaît alors « individuelle » plutôt que générale, et susceptible d'un traitement judiciaire. On rencontre un problème lié à des personnes, à des situations, plutôt qu'à la nature des arrangements généraux. L'ordre social n'est pas en cause. Mais évidemment, la manière de se prononcer à l'occasion de situations particulières oblige à préciser le sens des dispositions générales. L'importance de la dimension « particulière » ou « spécifique » rend le processus social très dépendant des cadres cognitifs. Tout dépend de ce que l'on considère comme du « général » (qu'il est possible de décrire en « termes généraux ») et comme du « particulier » (qui nous place dans une « situation spéciale », par comparaison avec ce qui est prévisible en temps ordinaire).

Interviennent par ailleurs des catégories proprement politiques : le juge cherche à établir s'il a devant lui des « décisions » ou des « réglementations ». Il examine pour cela si les actes à apprécier sont d'un intérêt individuel pour des personnes spécifiées (ce qui renvoie alors plutôt à des décisions qu'à des réglementations), ce qui est manifestement lié aux présupposés politiques et ontologiques des traités, touchant la nature et le rôle de la loi. De même, un rôle notable est tenu par la distinction des groupes d'agents désignables et des catégories abstraites d'agents. On développe aussi des considérations sur la nature des « groupes ». De manière cruciale, ces derniers sont différenciés en fonction de la possibilité ou non d'en énumérer les membres à un moment donné sur la base des critères pris en compte pour établir à quel titre ils sont « concernés » par le problème considéré. En d'autres termes, les intérêts se construisent en même temps que les entités de référence. Le fait d'être individuel ou collectif dépend de la construction sociale des intérêts en cause et tout porte à croire qu'il co-évolue avec celle-ci.

---

1 Je me référerai en particulier aux analyses d'Andrew Wilson Green dans *Political Integration by Jurisprudence. The Work of the CJEC in European Political Integration*, Leyden, A.W. Sijthoff, 1969.

À ce propos, les commentaires juridiques reflètent une certaine perplexité devant un problème théorique général, par exemple, à propos des annulations à l'initiative d'individus de décisions du Conseil ou de la Commission[1]. Ce problème est philosophique. A.W. Green remarquait que diverses interprétations de l'intérêt direct et individuel sont possibles et que la CJCE en a choisi une (qui est inévitablement restrictive). Or, ce choix normatif semble explicable par des raisons générales qui concernent la répartition des sphères protégées des individus. En particulier, ce commentateur faisait observer qu'il y a des raisons de vouloir mettre à l'abri de la contestation individuelle des décisions publiques générales ou des réglementations[2]. Cela s'explique en effet par les nécessités entourant l'action publique : il faut pouvoir agir dans la sphère publique et il faut donc tout d'abord que se construise une sphère publique. Le même commentateur signalait d'ailleurs que la confusion manifeste entourant dans ces procédures la séparation de l'individuel et du général appelait un réexamen de la conceptualisation de la législation et de l'administration, des intérêts « matériels » et de ceux qui ne le sont pas (et sont dits pour cela « spéculatifs »)[3]. En somme, c'est de la clarification des intérêts en cause que l'on peut attendre une construction plus solide de l'« individuel » et d'un domaine privé.

La théorie du choix social décrit la manière dont les individus peuvent souffrir des ententes ou compromis qui interviennent entre d'autres agents. C. Seidl en a tiré un argument général concernant le rôle des droits individuels dans des domaines réservés : c'est que ces droits limiteraient les effets adverses des ententes entre les autres[4]. En pratique, on constate que les agents peuvent en effet se considérer directement concernés par des arrangements dans lesquels ils n'interviennent pas, comme dans les cas économiques discutés par A.W. Green (par exemple, à la source d'un arrêt de la CJCE, des glucoseries s'estiment victimes d'une entente entre la Commission et l'État français conduisant à autoriser le second à instaurer une taxe sur les importations de glucose-dextrose). Mais la procédure même, de type judiciaire, se prête au développement de véritables stratégies juridiques par lesquelles les agents privés sont amenés à contribuer eux-mêmes à la construction sociale de leurs propres

---

1   A. W. Green, *op. cit.*
2   A. W. Green, *ibid.*, p. 108.
3   A.W. Green, *ibid.*, p. 110.
4   Christian Seidl, « Foundations and implications of rights », in : *Social Choice Reexamined* (*op. cit.*).

intérêts, de leur sphère privée. À ce niveau plus profond de la réalité, bien sûr, on rencontre non plus seulement les constructions sociales (celles-ci demeurant toutefois prises en compte dans l'élaboration des stratégies, pour obtenir gain de cause) mais aussi des intérêts « bruts », inscrits dans la nature : ce qui concerne les préférences, la satisfaction et le dérangement, les gains matériels.

En ce qui concerne la revendication d'une protection de l'environnement local face à des décisions publiques, ou face à des réglementations considérées comme adverses, les agents qui font valoir qu'il y a eu une intrusion dans leur domaine privé doivent essayer de démontrer qu'ils sont directement affectés, et de manière différenciée par rapport à d'autres catégories d'agents. Dans le processus de construction des domaines public et privé que reflète la jurisprudence de la CJCE, cette différenciation est la clé du succès : l'individuel obtient gain de cause face au collectif s'il rassure sur sa nature proprement individuelle. Pour cela, il n'y a pas d'autre moyen que de s'appuyer sur les normes en vigueur, ainsi que sur les conventions sociales, culturelles et politiques gouvernant l'interprétation. Or, dans la jurisprudence de la CJCE, il apparaît que la définition de la sphère privée, par rapport à laquelle on peut établir une violation des droits de l'individu, est essentiellement relative. Elle dépend de la répartition des dommages dans la population et de sa concentration dans l'environnement immédiat des agents considérés. C'est ce que peut illustrer la discussion par A.W Green des caractéristiques des actes administratifs qui, dans ce type de question, peuvent être considérés comme d'un intérêt individuel pour des personnes spécifiées[1].

Il s'agit dans ces exemples de la mise en place institutionnelle de procédures de « filtrage » des intérêts particuliers ou privés pris en compte dans la renégociation des droits qui, finalement, encadreront les interactions sociales. Ces intérêts sont moins généraux que les intérêts locaux ou écologiques que les individus peuvent défendre par d'autres moyens (associations, partis politiques). Mais, en contrepartie, ils peuvent espérer des résultats directs. Et de plus, ils ne sont pas tenus de faire des compromis entre leurs valeurs et d'autres valeurs qui peuvent

---

1 A.W. Green, *ibid.*, p. 84 *sq.* Voir aussi la discussion par Betten et Grief (p. 108 *sq.*) du cas *Greenpeace International vs. Commission* (à propos de la subvention à l'Espagne du Fonds européen de développement régional, pour la construction de centrales aux îles Canaries). Lammy Betten & Nicholas Grief, *EU Law and Human Rights* (Harlow, Longman, 1998).

concurrencer les premières (comme dans la participation à l'élaboration d'un programme politique). Si l'on pouvait préciser cet arbitrage entre différentes formes d'action, ce serait un progrès pour la théorie.

Par ailleurs, les garanties légitimes auxquelles les individus peuvent prétendre apparaissent bafouées lorsque certaines activités spécifiques sont gênées, au sens où elles ne peuvent conduire à des résultats aussi favorables que ceux que l'on peut prévoir dans une configuration « normale ». On remarque donc la prise en compte, dans l'octroi des garanties, d'un élément de prévisibilité. La conceptualisation sous-jacente est l'assimilation des droits à des systèmes de garanties concernant les résultats d'actions que le titulaire des droits peut entreprendre[1]. Il s'agit fondamentalement de préserver les ensembles d'opportunités des individus du point de vue de la qualité des options (non pas du point de vue du seul nombre d'options disponibles). Pour cela, il faut se référer à ce qui est prévisible, presque « normal », dans la généralité des cas ; par différence, les traitements spécifiques lésant les intérêts deviennent repérables et condamnables. Notons que c'est en quelque façon l'initiative même (en particulier, l'initiative économique) qui doit être préservée. Il faut que les résultats prévisibles se réalisent, sans que l'agent ait à pâtir de son identité. Tout cela est lié à l'action : il ne s'agit pas seulement de la liberté de choix ou d'une garantie au sujet de l'état dans lequel on se trouvera finalement. Pour cette raison, le partage du général et du particulier qui se construit dans la jurisprudence concerne les activités ou les initiatives. Autrement dit, il concerne cette dimension de la vie sociale qui échappe facilement à la vision utilitariste du monde social, aujourd'hui relayée par l'économie normative et la théorie des choix sociaux – si facilement qu'elle se trouve aisément reléguée dans le domaine mystérieux et inquiétant des aspects « procéduraux » de la vie sociale (ceux qui ne se laissent pas réduire au constat de la satisfaction ou de l'insatisfaction relativement aux états du monde).

L'IDENTIFICATION D'INTÉRÊTS NE DEVANT PAS ÊTRE PROTÉGÉS

Poussons un peu plus loin l'évocation de la délimitation sociale des intérêts appelés à être régis par la logique de libre-échange, sans atténuation particulière organisée par des normes et des institutions publiques. On retrouve en effet dans d'autres contextes institutionnels

---

1   Certaines critiques néo-libérales de la philosophie économique des Traités européens, comme celles que développent M. Streit et W. Müssler, relèvent cependant, notons-le, l'insuffisante protection des entrepreneurs face aux interventions économiques arbitraires des États-nations européens.

le tri rigoureux que l'on a vu s'exercer parmi les revendications et les garanties conceptuellement envisageables, en vertu d'une délimitation conventionnelle des intérêts personnels, privés ou particuliers. Il existe par exemple un filtrage très remarquable, par les normes de libre échange en vigueur, des intérêts des travailleurs susceptibles d'être promus ou protégés par l'action publique ou par des normes publiques. Se trouvent ici mises en cause, face à des normes générales rattachées à la conception néo-libérale du monde, les normes nationales et les réglementations qui constituent le droit social des différents États.

Ainsi, dans le cas de l'opposition historique entre les pratiques de recrutement des syndicats de dockers en Italie et la promotion (dans le contexte européen) de l'absence de barrière au recrutement, on remarque le rôle de la description des situations. Cette description permet la définition et la redéfinition des intérêts des travailleurs, et la description est elle-même adossée aux principes généraux qui sont retenus et qui offrent des références à la vie politique dans l'Union, en particulier pour ce qui regarde le respect des règles de base de l'économie de marché[1]. Bien sûr, il est possible de décrire les pratiques restrictives et contestées des dockers comme des traditions industrielles respectables, témoignant d'une forme séculaire d'auto-organisation de la profession (plongeant parfois ses racines jusqu'au Moyen-Age), et constituant en elles-mêmes autant de garanties. Allait–on voir le libéralisme économique témoigner de sa révérence, parfois marquée, pour la tradition et les vertus de l'auto-organisation ?

En l'occurrence, le chemin suivi n'a pas été celui-ci. Ces situations ont été abordées, comme le montre S. Sciarra, à partir d'un système conceptuel renouvelé et post-traditionnel[2]. Ce système conceptuel admet en son centre une conception générale de la nature des acteurs économiques autonomes, ainsi que la prise en compte des normes de respect du libre marché, telles que les interprètent les doctrines du libéralisme économique (et les doctrines du libéralisme politique qui leur sont adossées). C'est ce qui permet à la « tradition » et aux groupes sociaux de céder la place à un discours doctrinal offensif sur la violation de l'équité. En phase avec la logique néo-libérale de l'approfondissement souhaitable des libertés économiques liées à l'initiative privée, ces structures mentales sont relayées par le droit et les juridictions.

---

1 V. la discussion jurisprudentielle du cas des dockers de Gênes et du rôle monopsonique de leur syndicat par : Silvana Sciarra, « Building on European Social Values : an Analysis of the Multiple Sources of European Social Law », in : *Constitutional Dimensions of European Economic Integration* (*op. cit.*).
2 S. Sciarra, *op. cit.* (les autres références à l'auteur renvoient au même article).

Ainsi, à propos du droit social dans le contexte communautaire européen, dans l'étude de Sciarra (1996), on voit qu'interviennent certains principes éthiques et politiques généraux : (1) les principes de libre-échange et de libre circulation dans l'Union ; (2) dans le cas du Conseil d'État français (comme en font foi ses rapports annuels), le refus d'un droit « lointain » et la volonté de limitation du recours à des sources du droit non contraignantes ; (3) le principe de subsidiarité, par lequel s'affirme la volonté de restaurer une hiérarchie de normes ; (4) La préférence pour les mesures qui laissent le maximum de liberté aux individus et aux groupes (principe introduit en lien avec la subsidiarité) ; (5) le respect pour les formes d'expérimentation sociale décentralisée (accords collectifs reposant sur la bonne volonté des uns et des autres...), ce respect étant lié à la fois à la subsidiarité et à la préférence de principe pour la liberté maximale des unités de décision ; (6) le principe de proportionnalité (si une action est nécessaire pour atteindre les objectifs des traités, elle ne doit pas être disproportionnée, les instruments détaillés et contraignants ne doivent être utilisés qu'en dernier ressort et la reconnaissance mutuelle est préférable à l'harmonisation imposée) ; (7) des principes substantiels de protection des droits des travailleurs ; (8) la reconnaissance d'une interdépendance de principe (imposant la mise en cohérence) entre les objectifs macro-économiques, la régulation des marchés et la dynamique des réglementations sociales (à la manière de ce que prévoit le Titre VI du Traité de Maastricht).

Il n'y a pas de raison que ces principes soient *a priori* compatibles entre eux, dans tous les contextes. De plus, on ne doit pas sous-estimer la portée de la référence à un principe éthique et politique tel que la sauvegarde et la promotion du libre-échange. Ce principe comporte en lui-même une dimension d'harmonisation ou d'uniformité, à travers l'alignement nécessaire sur le moins-disant des politiques ayant des conséquences en termes de contrôle des échanges. Par là, ce principe semble devoir entrer en conflit avec les principes de subsidiarité, de liberté et de respect de l'innovation sociale, ainsi qu'avec le contenu substantiel de certains droits acquis (exprimant la protection des travailleurs à l'échelon national). Tout cela peut paraître compromettre des secteurs entiers du droit, comme celui du droit du travail.

La menace perçue pour la protection effective des travailleurs résulte d'un principe tout juridique (la prééminence des normes européennes sur les dispositifs nationaux, simple conséquence de la hiérarchie reconnue des normes) mais, par ailleurs, on doit remarquer que certains principes formels de l'organisation communautaire européenne (la subsidiarité, la liberté reconnue aux échelons décentralisés dans certains domaines) pourraient permettre la survie d'un droit du travail fondé sur des droits stricts, issus de conquêtes sociales successives, en confiant ce domaine aux autorités nationales. Si ce n'est pas le cas, c'est parce que l'intervention d'un autre principe (le respect d'une économie de marché fondée sur la libre initiative et le libre-échange) conduit, en fait de droit strict, à sélectionner, de manière privilégiée, d'autres dimensions de la protection des travailleurs que celles qui sont privilégiées dans les traditions nationales existantes. L'intérêt des travailleurs n'est pas ignoré comme le prétendent les critiques les plus brutales : il est recomposé, par un filtrage opéré parmi ses différentes composantes. Il est socialement reconstruit. Le filtrage des raisons qui portent (et donc des garanties qui ont le plus de poids et de stabilité) se fait d'une manière réglée et définie, reposant sur des principes, et d'une manière qui est différente de ce qui aurait pu se matérialiser si l'on avait privilégié d'autres conventions à l'intérieur du même cadre normatif.

L'impératif du respect du libre-échange concurrentiel permet notamment d'identifier les risques que comporterait le fait de laisser les autorités nationales prendre des décisions unilatérales dans certains domaines. Les mesures nationales, souvent consécutives à des revendications populaires, peuvent compromettre le libre-échange, par exemple à travers la consolidation de statuts acquis limitant l'embauche ou rendant le licenciement difficile. C'est dans de tels cas que le dispositif conceptuel néo-libéral révèle sa capacité offensive – son potentiel de menace, disent certains. En effet, le recours au principe suprême de la protection de l'économie de marché concurrentielle conduit à l'identification précise, d'après les critères de la concurrence non biaisée et en ayant recours à des modèles idéaux de comportement avisé sur les marchés, des abus de la puissance publique. Des risques de cette nature sont identifiés et l'évitement de leur réalisation devient une priorité politique en même temps qu'un objectif communautaire. C'est alors une forme spécifique de gouvernance politique (celle qu'incarne l'Union européenne) qui relaye l'effort séculaire de la société marchande, tendant à faire valoir ses prérogatives face à l'autorité politique (nationale).

Il serait simpliste d'évoquer à ce propos la disparition du droit strict ou l'effacement du droit. Disons que c'est selon de nouvelles dimensions des droits, telles que la non-discrimination et les facultés d'accès aux échanges et à l'initiative, que se reconstitue un droit strict[1]. En

---

1 C'est dans ce sens que vont les analyses du rôle de la justice dans la neutralisation des législations nationales par l'entremise de principes généraux reconnus à l'échelon européen,

somme : la référence au principe de libre-échange opère un filtrage des dimensions pertinentes des droits et de l'interaction sociale, conduisant à une renégociation du partage entre ce qui est régi par une logique de droit strict, et ce qui doit plutôt relever de libres accords et du droit dit « informel ». Ce qui relève de la non-discrimination quitte le domaine des arrangements locaux pour acquérir un statut européen de droit strict ; inversement, le domaine de la protection économique du travail se trouve conduit dans un domaine plus mouvant et moins centralisé ; dans les termes de S. Sciarra, c'est par une série de mesures « auxiliaires » que doivent être concrétisés le maintien et le développement de l'emploi ; l'approche méthodologique de l'action en faveur de l'emploi doit être plus diversifiée et il faut retenir une « différenciation plus dynamique » (entendons, plus évolutive en fonction des circonstances et des conventions culturelles et sociales) des droits individuels ou collectifs des travailleurs salariés.

Au nom de cette mise en perspective méthodologique, le sort des droits des travailleurs doit s'inscrire dans des perspectives très vastes, bien au-delà des questions relatives au travail et au droit du travail. C'est ce que l'on ne comprend pas si l'on s'en tient à une vision manichéenne qui fait du progrès des thèses néo-libérales un instrument de combat contre les intérêts et les droits des travailleurs. Ce qui est en jeu n'est peut-être pas directement l'abaissement du principe du respect des droits des travailleurs (comme dans le scénario de l'Europe bourgeoise en lutte contre les travailleurs, abondamment décrit dans les publications hostiles à la construction européenne sous sa forme historiquement réalisée), mais plutôt la recomposition des rapports institutionnellement négociés entre ce principe et d'autres principes. C'est cette concurrence des principes qu'il importe avant tout de comprendre si l'on veut cerner l'évolution des droits des travailleurs dans l'Union européenne et la manière dont cette évolution se superpose à l'approfondissement graduel de la logique de libre marché.

C'est aussi ce qui explique pour partie le succès ou l'insuccès des revendications : celles qui visent le poids relatif à accorder aux différents principes pertinents sont elles-mêmes validées comme pertinentes et

---

et à la faveur de la promotion jurisprudentielle d'interprétations particulières (non entièrement prévisibles initialement) de ces principes. En particulier, dans la continuité d'analyses d'Ernst Haas : A. Stone Sweet and T.L. Brunell « Constructing a Supranational Constitution : Dispute Resolution and Governance in the European Community », *American Political Science Review*, 92 (1998), p. 63-81.

sont influentes dans le débat public ; au contraire, celles qui consistent à défendre les intérêts d'un camp (celui des travailleurs, mettons) sont devenues inaudibles, parce qu'elles ne suivent pas la syntaxe prédominante de l'évolution négociée des droits. Ce n'est pas que l'on soit contre : simplement, on ne sait plus de quoi il s'agit et l'on n'entend pas ce qui est dit. La langue a changé[1]. Ainsi, le sort des droits des travailleurs peut très bien devoir s'inscrire dans la perspective des politiques budgétaires, monétaires et d'emploi des puissances politiques nationales ; il devient faux de prétendre que « cela n'a rien à voir ». Il se peut en effet que les tentatives d'affermissement de prérogatives collectives (les revendications des travailleurs) doivent être recadrées de la sorte, pour que l'on puisse apprécier leur bien-fondé dans le cadre institutionnel, normatif et herméneutique qui prévaut.

Une perspective normative néo-libérale comme celle de S. Sciarra tente de faire ressortir la philosophie profonde véhiculée par le Traité de Maastricht (assurément une étape majeure dans le tournant néo-libéral dénoncé, à propos de l'Union européenne, par les adversaires des excès du libéralisme économique et de leurs ramifications politiques). Dans une telle perspective, le fait que les contraintes formelles se trouvent à l'occasion abaissées, et que certaines choses importantes restent donc dans la sphère des arrangements « informels » (le fameux *soft law*) est perçu comme une contribution à l'équilibre acceptable des pouvoirs entre Centre et Périphérie. Cela évite en effet que la subsidiarité ne soit interprétée à tort, ou tout au moins de manière dangereuse, dans le sens d'une remise en cause des principes communs de l'Union (comme ceux qui concernent l'économie de marché) et au bénéfice de particularismes nationaux ou locaux[2].

La relative ambiguïté du dispositif normatif n'apparaît pas alors comme une anomalie transitoire. Il faut plutôt y voir l'abri de la formation régulière de compromis, au fil d'un processus dynamique de recomposition des droits sociaux. Ces droits ne sont plus absolus, soumis à une signification figée, risquant toujours de devenir obsolète. Ils sont à négocier et à renégocier dans une perspective méthodologique élar-

---

1   Il me semble que l'on pourrait évoquer, à propos de ces questions, la configuration de « mésentente » décrite par Jacques Rancière.

2   Sur les objectifs sociaux pertinents, v. le Titre VI du T. de Maastricht concernant les politiques économiques et monétaires, qui pose une interdépendance de principe entre les *objectifs économiques* (développement harmonieux et équilibré, croissance non inflationniste) et la *dynamique des réglementations sociales*.

gie, à la faveur d'un processus orienté, qui doit mener finalement à une meilleure pénétration des normes de respect de l'économie de marché. La manière commune de se référer à des normes relativement ambiguës, en respectant (au lieu de la dénoncer) leur signification ambiguë, fait partie intégrante de la dialectique contemporaine de la revendication en régime libéral. Le respect pour l'ambiguïté est une manière de témoigner d'une attitude raisonnable, comportant la conscience des adaptations inévitables et la déférence pour les inflexions interprétatives successivement retenues par les différentes institutions.

Il doit en résulter, bien sûr, certaines limites pour la faculté d'agir collectivement. L'action collective n'apparaît légitime que dans le cadre de la promotion d'une cause précise et de cette cause seulement. Tandis que le cadre normatif de référence est appelé à devenir plus ouvert et se trouve invoqué en tenant compte du pluralisme interprétatif légitime, les revendications elles-mêmes doivent être plus sévèrement circonscrites par ce qui est socialement construit comme des intérêts particuliers. Mais la manière de répondre à ces revendications devra bien prendre la forme d'« objectifs sociaux » fonctionnellement adaptés à la stabilité de l'union économique et monétaire, ainsi qu'au contrôle nécessaire (à ces fins) de la dépense publique (selon les orientations de l'article 104 C et du protocole annexe du Traité de Maastricht).

Comme le souligne S. Sciarra, cela ne signifie pas nécessairement que les objectifs sociaux se retrouvent brutalement « subordonnés » à d'autres priorités politiques. On peut constater avec cette analyste, comme un fait, « l'inclusion du droit du travail dans le projet général de l'Union européenne », en remarquant que les normes sociales produites par les organisations collectives dans des négociations collectives deviennent par cette voie une partie significative de la « bonne gouvernance » à laquelle s'engagent ensemble les gouvernements dans le processus de la construction européenne. Mais assurément, on est certain par avance qu'il y a et qu'il y aura un filtrage par certains principes, ce qui rend improbables les percées décisives dont pourraient rêver certains acteurs sociaux (certains syndicats de salariés, en particulier). Il apparaît impossible, on le voit, de considérer les principes isolément et indépendamment de la structure d'équilibre des pouvoirs à travers laquelle ils peuvent trouver à se concrétiser. Entre les significations et les pouvoirs, la solidarité est grande.

L'Union a consacré les échelons décentralisés de négociation (sur une base régionale, ou d'atelier de production). Cela est dû au fait que ces échelons sont pertinents du point de vue de la création d'emplois, et donc des grands objectifs macro-économiques avec lesquels il faut, désormais, mettre en concordance la politique des normes sociales, laquelle doit en effet être recadrée dans la perspective de la « bonne gouvernance », dont la doctrine devait s'élaborer dans les communications de la Commission. C'est donc à cause du principe général de concordance, et en trouvant à s'appliquer à des échelons plus décentralisés que celui des États signataires des Traités, que le principe de subsidiarité (qui semblait bloqué par l'impératif de respect uniforme des principes de libre-échange) peut trouver une concrétisation effective.

On constate que la matérialisation des principes du libéralisme conduit en fait à identifier (c'est un aspect cognitif) et à promouvoir (aspect normatif) des éléments des protections ou droits qui, précisément, ne posent pas de problème majeur du point de vue du libre échange. C'est le sens de l'édifice jurisprudentiel qui procède de l'article 119 du Traité, sur la dignité au travail et la lutte contre la discrimination au travail. On retrouve sur ce terrain (mais seulement sur ce terrain) une compatibilité entre les principes de libre-échange et le principe de la protection des travailleurs. C'est sur ce terrain que la subsidiarité et la norme de libre-échange peuvent coexister. On voit donc s'opérer la reconnaissance des dimensions de la subsidiarité qui sont destinées à être retenues, après un filtrage par les principes de libre-échange et de cohérence macro-économique. Cela modifie normalement les attentes rationnelles des acteurs sociaux quant aux résultats de leurs actions collectives de revendication. Certaines actions auront du poids et pas les autres, ce qui ne résultera pas seulement d'un rapport de force. L'apprentissage des limites de l'action collective est conditionné par l'établissement des significations ou interprétations prédominantes.

C'est la limite des théories de la domination et ce qui fonde leur dépassement dans une théorie associant les rapports de pouvoir et les problèmes de la signification. L'argumentation et la discussion ne sont pas seulement des moyens de dépasser les relations de pouvoir à l'état brut ; elles sont véritablement ce qui donne forme aux rapports de pouvoir et cela donne des repères pour comprendre l'évolution de l'autorité, parce que tout n'est pas arbitraire dans la détermination sociale et politique des significations prédominantes.

Par ailleurs, l'expertise affine le filtrage, tout en indiquant des directions pour les échanges verbaux et les négociations dans le futur. Selon l'expertise de la DG V de la Commission européenne, par exemple, à un certain stade, la subsidiarité se trouve orientée vers des droits individuels et collectifs pensés comme allant de pair (avec toutefois un rééquilibrage au profit des droits individuels), et filtrés grâce à leur caractère essentiel pour le bon fonctionnement des marchés (donc, indirectement, par la norme de libre-échange). La liberté, l'égalité et la dignité des individus doivent être assurés, notamment face aux prétentions des groupes d'intérêts (les syndicats sans doute, en premier lieu) participant aux négociations collectives ; et ces principes sont présentés comme devant inspirer toutes les politiques de réglementation, y compris en ce qui concerne la situation des immigrés. L'individu en tant que tel doit être mieux reconnu sur le marché du travail (ce qui paraît compatible avec l'impératif de fonctionnement fluide des marchés, puisque le salarié en tant que tel, sauf exception, n'a pas d'influence décisive sur le fonctionnement d'un marché)[1].

Ce qui est pleinement cohérent avec la norme libre-échangiste, et se trouve de fait recommandé ici dans l'expertise, c'est le développement des capacités dans les choix individuels, grâce à l'éducation et à la formation (permettant au salarié d'échapper à la logique, présentée comme souvent ségrégationniste, du marché du travail interne à la firme). Cette référence fondamentale à la promotion des intérêts individuels se retrouve aussi dans la dynamique des acquis communautaires en ce qui concerne la protection de la santé des travailleurs, les obligations d'information de l'employeur vis-à-vis du travailleur et les précautions que doivent prendre les États pour assurer à leurs ressortissants la capacité réelle de défendre leurs droits devant les tribunaux. Il s'agit dans tout cela des droits individuels liés à la situation même de l'employé comme partie d'un contrat. La référence à la norme libre-échangiste semble avoir un rôle directeur pour ramener les droits sociaux à ce qui concerne directement la situation des travailleurs sur le marché par rapport auquel il faut faire preuve de bonne gouvernance. Elle est l'outil de la traduction concrète d'un individualisme normatif résolu, dans un processus où la construction sociale de l'« individuel » et l'élaboration sociale de l'interprétation des principes vont de pair. On remarque aussi que la Charte sociale de 1989 et la jurisprudence de la CJCE (sur des questions telles que l'égalité des chances) sont citées comme des références pertinentes. Ce sont des sources dans lesquelles les « valeurs sociales »

---

1   « *White paper* », DG V (Commission européenne), issu du programme d'action découlant de la Charte sociale de 1989. Le document, faisant suite à un « *green paper* », avançait des propositions pour la Commission élargie dont l'exercice commençait en 1995.

européennes ont déjà trouvé une expression concrète. L'interaction entre jurisprudence, législation possible et « bonne gouvernance » future est ici déterminante pour la construction graduelle d'un cadre normatif limitant sévèrement le rôle politique des juges.

S. Sciarra évoque une « nouvelle structure génétique » du droit social dans l'Union. Dans les termes du schéma explicatif général proposé par Stone Sweet et Brunell, cela signifie que des demandes de la société civile transnationale passent par la voie judiciaire, pour tirer vers le haut l'application de normes européennes dans les États-nations. C'est une sorte de matrice de l'évolution de la société européenne vers la version européenne du néo-libéralisme. Mais il manque à ce schéma explicatif la dimension cognitive de l'identification par les individus des normes sociales qu'il est possible de promouvoir d'une manière compatible avec (ou « filtrée » par) le principe qui joue le rôle cardinal (le principe de respect du libre-échange). On doit en effet prendre en compte l'aspect cognitif de la référence à des principes ou normes autour desquels il y a déjà accord : un accord substantiel sur le sens et un accord procédural sur des modalités d'interprétation ou de révision. En somme, il faut considérer pour elle-même la dynamique de l'interprétation.

Certains exemples discutés par S. Sciarra illustrent ce que les juristes spécialisés en droit du travail vivent comme une « crise » dans le contexte européen. S. Sciarra aborde ces cas dans une perspective de refondation : la Cour de Luxembourg, selon elle, « a récemment indiqué des orientations doctrinales [*lines of thought*] qui conduisent les commentateurs et les interprètes à repenser la fonction d'ensemble des régulations sociales [*social regulations*] ». Dans les termes que nous avons utilisés, il ne s'agit pas seulement d'un rééquilibrage des pouvoirs au sein de l'Union ; il s'agit de filtrer par les normes de libre-échange (et d'interdépendance programmée et maîtrisée entre droit social et régulation des marchés) les directions acceptables pour des développements futurs du droit du travail. En réalité, plusieurs choses vont ensemble dans un tel processus : la construction des intérêts en cause, l'élaboration des interprétations, le rééquilibrage concret des pouvoirs dans la société et la délimitation des possibles juridiques. Le filtrage par certains principes généraux produit en fait un changement dans les finalités auxquelles on rapporte les normes détaillées et cela affecte la nature même du droit du travail, parce que certains acquis consacrant des intérêts importants sont clairement remis en cause.

Par exemple, dans les décisions Stoeckel[1] et Levy[2], la CJCE, examinant la question du travail de nuit des femmes, conclut à la nécessaire abrogation des mesures protectrices spéciales pouvant créer une disparité de traitement entre hommes et femmes. Cela semble bien s'expliquer dans les termes du rôle du filtrage des principes par d'autres principes : les considérations d'égal traitement étant pleinement compatibles avec le respect des principes « libéraux » (de libre initiative, de libre échange, de respect de la concurrence), on peut leur donner un plein développement et mettre fin aux dispositions (par exemple, des protections inégalitaires) qui entretiennent avec elles un rapport conflictuel, ou même simplement problématique. L'égalitarisme ne disparaît pas : il est comme réorienté.

Considérons encore l'opinion de la CJCE sur la compatibilité avec le Traité de la Communauté économique européenne de la Convention 170 de l'Organisation internationale du travail (OIT) sur la sécurité au travail lorsqu'il y a manipulation de substances chimiques. Dans cette opinion[3], la Cour indique que la Communauté et les États membres ont une compétence conjointe en la matière. Dans la mesure où la Communauté en tant que telle n'a pas de compétence pour ratifier une Convention de l'OIT, elle peut cependant influencer les États dans un sens ou dans l'autre à ce propos. Ainsi, les principes retenus par la Commission pourraient avoir gain de cause à travers une interaction complexe avec les États et, manifestement, en liaison avec les décisions de la CJCE dont le comportement joue par là un rôle pivotal. Il s'agit d'une forme d'encadrement normatif qui donne plus de poids qu'auparavant aux aspects du processus décisionnel qui relèvent de l'interaction stratégique entre les instances impliquées. Les intérêts des bénéficiaires potentiels de garanties normatives sont donc plus exposés qu'auparavant aux aléas de la stratégie institutionnelle. On organise ainsi, sur le mode procédural des rapports entre institutions, la concurrence plus profonde entre des raisons de différents ordres. Cela conduit à un certain filtrage des raisons appelées à être décisives en fin de compte (mais toujours provisoirement).

Songeons aussi, sans entrer trop dans les détails, aux « combats » de la Commission : par exemple, pousser les États à dénoncer la convention 89 de l'Organisation Internationale du Travail (OIT, 1948), et à ratifier le Protocole de 1990 attaché à la convention 89 et la convention 171 de

1   CJCE, C – 345/89 Ministère public v. Alfred Stoeckel, 1991, ECR, I – 4047.
2   CJCE, 159/91 Ministère public et direction du travail et de l'emploi v. Jean-Claude Levy, 2, août 1993.
3   Opinion 2/1991, du 19 mars 1993, OJ C 109/93 du 19 avril 1993, p. 1.

l'OIT (1990) qui ouvre de nouvelles perspectives sur le travail de nuit. La cause générale qui est défendue est celle-ci : les mêmes règles devraient s'appliquer aux hommes et aux femmes, les travailleurs devant se voir attribuer les mêmes protections. La conceptualisation retenue pour repérer les similitudes (appliquer les critères du type « le même que… ») est ici décisive. En l'occurrence, elle met l'accent sur la relation directe entre telle ou telle forme de travail (par exemple le travail de nuit) et la santé du travailleur. Cela signifie, en gros, la chose suivante : sont similaires pour le problème concerné les formes de travail qui affectent pareillement la santé du travailleur. Les juristes et les politologues évoquent souvent, à propos de questions de ce genre, des tendances générales telles que la complexité croissante des sources du droit, la montée en puissance du droit informel (ou dépourvu de sanction) et la remise en cause des schémas hiérarchiques traditionnels (dont la fameuse « pyramide des normes » de Kelsen passe pour être l'archétype). Mais à côté de ces aspects qui concernent la dimension formelle des normes, il apparaît que l'on rencontre régulièrement dans ce champ les éléments d'une interaction stratégique entre les pouvoirs, dans laquelle les décisions de justice ont leur part.

Revenons au cas des dockers italiens, qui peut illustrer comment ces aspects stratégiques s'articulent à la délimitation graduelle et négociée des domaines de compétence ou du pouvoir entre les institutions. Plus précisément, considérons la décision *Merci convenzionali porto di Genova*[1]. Il s'agissait de l'organisation des dockers et de son contrôle exclusif sur le recrutement des travailleurs, tous italiens. Il fallait examiner sa compatibilité avec l'article 90 (1) et (2) du Traité. La Cour se prononça contre le monopole de l'embauche, ce qui mettait en question une forme d'organisation aux origines très anciennes. Cette décision a fait jurisprudence pour les autres Cours de justice dans les États pour des affaires comparables. Or, dans cette décision, la CJCE illustrait l'opposition entre principes sociaux et principes de marché.

Selon S. Sciarra, la décision de la Cour reflète l'intégration légitime du droit de la concurrence dans le discours juridique du droit du travail. Il s'agit en fait d'implémenter une catégorie de principes (les principes libéraux, plus particulièrement, la libre circulation des travailleurs dans l'Union) au détriment de certaines prérogatives corporatistes antérieurement acquises, mais sous une forme qui s'est avérée politiquement fragile

---

1   CJCE, 179/90.

en fin de compte, puisque la CJCE a réussi à les éliminer. Bien sûr, ces prérogatives pouvaient aussi apparaître comme des concrétisations du droit des travailleurs de s'organiser et de négocier collectivement ; mais telle n'a pas été la manière de voir prédominante. L'établissement des droits a résulté d'une autre manière de voir les choses.

Tout ne se réduisait cependant pas, ici, à une question de choix et d'articulation des valeurs. Il se trouve en effet qu'en principe, le droit des travailleurs de s'organiser et le droit de grève sont en dehors de la compétence du Chapitre Social du traité de Maastricht (Art. 2.6). Il en allait donc aussi des aspects procéduraux des rapports entre institutions, et plus précisément, de la négociation ou renégociation de leurs champs de compétence respectifs. Or, la capacité de la Cour de supprimer des acquis antérieurs, grâce à certains principes généraux, a confirmé une compétence communautaire de fait. Par ce canal, l'évolution de l'interprétation des normes a joué un rôle structurel simultanément pour l'évolution des intérêts considérés et pour le réaménagement des rapports d'autorité dans la société politique européenne. Dans cette sorte de libéralisme, les progrès de la doctrine libérale dans les faits s'appuient sur l'évolution de l'autorité des institutions dans leurs rapports les unes avec les autres. L'univers institutionnel joue donc un très grand rôle et l'on ne peut en aucun cas réduire les évolutions constatées à la simple mise en application de normes ou de valeurs, évoluant au fil du temps, par des institutions qu'il faudrait assimiler à des outils inertes. La matrice libérale n'est pas seulement doctrinale : elle est aussi institutionnelle.

À partir de ces exemples, ma conclusion essentielle est la suivante : on rencontre tout autre chose, en pratique, que des intérêts bruts, dans les procédures qui permettent de faire évoluer les normes à partir de la prise en compte des intérêts présents dans la société. Les intérêts qui sont effectivement pris en compte dans le réaménagement des droits (ou garanties) sont construits socialement, d'une manière qui fait intervenir des considérations de type non conséquentialiste, portant sur la structure des procédures sociales plutôt que sur leurs résultats prévisibles.

Dans les exemples évoqués, deux démarches attirent l'attention. On remarque l'effort social pour repérer les intérêts privés donnant lieu à une contestation légitime de certaines pratiques d'autrui (étatiques ou autres), au moyen d'une norme d'égale exposition à des inconvénients considérés comme acceptables pourvu qu'ils soient semblables pour tous. Les intérêts privés sont lésés lorsqu'un agent peut, en quelque sorte, s'estimer à bon droit « visé » par certaines dispositions. Cela s'entend pour certaines prérogatives, initialement accordées. Il y a identification des garanties pertinentes (à protéger), dans ce cas, grâce aux propriétés de leur violation. On note par ailleurs que le repérage des intérêts privés donnant lieu à une contestation légitime de certaines pratiques d'autrui (étatiques ou autres) se fait au moyen de normes qui sont supposées régir certains domaines d'activité (d'une manière qui exclut diverses formes d'intervention discrétionnaire). Par ces deux voies, on « filtre » les intérêts donnant lieu à la contestation légitime de certaines pratiques (étatiques ou autres) au moyen de normes de référence.

INTÉRÊTS ET STABILITÉ
DE LA PROTECTION DES DROITS

ENJEUX NORMATIFS

Reprenons sous un angle plus large l'étude de la place des droits relevant d'un domaine privé (ou socialement construits comme tels) dans la dynamique des normes. La stabilité des droits individuels les plus classiques (leur résistance au changement dans les processus de la dynamique des normes) est un aspect de leur nature qui intéresse la philosophie politique et qui, en soi, justifie que l'on prête attention à l'inscription de ces droits dans les processus sociaux d'évolution normative. Par ailleurs, dans un certain registre normatif de la réflexion politique, cette inscription dans la dynamique des normes peut avoir une importance intrinsèque ; en effet, ceux qui veulent modifier la structure des droits doivent s'efforcer de comprendre comment cela affecte les intérêts présents dans la société. De plus, il serait précieux d'éviter de confondre les facteurs de durabilité qui tiennent à la convergence des intérêts et ceux qui tiennent à l'adoption individuelle de valeurs morales qui se trouvent être en consonance avec les normes juridiques.

Conformément à mon intention d'ensemble je tâcherai de mettre en relation les deux éléments suivants dans une théorie raisonnablement simple et générale : (1) la délimitation (ou définition) des intérêts individuels ou privés protégés par les droits individuels (chez les théoriciens d'une part, et en pratique d'autre part, dans les processus institutionnels concrets de délimitation des droits) ; (2) l'intérêt que les individus peuvent prendre à la contestation de la protection de ces intérêts ou à l'interférence avec les actions qui font l'objet de droits accordés à autrui. Je tiendrai compte, en y mêlant quelques observations personnelles, d'aperçus antérieurs sur l'articulation des droits et des intérêts. Ce sont principalement les suivants : certaines difficultés de l'intégration d'une « sphère privée » des personnes dans les choix sociaux, révélées par le « paradoxe libéral » d'Amartya K. Sen ; un argument classique de Rousseau sur la condition naturelle des hommes et l'exploitation ; la non moins classique « clause lockéenne » ; enfin, certains aspects de l'identification d'un « noyau naturel du droit » chez H.L.A. Hart.

Les arguments classiques ou contemporains qui seront évoqués concernent essentiellement les droits individuels les moins contestés (ceux qui concrétisent les libertés publiques et le respect d'une sphère privée dans laquelle l'individu est socialement considéré comme « maître chez lui »). Nous n'avons cependant pas limité d'emblée le champ de l'enquête à l'ensemble des droits fondamentaux « classiques » : on s'intéressera donc à ce qui peut expliquer la stabilité relative de la reconnaissance de ces droits, mais essentiellement pour être en mesure de formuler quelques hypothèses à propos d'un problème d'une plus grande généralité : qu'est-ce qui fait que dans certains cas, la protection des intérêts personnels ou privés prend la forme de « droits » se traduisant par des garanties stables apportées par les institutions ? La stabilité de la protection des droits les plus classiques est – il faut y insister – toute relative. Dans certains domaines, elle peut reculer sous la pression des intérêts particuliers ou de l'urgence politique, qui entrent en conflit avec les dispositions antérieures. En ce qui concerne les droits économiques détaillés, la présence et le jeu concurrentiel des intérêts particuliers sont évidents[1].

REMARQUES ADDITIONNELLES SUR LE « PARADOXE LIBÉRAL » D'A. SEN

Revenons sur la nature des intérêts personnels mis en cause dans le « paradoxe libéral » de la théorie des choix collectifs, à travers l'exemple initial d'A.K. Sen, que nous avons déjà rencontré. Les agents, dans cet exemple, ont l'un et l'autre des préférences complètes et bien formées. Une analyse sommaire montre que les droits dont jouissent les individus ne sont pas interprétables comme la garantie de la satisfaction d'un intérêt lié au choix d'une action d'un type précis (comme « lire », ou

---

1   On peut songer, par exemple, à un processus comme celui de la reconnaissance progressive de droits de propriété intellectuelle aux auteurs d'œuvres logicielles. V. l'entretien de Daniel Duthil avec Lynda Lotte, « Création, droits d'auteur et propriété intellectuelle sur Internet », *Cités*, 2001, n° 4, p. 103-111 (Paris, Presses Universitaires de France).

bien « ne pas lire ») quoi qu'il en soit du choix d'une action par l'autre. Le bénéfice relatif qu'un acteur retire de l'exercice du choix de « lire » par rapport au choix de « ne pas lire » dépend de l'action de l'autre, à tel point qu'il change de signe si l'autre change d'action. Pourtant, la valeur de la consécration des droits ne tient-elle pas au fait que l'on respecte la faculté de choix des agents ?

Dans le problème d'A. Sen, en effet, l'agent P préfère bien c (« personne ne lit ») à a (« je lis, il ne lit pas ») et a à b (« je ne lis pas, il lit »). Est-ce que la préférence de l'agent P pour c contre a est alors un élément pertinent ? On y attache de l'importance, parce que la différence entre ces deux états est simplement que dans l'un, l'agent P lit un livre, alors que dans l'autre, il ne le lit pas (c'est un aspect supposé « personnel » de sa vie, vraisemblablement pour des raisons de type anthropologique, selon un critère de proximité au corps : le livre se trouve dans un segment spatio-temporel proche du corps). L'argument libéral sous-jacent est le suivant : on voudrait que s'il souhaite lire un livre, la société le lui permette ; et de même si ce qu'il souhaite, c'est ne pas le lire.

Mais il faut se rendre compte de l'ambiguïté qui affecte l'expression « souhaiter lire », car en réalité, dans l'exemple, les préférences sont conditionnées par le fait que quelqu'un lise le livre, ou par le fait que personne ne le lise. Voyons justement ce que recouvrirait, dans le cas d'un choix social effectif, la préférence de l'agent P pour c contre a ; si la situation initiale ou le point de comparaison avec c est a : le choix social qui respecterait la préférence de P pour c contre a consisterait à laisser l'agent P ne pas lire le livre (rester en c sans aller en a, ou aller en c de préférence à a) ; est – ce que cela signifie que l'agent P, par comparaison avec sa situation en a, préférerait « ne pas lire le livre » ? Non, bien sûr, ou du moins, pas absolument parlant.

En fait, ce n'est pas la bonne question. Car si l'enjeu était de comparer a et b, ce même agent préférerait la lecture (qui le caractérise en a) à la non-lecture. On peut dire que l'agent préfère à la fois lire et ne pas lire, selon la question qu'on lui pose. Ce n'est donc pas cela (la préférence pour la non-lecture) que l'on respecte si l'on se fonde sur sa réponse à l'une des questions pour effectuer un choix social conforme à la réponse fournie. Et de même, la préférence de l'agent L pour b contre c ne signifie pas que par rapport à sa situation en b, cet agent préfère absolument parlant la lecture (qui le caractérise, en b) à la non-lecture ; il ne préférerait pas la lecture à la non-lecture si, par comparaison avec l'état b l'enjeu était d'aller en a.

On peut donc dire que dans le problème, tel qu'il fut posé initialement, la préférence pour un état contre un autre (par laquelle on exprime ce qui devrait être la matière de droits individuels) ne reflète pas véritablement une préférence pour la lecture contre la non-lecture (et pas davantage une préférence pour la non-lecture contre la lecture). On réalise ainsi que le type de garantie ou prérogative individuelle qu'illustre le problème de Sen est comme « en décalage » par rapport à ce qu'ont cherché à comprendre les théories traditionnelles des droits en philosophie politique. Ici, on ne voit pas pourquoi l'individu n'aurait pas son mot à dire sur les choix de l'autre individu, puisqu'il est la source, par son action, du caractère comparativement profitable de l'acte de l'autre, et qu'il est affecté en retour par ce choix, qu'il aimerait donc pouvoir influencer. Il ne s'agit pas de choix « autonomes » bien qu'ils impliquent une action qui semble personnelle. Ici, le choix avantageux de cette action ou d'une autre dépend de ce que fait l'autre.

A *contrario*, cela attire l'attention sur ceci : dans ce que nous percevons habituellement comme le domaine de choix autonome des individus, nous rencontrons des actions que les individus peuvent avoir l'initiative d'entreprendre, cette initiative ne dépendant pas des choix d'autrui (ce pour quoi il y a autonomie ou décision privée). On ne retrouve pas ce caractère lorsqu'on raisonne en termes de décision sur des paires d'états, même lorsqu'ils ne se distinguent que par la présence ou l'absence de tel acte de l'individu. Le paradoxe tire sans doute une part de son étrangeté de cette rencontre entre deux univers. L'univers des droits est celui des initiatives, des actions, des empêchements. Ce n'est pas un univers que l'on peut pleinement aborder dans les termes (conséquentialistes) de la valeur des états du monde. Mais, symétriquement, on ne peut pas non plus l'aborder en invoquant seulement ce qui apparaît comme l'« autre » ou le complément du conséquentialisme, à savoir les éléments de pure procédure menant aux états du monde – des éléments qui sont assimilés à une sorte de mise à disposition ou de mode d'apparition des états du monde. Le principe de Pareto (ou de respect de l'unanimité) relève bien, lui, de l'évaluation de la valeur comparée des états du monde. La rencontre des deux manières de voir est une source de problèmes[1].

---

1   La tension entre l'utilitarisme (ou le conséquentialisme) et l'attachement fondamental aux droits est ancienne et importante. Les noms de Godwin et de Bentham viennent à l'esprit. Sur Bentham et les droits de l'homme, voir B. Binoche et J.-P. Cléro, édit., *Bentham contre les Droits de l'Homme*, Paris, PUF, 2007.

D'où l'impression que l'on rencontre, dans la formalisation de Sen, des droits exorbitants même s'ils sont en petit nombre et même si le principe de libéralisme minimal apparaît comme le principe le moins contraignant auquel on puisse songer dans l'ordre des conditions à imposer à la pure « procédure » par laquelle des agents en viennent à connaître tel ou tel état du monde (de même que le principe de respect de l'unanimité apparaît tout à fait « minimaliste » dans l'ordre de l'évaluation conséquentialiste, ce qui donne au paradoxe son élégance). On ne voit pas pourquoi, dans l'exemple, les facultés de sélection parmi les états sociaux ne devraient pas être négociées ; chacun étant affecté par les facultés de cet ordre attribuées à autrui, ne serait-il pas arbitraire d'en faire le point d'appui de droits inconditionnels ?

LES LIMITES DE L'AUTONOMIE

Dans certains cas, l'individu est disposé à choisir une certaine action (par exemple « lire le Coran ») pour un spectre très large de conduites possibles des autres. Dans ces cas, on peut parler en un sens clair du respect de ce qui est proprement du ressort de l'individu, à propos d'une norme sociale consistant à imposer le respect du choix de l'individu. Dans d'autres cas au contraire, l'individu peut constater lui-même sur le mode contrefactuel, en considérant les différents cas possibles, qu'il ne serait pas prêt inconditionnellement à prendre telle initiative – il y est prêt seulement en rapport avec telle conduite des autres. Dès lors, l'idée de lui attribuer des pouvoirs dictatoriaux sur le choix des options apparaît véritablement exorbitante : ce serait lui donner le pouvoir de faire prévaloir sa volonté sur celle des autres alors même que ce qui fait pour lui l'intérêt de l'exercice de cette volonté tient à ce que font les autres. L'individu doit comprendre que ce qui fait la valeur relative du choix de son action (lire ou ne pas lire), c'est notamment la conduite de l'autre, en sorte qu'on ne devrait pas demeurer ici dans une logique de contrôle personnel exclusif ; on devrait plutôt entrer dans une logique de recherche d'accord mutuellement profitable avec autrui (ce qu'exprime le principe de Pareto, qui doit prévaloir si l'on suit cette ligne d'argumentation).

Du point de vue des relations entre droits et conflits, l'argument souligne que les cas dans lesquels on parle de choix libre ou autonome dans un domaine privé ne sont pas quelconques. Ils sont habituellement tels que la conduite de l'autre n'est pas de nature à faire changer d'avis sur la conduite à tenir : autrement dit, il est impossible ou très difficile à autrui d'agir en sorte que se renverse la préférence quant à l'initiative à avoir. Si ce n'est pas le cas – et ce n'est pas le cas dans l'exemple de Lady Chatterley – le choix d'une initiative dépend de la conduite de l'autre, en sorte qu'on ne voit pas pourquoi l'on ne questionnerait pas, de ce fait, l'aptitude à choisir une certaine action qui s'imposerait à l'autre sans que celui-ci n'ait son mot à dire. En effet, c'est alors à cause de la conduite de l'autre (ou grâce à elle) que l'on souhaite agir de telle façon : pourquoi aurait-on le droit d'imposer unilatéralement à l'autre les effets de ce que l'on ne voudrait pas entreprendre sans son concours (conscient ou non) ?

Dans le paradoxe libéral de Sen, il faut admettre que les actions de l'autre partie ont une incidence sur la préférence pour une action d'un type précis. Le paradoxe de Sen suggère que le fait que deux états sociaux ne se distinguent que par des aspects personnels ne suffit pas pour donner une prérogative absolue à un individu pour le choix relatif à ces états. Il faut encore voir comment les autres en sont affectés.

Le paradoxe montre ainsi qu'il est difficile de traduire adéquatement des droits personnels « privés » par le libre choix décisif sur une paire d'options, lorsque les préférences relatives à l'exercice des droits se retournent selon ce qui arrive à autrui. Mais peut-on se passer de ce type de représentation ? C'est alors qu'il faut observer qu'en pratique, les droits inconditionnels les moins disputés ont trait à des aspects de la vie personnelle qui, en eux-mêmes, affectent peu autrui, et ne se prêtent guère à des interférences profitables pour autrui. Les autres droits sont au contraire l'enjeu de disputes permanentes. On peut accorder de nombreux droits ou libertés d'une façon qui ne nuit à personne, qui apparaît donc améliorante au sens de Pareto, si l'on réserve le cas des personnes intéressées de manière obsessionnelle par la conduite privée d'autres personnes particulières. Il est somme toute étrange qu'une action profondément problématique sur le plan interpersonnel apparaisse « minimale » dans un exemple tel que celui de Lady Chatterley. Cela s'explique sans doute en partie par le fait que cet exemple ne concerne pas la vraie vie dans une grande société (dans laquelle on se dit que « l'on doit au moins avoir quelques droits… » et dans laquelle on se pose effectivement des problèmes de libre choix autonome des lectures individuelles). L'exemple concerne plutôt une petite société où il n'y a qu'un tout petit nombre de choix collectifs, qui devraient se régler par la négociation, par l'application de règles de politesse ou d'autres conventions sociales, ou encore par l'argumentation (comme en ce qui concerne le choix d'un programme de télévision dans le salon familial).

Le type d'effet externe qui sous-tend le paradoxe a peu de chances de se matérialiser dans une « grande société », c'est-à-dire dans le cadre dans lequel on pose d'ordinaire le problème du respect des libertés classiques, à cause de la faible différence que fait alors la conduite d'autrui dans les domaines concernés. Dans une « grande société », et à la différence de ce qui vaut pour un cercle restreint, on souffre peu de ce que lisent les autres ; si cela fait de la peine, c'est que l'on n'aura pas détourné le regard, ce que l'on aurait pu faire, il faut l'avouer, à coût nul.

On peut aussi penser à des libertés économiques contestées. Par exemple, imaginons que ma préoccupation dominante soit la lutte contre l'hérésie (dans le contexte de telle ou telle religion). Si je suis hostile à la diffusion de supports écrits de l'hérésie, je peux être favorable à ce qu'elle soit interdite dans mon pays. Mais que les écrits hérétiques se lisent ici et à l'étranger ou bien seulement à l'étranger ne fait guère de différence en vérité pour moi, ce qui peut conduire les autres à ignorer le préjudice que je subis, en l'absence de préjudice démontrable qui me serait plus spécialement « particulier », et compte tenu du fait que de toute façon, ailleurs, des lecteurs font les mêmes choix à l'étranger (le mal étant donc toujours à considérer comme « déjà fait » en très grande partie). Les vraies raisons de ma contestation éventuelle des droits consacrés seraient alors à chercher dans une dimension symbolique (« le fait que ce soit interdit quelque part et ainsi, signalé comme mauvais ou condamnable ») ou bien dans des espoirs (peut-être illusoires) relatifs à un processus d'émulation internationale dans la lutte contre l'hérésie. Dans le débat public en régime libéral, de telles raisons, malaisément assimilables à la défense circonstanciée d'intérêts personnels ou privés, sont habituellement à peine audibles.

En revanche, pour évoquer une problématique voisine, on constate que les reproches relatifs au blasphème peuvent devenir audibles, parce qu'ils voisinent, au point de s'y superposer quelquefois, avec la démonstration d'un préjudice subi sous la forme de l'agression d'un sous-groupe spécifique de la société. Par le relais des préoccupations identitaires, un « tort » spécifique émerge, qui permet de se mettre en règle avec la syntaxe de la promotion des droits dans la société libérale. Les droits au blasphème sont, pour l'essentiel, protégés par la liberté d'expression, ce qui permet de ne pas tenir compte, dans la grande majorité des cas, des torts occasionnés. Mais dans des cas rares, dans la rhétorique politique sinon toujours dans la jurisprudence, la reconnaissance des torts occasionnés prend le dessus, et l'on dénonce les agissements concernés, assimilés à des agressions contre des personnes ou contre un groupe spécifique. La démonstration des torts est dans tous les cas très exigeante et la règle est plutôt l'exercice sans limite de la libre expression.

Dans la vie collective en petit comité, c'est la jouissance de droits au sens de Sen qui est peu crédible, du moins si on l'interprète comme le suggère l'exemple de Lady Chatterley (dans lequel ce qui semble important est le fait que je puisse imposer ce que je veux quoi qu'en pensent les autres). Par exemple, il est clair qu'il n'y a rien de particulièrement « naturel » ou « minimal » dans le fait de laisser des fumeurs polluer l'air dans un compartiment de train où il y a des non-fumeurs (même si « fumer » est le seul aspect du monde que l'on puisse considérer comme personnel dans les problèmes de choix collectifs qui sont susceptibles de se poser avec les autres voyageurs). Rien de très naturel, non plus, dans le choix individuel de lire *Mein Kampf* dans une synagogue, ou dans le choix d'écouter de la musique rythmée et joyeuse dans un cortège funéraire, bien qu'il s'agisse assurément d'actes liés à l'exercice de droits fondamentaux classiques : lire ce que l'on veut, écouter ce que l'on veut. Il est possible que l'on jouisse de ces droits, mais les pressions normatives parmi les individus ou les menaces de sanctions informelles, ou encore les convenances et surtout le souci de respecter la sensibilité des autres, sont habituellement tels que l'on n'exerce pas ses droits dans ces directions. On lit autre chose, on écoute autre chose.

Cela relativise l'importance du conflit entre droits individuels et effets externes pour des exemples comme celui de la lecture d'un livre. Les effets externes que s'imposent les individus les uns aux autres ont peu de chances d'être importants dans une « grande société » : ce qui déplaît, c'est un mode de vie moyen ou fréquent, ou le fait qu'une chose se fasse (éventuellement en dehors de l'État dont on considère les normes) plutôt que la conduite spécifique de tel ou tel. Et dans une petite société où les effets externes que s'imposent spécifiquement les individus sont au contraire très forts, l'exercice totalement autonome d'un droit inconditionnel est une procédure de choix collectif peu pratiquée en vérité, et d'ailleurs peu convaincante.

LES INITIATIVES DANS LE PARADOXE LIBÉRAL

L'évocation du paradoxe libéral met en relief l'importance de la liaison entre préférences et raisons des choix collectifs. Les préférences ne sont pas importantes seulement parce qu'elles sont les préférences, mais aussi parce qu'elles sont validées, dans certains cas, comme des raisons à prendre en compte d'une certaine façon face à d'autres raisons en présence. Or, la raison pour laquelle les préférences sont validées comme décisives dans certains cas tient aux conventions culturelles par lesquelles on les relie à des initiatives des agents. Deux exigences libérales sont ici déterminantes : d'une part, les individus doivent pouvoir fixer certains choix entre les états du monde sur la base de leurs initiatives (ce qu'ils « veulent faire ») ; d'autre part, ces choix doivent être reconnus et protégés : ils doivent être traités comme des raisons sociales de choisir collectivement certains états du monde plutôt que d'autres (en sorte que ce qui est choisi par les individus ne soit pas écarté par la collectivité). Ces exigences semblent sous-jacentes à la manière dont nous interprétons un certain nombre de choix courants, dont nous considérons volontiers qu'ils témoignent de notre liberté et de la validation de celle-ci par le pouvoir politique.

Dans le « paradoxe libéral » d'A. Sen, pourtant, les deux exigences apparaissent découplées. On admet une traduction collective directe de certains choix préférentiels personnels (c'est le « libéralisme minimal ») mais, à la différence de ce qui vaut dans les exemples de la vie courante, pour les raisons qui ont été indiquées, il n'est pas si aisé d'interpréter ces choix comme la traduction de ce que les agents « veulent faire ». On raisonne un peu comme si l'on restait dans le cadre utilitariste : les préférences comptent pour elles-mêmes, doivent être respectées pour elles-mêmes. Mais il n'en va pas tout à fait ainsi dans la vie réelle en régime libéral : les choix personnels sont respectés parce que l'on présume qu'ils traduisent des préférences personnelles, mais certainement beaucoup plus encore parce que l'on y voit l'expression d'initiatives (ou actions) personnelles, ayant un certain degré d'indépendance. Il y a plus dans les choix préférentiels que la sélection opérée parmi des états du monde, et c'est précisément en vertu de la liaison avec le choix autonome que le respect des préférences individuelles acquiert le statut de bonne raison, et même de raison suffisante dans les domaines dits « personnels », pour guider les choix collectifs. C'est donc par différence, en quelque sorte, que la problématique d'A. Sen permet de souligner l'importance de l'initiative personnelle et de l'action dans les représentations courantes des droits constitutifs du libéralisme.

Dans la vie courante, à propos d'états de fait comme « lire un livre », on admet que les personnes « le veulent » (ou non). On ne se met pas en peine de préciser les conditions et, au prix d'une certaine simplification, on laisse entendre que c'est un choix inconditionnel. Par exemple, on ne précise pas que l'on veut lire à condition que telle autre personne fasse telle chose ou non (cela peut arriver, mais c'est alors inhabituel et représentatif d'une volonté d'un autre type). Cette manière de décrire les choses a son importance : c'est en vertu de cette sorte de convention que l'on peut saisir la reprise sociale des préférences individuelles comme une marque de respect de la volonté d'autrui (et de son autonomie), et les éventuelles interventions des autres comme des interférences perturbatrices. On rencontre donc ici une convention permettant d'interpréter les actions d'une certaine manière, et reposant sur la notion d'une faculté autonome de choix des actions parmi différentes actions possibles. En somme, une faculté d'initiative.

Le paradoxe libéral d'A. Sen montre cependant que cette convention court le risque d'être déstabilisée par le recours à d'autres raisons disponibles. Dans le cas de domaines qui apparaissent comme « personnels », on aimerait rendre cela impossible. Mais comment résister, par exemple, à la force de conviction de la norme de respect de l'unanimité ? Si l'on considère les choses de ce point de vue, il apparaît nécessaire de prendre des précautions dans la spécification de ce qui est « personnel » pour les individus. Il faut préciser à quel domaine de choix l'on pense pour les différents individus, et dire quelles préférences typiques on considère. Si l'on veut s'engager sérieusement sur des principes, il ne faut pas que les raisons mises en avant puissent être privées de portée par d'autres considérations.

Or, dans l'exemple de Lady Chatterley, le problème n'est pas seulement l'incompatibilité logique (démontrée) entre deux principes, c'est aussi qu'à l'examen, il est difficile de maintenir jusqu'au bout la pertinence de l'attribution simultanée des « droits » personnels aux agents d'une manière qui garantisse aux préférences individuels dans les domaines concernés le statut de conditions suffisantes des choix collectifs. En effet, comme on l'a vu, la comparaison de la valeur des choix possibles « lire » et « ne pas lire » pour l'un des agents change de sens, pourvu que l'autre agent exerce un choix dans un domaine pareillement « personnel ». Cela vient compromettre la croyance dans le caractère simultanément « personnel » de ces attributions de droits : tout se passe comme si la co-privatisation des domaines de choix s'était opérée dans des domaines par trop dépendants l'un de l'autre. Ce qui est protégé dans cet exemple, ce sont des domaines de choix dans lesquels, pour les préférences considérées, les agents n'ont pas des raisons de choix mutuellement indépendantes. Disons même qu'ils n'ont aucune indépendance l'un par rapport à l'autre. Dans ces conditions, il est difficile, tout d'abord, d'interpréter leurs choix préférentiels respectifs comme témoignant d'initiatives indépendantes.

La dépendance mutuelle des choix « personnels » fragilise l'interprétation qui en fait des choix dont le caractère autonome fait que les raisons individuelles doivent, pour des raisons de respect dû aux personnes autonomes, valoir aussi comme des raisons suffisantes des choix collectifs. À première vue, l'exemple de Lady Chatterley présente pourtant certaines caractéristiques qui pourraient conduire à conclure à un degré suffisant d'indépendance dans les choix personnels : en particulier, la faculté de décision de L sur {b,c} concerne une paire d'états à propos de laquelle rien de ce qui est simultanément réputé personnel pour l'autre agent n'est en cause concurremment. La même remarque s'applique à P relativement à la paire {a,c}. Mais à l'examen, puisque le choix de lire ou non, chez L, est dépendant d'un choix réputé similaire chez P, on ne comprend plus très bien pourquoi ce choix en vérité fort peu « personnel » de L est réputé capable d'imposer la solution sociale à propos d'un choix tel que {b,c}. C'est ce qui rend tout à fait naturelle la déstabilisation des choix sociaux par l'invocation d'un principe concurrent tel que le respect de l'unanimité.

Un petit pas supplémentaire dans l'analyse permettra de confirmer que, dans un exemple de ce type, la co-privatisation de domaines de choix individuels n'est pas assortie de précautions suffisantes pour qu'il soit crédible de résister à l'attrait d'autres principes de choix collectif, en particulier la règle parétienne. Partons d'une comparaison entre b et c, qui concerne donc un choix personnel à L et n'impliquant aucune différence personnelle propre à P. Entre les états b et c, il y a pour L une différence réputée personnelle, qui est la même que celle qui existe entre les états a et b (c'est le fait de lire ou ne pas lire). Dans cette comparaison, par la condition de libéralisme minimal, L impose b.

L'état c étant ainsi exclu, comment la société peut-elle se prononcer sur la détermination d'un aspect pareillement personnel pour P (lire ou ne pas lire) ? Par le principe de Pareto, elle sélectionne a plutôt que b. Donc, du point de vue de l'« intimité » de P, le choix de sa caractéristique « personnelle » se fixe ainsi : il va lire le livre. Même si le critère est impersonnel et collectif, c'est bien une manière de fixer pour P la caractéristique dont le caractère « personnel » explique qu'on lui ait donné un pouvoir discrétionnaire dans une certaine situation de choix. De plus, et ce point est important, c'est une manière de la fixer qui réplique la préférence de l'agent lui-même (puisqu'on conclut à partir du constat de l'unanimité).

Si cette caractéristique est personnelle lorsqu'elle se fixe par le choix sur une certaine paire d'états (disons, {a,c}), elle reste évidemment personnelle

lorsqu'elle se fixe par le choix sur une autre paire d'états (disons, {a,b}) ;
rien ne change à cet égard. Or, si l'on avait d'abord comparé les états
{a,c}, en appliquant donc directement à P la condition de libéralisme
minimal, le résultat pour la caractéristique « personnelle » de l'agent P
eût été opposé : c'eût été « ne pas lire le livre ». Et ici, le fait d'avoir à
comparer a et b plutôt que a et c résulte du fait que l'autre agent (P) a
antérieurement exercé sa prérogative dans son propre domaine « personnel ». Pour P, donc, la différence « personnelle » entre les états (celle qui
existe identiquement entre a et b et entre a et c) se fixe d'une manière
différente, et conformément au vœu de P lui-même dans chaque cas,
selon qu'on laisse L fixer de telle ou telle façon ce qui lui est personnel (alors même que ce choix de L n'engage en rien ce qui est réputé
personnel pour P). Le même raisonnement vaut en intervertissant les
agents et les paires d'états.

Peut-on admettre cette étrange configuration comme un exemple de
souci du libéralisme en un sens modeste ou « minimal » ? Il semble que
la réponse doive être négative, si l'on veut que l'attribution simultanée
de domaines strictement personnels aux individus soit crédible. On
rencontre ici des préférences qui poussent les agents à sélectionner leurs
caractéristiques personnelles d'une manière qui peut dépendre fondamentalement d'une sélection analogue opérée antérieurement par autrui. Dans
ces conditions, il est bien difficile de dire (comme poussent à le faire les
conventions interprétatives usuelles dans la vie courante) que les préférences individuelles dans la sphère « personnelle » spécifiée doivent être
respectées parce qu'elles témoignent d'un libre choix, d'une libre initiative ;
la dépendance à l'égard des choix réputés également « personnels » des
autres est trop manifeste pour que cela soit vraiment convaincant.

Ces différents domaines de choix ne peuvent pas être « personnels » ensemble, parce que la manière dont les préférences individuelles
s'exercent dans l'un des domaines pour un agent est subordonnée aux
choix semblables d'autrui. Pour les préférences et les domaines de choix
que l'on considère, les agents mis en scène ne savent pas ce qu'ils veulent.
Déterminer (ou les laisser déterminer) leur caractéristique « personnelle »
sur la base de leurs propres préférences, voilà un exercice auquel il est
impossible de se livrer sans prendre en compte ce qui est « personnel »
pour autrui. Or, l'association entre le respect du libre choix et l'initiative
personnelle présuppose un degré raisonnable d'indépendance au moins
dans certains domaines, et au moins relativement aux choix des autres
dans certains domaines. En se fondant sur les préférences, on n'y arrive pas.

Disons les choses d'une autre manière encore, pour préciser ce que cela signifie du point de vue du rôle des préférences dans l'étude des droits (un thème important dans les débats autour du paradoxe d'A. Sen). Ce qui a été mis en cause dans l'argument qui précède n'est pas la portée de la prise en compte des préférences personnelles. Leur versatilité, dans l'exemple considéré, engendre un problème ; mais il n'y aurait aucun sens à « censurer » les préférences (il est toujours possible que des agents préfèrent telle ou telle chose, c'est simplement un fait). Le problème qui est engendré concerne plutôt l'attribution de droits absolus. Les droits doivent être associés à l'initiative des agents : c'est parce que l'on fait confiance à l'initiative des agents, c'est parce que l'on pense qu'elle traduit leur volonté propre, c'est parce que l'on souhaite s'en remettre à leurs préférences personnelles dans certains domaines au moins afin de témoigner du respect à ces gens. Pour que les préférences personnelles soient décisives, il faut qu'elles aient un lien avec l'initiative personnelle dans un domaine que l'on peut considérer comme spécialement lié à l'individu, et il faut que l'initiative traduise une volonté. Mais il ne faut pas que cette volonté porte l'agent dans une direction ou dans la direction contraire selon ce qui est choisi par d'autres dans des sphères également personnelles. Sinon, on ne peut pas prétendre, tout d'abord, que le domaine considéré soit spécialement lié à l'agent ; on ne peut pas non plus prétendre qu'il soit l'occasion d'initiatives ayant leur teneur propre, portant à la recherche de certaines choses plutôt que d'autres.

Si l'on suit cette analyse, le beau dilemme posé par A. Sen rappelle et illustre le lien essentiel entre les raisons des choix et la défense des droits personnels. Dans l'esprit du libéralisme au sens ordinaire, si l'on veut respecter le choix préférentiel de P sur {a,c}, par exemple, ce n'est pas pour le plaisir de voir se répliquer à l'échelon collectif une sélection entre des états du monde qui est par ailleurs identifiable à l'échelon individuel (si ce n'était que cela, les préoccupations libérales auraient décidément bien peu de poids face aux préoccupations conséquentialistes les plus robustes, comme le principe de Pareto). C'est pour une bonne raison d'un autre ordre, combien plus puissante (quoi qu'il en soit de la ressemblance superficielle avec la précédente). C'est parce que l'on pense qu'un choix par lequel un individu détermine volontairement une caractéristique « personnelle » en raison de ses préférences propres, en faisant donc preuve d'une initiative de son propre mouvement, ne doit pas pouvoir être déstabilisé par d'autres considérations (et surtout pas par des considérations qui n'auraient trait qu'à ce qui est pareillement

« personnel » pour d'autres agents[1]). Mais cela suppose tout d'abord l'indépendance entre de telles initiatives d'un individu à l'autre.

Dans l'idiome individualiste de la perspective libérale sur l'éthique sociale, on souhaite que les choix collectifs reflètent le respect pour des initiatives auxquelles on peut se référer comme à des initiatives de personnes particulières, sans se référer à ce que veulent ou font les autres (et surtout pas à ce que veulent ou font les autres de leur propre initiative). C'est cela qui est impossible dans une situation comme celle de « Lady Chatterley » et c'est pourquoi le dilemme n'illustre pas véritablement une difficulté liée au libéralisme au sens ordinaire. C'est cela aussi qui donne sa portée normative au libéralisme : certains choix personnels qui témoignent de préférences personnelles dans des domaines personnels doivent offrir une certaine résistance aux « bonnes raisons » sociales de divers ordres ; et cela, pour de « bonnes raisons » que l'on doit pouvoir rattacher à la personne elle-même, et à elle seule. Voilà pourquoi certaines prétentions doivent se laisser translater de l'échelon individuel à l'échelon collectif, sans remise en cause par d'autres raisons. Voilà pourquoi certaines raisons « personnelles » doivent se voir reconnaître un statut prédominant dans les arbitrages qui ne peuvent manquer d'être opérés face à d'autres raisons. Si je ne me trompe pas, c'est l'esprit même du libéralisme.

Ces aspects du problème concernent le statut social des raisons individuelles et l'arbitrage entre les prétentions. Jusqu'ici, force est de constater qu'ils n'ont pas figuré au premier rang des débats. Peut-être

---

1   Bien sûr, des considérations collectives importantes peuvent toujours interférer, dans certains cas, avec le respect strict de droits personnels habituellement reconnus. Cela se discute au cas par cas. Mais à tout le moins, une indépendance minimale entre les domaines reconnus comme personnels est bien exigible ; c'est à ce niveau que l'on doit se préoccuper de « minimalisme ». On peut éventuellement m'empêcher de prendre un bain ou d'arroser mon gazon parce qu'une pénurie d'eau menace gravement l'agriculture dans les environs (bien que ces droits me soient habituellement reconnus et soient effectivement protégés dans les cas ordinaires) : je le veux bien et, dans l'hypothèse même où je ne le voudrais pas, je devrais être prêt à en discuter si je suis une personne raisonnable. Mais que faudrait-il penser d'une interdiction d'arroser mon gazon motivée par le fait que telle autre personne juge que la vue depuis sa fenêtre est une affaire « personnelle », et préfère que mon gazon reste ras ? Il faudrait en penser que la société se décide sur la base de prérogatives mal attribuées : ce ne peut être pour l'autre personne une préoccupation reconnue comme « personnelle », ou du moins, ce ne peut être une préoccupation reconnue comme personnelle pour elle simultanément avec la reconnaissance du caractère personnel pour moi de l'entretien du gazon. Le problème ne se réduit pas à un conflit logique dans les prérogatives, dû à la spécification incohérente des droits au contrôle des états de fait. Il enveloppe une incongruité dans la distribution des raisons « personnelles » et reconnues comme telles. Il y a un problème dans ce que l'on pourrait appeler la co-privatisation des domaines du respect social des choix personnels.

parce que l'examen du paradoxe a été motivé, le plus souvent, par des soucis théoriques liés au partage entre le conséquentialisme (illustré par le principe de Pareto) et le dépassement du conséquentialisme (illustré par les droits, par la sélection personnelle parmi les états du monde et sa réplication à l'échelon social – bref, ce qu'il y a de plus « purement » procédural). D'un côté, le plus pur conséquentialisme, et face à lui, le plus pur non-conséquentialisme : le partage était net et le paradoxe donnait l'occasion d'étudier le type pur du conflit séculaire entre les deux approches de l'éthique publique et sociale.

Si l'on privilégie la thématique de l'initiative et des raisons comme je l'ai tenté, le partage est, il est vrai, moins net. Les initiatives concernent l'aptitude au choix, mais le respect de ces initiatives n'a de sens qu'en référence à des raisons qui doivent concerner les états du monde et les différences qui existent entre eux. Ce qu'il y a de « personnel » dans le monde, ce ne peut être une pure aptitude au choix, ce ne peut être l'élément « purement procédural » dont rêve un jour ou l'autre le théoricien lassé des raisonnements conséquentialistes ; c'est aussi le fait que le choix permette de discriminer entre des états pour la raison précise qu'ils se distinguent les uns des autres par une certaine différence pertinente pour l'agent. En ce sens, l'attention aux conséquences doit être maintenue, au plus fort de la discussion des aspects procéduraux de la vie sociale. Mais le collectif ne peut être totalement dissocié de l'individuel. Il faut en effet se demander si le choix des préférences purement individuelles comme critère d'attribution de prérogatives minimales dans les choix collectifs est satisfaisant. En particulier : permet-elle d'attribuer ces prérogatives d'une manière qui en autorise l'interprétation comme marques de respect collectif pour des initiatives individuelles indépendantes ?

À cause des problèmes évoqués, je crois que la réponse est négative. Les préférences individuelles sur les états sociaux ne constituent pas une bonne base d'information, sur laquelle s'appuyer pour garantir le respect collectif des choses personnelles. L'exemple de Lady Chatterley montre que si l'on allait dans cette direction, ce qui serait protégé comme « personnel » serait en vérité profondément « co-personnel », en sorte que l'instauration de contrôles purement individuels serait à la fois exorbitante (comme le montre le conflit avec le principe de Pareto) et incapable de garantir le succès (ou l'absence de perturbation) d'initiatives individuelles raisonnablement indépendantes. Or, la protection des droits a justement à voir avec la garantie de succès pour des initiatives. Voyons ici l'une des leçons méthodologiques à tirer du « paradoxe libéral » : quand on veut établir un critère de protection de ce qui est propre à une personne (choix préférentiel, action sans obstacle, procédure sans interférence, ou tout autre candidat), il faut vérifier que ce qui est dit « propre » à la personne l'est effectivement en un sens minimal – toute la difficulté étant alors de préciser d'une manière convaincante, en proposant des critères, ce minimalisme d'un autre ordre.

LA « CLAUSE LOCKÉENNE » :
UNE LECTURE EN TERMES D'AVANTAGE LIÉ AUX ACTIONS

L'appropriation est évidemment une question à propos de laquelle on voit se mettre en place des stratégies de justification qui concernent la délimitation d'une sphère légitime des droits. Tournons-nous vers un critère de légitimation très classique, relatif à la constitution d'un domaine privé des personnes, et voyons quel rôle peuvent jouer, dans l'acceptation d'un tel critère, les considérations relatives à l'équilibre des revendications. Le critère en question a été introduit par John Locke et il a été constamment réutilisé depuis lors dans les doctrines libérales. Dans la théorie de l'appropriation légitime par le travail, exposée dans le second *Traité du Gouvernement Civil*, on trouve une condition suffisante : la transformation par le travail d'une portion des ressources naturelles en bien faisant l'objet d'une jouissance (ou consommation) personnelle est légitime si « il en reste autant et d'aussi bonne qualité pour les autres ». Cette condition et la théorie de la propriété qu'elle accompagne sont à l'origine, chez Locke et par contrecoup dans une large part de la tradition libérale, de la légitimation des droits individuels classiques sur les choses. Qu'est-ce qui fait réellement d'une telle condition un élément de légitimation ?

On peut d'abord citer le fait que l'appropriation par le travail relève de l'initiative de l'agent. Il ne s'agit pas d'une pure procédure de mise à disposition d'états du monde, puisqu'une initiative de l'agent est requise sous la forme d'un « travail ». On entre ici dans le domaine de l'attribution des droits du libéralisme tels que nous les figure le discours politique et économique ordinaire : des prérogatives liées d'une manière essentielle à des actions (plutôt qu'à la simple apparition d'états du monde) et garantissant aux agents certaines caractéristiques pour les résultats associés à ces actions. L'interdépendance des acteurs établit un lien décisif entre l'action et l'organisation collective de la protection : pour que l'action soit entreprise, il faut qu'une certaine perspective sur ses résultats apparaisse crédible à l'agent, et il revient justement à l'organisation collective de faire en sorte que l'anticipation raisonnée des résultats conduise les agents à agir, grâce à des contraintes ou menaces pesant sur les menées des uns et des autres. C'est là proprement le domaine des droits dans l'univers politique et économique du libéralisme.

En outre, si la clause lockéenne est respectée, il y a à l'arrière-plan un fait de la nature que l'on peut décrire ainsi : l'appropriation qui est réalisée n'est pas telle qu'elle puisse être contestée par autrui dans le cadre de la recherche, par autrui, des conditions de la subsistance et du développement personnel ; en effet, il en reste autant et d'aussi bonne qualité pour les autres. On ne peut pas se plaindre de cette manière des limites qui résultent, pour leur action, du respect de l'appropriation réalisée par autrui.

Ce qui emporte vraiment la conviction, c'est probablement cet élément associé, relevant de la réciprocité : si la condition visée est respectée, au lieu de me chercher querelle à leurs risques et périls, les autres auront mieux à faire – du point de vue de leur intérêt propre – en cherchant à se procurer et à garder par devers eux des choses équivalentes. On mobilise seulement alors une hypothèse auxiliaire pratiquement évidente : entrer en conflit avec autrui à propos de la détention des biens comporte des risques, des coûts ou du désagrément. S'en prendre au bien déjà approprié par autrui serait dès lors irrationnel dans cette configuration favorable. Faire des efforts dans le cadre d'une action concertée avec autrui pour destituer autrui d'une part du bien approprié serait irrationnel. Et si tel n'était pas le cas, un problème interpersonnel se poserait, autrement dit, la légitimation de l'appropriation serait moins aisée.

Ainsi, dans des cas privilégiés, l'attribution de certains droits aux hommes est de nature à ne pas être contestée par d'autres qui seraient entraînés par leur intérêt propre, car on peut être sûr qu'ils ont mieux à faire ailleurs. Dans cette interprétation sommaire d'un critère classique, on voit que l'équilibre des raisons dans les revendications concevables joue un rôle crucial. Chacun peut assez aisément se persuader, par des raisons tirées de l'intérêt personnel, qu'il n'y a pas lieu de manquer de respect à l'appropriation déjà réalisée par autrui dans le respect de la clause mentionnée. Cela peut illusrer une hypothèse un peu plus générale : la prise en compte collective des raisons liées aux domaines privés est conditionnée par la nature des conflits sous-jacents entre les revendications concevables. Dans certains cas (comme l'illustrent cet exemple et les exemples suivants), ces conflits potentiels ont des propriétés remarquables, qui attirent l'attention.

Par exemple, ici, chacun remarque qu'il n'y a vraiment rien à dire en faveur des revendications concevables qui iraient dans le sens de l'obtention (par ses propres moyens ou par une action collective) du bien approprié par autrui. Au prix de l'explicitation d'une hypothèse auxiliaire très faiblement contraignante, on peut aller jusqu'à affirmer qu'il n'y aurait rien de tel à dire du point de vue même de celui qui présenterait une telle revendication. En ce sens, les revendications sont en équilibre lorsque les droits sont spécifiés conformément au critère lockéen de l'appropriation légitime dans un état de nature. Ces droits sont, en quelque sorte, appelés à se déterminer ainsi et c'est pourquoi le critère emporte aisément l'adhésion (si âprement discutées que soient les conclusions lointaines que Locke en tire pour l'organisation politique et sociale).

Au-delà de la question de l'appropriation, la construction sociale et culturelle d'« équivalents » apparaît décisive dans la manière collective d'arbitrer entre des préoccupations contradictoires en spécifiant progressivement les droits qui traduisent telle ou telle délimitation des libertés. Il importe en effet, autour de très nombreuses questions, que les agents dont la liberté se trouve limitée d'un côté retrouvent ailleurs, ou d'une autre façon, les fruits de l'exercice de leur liberté. Par exemple, dans une décision récente, le Conseil d'État a rejeté le recours de l'association culturelle musulmane René-Guénon contre la décision du CROUS de Versailles (un organisme s'occupant des résidences étudiantes) portant fermeture de la salle de prière musulmane aménagée (et utilisée depuis une trentaine d'années) au cœur de la cité universitaire d'Antony (Hauts-de-Seine)[1]. L'une des raisons décisives pour le juge est la suivante : le CROUS, lors de l'audience publique, s'est dit prêt à étudier comment l'association pourrait disposer d'un autre local ; c'est la raison pour laquelle le juge considère que sa décision ne porte pas atteinte à une liberté fondamentale. Dans les termes que nous avons utilisés, cela revient à dire que les agents concernés doivent raisonnablement accueillir d'autres formes de pratique de leur culte comme équivalentes ou d'égale valeur. Si l'on suit le raisonnement validé par le Conseil d'État, cela fait partie des accommodements par lesquels ils doivent accepter de voir leur liberté restreinte du fait que l'on donne satisfaction à la volonté d'agir (dans une direction incompatible avec les libertés exercées antérieurement par ces agents) de la directrice du CROUS de Versailles.

---

1   Voir, sur cette affaire, l'article « Le conseil d'État rejette la demande des étudiants musulmans d'Antony », par Jean-Marie Guénois, *La Croix*, vendredi 9 mai 2008.

ROUSSEAU : LA LOGIQUE DU CONFLIT
ET LA NÉGATION DE L'EXPLOITATION NATURELLE

Dans le même mouvement, considérons un argument non moins classique de Jean-Jacques Rousseau à propos de l'homme à l'état naturel. L'argument accrédite la thèse selon laquelle il y a dans cet état une limitation compréhensible au tort que l'on se cause mutuellement. Dans le second Discours (*Discours sur la nature et l'origine de l'inégalité parmi les hommes*, 1ère partie), Rousseau présente avec soin une réfutation de la réalité de l'oppression des plus faibles par les plus forts dans la condition primitive de l'humanité, qui s'appuie d'une manière décisive sur ce que l'on pourrait appeler la technologie des conflits et du contrôle dans l'espèce humaine. Parmi des hommes qui ne possèdent rien, on ne peut observer ces « chaînes de la dépendance » que l'on observe dans la civilisation. Dès lors, deux raisonnements emportent la conviction.

D'une part, le tort subi ne peut pas être très considérable, parce qu'une substitution d'un nouveau bien au bien perdu est en général possible : si l'on prive l'individu de quelque chose (les fruits qu'il a cueillis, le gibier qu'il a tué ou bien l'antre qui lui sert d'asile), il retrouve une chose comparable ailleurs. « Si l'on me chasse d'un arbre, j'en suis quitte pour aller à un autre ». Et cela est généralisable à la simple jouissance paisible de l'existence en un lieu : « Si l'on me tourmente dans un lieu, qui m'empêchera de passer ailleurs ? ». D'autre part, la balance des coûts et des avantages dans l'état primitif de l'humanité n'est pas de nature à favoriser l'exploitation ou l'oppression entre les hommes. Si l'on revient au but même de l'oppression d'autrui, qui est d'en tirer avantage, il y a des raisons de penser que la poursuite de ce but par ce moyen est vouée à l'échec. En effet :

> Se trouve-t-il un homme d'une force assés supérieure à la mienne, et, de plus, assés dépravé, assés paresseux, et assés féroce pour me contraindre à pourvoir à sa subsistance pendant qu'il demeure oisif ? Il faut qu'il se résolve à ne pas me perdre de veüe un seul instant, à me tenir lié avec un très grand soin durant son sommeil, de peur que je ne m'échappe ou que je ne le tüe : c'est-à-dire qu'il est obligé de s'exposer volontairement à une peine beaucoup plus grande que celle qu'il veut éviter, et que celle qu'il me donne à moi-même.

On voit donc se mettre en place, à propos de la question de l'oppression et du contrôle parmi les hommes, une thématique de la substituabilité et de la garantie des finalités de l'action, dans les conflits potentiels sous-jacents aux prérogatives considérées. Ce sont ici les conflits qui résulteraient de l'effort pour réduire autrui à la servitude, dans un monde où l'on n'est pas volontairement serf. La méthode est assez claire. On doit considérer les résultats attendus, en rapport avec les initiatives. On se demande si ces initiatives sont d'un rapport suffisant pour qu'elles puissent être rationnelles. On constate alors que certaines normes de non oppression s'imposent par elles-mêmes parce que les propriétés de l'homme et de son interaction sont telles qu'il n'est pas avantageux de priver autrui de ce qui, pour lui, n'est pas remplaçable. C'est ce que montre un calcul coût-avantage approximatif.

On remarque deux choses essentielles. Comme dans les vues de Locke à propos de l'appropriation des ressources naturelles, ce qu'il importe de prendre en compte est l'existence ou non de supports de valeur remplaçables (tolérant des substituts équivalents) restant accessibles après l'accomplissement des actes des autres. Et de même que si je m'approprie des choses en respectant la clause lockéenne, autrui a mieux à faire que de me chercher querelle, de même, on peut dire ici que les actions d'autrui qui me priveraient de certains biens sont de nature à ne pas permettre à ceux qui les entreprendraient d'atteindre leur but. Le parallélisme est évident dès lors que l'on considère les conflits sous-jacents aux normes à justifier. Cela suggère que la norme excluant les actes hostiles bénéficie d'une forme de stabilité et d'une capacité à être facilement acceptée et concrétisée. L'équilibre social des raisons est prévisible et il reflète largement, ici, des propriétés naturelles de la résolution des conflits parmi les hommes. La structure de ce qui est à respecter reprend les contours de ce qui ne donne pas lieu à une contestation compréhensible et avantageuse. C'est sur cet équilibre compréhensible des raisons que repose l'absence d'exploitation dans l'état de nature.

LE « NOYAU NATUREL » SELON HART :
LIEN AVEC L'ANALYSE DES CONFLITS

Rappelons brièvement encore, dans une veine similaire, un argument classique de Herbert L.A. Hart dans *Le Concept de droit* : sur le fond, droit et moralité ont un contenu partiellement commun, car il existe un noyau de règles à l'encontre desquelles le droit ne peut guère aller. Telle est la manière dont Hart parvient à donner un contenu restreint et modeste à l'idée d'un droit naturel. Il ne s'agit pas seulement chez lui d'une théorie de l'évolution du droit qui aurait vocation à rendre compte de la constance de certains arrangement de base ; il s'agit simultanément (comme dans la lecture proposée des arguments de Rousseau et de Locke) de la mise en évidence de raisons d'approuver de tels arrangements, à cause de leur liaison avec certains intérêts (l'enquête positive et l'enquête normative sont ici inextricablement mêlées, dans la mesure où le droit et la politique ne sont pas à l'usage exclusif d'un « club de candidats au suicide »). De fait, selon Hart, il est possible d'identifier certaines liaisons essentielles entre la condition de l'homme, sa vie en société et la manière dont cette vie sociale peut être soumise à des règles.

Le « noyau commun » concerne des actions simples, qui n'exigent pas de compétence spéciale, et que tout le monde peut être conduit à entreprendre. Donc aussi, peut-on ajouter, des formes typiques ou génériques d'interactions sociales. Les « platitudes » (*truisms*) concernant la nature humaine qui sont invoquées par l'auteur consistent en l'énoncé de quelques faits contingents et vrais, relatifs à notre condition. En particulier, on peut mentionner le fait suivant (parmi ceux qu'invoque Hart). La vulnérabilité des êtres humains, qui les distingue d'autres êtres vivants (mieux protégés de leurs congénères de par leur constitution physique – comme dans le cas des tortues) rend compréhensible l'importance de certaines interdictions habituelles dans les systèmes de droit et de moralité.

Dans cette reconstitution d'un noyau de naturalité du droit, dès lors, il y a une place pour les éléments suivants : il y a des torts importants que les hommes sont capables de se causer les uns aux autres, en sorte que les normes qui donnent certaines assurances contre ces torts protègent *de facto* des intérêts vitaux des individus ; et il est malaisé aux individus de compter sur leurs propres forces (ou sur la force d'un petit groupe) pour protéger ces intérêts.

DEVOIR-ÊTRE ET CONFLITS AUTOUR DES DROITS

Gardant en mémoire ces arguments, voyons de quelle manière on peut se référer à des éléments épars mais déjà existants de la théorie de la revendication et des conflits, afin d'aller un peu plus loin dans l'examen de l'inscription des droits classiques dans la dynamique des normes. Une grande importance s'attache, dans l'approche que l'on tente ici (et dans la synthèse présentée au chapitre suivant), aux facultés d'action des individus et à ce qu'ils peuvent choisir d'imposer aux autres à travers leurs actions. Or, tout cela relève simplement des faits tels qu'ils sont : peut-on y voir des éléments réellement importants pour cerner la nature des droits, alors que ceux-ci concernent toujours le devoir-être, non pas ce qui est ? Cette question n'est pas simple.

Lorsqu'on s'intéresse à la position particulière des droits individuels de base au regard du jeu des intérêts dans la dynamique des normes, il faut considérer ce que les individus peuvent se faire les uns aux autres conformément aux aspects contingents de leur existence (leurs capacités de nuisance, leur résolution à poursuivre des buts, leur sensibilité ou insensibilité aux actions des autres...). Les individus ne s'intéressent pas seulement à la proclamation abstraite de leurs droits ; ils s'intéressent aussi, et surtout, à la concrétisation de ceux-ci dans une structure sociale et institutionnelle leur donnant, en vertu des droits, certaines garanties stables relativement à ce que l'on peut leur faire, ou relativement à la condition dans laquelle ils peuvent se trouver. Ils s'intéressent à la sécurité personnelle que cette concrétisation apporte. Dès lors, et sans nier le moins du monde la pertinence de l'interrogation éthique individuelle sur la répartition appropriée des droits ou prérogatives, il est important de considérer que les droits que l'on possède effectivement sont ceux qui s'établissent dans un équilibre social entre les prétentions des uns et des autres.

Cela suggère une manière d'aborder la question d'un noyau naturel (ou stable) des droits, à partir de la facilité relative et de la stabilité relative de sa concrétisation (par comparaison avec l'octroi des autres garanties concevables). Ces propriétés tiennent au faible intérêt ou à la difficulté des actions contraires à l'exercice non entravé de ces droits et des actions (habituellement collectives, concertés) qui tendraient à remettre en cause les normes de protection de ces droits. De cette manière, les aperçus acquis jusqu'à présent conduisent à souhaiter une union plus étroite de deux branches théoriques assez éloignées l'une de l'autre en apparence : l'analyse des droits et celle des conflits.

Ce type d'enquête a de l'intérêt pour une analyse politique de l'acceptation des normes et des arrangements sociaux, dissociée du pur souci moral – dissociée, en particulier, de ce qui concerne la transcription de principes de dignité, d'autonomie, de liberté, de bien commun (ou d'autres principes généraux de ce genre) dans les normes publiques. On peut en effet s'interroger sur ce qui permet aux droits classiques d'être acceptés dans la vie sociale et de perdurer en lien, probablement, avec la structure et le jeu spontané des intérêts des acteurs (au-delà des raisons strictement morales qui concernent des principes impersonnels et leur expression). Pour une enquête de ce genre, il importe de considérer ce que les hommes peuvent se faire les uns aux autres, ce dont ils peuvent se priver les uns les autres et la manière dont des normes communes règlent les conflits potentiels que cela occasionne.

Sur cette base, on peut examiner (dans l'ordre des raisons acces-sibles à des agents) ce qui fait que certains droits semblent acceptés et perdurent alors même que certains acteurs en souffrent et alors même que ces acteurs pensent, le cas échéant, que le tort qu'ils subissent est injuste ou contraire à leur liberté de vivre dans un monde conforme à leurs souhaits. La stabilité des garanties les plus générales, il faut le souligner, ne rend pas impossibles par avance les évolutions dans la spécification précise des droits personnels, pourvu que l'on demeure dans les marges d'interprétation autorisées par les droits généraux pro-clamés. Autrement dit, il faut compter parmi les données permanentes de la réflexion sur le libéralisme les phénomènes de contestation et de lutte (entre groupes ou individus) dans l'établissement des frontières des protections collectives, dans l'approfondissement ou dans la limitation des facultés de choix personnelles.

Autour des droits de base les plus classiques, on voit aujourd'hui se développer de profonds conflits de valeurs. Supposons, pour simplifier l'analyse, que les uns et les autres acceptent les lois, au sens où ils ne remet-tent pas habituellement en cause leur application dès lors que leur mise en vigueur a été légale, – sans pour autant les approuver comme justes. Qu'il s'agisse du clonage et d'autres droits d'expérimentation biomédicale, de la libre expression en matière de propos perçus comme blasphéma-toires ou hostiles à des communautés spécifiques, de l'avortement, des pratiques eugénistes privées, de l'euthanasie, etc., on voit nettement que les désaccords notoirement irréductibles et profonds qui existent dans ces domaines entre des citoyens également respectueux de la légalité (et de bonne foi dans l'argumentation et dans la défense de leurs convictions) peuvent les conduire à renoncer à accepter comme justes les droits indi-viduels consacrés dans leur pays, sans nécessairement cesser pour autant d'être des citoyens loyaux, attachés aux lois et institutions du pays.

C'est ce que la philosophie politique contemporaine, qui demeure impressionnée par les grands récits d'ascension vers une société juste, a certaines difficultés à penser sereinement, aujourd'hui encore. À mesure que s'accroît le champ ouvert à l'initiative personnelle dans des domaines moralement contestés, à la faveur de l'approfondissement du libéra-lisme dans les démocraties occidentales, on voit s'accentuer les tensions autour des droits et, en particulier, autour des droits individuels reliés de manière certaine, par l'argumentation et par la revendication, aux droits fondamentaux. L'abus et l'excès ne sont pas seulement l'abus et l'excès : ils sont en pratique souvent aussi des manières de comprendre ou de mettre en œuvre ce que personne ne trouverait abusif ou excessif. En régime libéral, compte tenu des difficultés inévitables dans l'interprétation et la mise en œuvre des principes relatifs à la liberté politique, il n'est guère étonnant que la conflictualité à propos de la justice se développe à mesure que s'approfondissent les facultés de choix personnelles, collectivement disputées, et dont l'exercice est cependant garanti par l'organisation collective. Dès lors, il importe de considérer trois questions qui sont à rattacher à l'enquête normative sur les droits.

D'abord, quels sont les éléments d'explication, tirés des intérêts individuels, de la stabilité (ou de l'absence de contestation, ou de la faible contestation) de la répartition des droits individuels en présence de désaccord éthique ? Il importe de les rechercher, pour éviter d'interpréter comme un accord éthique ce qui n'en est pas un. Cela doit être remarqué, parce les enquêtes normatives contemporaines possèdent assez souvent un volet que l'on peut dire interprétatif ou herméneutique, consistant à systématiser des intuitions sur la justice supposées déjà présentes dans des sociétés particulières (par exemple, dans les démocraties occidentales) et sous-jacentes aux formes de coexistence ou aux arrangements normatifs de ces sociétés.

Quel est ensuite le risque de provoquer des troubles civils si l'on entreprend de contester certains droits individuels au nom d'un idéal personnel de justice ? De la réponse dépend le poids à donner aux raisons proprement politiques de s'attacher à la stabilité de la répartition des droits en tant que telle. D'un point de vue politique sinon proprement moral, cette question a une grande incidence sur la manière de considérer l'éducation à la citoyenneté. Dans une société gravement divisée sur le plan éthique, dans laquelle de nombreux individus trouvent que certaines choses sont aussi inacceptables que bien acceptées par une majorité de leurs concitoyens, et dans laquelle par ailleurs l'organisation collective permet de jouir en commun d'importants biens publics et des fruits de la paix et de la croissance économique, il faut peut-être s'intéresser à cette troisième question : comment favoriser la tolérance politique de ce qui reste perçu comme injuste individuellement ? La question peut surprendre, mais il faut bien voir qu'une réponse positive n'exclurait pas le travail de persuasion mutuelle des individus, par lequel chacun peut espérer redresser à terme le jugement des autres selon la manière de voir qui lui est propre (un travail de persuasion qu'il faut situer à la racine de la légitimation que donne la règle majoritaire dans les choix publics puisque cette règle récompense les efforts de persuasion).

Bien entendu, cette problématique a un côté inquiétant, car on ne peut disposer avec légèreté de l'espoir toujours renaissant d'un accord fondamental entre des normes de justice et les arrangements socio-politiques. Néanmoins, il faut aussi être attentif à d'autres éléments, non moins inquiétants, et qui peuvent justifier cette inflexion par rapport aux théories qui postulent, avec un bel optimisme, l'existence d'une conception de la justice dont tous devraient se faire une règle.

Dans un contexte pluraliste, en effet il y a une forme de violence dans le fait de présenter comme consensuels, et comme acceptables par tous pour des raisons de justice, des arrangements sociaux qui apparaissent en fait radicalement inacceptables à certaines parties de la population. On peut trouver que cette violence idéologique, qui est aussi une négation de la pertinence de certains points de vue, est elle-même inacceptable. La théorie politique classique (chez Hobbes et chez Spinoza en particulier) a mis en relief, comme on le sait, les dangers de la prétention à dire ce qui est juste. Ces sculpteurs étaient prudents qui, sur le tombeau de Guillaume d'Orange, ont ôté à la justice son glaive, pour mieux figurer les vertus qui soutiennent la liberté politique. Mais la volonté de discerner ce qui est juste et ce qui est injuste a la vie dure ; elle ne disparaît pas dans l'enchantement d'une formule politique, si judicieuses que soient les précautions institutionnelles devant prévenir ses effets ; au contraire, il faut y voir une donnée stable de la vie publique, un fait avec lequel il faut composer. L'annulation de ses effets extérieurs par la mécanique institutionnelle est une chose, l'oubli de sa place dans les sentiments politiques en serait une autre. Si l'on s'intéresse de près ou de loin aux aspects subjectifs de la condition de citoyen, on ne peut se désintéresser de la compatibilité entre le discours public officiel et la réalité des sentiments sur le juste et l'injuste, saisis dans toute leur diversité.

Lorsque le consensus éthique sur la justice des lois ou de la structure de base de la société fait défaut, l'insistance exclusive des pouvoirs publics sur la question de la justice et sur l'acceptabilité éthique est en fin de compte moins salvatrice que dangereuse pour l'ordre public. Elle menace aussi la préservation des modalités démocratiques de la concurrence ouverte entre différents systèmes de valeurs. En faisant monter les enchères du débat sur les valeurs, en le transformant en une joute entre des systèmes de conviction alternatifs en concurrence pour la consécration publique à l'échelon des principes fondamentaux de l'organisation collective, on risque d'entretenir le désintérêt pour la chose publique, voire même d'encourager le développement d'une violence politique. On se lasse vite d'entendre appeler « justes » les choses que l'on est fondé à trouver injustes.

INTÉRÊTS EN CONFLIT ET DYNAMIQUE DES DROITS

Il est usuel, dans les explications de la dynamique des normes, de faire l'hypothèse que celle-ci procède du jeu des intérêts individuels[1]. On donne alors toute leur importance aux aspects instrumentaux de la conduite individuelle face aux normes, et corrélativement, aux effets externes des conduites individuelles. Les effets externes jouent un rôle décisif dans les explications de l'émergence des droits depuis la contribution initiale de H. Demsetz[2]. L'idée générale est que ceux qui ont un intérêt à voir cesser certaines actions des autres (à cause des effets externes négatifs sur eux-mêmes) peuvent également avoir un intérêt à agir en sorte d'aider à la mise en vigueur de normes concernant ces actions ou les effets de ces actions.

Imaginons que l'on parte d'une analyse des conditions nécessaires pour qu'une perspective instrumentale sur l'émergence des normes soit crédible (une perspective selon laquelle les normes qui émergent sont celles qui assurent la promotion des intérêts des membres du groupe). En transformant ces conditions en facteurs explicatifs, on peut alors parvenir à dégager un modèle causal général[3]. Les exemples de K.-D. Opp et la théorie sociologique qu'il développe portent sur l'explication de l'inscription des droits individuels et de leur évolution dans la dynamique sociale des dispositifs normatifs. Ils suggèrent qu'il faut revenir aux intérêts conflictuels en présence. Il ne s'agit pas forcément de conflits ouverts ; il peut s'agir de menaces, de conflits potentiels Par exemple, dans le cas de l'explication de la permanence des pratiques de mutilation génitale féminine dans certains contextes familiaux, il pourrait s'agir du conflit potentiel entre, d'une part, les parents qui voudraient marier leur fille et lui permettre d'échapper à la mutilation et, d'autre part, les familles qui leur feraient alors reproche de leur conduite et excluraient la jeune fille de l'institution du mariage.

---

1   K.-D. Opp, « How do norms emerge ? An Outline of a Theory », in R. Boudon, P. Demeulenaere et R. Viale, édit., *L'explication des normes sociales*, Paris, Presses Universitaires de France, 2001.

2   H. Demsetz, « Toward a Theory of Property Rights », *American Economic Review*, 57 (1967), 347-59, V. aussi : Y. Barzel, *op. cit.* ; J. Coleman, *Foundations of Social Theory*, The Belknap Press, Harvard University Press, 1990 ; et T. Eggertsson, *Economic Behavior and Institutions*, Cambridge, Cambridge University Press, 1990.

3   K.-D. Opp, *op. cit.*, p. 24.

De fait, la conflictualité est centrale dans les efforts visant à mieux comprendre la dynamique des droits. Dans le type de recherche sur les conflits qu'ont cherché à développer Jack Hirshleifer[1] et d'autres auteurs, l'objet est dit économique à cause de l'examen des conditions de l'usage des ressources rares mobilisables à des fins alternatives. Mais on s'intéresse à des mécanismes qui sont ceux du conflit et qui paraissent bien éloignés des échanges mutuellement avantageux traditionnellement privilégiés par l'analyse économique. Ils prennent la forme d'interactions dans lesquelles les individus s'imposent les uns aux autres des dommages sans qu'il y ait échange de consentements.

Certes, on peut noter que ce type d'enquête concerne notamment des phénomènes et des aspects de la vie sociale qui, depuis longtemps, intéressent les économistes : la politique redistributive (abordée ici en termes d'obtention d'avantages par les uns au détriment des autres), l'arrière-plan conflictuel des relations d'échange pacifiques, les effets externes négatifs engendrés par certaines activités. Mais ces recherches peuvent éclairer un thème intéressant davantage la théorie politique : la nature des initiatives personnelles orientées vers la contestation de règles sociales existantes et vers la revendication de nouvelles dispositions normatives (un approfondissement ou une limitation de droits existants).

Pour le voir, considérons, sous une forme stylisée et simplifiée, les querelles touchant à l'approfondissement de droits d'individus ou de sous-groupes de la société, autour d'une faculté d'action A. On considère des « partisans » qui prennent intérêt à l'autorisation de l'action A sous une forme qui garantisse à ceux ou celles qui la mettent en pratique certains aspects des résultats (typiquement, l'absence d'obstruction de la part des autres). Les « adversaires », eux, veulent que l'on interdise ou que l'on rende difficiles (peu avantageuses) les actions de type A ; par exemple, ils souhaitent que le fait de « faire A » soit suivi de l'administration de sanctions organisées.

Partisans et adversaires investissent une partie de leur temps et d'autres ressources dans l'espoir de voir leur point de vue s'imposer. L'issue est incertaine à cause du choix opéré par d'autres instances (Parlement, décideurs publics, Comités d'éthique qui influencent la représentation nationale, Autorités administratives indépendantes, magistrats) mais les protagonistes estiment qu'elle peut être influencée par leur action (participation au débat public, organisation de campagnes d'information

1   J. Hirshleifer, « Theorizing about Conflict », in K. Hartley et T. Sandler, édit., *Handbook of Defense Economics*, Amsterdam, Elsevier, 1995.

ou de propagande, pétitions, etc.). Supposons que l'on soit dans un cas où il est très important pour les partisans de A qu'un « fait accompli » soit créé dans les conditions favorables qui suivent : l'action A « se fait » dans certains secteurs de la société, et dans de bonnes conditions de sécurité et de publicité ; certains intérêts importants sont satisfaits et consolidés de ce fait, qui rendront difficile toute attaque ultérieure de la part des adversaires ; la manière dont cela se fait peut servir de modèle pour que cela se fasse « ailleurs » en cas de problèmes qui se pourraient rencontrer « ici » à cause des opposants.

On est alors dans une configuration où l'on observe le fait stylisé suivant : le conflit est d'une nature telle qu'il est important de « creuser l'écart », en prenant le dessus. Dès que cela est acquis, il est peu productif (et de moins en moins productif) d'investir plus avant dans la lutte. On peut dire que la vertu « décisive » du conflit est nette lorsque les rendements marginaux initiaux sont importants[1]. La mobilisation collective en vue de faire évoluer les normes (notamment pour approfondir, supprimer ou étendre des droits) suppose des incitations individuelles appropriées, lesquelles ne sont pourtant pas acquises dans tous les cas où il existe des occasions collectivement profitables de lutte commune. Il est dès lors nécessaire de se demander dans quelles conditions les efforts individuels se traduisent par des résultats qui, selon une perspective instrumentale sur l'action, sont capables de mobiliser les individus concernés[2].

---

1   Dans les termes de la lutte modélisée par J. Hirshleifer (*op. cit.*) dans son analyse des conflits, la fonction de production pertinente (concernant la transformation des ressources investies par chacun des camps en succès à l'issue du conflit) est celle qui est de type « difference CSF [*contest success function*] ». Pour ce type de fonction, il y a d'abord des rendements marginaux croissants et ensuite des rendements marginaux décroissants.

2   Certains outils sont fournis, dans ce registre, par la théorie de la « masse critique » développée sous l'impulsion de sociologues travaillant dans le domaine de la théorie de la mobilisation collective. V. en particulier : P. Oliver, G. Marwell et R. Teixeira, « A Theory of the Critical Mass. I. Interdependence, Group Heterogeneity, and the Production of Collective Action », *American Journal of Sociology*, 91 (1985), p. 522 – 556 ; P. Oliver et G. Marwell, « The Paradox of Group Size in Collective Action : A Theory of the Critical Mass. II. », *American Sociological Review*, 53 (1988), p. 1-8 ; G. Marwell, P. Oliver et R. Prahl, « Social Networks and Collective Action : A Theory of the Critical Mass. III. », *American Journal of Sociology*, 94 (1988), p. 502-534. V. aussi l'utile synthèse de Reinhard Wippler, « Individualisme méthodologique et action collective », in F. Chazel, édit., *Action collective et mouvements sociaux*, Paris, PUF, 1993. Sur l'interrogation philosophique sur l'action collective et ses indéterminations, on se reportera à : Bertrand Saint-Sernin, *Parcours de l'ombre*, Bruxelles, Editions des Archives contemporaines, 1999.

L'ARBITRAGE ENTRE LES DEMANDES
DE GARANTIES

LA REVENDICATION DES GARANTIES
ET LA GÉNÉRALITÉ DES PRINCIPES

Par quels principes les citoyens peuvent-ils accepter, avec de bonnes raisons, des bornes opposées à leur libre choix ? Au chapitre précédent, nous avons vu comment des arguments classiques et des observations renouvelées peuvent nous conduire au-delà des arguments simplement fondés sur la contrainte évidente de compossibilité des droits, au-delà aussi de l'énumération de quelques interdits moraux en dehors desquels c'est la liberté totale qui serait la règle. Il est certainement peu satisfaisant d'expliquer la stabilité relative dont jouissent les principes du libéralisme en régime libéral en se référant seulement à une condition formelle et à quelques interdits qui demeureraient purement moraux. Le libéralisme a sa consistance propre, et elle est politique par nature : nous avons pour tâche de la décrire.

Politiquement parlant, le libéralisme qui existe n'est pas l'ultra-libéralisme auquel on rêve (ou que l'on flétrit) : l'épanouissement (sans limite autre que celle de la compossibilité) de la liberté personnelle la plus grande possible ; ou, si l'on adopte le vocabulaire des opposants, le règne de la licence la plus extrême, qui conduit d'une manière ou d'une autre à la perte de la liberté plutôt qu'à sa persistance sous une forme durable, réglée et organisée. Dans le libéralisme réellement existant, les droits sont bornés, quoique toujours contestés quant à leurs contours exacts ; la liberté est contrainte beaucoup plus sévèrement qu'on ne l'eût attendu s'il avait fallu s'en remettre à l'exigence toute formelle de la compossibilité ; enfin, l'État associe la liberté à la contrainte. Nous avons obtenu quelques aperçus au sujet de ce que sont les types de raisons qui poussent à accepter des configurations de ce genre. Nous tenterons de synthétiser ces raisons.

Le libéralisme gouverne la distribution des droits et des libertés d'une manière qui reflète des orientations à la fois générales et substantielles : c'est ce que nous avons cru discerner dans le rôle singulier reconnu à l'initiative et à l'indépendance, dans la construction graduelle de conventions culturelles relatives à l'action et à l'interaction, comme aussi dans le filtrage exercé par les valeurs renvoyant à la liberté, relativement aux significations possibles d'autres valeurs de référence. Ces éléments vont être repris, mais en allant au-delà de la reconnaissance des bonnes raisons. Nous devons nous efforcer de comprendre dans quelles conditions certains de ces arguments apparaissent décisifs pour l'acceptation ou la critique des configurations de droits et de libertés. Cela oriente nécessairement l'enquête dans la direction de la recherche de repères normatifs ou évaluatifs. Quand les raisons cessent d'être simplement de « bonnes raisons parmi d'autres » et deviennent déterminantes dans leur face-à-face avec d'autres raisons en présence, dans ce que nous appelons ici l'arbitrage entre les revendications (avérées ou potentielles), elles se transforment en principes de jugement qui offrent des repères dans la vie politique.

À première vue, on distingue deux sortes de garanties : celles qui se réfèrent aux conséquences de l'action personnelle ; celles qui concernent directement l'état du monde (abstraction faite de son lien avec l'action personnelle). Les garanties de la première sorte donnent lieu à la formulation de droits qui prennent la forme d'options personnelles : droit d'obtenir ceci si je décide de faire cela (typiquement : si je me décide à agir en vue d'obtenir ceci). Les garanties de la deuxième sorte donnent lieu à la formulation de droits qui prennent la forme d'un « droit de vivre dans un monde ayant telle ou telle caractéristique ». Cela peut concerner, par exemple, certaines formes d'immunité pour certaines entités. Ces garanties constituent alors ce que l'on peut décrire comme un statut normatif (éventuellement associé à des idéaux moraux de respect, de dignité, etc.). La satisfaction psychologique éventuelle associée à la constatation de l'existence d'un tel statut (pour soi-même ou pour d'autres entités) est bien une caractéristique des états du monde, qui peut être garantie par la mise en place de certaines normes. On conviendra de saisir les droits individuels à travers la garantie de pouvoir accéder à certains sous-ensembles d'états sociaux, grâce à des actions de certaines sortes le cas échéant (ce qui peut s'exprimer par des restrictions sur les actions conjointes des participants à l'interaction).

La nature même de l'« individuel » pose problème et, de fait, il s'agit souvent, comme nous l'avons nettement aperçu à partir de plusieurs cas concrets, d'une construction sociale et politique. Il demeure que lorsqu'on cherche à thématiser une sphère privée de l'individu, on mentionne en général des aspects du monde sur lesquels l'agent concerné a un contrôle quasi exclusif ; cela recouvre en particulier le fait que, sauf initiative improbable d'autrui, il peut se garantir tel type défini de résultat. Entendons formellement par « individuel » ce qui doit être laissé à la discrétion des individus selon les normes qui encadrent effectivement les conduites. Il est alors très clair que la définition substantielle de ce qui est « individuel » n'aura de sens défini dans la vie sociale, et n'offrira un principe de choix social satisfaisant, que s'il se forme réellement une manière de convention culturelle en la matière.

Mais les droits accordés paraissent trop « formels » lorsque les actions concernées, bien que nominalement considérées comme « individuelles » ou « purement individuelles », ne sont jamais (ou ne sont que rarement) intéressantes pour les titulaires de ces droits (en supposant que les actions des autres s'ajustent pour que la configuration globale des actions soit légale). Ce qui serait satisfaisant du point de vue de l'exercice réel des droits, c'est que chaque droit accordé corresponde à des actions avantageuses pour les personnes dans des circonstances plausibles, dignes de considération. La théorie contemporaine retrouve cette idée en développant l'analyse stratégique de l'exercice des droits et des transactions sur les droits. Cette préoccupation, par ailleurs, correspond d'assez près à des intuitions répandues dans les anciennes doctrines du « droit naturel », qui insistaient volontiers sur la liaison étroite entre le fait d'avoir des droits et l'utilité des capacités protégées par les droits (du point de vue de l'accomplissement de telle ou telle fonction naturelle ou simplement du point de vue du maintien en vie).

La question de l'allocation des droits aux personnes est indissociable de celle des bénéfices des actions individuelles. Selon Coleman dans ses *Foundations*, fidèle à Hobbes sur ce point, le problème social fondamental est celui de l'identification des droits individuels qui doivent être transférés à la collectivité. Ce problème général soulève un certain nombre de questions, que l'on doit aborder du point de vue de l'individu, en considérant les deux types d'intérêts (partiellement divergents) dont il est le siège, à savoir, ceux de la « cible » et ceux du « bénéficiaire ». Sur cette base, si l'on suit Coleman, le problème constitutionnel se ramène entièrement à un problème de répartition des droits : quels sont les contrôles que doit conserver l'individu et quels sont ceux dont il peut concevoir l'abandon ? Le critère de rationalité proposé par Coleman est le suivant : les droits relatifs à une action seront transférés à l'instance collective si les bénéfices (ou coûts) associés, agrégés sur l'ensemble de toutes les occasions dans lesquelles l'agent s'attend à se trouver, sont moindres que les coûts (ou bénéfices) associés aux externalités de cette même action, agrégés sur toutes les situations prévisibles pour l'agent.

L'intérêt de cette formulation est de faire intervenir d'emblée les effets externes, à un niveau de l'analyse qui est celui des droits et libertés. Cela témoigne du fait que l'on ne minimise pas l'importance des conflits dans la délimitation des droits ou libertés. Au contraire, on cherche dans la prise en compte des conflits une clé pour l'explication des droits tels qu'ils existent, et aussi pour l'évaluation des structures de droits existantes ou concevables. Toutefois, il faut observer que l'on va ici aux extrémités, en rapportant absolument tout à l'intérêt et aux conflits, absolument rien aux convictions morales qui, elles aussi, cherchent à s'exprimer à leur manière dans les arbitrages de rang constitutionnel entre les diverses prétentions en présence. Parlons donc plutôt de souhaits ou de préférences, sans nous limiter aux seuls intérêts. Dans l'exercice individuel des droits, ce qui est habituellement en cause est la détermination par un individu de certains aspects de la réalité, conformément à ses souhaits. Dans la plupart des cas, cela comporte un risque : on ne sait pas dans quel état du monde exact on se trouve, ni dans quel état du monde on se trouvera.

Comme dans la théorie avancée par R. Heiner[1], on peut admettre que les individus attachent de l'importance au fait de pouvoir agir de telle manière typique dans telle circonstance générique, même s'il se peut que cela donne à l'occasion de mauvais résultats. Il y a lieu, alors, de demander un « droit » relatif à une certaine action décrite en termes assez généraux, et avec quelques restrictions sur les circonstances pertinentes. Par exemple, un droit de libre expression, éventuellement assorti de restrictions relatives à certaines circonstances spéciales (par exemple, en cas de risque aigu pour la sécurité nationale). L'attribution de droits aux individus sera assimilée à l'attribution de garanties à des individus qui doivent agir (ou s'abstenir d'agir) sans connaître le comportement des autres. Il peut s'agir en particulier d'atténuer l'incertitude qui entoure ce comportement (par la menace de sanctions ou la promesse de récompenses ou encore par des mesures de prévention) ou ses effets (par l'organisation de mesures de préparation, de coercition ou de réparation). Ou bien encore, on peut chercher à modifier les états atteints

---

1   R. Heiner, « The Origin of Predictable Behavior », *American Economic Review*, 73 (1983), p. 560-595.

(en introduisant par exemple à l'usage de ceux qui la souhaitent, la jouissance de sanctions infligées à autrui « pour que justice soit faite »).

Observons que l'indétermination des principes fondamentaux du libéralisme rend cruciale, pour la protection des individus, l'attitude face à la généralité même des principes. En longue période, le libéralisme politique s'exprime par des principes généraux dont la longévité est remarquable, ce qui n'exclut pas le développement de stratégies politiques diverses pour donner aux droits ou aux libertés un contenu plus précis, habituellement en liaison avec la montée en puissance de certains acteurs institutionnels ou de certaines pratiques sociales. À titre de principes régulateurs, les principes conservent leur généralité et c'est bien sous une forme générale qu'ils orientent les débats, les critiques et la recherche de solutions précises. Ils ont une certaine effectivité dans le cas même où ils sont comptés pour rien : leur influence demeure en dépit des faits[1]. Des interprétations se présentent toujours, qui tâchent de se parer de quelque crédibilité, pour nous représenter les situations gênantes ou douteuses comme compatibles avec les principes généraux proclamés sous une forme extrêmement vague, donc flexible. Avec le temps, certaines de ces interprétations sont frappées de discrédit : il n'en demeure pas moins qu'elles peuvent être temporairement validées par certaines institutions.

La généralité importe en elle-même. En cela, les théories modernes de la justice ont raison de tenir quelques éléments de la structure politique et sociale pour plus « fondamentaux » que d'autres, parce qu'ils appellent une justification impartiale qui procède de principes généraux, qui soit fondée sur les meilleures raisons et qui reste compatible avec des hypothèses adéquates au sujet du pluralisme. Ce qui est « fondamental » ne doit pas nécessairement s'entendre au sens de ce qui est plus important que le reste : il peut s'agir aussi de ce qui appelle un certain type de justification, et plus particulièrement, de ce qui ne peut être justifié qu'en recourant à des principes éthiques et politiques du plus haut niveau, donc très généraux.

Dans le libéralisme, une tension subsiste entre, d'un côté, l'attachement aux principes généraux et, d'un autre côté, l'attachement à une certaine forme de protection face aux aléas de la concrétisation des principes au gré de la variété des situations, des interprétations et des descriptions. L'attachement à la forme générale des principes peut avoir un rapport

---

1   Par exemple, l'existence du camp de Guantanamo n'annule pas la portée constitutionnelle des principes de liberté aux États-Unis. La France de la Troisième République était pleinement démocratique et proclamait les droits de l'homme et du citoyen, alors même qu'elle instituait dans les colonies des statuts de citoyens de seconde zone, et envoyait ses citoyens au bagne pour y subir divers traitements inhumains.

inconfortable avec les protections effectives que l'on en espère, autrement dit, avec la concrétisation de ces principes eux-mêmes. En raison de leur plasticité interprétative, les principes généraux peuvent cautionner ce qu'ils devaient permettre d'éviter.

Pour bien se représenter les enjeux de cette tension, complétons le classique « voile d'ignorance » de la théorie politique par un « voile de la signification ». Lorsqu'ils tâchent de réfléchir de manière rationnelle et impartiale sur les principes acceptables de leur organisation politique et sociale fondamentale, les individus doivent comprendre que les principes se prêteront à des interprétations évolutives ; ils ne peuvent savoir, par avance, dans quelle direction les conventions culturelles et sociales orienteront les interprétations dominantes, celles qui seront mises en pratique par les institutions.

En appelant des interprétations et des formes d'application qui peuvent être contrastées, les principes généraux qui protègent les libertés fondamentales abritent en réalité des réallocations graduelles de l'autorité entre les institutions. Ils favorisent l'émergence de certains acteurs politiques et sociaux dans des circonstances politiques qui sont souvent largement imprévisibles. Ils favorisent des formes de contestation qui nourrissent l'incertitude sur les garanties réelles qu'ils apportent. Or, si l'on adopte une perspective contractualiste sur le choix des principes organisant la vie publique ou la structure de base de la société, on doit admettre que les parties ne savent pas par avance dans quel contexte (notamment, face à quelle institution) et dans quel environnement culturel (conditionnant l'interprétation et l'application des principes) elles auront à défendre leurs droits ou libertés. C'est l'enjeu d'un arbitrage fondamental, que la théorie peut essayer de caractériser.

D'un côté, il est rationnel de se prémunir contre une trop grande incertitude dans l'application des principes, afin de ne pas être exposé à l'arbitraire. Les exigences de justification et la précision de la concrétisation juridique offrent des garanties de ce genre. Mais d'un autre côté, il est également rationnel de se soucier du parti à tirer d'une certaine souplesse dans l'interprétation et dans l'invention, au gré des circonstances, de justifications imprévues. Les parties à un contrat social sont placées dans une situation telle qu'elles ne savent pas par avance si elles ont à bénéficier d'une formulation précise ou imprécise des principes fondamentaux ; elles ne savent pas par avance quelles interprétations seront convaincantes le moment venu. Elles doivent donc se soucier à la fois des garanties strictes qu'offrent les principes et des opportunités d'adaptation qu'ils recèlent.

Pour cette raison, il n'est pas adapté de se représenter les institutions publiques comme porteuses, dans tous les cas, de raisons très précises appuyées sur des normes détaillées. On leur confie des facultés d'action encadrées par des principes généraux, et donnant lieu à des justifications souvent imprécises et contestables, car fragilisées par la diversité des partis possibles en matière interprétative. De telles facultés d'action peuvent permettre d'éviter, en cas de discernement limité, de rendre l'action trop dépendante d'informations ponctuelles capables d'inspirer les mauvais choix[1]. Elles peuvent aussi permettre d'éviter l'accentuation de revendications détaillées, souffrant d'autant moins les accommodements qu'elles sont plus précises, et porteuses pour cela d'affrontements potentiellement dangereux pour le corps politique. De plus, les individus doivent se soucier de leur faculté maintenue d'échanger des raisons « en situation », d'une manière qui les rende capable, dans leurs délibérations collectives, d'exploiter des informations circonstanciées disposant avec force à choisir telle interprétation plutôt que telle autre, à propos des principes de référence. Le gouvernement appuyé sur les principes a ceci de remarquable qu'il permet l'exception et l'évolution des interprétations, tout en fixant des orientations qui écartent une dépendance trop mécanique, potentiellement dangereuse, par rapport aux circonstances du moment.

L'arbitrage fondamental que nous venons d'apercevoir n'a pas de solution évidente. D'un point de vue non plus théorique, mais doctrinal, on peut néanmoins s'efforcer de le rapporter à certaines solutions ou orientations pratiques. Il y a lieu, certainement, d'opérer un partage entre les principes dont la valeur dépend, d'une manière cruciale, de l'adaptation aux circonstances et d'autres principes, pour lesquels l'adaptation aux circonstances évolutives n'a rien de crucial (par exemple, les principes de la liberté religieuse, de la liberté d'expression, de la liberté d'association, etc.). Si l'on songe aux principes relatifs aux modalités souhaitables de l'organisation économique, aux principes qui régissent l'action en faveur de la cohésion sociale ou encore aux principes par lesquels on opère le partage entre l'action publique et l'initiative privée, il apparaît presque certain que la pleine valeur de ces principes est conditionnée par un certain degré d'adaptation à des circonstances telles que l'état des mentalités et des attentes sociales, les bouleversements technologiques, les données de la structure familiale ou éducative.

---

1   Cette thématique e a été étudiée sous une forme générale par R. Heiner (*op. cit.*).

C'est pour les principes relatifs aux libertés de base qu'il y a lieu de préférer des formulations claires au regard de certaines garanties fondamentales, ayant par ailleurs une grande valeur expressive au regard d'un statut fondamental des personnes (comportant en particulier l'égalité, la dignité, l'indisponibilité) et capables de bloquer efficacement toute dérive interprétative, en s'aidant pour cela de règles de priorité leur donnant la préséance par rapport à d'autres principes avec lesquels on pourrait vouloir favoriser à l'occasion un compromis et qui pourraient comporter des garanties moins claires. Si la formulation de ces principes peut être adaptative, elle doit cependant s'accompagner de repères fixes, offrant des garanties stables, en ce qui concerne les aspects procéduraux de l'inclusion des individus dans la détermination des modalités d'application et d'interprétation de ces principes. Faute de tels repères, les inquiétudes concernant les dérives dans l'interprétation sont de nature à boucher les perspectives d'une adaptation réussie aux circonstances, que la généralité des formulations a cependant vocation à rendre possible avec bénéfice[1]. La confiance, l'inclusion dans la délibération et le partage équitable des responsabilités apparaissent essentiels à l'effectivité des principes. L'une des tâches centrales est, de ce point de vue, la protection des chances du dialogue et de l'expression sans contrainte des désaccords dans l'exploration de chemins alternatifs pour la vie publique.

REPÈRES NORMATIFS : LA CONSTRUCTION D'ÉQUIVALENCES, DE SUBSTITUTS ET DE DOMAINES D'AUTONOMIE

ESSAI DE GÉNÉRALISATION

Essayons de préciser l'idée générale d'un noyau des droits individuels, en tenant compte de nos observations antérieures. À propos de certaines actions ou initiatives, dans lesquelles on reconnaît des supports des droits individuels classiques, on peut assez aisément vérifier les propriétés suivantes, qui apparaissent comme des facteurs interdépendants favorisant l'émergence et la stabilité de droits consacrés.

---

1   V. à ce sujet : E. Picavet et C. Guibet Lafaye, « Confiance et adaptation de principes généraux. Le cas de l'équité dans l'accès aux soins », in T. Martin et P.-Y. Quiviger, édit., *Médecine et confiance*, Besançon, Presses Universitaires de Franche-Comté, 2007.

Par l'attribution d'un droit, on donne à chacun le pouvoir d'être décisif sur l'appartenance de l'état final à un sous-ensemble de l'ensemble des conséquences possibles, à condition :

1. que le préjudice causé à autrui par l'initiative considérée ne soit pas tel qu'il soit avantageux pour autrui d'agir individuellement ou collectivement (par exemple en organisant des sanctions) de manière à empêcher la jouissance de la garantie considérée ;

2. que l'individu soit prêt à choisir dans de nombreux cas (*i. e.* pour un large éventail des possibles) l'initiative personnelle considérée ; qu'il ne soit prêt à en changer, plus précisément, que s'il a à craindre de la part d'autrui des conduites précises (qui comportent des désavantages habituellement dissuasifs pour ceux qui voudraient les entreprendre).

C'est seulement lorsque ces facteurs jouent simultanément que l'on peut parler du respect d'une prérogative concernant ce qui est du ressort propre de l'individu. La prérogative est alors attachée à une initiative que les autres individus peuvent difficilement éviter et qui leur porte préjudice dans une proportion tellement limitée qu'il ne leur est pas avantageux d'agir individuellement (en interférant directement) ou de manière organisée (par exemple en prévoyant des sanctions) en vue de priver autrui de la jouissance de la garantie en question. D'une certaine manière, alors, on peut dire que l'agent est maître de sa propre action, non pas bien sûr en vertu d'un droit de nature, mais à cause de la structure de l'interaction sociale. Il en est maître parce que nul n'est en position d'interférer en y trouvant avantage ou, très généralement, d'agir avec avantage d'une manière telle que l'initiative perde son intérêt[1].

Ces conditions sont favorables à l'émergence et à la stabilité de droits attachés à des actions. Il est comparativement peu intéressant pour les individus de chercher à interférer avec ces actions ou de chercher à en dissuader autrui. Deux questions restent à examiner et les conditions générales énoncées, loin de suffire à y répondre, aident seulement à mettre en forme les réponses plausibles : y a-t-il un rapport entre la vérification des conditions énoncées et le fait que l'on parle volontiers

---

1   Que les considérations sur l'avantage et les désavantages soient exactement vérifiées ou non en pratique et dans tous les cas, ce n'est pas ici le propos : l'essentiel est que certains rapports typiques entre l'avantage et les désavantages soient reconnus dans des cas importants et typiques.

de « sphère privée » ou de « domaine d'initiative autonome (ou libre) » des individus ? Et comment expliquer que les conditions énoncées se vérifient effectivement dans de nombreux cas où l'on attribue des droits inconditionnels attachés à une initiative privée ?

INTERPRÉTATION EN TERMES
DE DOMAINE D'INITIATIVE AUTONOME

La condition (1) oblige à revenir à la manière dont se construit socialement, pour les individus, la possibilité de retrouver des opportunités comparables lorsqu'ils s'abstiennent de chercher à promouvoir leurs intérêts en portant atteinte aux droits d'autrui. En effet, c'est d'une manière pleinement simultanée que des protections sont attachées pour différentes personnes à certaines initiatives. De la sorte, jouir de ces protections, c'est aussi rencontrer certaines limites dans l'action. Sont-elles acceptables en l'absence même de sanction ou pour des sanctions de niveau modéré ? Les agents ont-ils accès à des raisons suffisantes, permettant de se convaincre d'accepter ces bornes ?

Les individus qui raisonnent doivent considérer les occasions qui se présentent par ailleurs : les manières de retrouver en partie au moins, de manière non conflictuelle, les avantages qu'ils auraient pu vouloir obtenir de manière conflictuelle. Egalement, les coûts des conflits avec autrui. Ce qu'il importe de considérer, ce n'est pas seulement le fait que je puisse être affecté négativement par certaines actions d'autrui, mais aussi le fait que dans de nombreux cas, je ne puisse espérer mettre fin complètement à ce qui me déplaît en interférant avec les initiatives d'autrui. Supposons que certaines actions d'autrui soient entreprises sous une forme qui me déplaise. L'acceptabilité des droits d'autrui ne peut être alors suspendue au fait que je ne subisse aucun préjudice de la part d'autrui ; l'exercice des droits peut déplaire à autrui, c'est une évidence. Le problème est plutôt de savoir si le coût que je subis pourrait être contrebalancé par les succès que j'obtiendrais en entrant en conflit avec autrui. Lorsque cela n'est manifestement pas le cas, il est naturel que je me résigne à la protection des actions qui me déplaisent chez autrui. Les droits offerts ont alors comparativement peu de chances d'être contestés dans la vie sociale réelle en régime libéral. Le libéralisme est en effet un régime de l'argumentation publique dans lequel les prétentions à mobiliser la contrainte en vue de tel ou tel résultat collectif (et sur cette seule base) sont très sévèrement contraintes et ont habituellement peu de poids, en dehors de ce qui concerne certaines garanties essentielles.

La condition (2) signifie que les individus souhaitent avoir certaines garanties concernant le succès de certaines initiatives ; et ces initiatives sont telles que, dans certaines conditions au moins, ils voudront les avoir pour toute configuration prévisible des actions des autres. Il s'agit d'actions qu'ils entreprendront de toute façon, dans la plupart des circonstances – les autres ne pouvant alors espérer (à un coût raisonnable) aucune garantie relativement à l'évitement complet de ces actions, ni d'ailleurs aucune contrepartie liée à leur rôle éventuel dans la production des initiatives considérées. De plus, on concevra aisément que je ne veuille interférer avec l'initiative d'autrui, en espérant le succès dans cette interférence, que si autrui prend justement cette initiative, et non pas en toute hypothèse. Il suffit donc pour autrui d'offrir des assurances suffisantes de l'absence d'accomplissement d'une certaine action pour priver d'objet les initiatives d'interférence ou d'empêchement pour lesquelles je pourrais avoir l'idée de demander des garanties.

À propos des droits individuels classiques, on rencontre donc des initiatives « personnelles » en plusieurs sens, qui donnent un aperçu du mode de constitution de l'individuel dans la société libérale. La société ne peut viser l'interdiction totale des initiatives qui sont jugées dignes de protection (ou bien alors, seulement à un coût exorbitant). En outre, il serait coûteux de faire en sorte que ces actions profitables pour un agent ne le soient plus ; le fait qu'une initiative de ce genre ne doive rien à l'attitude des autres (en ce sens) implique alors que l'agent ne peut se voir opposer l'argument d'après lequel le caractère éventuellement profitable pour lui de son action est dû à la société, avec laquelle il faudrait (pour cette raison) trouver un accommodement. En effet, l'action des autres en vue de modifier son action serait de toute manière beaucoup trop coûteuse pour eux.

Enfin, les demande de garantie sont pertinentes pour les initiatives considérées, mais une dissymétrie est notable : on ne peut identifier des garanties comparables pour les initiatives destinées à constituer des empêchements à la bonne suite de ces initiatives. Tout cela aide à circonscrire ce qui est « personnel » en fait de droits ou prérogatives, en prenant comme point de départ la structure de l'interaction sociale. Tels sont en somme les droits de l'« individu libéral », qui est toujours une sorte d'entrepreneur, affecté d'un facteur d'autonomie ou d'indépendance à l'égard de ses semblables.

Pour qu'un agent réalise qu'il ne voudrait renoncer à une certaine initiative en aucun cas, il lui faut comprendre qu'il ne pourrait espérer retrouver par ailleurs l'équivalent approximatif de ce que lui fait espérer son projet initial. Il faut donc s'intéresser à la construction sociale d'équivalents ou substituts, pour mieux cerner, *a contrario*, la nature et les raisons de la persistance d'intentions de ce genre, qui font malaisément l'objet de compromis ou de tentatives de dissuasion. D'une certaine façon, on peut dire que l'on rencontre ici des actions non négociables (comme celles qui, chez Hobbes, constituaient le résidu inéliminable de liberté naturelle). La problématique de la recherche d'une entente n'est pas pertinente au niveau du choix ou de l'exclusion de ces actions ; elle est pertinente seulement pour la recherche de garanties apportées aux individus relativement à ces actions. En effet, il est pratiquement vain d'espérer dissuader les individus, par la répression ou par des sanctions annoncées, de choisir de telles actions intentionnelles ; le rôle éventuel des arrangements sociaux à propos de ces actions ne peut consister qu'à leur associer certaines garanties quant aux résultats prévisibles.

L'indépendance des initiatives peut être une affaire de degrés, comme on l'aperçoit si l'on fait varier, par la pensée, l'étendue de la classe des conduites prévisibles (possibles) d'autrui. Si par exemple certains veulent prier leur dieu en public même au risque de subir la persécution (en briguant le cas échéant la palme du martyre), ou s'ils veulent dire ce qui leur paraît vrai ou juste face à l'adversité (et au risque des pires représailles), on est dans le cas où l'initiative personnelle est à peu près indépendante du choix de telle ou telle conduite par autrui. L'attitude d'un Daniel Ellsberg face au président Nixon, dans l'affaire des papiers du Pentagone, peut en offrir un exemple connu. Mais il peut aussi s'agir d'actions que l'on souhaite entreprendre seulement pour toute prévision d'action sensée ou habituelle de la part d'autrui.

Les critères mobilisés dans cette analyse sont-ils en concordance, d'une manière suffisamment serrée, avec des arguments courants relatifs aux droits en régime libéral ? Pour la condition (1), on pourrait songer superficiellement au thème de l'amélioration de la situation pour quelqu'un sans nuisance pour personne (ou de l'amélioration collective non équivoque), qui est exprimé notamment par le principe de la recherche des « améliorations » au sens de Pareto (ces changements qui profitent à certains sans nuire à personne). En protégeant les droits individuels de base (ceux qui sont reconnus par le libéralisme classique), on considère souvent que l'on autorise les individus à améliorer leur situation. La question se pose alors de savoir si c'est aussi une manière de procéder, dans une démarche décentralisée, à des avancées vers un état optimal au sens de Pareto. Dans les cas les plus favorables en effet, on peut penser que l'octroi des droits donne de nouvelles garanties à certains individus sans nuire à personne.

Toutefois, il ne s'agit là que d'un cas idéal, que l'on ne rencontre guère dans la réalité. La plupart des droits individuels qui sont accordés sous une forme relativement générale s'étendent à des cas où, justement, leur exercice mécontente autrui, sans substitut évident offrant des compensations. Par exemple, si quelqu'un use de sa liberté d'expression pour proférer des opinions extrémistes dans un cercle pareillement extrémiste, cela ne nuit à personne, tandis que l'usage de la même liberté en dehors de ce cercle a toute chance de causer un préjudice à ceux qui sont hostiles à ces idées, ce qui s'exprime par des formules courantes, par exemple, « n'est-il pas honteux d'avoir à entendre des choses pareilles ? ».

En toute rigueur, il faut considérer non pas l'octroi de droits qui ne représentent nul dommage pour personne, mais des cas plus proches de la réalité, dans lesquels, bien qu'il y ait des préjudices avérés, ceux-ci sont tels que ni la contestation des droits, ni l'interférence directe avec leur exercice ne serait avantageuse pour ceux qui subissent ces préjudices. Les droits en question, par l'empire que prennent aisément des raisons fort contraignantes, bénéficient alors d'une stabilité remarquable, au moins dans l'ordre argumentatif (et certainement aussi dans l'ordre des comportements en l'absence de considérations puissantes poussant dans une autre direction).

À partir de la condition (2), une correspondance est à établir avec le thème du caractère inconditionnel de la jouissance des droits, compris de la manière suivante. À chacun, on octroie des garanties dont l'effet n'est subordonné à aucune condition restrictive qui concernerait la manière d'entreprendre l'action qui est l'objet de l'octroi de garanties. Par exemple, on n'offre pas des garanties qui s'exerceraient seulement si l'on agissait au moment qui est le bon pour les autres ; on laisse les personnes faire ce qu'elles veulent, que cela plaise ou non à leur entourage.

À propos des initiatives protégées par les droits individuels du libéralisme classique, on peut encore faire la remarque suivante. Chacun sait que, dans certaines circonstances au moins, il serait disposé à agir de la manière qui fait l'objet d'une protection, et ce, quelle que soit la conduite des autres – hormis, éventuellement, certaines conduites bien précises des autres, certes imaginables mais qui auraient pour eux un coût manifestement trop important ; et personne, dès lors, ne peut espérer échapper aux initiatives correspondantes en vertu d'une protection organisée, appuyée sur des normes publiques. Les intérêts protégés par les droits individuels du libéralisme classique sont tels, pour certains individus et certaines circonstances, qu'ils motivent le choix d'une certaine action, d'une manière indépendante de toute concordance d'intérêts, entente explicite ou négociation avec autrui. Dès lors, on voit qu'il serait pratiquement vain de spécifier une telle entente à titre de condition pour jouir de la garantie concernée : le fait de mettre sous condition la garantie n'aurait pas d'effet sur le choix ou l'abstention de l'action qui a des conséquences pour autrui.

Aux deux conditions identifiées jusqu'ici, on pourrait ajouter une autre caractéristique, qui est d'ordre anthropologique : ces droits concernent tout le monde, en un double sens : [i] dans certaines circonstances au moins, tout le monde est intéressé par l'exercice de ces droits ; [ii] chacun sait que tous les autres sont intéressés par la jouissance de ces droits et donc par l'imposition de certaines contraintes à tous. Les raisons précédentes peuvent être comprises par tous et, en ce sens, l'argumentation exigible à l'appui de l'octroi et de la délimitation des droits est universelle : tous font partie de l'auditoire à convaincre[1].

SYNTHÈSE DES FACTEURS POUVANT EXPLIQUER L'ACCEPTATION
D'UNE DÉLIMITATION DES DROITS ET LA FAIBLESSE RELATIVE
DE LA CONTESTATION DES DROITS

Dans le cas de la protection d'intérêts qui sont socialement construits comme personnels ou privés, on observe habituellement que les tentatives d'interférence avec la conduite des individus protégés et les tentatives de dissuasion ont peu de chances d'être profitables pour ceux qui les déploieraient. Les arguments et critères étudiés précédemment suggèrent que l'on peut invoquer notamment les éléments suivants pour en rendre compte.

(a) La faible différence causée par l'intervention en vue de dissuader autrui de prendre les initiatives protégées par les droits.

---

1   Dans les termes de Chaïm Perelman, on pourrait dire que l'« auditoire idéal » est formé par l'ensemble des hommes – ou, de manière plus circonstanciée, par l'ensemble des concitoyens. Voir, pour une synthèse succincte sur les liens entre auditoire et argumentation, l'article « Argumentation » donné par C. Perelman à l'*Encyclopaedia Universalis* (1968). Sur les rapports entre argumentation et rationalité, v. notamment l'étude de Bernardo Bolaños-Guerra, *Argumentación científica y objetividad*, Mexico, Universidad Nacional Autónoma de México, 2002.

Protestant avec les moyens qui sont les siens, l'individu mécontent doit savoir qu'il ne causera pas de différence substantielle dans l'état du monde. S'il envisage un certain moyen d'action de faible portée, il peut habituellement se dire que des moyens de plus grande ampleur n'auraient pas d'effet sensiblement plus marquant, en sorte qu'il est rationnel de s'en tenir à une option peu efficace et peu coûteuse, offrant simplement le bénéfice symbolique de l'expression d'un désaccord. Il ne peut en outre placer des espoirs significatifs dans une action collective (concertée) destinée à retenir à la source les actes incriminés ; typiquement, il sera confronté, à ce propos, à un problème d'action collective du type de ceux que prévoit la théorie classique d'Olson pour les groupes « non privilégiés » : les bénéfices éventuels de l'action collective seront plus que compensés par le coût de l'implication individuelle.

> (b) L'attachement habituellement très fort des bénéficiaires à ces initiatives, ce qui laisse augurer à la fois des conflits coûteux en cas d'interférence et le caractère indéracinable des initiatives avec lesquelles on pourrait vouloir interférer.

> (c) La facilité avec laquelle on peut mener à bien des initiatives (par exemple détourner le regard) pour ne pas subir d'inconvénient direct, lié à l'aperception distincte des actes que l'on n'apprécie pas.

De fait, ce que l'on construit socialement comme un domaine « privé » ou « personnel » est habituellement le lieu de l'exercice de libertés dont il est facile de ne pas surveiller l'exercice. Cela pourrait expliquer, par des raisons tirées de la structure de l'interaction sociale, la crédibilité apparente dont bénéficient, en dépit de l'insuffisance de leurs fondements, les approches purement anthropologiques qui privilégient la proximité au corps ou le rapport étroit avec le corps individuel pour aborder la délimitation *a priori* des droits personnels. C'est le cas des approches « libertariennes », qui donnent tant de poids à la jouissance sans entrave par chacun de l'emploi des forces de son propre corps, voire à la propriété de soi-même dont jouirait chaque sujet.

Dans les cas où une forte charge symbolique s'attache à la manifestation de raisons de principe dans un lieu et un temps particuliers, ce qui précède doit être nuancé. Par exemple, considérons le cas de la diffusion d'offres publicitaires pour des produits néo-nazis sur Internet en France. L'interdiction en France a peu de chances de freiner substantiellement les méfaits bien réels du néo-nazisme résiduel dans le monde (la persistance de cette tendance idéologique ravive scandaleusement la douleur plus spécialement ressentie par les victimes du nazisme ou leurs descendants, tout en encourageant les esprits faibles à la haine ou à la violence). Mais une forte charge symbolique s'attache à la question dans ce pays qui ne s'est jamais remis du traumatisme de l'occupation et de la collaboration, en sorte que, par exemple, on considère comme un progrès très significatif la possibilité de traduire devant les tribunaux français les responsables de la diffusion de telles annonces lorsqu'il est possible d'y avoir accès depuis la France. C'est que l'intérêt que l'on prend à la différence que fait la loi est en réalité très grand dans ce cas, pour des raisons d'exemple et de symbole. D'une certaine façon, il apparaît irremplaçable d'agir ici et maintenant, si limité que soit l'effet dans le monde.

> (d) Le fait qu'il soit aisé de persuader ceux qui jouissent des facultés d'initiative protégées par les droits classiques du libéralisme de la faible utilité (ou du caractère largement remplaçable) de certaines améliorations concevables dans les garanties s'attachant aux initiatives à protéger.

Cette condition concerne d'emblée la dynamique de la concrétisation des droits : on envisage les améliorations qui naîtraient de contraintes supplémentaires pour autrui, et spécialement, de l'obligation faite à un tiers de choisir des actions qui ne peuvent être les meilleures pour lui, compte tenu de sa propre manière d'attribuer une valeur comparée aux différents états de fait possibles. Si l'on jouit de la liberté de circulation, par exemple, tout ce qu'il y a à demander aux autres pour associer les garanties souhaitables aux initiatives à protéger est de s'abstenir d'interférer avec des tentatives de déplacement ; au regard du but pertinent, il n'y aurait rien à attendre d'améliorations résultant de contraintes revenant à exiger davantage des autres. Cela dispose à accepter les contraintes ou à les faire siennes, car elles peuvent bien alors apparaître comme « minimales ». Elles témoignent de l'absence d'arbitraire et d'excès dans le déploiement de la contrainte, ce qui occupe à l'évidence une place de choix dans les argumentaires de la famille libérale. Les demandes de protection rencontrent, corrélativement, une limite naturelle.

Il est indéniable que la relative ambiguïté qui entoure les intentions à prendre en compte détermine une oscillation facile entre deux conceptions. D'un côté, une conception admettant un seuil naturel de protection et consistant seulement en garanties contre les interférences non désirées.

D'un autre côté, une conception bien différente, s'étendant à la mise à disposition de moyens spécifiques grâce à l'organisation collective. Cette seconde conception n'est jamais totalement dépourvue de pertinence, si l'on se situe à un très haut niveau de généralité dans l'évocation des droits – si l'on parle par exemple de la faculté de se déplacer en général, et non pas uniquement de l'immunité face à des obstacles dans la réalisation de l'intention de se déplacer (une intention circonstanciée, liée aux moyens existants et effectivement éligible par le sujet). Tel est souvent le cas. À cause de la complexité du langage de l'action qui lui est sous-jacent, le discours politique et économique libéral est exposé à cette ambiguïté relative aux intentions considérées des agents et à l'indétermination qui en résulte dans les idées sur la liberté. Dans un cas et non dans l'autre, le discours sur la liberté repose sur des thèses relatives à l'action collective. Mais alors, l'étendue des garanties que l'on peut revendiquer reste par principe en débat et aucune limite naturelle n'est en vue. Evidemment, il n'y a pas non plus de limite assignable à la rigueur des contraintes par le moyen desquelles se concrétisent de telles garanties. Pour cette raison, le libéralisme n'est jamais imperméable à ce que certains libéraux jugent anti-libéral.

NEUTRALISATION OU ABOUTISSEMENT
DES REVENDICATIONS CONCRÈTES EN RÉGIME LIBÉRAL

Certaines différences entre le sort des individus dans une situation et le sort de ces individus dans une autre situation sont indiscernables en pratique pour les agents eux-mêmes (notamment parce que les coûts de vérification ou d'acquisition de l'information sont trop élevés pour ces agents). Ou bien encore, ils peuvent être indiscernables aux yeux des autres (en particulier à cause de problèmes d'observation objective). Par là, de telles différences peuvent être simplement privées de pertinence dans les processus sociaux de revendication, si les acteurs sociaux acceptent la convention tacite d'après laquelle les individus doivent réclamer des choses qui les concernent directement. Une telle convention est de fait très répandue dans les sociétés libérales, ce qui n'est pas pour rien dans le fait qu'elles soient souvent décrites comme abusivement « individualistes », ou flétries comme trop permissives.

Par d'autres voies encore, les revendications sociales, qui sont aujourd'hui au principe de la plupart des initiatives politiques, sont « filtrées » par des conventions sociales qui concernent leur acceptabilité. Par exemple, on exige souvent explicitement ou implicitement qu'elles portent sur des aspects suffisamment généraux pour faire l'objet d'une argumentation reposant sur des raisons partageables (tout en concernant par ailleurs des intérêts individualisables). Elles doivent viser des actions (à interdire) suffisamment repérables, susceptibles de surveillance et de répression. On peut s'attendre, pour des raisons de ce genre, à ne pas voir se développer toutes les revendications de nouveaux droits qui sont théoriquement imaginables et que l'on pourrait rattacher à des systèmes de convictions éthiques existant réellement dans la société. À cela s'ajoutent bien sûr les difficultés propres à la constitution d'une action collective de revendication[1].

Il peut y avoir aussi une absence réelle d'unanimité et une incapacité de l'un des camps à formuler de manière claire les raisons d'un refus, la nature du préjudice subi que l'on allègue, etc. Par exemple, les tenants de convictions religieuses peu intelligibles pour des esprits non religieux se trouvent régulièrement dans le camp des perdants dans les débats publics en bioéthique, face à des exigences d'ordre médical ou expérimental[2]. Ce qui n'ôte rien, pourtant, à la réalité des oppositions éthiques. De même, dans les pays européens après 1968, on peut relever la permanence d'une culture minoritaire marquée par le radicalisme politique et le rejet du capitalisme ; mais les raisons d'entreprendre une révolution n'ont guère de portée dans une culture publique admettant comme un présupposé le respect des voies légales de la concurrence entre les valeurs politiques. Le désaccord entre les révolutionnaires et les adversaires de la révolution subsiste, mais les raisons du premier camp sont suffisamment filtrées par les conventions dominantes du débat public pour qu'elles se retrouvent, en fin de compte, marginalisées. Par cette voie, les contraintes pragmatiques (quasi naturelles) de l'argumentation peuvent ramener à des conditions d'équilibre certains processus qui sont, à première vue, conflictuels et imprévisibles du fait du choc frontal des valeurs. Mais c'est au prix d'une dissymétrie dans les positions de revendication et d'amères frustrations peuvent en résulter, bien capables, dans certains cas extrêmes, de menacer la pérennité du libéralisme lui-même.

1 M. Olson, *The Logic of Collective Action*, Cambridge (Mass.), Harvard University Press, 1965, tr. fr. *Logique de l'action collective* (Paris, Presses Universitaires de France, 1987) ; R. Hardin, *Collective Action*, Baltimore, Resources for the Future, The John Hopkins University Press, 1983.

2 Sur les problèmes et les enjeux de la construction de consensus en bioéthique, v. notamment A. Fagot-Largeault, *L'Homme bioéthique. Pour une déontologie de la recherche sur le vivant*, Paris, Maloine, 1985 ; D. Folscheid *et al.*, édit., *Philosophie, éthique et droit de la médecine*, Paris, Presses Universitaires de France, 1997 ; J.-Y. Goffi, édit., *Regards sur les technosciences*, Paris, Vrin, 2006.

Il peut y avoir une opposition réelle de certains individus à des évolutions déterminées des droits. La négociation avec l'autre camp peut aboutir finalement à l'absence de formulation publique des raisons du mécontentement. En d'autres termes, à l'absence de revendication, même si personne n'est vraiment satisfait. L'un des mécanismes puissants que l'on voit à l'œuvre est le suivant : certaines interdictions peuvent offrir une satisfaction symbolique à certains, tout en contraignant en fait très peu les individus, notamment s'ils peuvent retrouver par des actions autorisées ce qu'ils pouvaient obtenir par des actions interdites. Par exemple, à l'époque de l'interdiction du financement des recherches sur le « clonage thérapeutique » par des fonds publics aux États-Unis, il était assez clair que les chercheurs intéressés par le domaine pouvaient compter sur des fonds privés, aussi longtemps que cette voie apparaissait prometteuse. C'était une solution de compromis.

On peut en fait négocier jusque dans le domaine des valeurs morales : il suffit pour cela qu'il y ait plusieurs problèmes moraux et que certains échangent contre une moindre violation de certaines obligations (qui existent à leurs yeux) une violation aggravée d'autres obligations. Il est alors prévisible que l'on n'assiste pas à l'émergence de revendications qui traduiraient pourtant des souhaits réels d'une partie de la population. La matrice libérale révèle par là son rôle dans la sélection des revendications et son intervention n'est pas autoritaire dans ce cas. Le libéralisme a la sagesse de laisser les acteurs sociaux s'entendre entre eux. Mais la sagesse du théoricien politique est autre : il doit s'abstenir de toute confusion avec un accord des esprits.

C'est ainsi que prennent forme des équilibres politiques qui présentent une certaine stabilité, mais que l'on aurait tort d'interpréter comme les reflets d'une évolution des convictions éthiques réelles des individus ou comme autant de preuves d'une hypothétique « évolution des mœurs » ou « évolution des mentalités ». Le mécontentement et l'opposition peuvent être incapables de franchir le seuil du débat public et de l'action collective. Une sorte d'unanimité purement politique peut s'installer, qu'il convient d'étudier en usant des outils de la théorie politique et peut-être aussi d'autres outils (notamment ceux des théories sociologiques ou économiques de la revendication). Pour politique qu'elle soit, cette manière d'unanimité a sa dignité et son importance ; elle exprime une convention sociale de reconnaissance mutuelle des différences, des divergences, des nécessités, des intérêts partagés et des substitutions ou compensations envisageables et acceptables.

Certaines actions ou initiatives qui sont les supports de « libertés négatives » sont aussi, indissociablement, des supports de revendications. Si limitées soient-elles de par leur nature propre (comme j'ai tenté de le montrer), ces revendications ont une vitalité propre et obtiennent des succès considérables, en longue période, dans les sociétés libérales, quoi qu'il en soit des conflits de valeurs sous-jacents et bien réels. Elles obtiennent des succès dans des domaines toujours plus nombreux. Typiquement, ce qui faisait l'objet d'une interdiction dans tel ou tel domaine précis devient, à la longue, autorisé (à condition qu'une revendication ait porté cette transformation). Dans bien des domaines, le libéralisme tend ainsi au libertarisme et les libéraux eux-mêmes ne peuvent prendre à la légère les inquiétudes de ceux qui perçoivent comme une catastrophe la très relative permissivité des sociétés libérales ou ce qui apparaît à leurs yeux comme des cas de « dérive marchande » de différents secteurs de l'existence dans la civilisation du libéralisme. Nous devons donner du poids, pour tâcher de comprendre cette configuration, à des caractéristiques des actions concernées, que nous avons déjà identifiées, mais dont il faut maintenant reprendre l'examen en privilégiant la thématique de l'équilibre des opérations de revendication, et non plus seulement celle de l'équilibre entre diverses prétentions pouvant faire l'objet de revendications. En effet, certains traits de la matrice libérale concernent des caractéristiques de l'acte même de revendiquer.

En premier lieu, les actions protégées par les libertés dites négatives consistent souvent en initiatives qui sont telles que, pour chacun, les conditions de la réalisation profitable de ces initiatives n'interdisent pour autrui aucune action véritablement créatrice (causalement) d'une amélioration et irremplaçable à cet égard (c'est-à-dire, ne tolérant aucun substitut). On peut alors persuader les opposants avérés ou potentiels de l'inutilité (ou à tout le moins du caractère remplaçable) des améliorations présumées qui pourraient naître de contraintes supplémentaires pour autrui. Spécialement en référence à des contraintes qui prendraient la forme, chez autrui, de l'obligation de choisir des actions parmi celles qui n'apparaissent pas comme les meilleures. Sous les conventions individualistes dominantes, les revendications éventuelles des opposants sont alors dénuées de force réelle face aux revendications libérales.

En second lieu, l'action considérée, du point de vue de ceux qui demandent la protection de leur initiative, apparaît vraiment comme une « affaire personnelle » également à cause de cette autre particularité : les individus souhaitent l'entreprendre, dans certains contextes d'action au moins, pour une large gamme de configurations prévisibles des actions des autres. Autrement dit, il s'agit d'actions qu'ils accompliront de toute façon, les autres ne pouvant espérer aucune garantie relativement à l'évitement complet de ces actions ; en ce sens encore, il s'agit d'initiatives que l'on a quelque raison de dire « purement personnelles ». Dans un contexte individualiste qui privilégie ce qui témoigne de l'indépendance des personnes, les conventions culturelles dominantes valident alors les revendications de type libéral ; elles permettent de dire qu'elles visent la protection d'intérêts personnels substantiels et que, pour cette raison, il faut leur donner gain de cause.

Ce sont des considérations liées à l'interaction sociale qui détiennent, ici, la clé de l'« individuel » ou du « privé », en sorte que les conventions sociales reflètent bien des aspects de la vie sociale qui sont naturels à quelque titre. La société, même par la menace, ne peut avoir aucune prise sur l'interdiction totale des initiatives en question. Dans les cas les plus favorables, et pour une catégorisation adéquate des actions et des circonstances, chacun peut se dire qu'il est intéressant pour lui d'obtenir des garanties concernant ces actes que, de toute façon, dans certaines circonstances certaines ou moins certaines, il voudra entreprendre. On peut songer par exemple aux actes consistant à se nourrir et à rechercher un abri, à aider ou protéger sa famille ou ses amis, ou encore (pour le cas d'une personne qui reste ou devient croyante) à l'accomplissement de rituels religieux, ou à l'expression d'autres types de convictions. Ces caractéristiques sont particulièrement favorables à la persuasion réciproque. On peut les associer respectivement au thème de l'absence de nuisance (ou de l'amélioration non équivoque) et à une certaine dimension universelle des droits concernés (tout le monde est intéressé et personne ne peut espérer échapper aux initiatives correspondantes d'autrui).

L'État est alors surtout en position de coordinateur ou de gardien des conventions sociales. Sans léser les uns ni les autres, et en les amenant à comprendre qu'ils ne se lèsent pas les uns les autres, il leur offre des conditions d'harmonisation de leurs plans d'action (par exemple en distribuant les lieux de culte, les autorisations pour les réunions dans l'espace public, etc.). Nos analyses conduisent même à se demander si l'octroi de garanties est si important que cela, dans la mesure où il s'agit de protéger des initiatives qui ne rencontreraient d'obstruction que dans l'hypothèse d'actions d'autrui qui sont elles-mêmes peu intéressantes pour autrui. En fait, il y a en général tout de même un travail à faire pour expliquer dans chaque cas l'absence d'intérêt ou plus précisément, le caractère remplaçable des actes de nuisance dirigés contre les initiatives personnelles qu'il s'agit de protéger. C'est que la tentation de l'intolérance reste souvent menaçante[1].

De plus, la désignation publique de ces initiatives comme importantes et dignes d'être protégées se prolonge habituellement en diverses protections plus particulière qui supposent, elles, un arbitrage défini (et toujours contestable) en faveur de certains intérêts ou de certaines valeurs de préférence à d'autres. De cette manière, la protection de ces initiatives peut apparaître intéressante aux yeux des individus si elle leur permet de constituer par degrés le noyau, le foyer vivant autour duquel peuvent s'articuler divers droits individuels ou prérogatives sociales qui restent à conquérir par ailleurs et qui ne laissent pas de rencontrer des oppositions.

Les caractéristiques considérées circonscrivent ainsi des types de problèmes d'interaction à propos desquels la dynamique libérale des revendications et de l'approfondissement des droits possède une efficacité tout à fait remarquable. En dehors de cette région, il faut s'intéresser aux marchandages virtuels qui permettent aux individus de bien comprendre comment ils peuvent s'offrir mutuellement compensation et dépasser ensemble des situations où les uns et les autres sont pénalisés, par comparaison avec ce qu'ils pourraient tirer de leur propre interaction si les règles de celle-ci étaient modifiées.

LA RECONNAISSANCE PUBLIQUE DES PRINCIPES :
ENJEUX D'UNE PERSPECTIVE GRADUALISTE SUR LES GARANTIES

L'analyse a livré quelques repères pour mieux comprendre la spécificité des revendications qui, articulées à des droits fondamentaux des personnes, tendent à en élargir sans cesse la portée pratique et les expressions dans le détail de la législation, dans une direction que l'on nomme habituellement « libérale ». Ce processus d'élargissement ou d'approfondissement ne va pas, toutefois, sans engendrer des controverses, jusque dans le cas des revendications qui ont un rapport étroit avec les droits considérés comme fondamentaux. La question se pose de la stabilité des garanties offertes par la loi et il faut, en amont, se poser aussi la question du caractère souhaitable ou non de garanties fixes.

1　Sur les perceptions contemporaines de la tolérance et de l'intolérance, ainsi que leur incidence sur les représentations des garanties offertes aux religions et de la frontière du religieux et du politique, voir en particulier l'essai de P. Valadier, *Détresse du politique, force du religieux*, Paris, Seuil, 2007.

Dans les théories d'inspiration libérale traitant des principes de justice ou des principes fixant les droits fondamentaux, ceux-ci sont assez fréquemment assimilés à des principes fixes, soustraits au débat politique ordinaire. Le consensus sur des principes stables est lui-même un principe fondamental, comme peut l'illustrer le concept rawlsien de « société bien ordonnée ». La protection des droits et des libertés entre naturellement dans ce cadre. À propos d'un certain noyau de droits individuels en particulier, l'accent est mis sur l'invulnérabilité face aux revendications ou tentatives diverses de déstabilisation et de marchandage. Le problème est alors que l'on risque de sous-estimer la plasticité du vocabulaire des droits individuels ou privés et, pareillement, de méconnaître la plasticité des formes sociales de la concrétisation de ces droits, jusque dans la région des droits fondamentaux. En particulier, s'il y a de l'incertitude dans l'interprétation des principes (comme il y en a toujours), il est inévitable que certains groupes tentent d'accréditer certaines interprétations jusqu'à faire d'elles les interprétations socialement dominantes, ce qui peut produire en pratique les mêmes effets qu'un changement dans les normes.

À l'opposé, certaines approches privilégient la persistance des désaccords et l'acceptation de compromis réglés (plutôt que le consensus et l'unité civique réalisée autour de principes moraux partagés)[1]. Dans ces approches, par comparaison avec les approches fondées sur le consensus, les postulats de rationalité sont typiquement moins contraignants, donc plus facilement acceptables parce que le risque d'exclusion de certaines personnes de la sphère du débat public est de ce fait moins marqué.

Les analyses qui se situent dans ce courant privilégiant le désaccord et le compromis rencontrent la limite suivante : les concepts proposés

---

1   Notamment : C. Arnsperger, « La philosophie politique et l'irréductibilité des antagonismes », *Le Banquet*, 17 (2002), p. 19-46, et « Le bien commun comme compromis social : deux conceptions de la négociation politique », *Éthique publique*, 6 (2004), p. 79-87 ; C. Arnsperger et E. Picavet, « More than modus vivendi, less than overlapping consensus : Towards a political theory of social compromise », *Social Science Information / Information sur les sciences sociales*, 43 (2004), p. 167-204 ; R. Bellamy, *Liberalism and Pluralism. Towards a Politics of Compromise* ; Londres et New York, Routledge, 1999 ; E. Picavet, « Biens communs, valeurs privées et fragilité de l'État de droit », *Éthique publique*, 6 (2004), p. 87-100 ; également, les contributions de R. Dauenhauer, S. Herschovitz et C. Mills réunies par V. Davion et C. Wolf, édit., *The Idea of a Political Liberalism. Essays on Rawls*, Lanham, Rowman & Littlefield Publishers, 2000. On peut également songer aux conférences de Stuart Hampshire publiées sous le titre *Justice is conflict*, Princeton, Princeton University Press, 2001. J'ai tenté ailleurs de situer ces approches dans les débats issus de la doctrine de Rawls : « La doctrine de Rawls et le pluralisme comme modus vivendi », *Revue internationale de philosophie*, 60 (2006), p. 370-385.

de compromis réglé ou honorable (ne se réduisant pas nécessairement à un simple *modus vivendi*) privilégient habituellement une approche procédurale. On met en évidence des raisons de l'acceptabilité qui ne se réduisent pas à une rationalité purement instrumentale. On privilégie ainsi des figures politiques telles que le débat public réglé, les élections libres, l'attention impartiale des gouvernants aux différents groupes d'opinion, la publicité des débats et des compromis, etc. Mais ne faut-il pas aussi s'efforcer de comprendre les caractéristiques intrinsèques qui, sans exclure quelques adaptations, donnent à certains principes une stabilité particulière et reconnaissable ? En particulier, n'y a-t-il pas lieu de prendre au sérieux les propriétés politiques de la coordination des acteurs sociaux autour de principes présentant une certaine stabilité ? Cela pourrait aider à comprendre l'importance spécifique de la référence à des principes auxquels on entend donner un statut spécial, à l'abri des aléas de la politique ordinaire. Quoi qu'il en soit de la variabilité des interprétations, les principes allouant les droits essentiels restent en place en longue période dans les sociétés politiques libérales.

Je proposerai un rappel des principales motivations qui, à partir de dilemmes demeurés sans solution dans les théories libérales, conduisent à s'intéresser à une coordination souple plutôt que rigide autour des principes politiques de base, notamment ceux qui fixent à grands traits les droits des personnes. Je prendrai comme fil conducteur certaines critiques adressées à l'interprétation et à la défense particulières du libéralisme politique qu'avait proposées John Rawls. Puis j'examinerai quelques-uns des outils d'analyse disponibles pour aborder ces questions, qui concernent à la fois les études positives sur les processus constitutionnels et les études normatives sur l'architecture institutionnelle.

Rien ne semble aussi fixe, dans les démocraties libérales, que la séparation du privé et du public et l'accord public sur les principes fondamentaux concernant les droits (leur consécration, leur protection). La théorie politique peut sembler confirmer cette impression, parce que les doctrines les plus influentes manifestent le souci de mettre les principes de base – en particulier, ceux qui concernent les droits fondamentaux et les libertés publiques – à l'abri des aléas de la politique ordinaire. Et pourtant, d'assez nombreux indices donnent à penser que les principes politiques de base, notamment les normes qui protègent les droits et libertés, peuvent être évolutifs. Leur capacité d'évolution paraît liée à la généralité des formulations, dans laquelle on voit parfois un simple défaut (un manque d'effectivité juridique) alors qu'il s'agit peut-être d'un régime permanent, ayant des propriétés spécifiques, des conventions sociales pertinentes. Bien qu'ils soient souples, on peut penser que de tels principes assurent avec une certaine effectivité la coordination des acteurs institutionnels dans les interactions politiques de niveau constitutionnel (définies ici comme celles qui affectent la répartition des droits et des pouvoirs essentiels).

Dès lors, il paraît légitime de chercher dans cette direction les voies d'un dépassement de l'opposition actuelle entre deux familles de théories politiques : d'une part, celles qui décrivent les droits fondamentaux comme des principes moraux soustraits au débat politique ordinaire et consacrés une fois pour toutes dans des dispositions constitutionnelles, et d'autre part, celles qui décrivent ces droits comme l'objet de compromis et de négociations, d'une manière pleinement évolutive mais qui peut paraître éloignée des intuitions courantes concernant le caractère immuable et sacré des principes essentiels du libéralisme politique.

Pour aborder sereinement la comparaison des approches, il faut tout d'abord reconnaître que le fait du pluralisme a des conséquences radicales dans les démocraties libérales contemporaines. Par exemple, il est habituel de voir que l'on fait l'éloge de conduites condamnables aux termes de la loi. Par ailleurs, la question des limites exactes des libertés publiques essentielles est constamment sujette à controverses. Par exemple, il faut apparemment un enjeu culturel ou historique général pour que l'émotion s'empare de l'opinion à propos d'abus de la liberté d'expression, et pour que les auteurs soient blâmés d'une manière ou d'une autre, voire inquiétés sur le terrain judiciaire[1]. Mais la définition des conditions du franchissement d'un seuil n'a rien d'évident et l'indignation publique oscille perpétuellement, par ailleurs, entre plusieurs thèses au sujet des réponses juridiques ou institutionnelles appropriées. Sur ce terrain, qui est celui des libertés de base les plus classiques, on ne peut donc certainement pas considérer qu'il y a des valeurs communes autour desquelles tous puissent se retrouver d'une manière opératoire, ni une obligation, librement acceptée par les citoyens, d'adopter comme leurs propres valeurs les choix interprétatifs opérés par les gouvernants et les juges.

On ne peut ignorer les effets de la concurrence des ordres juridiques, de l'ambiguïté des normes[2], du renversement possible des conventions

---

1   Citons le cas célèbre du livre de Paul Aussaresses légitimant le recours à la torture pendant la guerre d'Algérie. Pensons aussi à la littérature pro-nazie ou révisionniste.

2   L'ambiguïté n'est pas traitée ici ni comme une anomalie résiduelle, mais plutôt comme une certaine marge laissée à l'appréciation personnelle et au conflit interpersonnel. Cette

sociales dominantes régissant l'interprétation des normes. Il est parfaitement possible que des ambiguïtés ou des sources de conflits soient délibérément entretenues dans les formes juridiques. De plus, on ne peut pas postuler que les normes publiques et les principes généraux de l'organisation de l'État sont d'emblée interprétés par les agents comme le reflet d'une volonté commune, collective ou partagée. Empiriquement, cela n'aurait aucune plausibilité. Par ailleurs, il reste toujours possible que les individus considèrent qu'ils sont eux-mêmes dans un rapport de pure extériorité avec les lois de leur pays.

Voici ce que pensent de nombreux citoyens dans les démocraties libérales : si la loi en vigueur n'est pas jugée satisfaisante au tribunal de la conscience individuelle considérée comme éclairée et capable de se faire reconnaître peu ou prou comme telle, il ne faut pas la respecter telle qu'elle est. Il peut être légitime de la contourner par le recours à des institutions relevant d'un autre ordre (institutions internationales en particulier) et de soulever une vague d'insubordination pour aboutir à la réforme de l'ordre normatif existant. Cette tendance peut sembler marginale dans ses effets concrets mais elle illustre ce que l'on pourrait appeler à bon droit le paradoxe central de l'autorité du pouvoir en régime libéral : la légitimité du pouvoir est aussi forte qu'on peut le souhaiter si l'on se place au point de vue de la liberté, car le pouvoir est tout entier fondé sur la liberté ; mais son autorité est aussi fragile que le voudront ceux à qui il plaira de vouloir plus de liberté.

Comment penser alors la reconnaissance des droits, que l'on voudrait toujours aussi ferme que possible, dans un univers politique aussi fluide ? Cette reconnaissance n'est pas nécessairement, pour les individus, une affaire d'endossement complet (pas même de la part des fonctionnaires qui appliquent la loi). Au sens moral, on peut seulement admettre que le degré de désaveu personnel n'est pas suffisant pour motiver un refus d'appliquer les règles et, au sens juridique, on peut dire que les autorités savent dans de nombreux cas que leurs décisions sont contestables, peuvent être renversées par l'action d'autres institutions ou de différents acteurs publics et privés.

Des formes acceptables de la vie commune sont possibles, comme on l'observe dans les démocraties occidentales, en l'absence d'une conception publique véritablement partagée au sujet de la justice. Cela oblige à

---

approche a montré sa fécondité dans des domaines connexes, en particulier dans la théorie des organisations et dans l'étude de la mise en œuvre des politiques publiques. On peut penser, par ailleurs, qu'elle est implicite dans les approches juridiques privilégiant la figure du droit « ouvert » ou « flexible ».

s'écarter du modèle rawlsien de la « société bien ordonnée », puisque ce modèle prévoit l'existence de principes publics connus de tous, exprimant une conception partagée de la justice – cette même justice à partir de laquelle on doit se prononcer en dernier ressort sur la vie publique. Il est possible qu'aux yeux de certaines personnes, certains éléments de la vie sociale telle qu'elle est organisée apparaissent injustes, d'une manière permanente et pour de bonnes raisons, sans que cela remette en cause la détermination à vivre avec les autres sous des lois communes, sans troubler la paix civile. Cela n'implique en rien que l'évaluation personnelle d'après des principes éthiques personnels doive cesser. Par exemple, si difficile à admettre que cela ait pu sembler, il est possible d'être bon citoyen et communiste dans une société libérale consacrant les principes du capitalisme ; seule la rivalité dangereuse des deux blocs pendant la Guerre froide avait pu le masquer et, depuis la fin de la confrontation idéologique entre l'Est et l'Ouest, nul ne voit plus là un problème sérieux.

L'attrait maintenu de la figure héroïque d'un accord sur la justice est dû au fait que les combats pour les normes et les formes institutionnelles auxquelles nous sommes habituellement le plus attachés ont été associés à des causes exemplaires, contre des injustices largement ressenties. Ce type de combat reste d'ailleurs pertinent aujourd'hui dans des secteurs limités de la vie sociale, par exemple s'il est question de lutter contre la pauvreté, d'améliorer les chances dans la vie d'enfants qui ont connu des problèmes graves, de poser les conditions d'une coopération internationale plus équitable, de mettre fin à l'immunité dont jouissent des dirigeants criminels, etc. Mais de ce constat, on ne peut tirer la justification d'une conception de la vie sociale et de l'État qui nous les représente comme le lieu de concrétisation d'un idéal de justice. Il est donc opportun de se diriger vers une notion du consentement politique beaucoup plus faible que celle qui, par exemple, caractérise la « société bien ordonnée » et le statut même des principes de justice dans l'œuvre classique de J. Rawls.

L'usage public du vocabulaire de la justice, comme aussi les recherches philosophiques visant à dégager les principes fondamentaux de la justice, tendent à accréditer un modèle populaire du politique d'après lequel la vie commune peut être organisée d'après un schéma à la fois acceptable par tous et répondant à des raisons que tous devraient partager. Mais si l'on fait référence à une société marquée par le pluralisme, ce type de référence à la justice présente un indéniable caractère d'étrangeté : on parle de « la justice » en oubliant qu'il y en a plusieurs – en principe, autant que de conceptions de la justice. Plusieurs séries d'arguments peuvent convaincre de l'opportunité d'une approche de la normativité sociale dans laquelle la « justice » (qui qualifie des formes de distribution, de transactions sociales ou d'organisation capables de recueillir l'approbation pleine et entière) n'est pas toujours la référence ultime. Par ailleurs, comme nous l'avons vu, il n'y a pas de formule magique pour maintenir ce qui est « personnel » dans le voisinage d'intérêts purement individualisables (même si l'on peut s'efforcer modestement, comme nous l'avons tenté, de dégager quelques critères offrant une orientation dans la recherche de ce qui a des chances de passer pour plus spécialement « personnel »). C'est plutôt une affaire de convention sociale, même si l'on peut soutenir par ailleurs que les conventions qui prévalent reflètent souvent des raisons d'arrière-plan liées à la nature même des interactions sociales.

Il est inévitable, dans ces conditions, que les convictions morales conflictuelles concernent aussi l'espace de la vie publique, les actions et les expériences des autres ainsi que les modalités de la vie commune. On ne peut jamais restreindre sans arbitraire le pluralisme au seul domaine des convictions individuelles au sujet de ce qui constitue, pour chacun, la « vie bonne » ou la réalisation d'un plan de vie satisfaisant dans une sphère tenue pour personnelle. Comme les conceptions du juste ne se limitent pas à ce qui est socialement perçu comme « personnel », la revendication raisonnée passe toujours les bornes de ce qui est « personnel » et l'exigence éventuelle d'un confinement des revendications à une sphère « personnelle » serait dépourvue d'une signification claire ; cela ne correspondrait pas à la réalité des prétentions individuelles. Et pourtant, la matrice du libéralisme est bien un système de filtrage des raisons, qui privilégie celles qui concernent en propre des entités tenues pour indépendantes. Cette source d'inconfort intellectuel est aussi une tension créatrice dans le libéralisme qui se déploie réellement.

La plupart de nos valeurs personnelles concernent la société à quelque titre. Il est dès lors décisif, pour comprendre les raisonnements actuels ou potentiels des individus au sujet de ce qui est juste, de s'abstenir de supposer que les individus ne s'intéressent qu'à eux-mêmes. Il sera alors évident que l'accord sur ce qui est acceptable dans la vie sociale ne peut pas être dans tous les cas un accord sur la justice, puisque c'est précisément un « combat pour la justice », à propos de controverses fondamentales, que de chercher à l'emporter sur des convictions adverses, que les adversaires peuvent à bon droit, eux aussi, rapporter à une affaire de justice. Et à mesure que les exigences dites « libérales » (favorables au libre choix et à l'autonomie d'unités de décisions tenues pour indépendantes) gagnent du terrain, elles investissent des champs de la décision dans lesquels l'interdépendance et l'intérêt mutuel sont plus marqués. Or, la logique libérale pousse simultanément à l'individualisation des raisons citées à l'appui des revendications. Cette alliance des contraires est inconfortable et l'on ne peut ici prétendre réconcilier les contraires par une formule générale. Nous vivons avec et dans cette tension, potentiellement dangereuse pour le système politico-économique du libéralisme.

La difficulté de l'accord sur la justice ne peut être ignorée et un jugement partagé sur l'acceptabilité de certaines structures et normes sociales n'est pas nécessairement « fondamental » en un sens moral. Les raisons pour lesquelles on l'oublie souvent sont en partie explicables par l'éducation morale et l'insistance compréhensible de celle-ci sur des formes radicales de rejet et de contestation au cours de l'épopée du libéralisme politique : en particulier, la fuite, l'exil et la lutte en réponse des régimes inacceptables, ou bien encore le choix de la clandestinité et la lutte armée sur le territoire même de l'ennemi. Mais il se trouve que dans des régimes politiques qui n'apparaissent pas absolument mauvais aux citoyens, des formes durables et graves d'injustice au sens moral peuvent être constatées, en prenant comme référence certains systèmes de convictions morales au sujet de la justice.

On doit donc prendre en considération les conflits entre les individus dans l'appréciation ou la recomposition de ce qui est acceptable pour eux et, simultanément, ce qu'il y a de compréhensible dans la limitation ou le confinement de ces conflits. C'est là une dimension essentielle de l'acceptabilité politique des normes, des droits et des institutions publiques. L'écart résultant entre acceptation normative et idéal de justice ne peut qu'être constaté. Il y a bien une dimension d'acceptation, parfois rationnelle, dans le fait de se résigner à un état de choses que l'on ne croit pas juste et que l'on veut conserver la faculté de flétrir comme injuste.

Par exemple, le sérieux de l'acceptation ne fait aucun doute dans le cas où celle-ci se fonde sur la prise en compte des troubles, violences et conflits qui accompagneraient de manière certaine ou probable la transition vers un nouvel ordre des choses (dans les *Lettres* platoniciennes, c'était le motif des appels à la prudence ou à la réserve pour le philosophe affronté à un ordre des choses injuste), ou encore sur les exigences bien comprises du développement personnel des uns et des autres dans un espace de prévisibilité raisonnable des résultats des initiatives individuelles et collectives. Tout ce qui est sérieux n'est pas d'abord lié par principe à la justice en tant qu'idéal moral, puisqu'il y a aussi de la gravité dans l'ordre purement politique. En ce sens, l'équilibre social qui résulte de la prise en compte des conflits inévitablement liés aux tentatives de modification n'est pas seulement mécanique : il peut être soutenu par de bonnes raisons, ayant un caractère d'impartialité, même si certaines aspirations individuelles à la justice doivent s'en trouver frustrées. Les droits du libéralisme ne seraient pas ce qu'ils sont si leur approfondissement et leur élargissement indéfinis ne rencontraient comme limite que l'opposition de ceux qui n'y sont pas favorables et de ceux qui, tout d'abord, sont hostiles à ces droits eux-mêmes. Ce qu'ils sont résulte aussi de la neutralisation des revendications par les individus eux-mêmes, s'ils sont sensibles à des préoccupations spécifiquement politiques. La réticence à présenter des revendications est partie intégrante du processus de délimitation de l'étendue et de la portée des droits.

LES CHANCES DU COMPROMIS ET LE RÔLE DES PRINCIPES DANS LA DYNAMIQUE DES DROITS

Aux théories qui prétendent fixer les droits fondamentaux une fois pour toutes dans des termes à la fois moraux et politiques, il manque une claire conscience de l'espace de compromis et de négociation qu'abritent les normes fondamentales qui proclament ces droits. La stabilité des droits n'est pas tout : il faut y ajouter les mécanismes d'adaptation à des circonstances et à des demandes évolutives. Cela enveloppe des problèmes majeurs que l'on peut estimer relativement mal éclaircis.

D'abord, les domaines du privé et du public ont une frontière contestée et évolutive. L'évolution de cette frontière est mal comprise, ce qui conduit à s'intéresser à la manière dont elle se négocie de manière évolutive, dans la pratique des pouvoirs. En second lieu, les limites de la sphère convenant à l'argumentation publique sont elles-mêmes sujettes à contestation et à évolution. En particulier, il n'y a rien de tel qu'un « langage des droits » qui serait reconnu par tous comme « neutre ». Il n'y a pas d'apparence que l'on puisse se flatter d'assigner par avance des bornes au champ des arguments possibles dans la défense des droits ou dans l'opposition à certaines interprétations des droits. Les ressources de la rhétorique politique et des traditions de pensée sont considérables et sans cesse renouvelées. Il convient donc de s'intéresser à la perception par les acteurs des chances de convaincre les autres acteurs grâce à des arguments et l'on doit se préparer à l'éventualité d'un enrichissement graduel, au cours de l'histoire, du domaine des arguments politiques (ce que les théoriciens libéraux admettent en général sans problème).

Ces deux premiers problèmes sont des exemples d'un problème générique qui est celui de la réponse à des propositions successives de réaménagement des « principes de base » ou des « règles du jeu » de l'interaction politique. Par exemple, il arrive dans l'expérience de la vie politique que certains acteurs contestent les conventions dominantes concernant le partage du privé et du public ; il arrive que certains veuillent élargir le spectre des arguments autour desquels le débat public s'organise. Les débats que nous avons sur les frontières admissibles des initiatives de l'État en matière de dialogue avec les religions en fournissent de bons exemples : ainsi, certains voudraient pouvoir parler de « blasphème » ou d'« insulte au prophète » dans le débat public, quand d'autres se refusent absolument à donner un sens quelconque, dans les termes du débat public, à des notions religieuses telles que « blasphème » ou « prophète ». Dire qu'il doit exister une réponse immuable à tous les problèmes de bornage qui peuvent se présenter dans ce registre, c'est défendre un point de vue très particulier, que rien ne recommande vraiment dans le registre proprement théorique.

Un autre problème est posé par le rôle supposé « pacificateur » de la consécration de principes immuables. Qu'une telle consécration aille ou non dans le sens d'une coordination pacifique et efficace dans les choix de niveau constitutionnel, c'est une question qui doit demeurer ouverte à la théorie et à l'observation. On ne peut la supposer réglée par avance. Il est indéniable que certaines traditions politiques nationales s'organisent de manière stable et cohérente autour de certains principes qui jouissent d'une stabilité raisonnable. Mais dans d'autres cas, la proclamation de principes présentés comme immuables ou fondamentaux apparaît prématurée et se trouve rapidement désavouée. Pour aborder ce problème, le premier pas est sans doute de chercher à comprendre la manière dont la référence à des principes offrant des références communes peut favoriser la coordination des acteurs, réguler leurs conflits, éviter une trop grande instabilité, etc. Il est parfaitement possible que ce qui va dans le sens d'un meilleur évitement des conflits ou de l'instabilité relève d'une coordination souple autour de principes partiellement évolutifs. Certains progrès déjà réalisés dans l'analyse permettent de caractériser assez raisonnablement la possibilité d'une coordination souple autour de principes généraux qui interviennent bien tels qu'en eux-mêmes.

Le langage est un élément central de la coordination sociale et politique dans l'espèce humaine. Or, les variations linguistiques et les incertitudes conceptuelles dans le langage sont des sources majeures de désaccord au sujet des droits et des libertés ; elles affectent la répartition des domaines dans lesquels les individus jouissent d'une complète liberté de choix. Depuis les travaux fondateurs de R. Coase et de H. Demsetz, on admet très largement aussi que la définition sociale des droits, et en particulier des droits de propriété, peut évoluer en réponse à des problèmes d'efficacité. C'est un thème de recherche privilégié dans ce que l'on a appelé le courant de l'« économie des droits de propriété ». Mais, comme l'a souligné J. Hirshleifer, les droits de propriété n'ont pas seulement, dans le monde social, le statut d'allocations d'accès et de contrôles. Nos concepts sociaux de droits et de libertés sont appuyés par des jugements normatifs au sujet de la liberté et reflètent des vues au sujet de l'organisation sociale. Et si nous voulons absolument les décrire en nous référant seulement à l'intérêt des acteurs, nous devons du moins admettre qu'une partie de cet intérêt est constitué par le respect dû aux personnes (ou aux activités, ou aux formes de vie) et par les formes de protection associées. Dès lors, on devrait admettre que nos explications de l'évolution des droits en réponse à des problèmes d'efficacité demeurent incomplètes tant que nous manquons d'une théorie de l'adaptation des concepts de liberté et de droits au fil des processus de la vie sociale[1].

Les sciences sociales, de fait, fournissent des aperçus au sujet des rapports entre les performances collectives (par exemple la croissance économique, le développement technique et industriel…) et les croyances au sujet de la liberté. Les conjectures au sujet de l'évolution adaptative des droits restent mal reliées à la théorie politique normative des droits. Cependant, on sait aujourd'hui que les principes généraux peuvent jouer un rôle structurant alors même que leur interprétation ou leur signification n'est pas fixée une fois pour toutes, ni soustraite au débat politique ordinaire, comme l'ont montré R. Calvert et J. Johnson[2]. Ce rôle tient en particulier aux mécanismes suivants : ils offrent des points de référence communs (appartenant à un répertoire culturel) qui sont des supports efficaces pour la coordination des conduites des acteurs politiques ; la rencontre sur les principes dans un processus de communication (avec

---

1   On voit qu'un point de vue évolutionniste et naturaliste sur les droits ne conduit pas forcément à ignorer le rôle des principes. Au contraire – comme devait le souligner Allan Gibbard dans *Sagesse des choix, justesse des sentiments* – il est important de comprendre comment les principes généraux peuvent assurer, en tant que tels, certaines formes de coordination entre les individus.

2   R. Calvert et J. Johnson, « Interpretation and Coordination in Constitutional Politics », in E. Hauser et J. Wasilewski, édit., *Lessons in Democracy*, Cracovie, Jagiellonian University Press et University of Rochester Press, 1999.

argumentation) permet aux acteurs de savoir pour quelles raisons ils ont pu parvenir à s'entendre. Ces raisons sont à nouveau mobilisables par la suite ; les bénéfices à attendre de cette mobilisation ultérieure sont pris en compte par les acteurs politiques s'ils sont pleinement rationnels.

Ainsi, les agents peuvent juger adapté (rationnel pour eux) de fournir des raisons ayant un rôle durable dans la coordination. Ces raisons sont typiquement apportées par des principes ayant une certaine généralité et auxquels on peut se référer dans des circonstances variées, sans avoir à les modifier. Et ce, à propos de situations parfois inattendues. En ce sens, on rencontre ici des principes stables ; ils peuvent apparaître « soustraits au débat » parce qu'ils relient entre elles plusieurs phases des interactions. Mais cela ne veut pas dire qu'ils ne peuvent être évolutifs dans leur formulation ; en particulier, ils peuvent s'adapter partiellement au cours des phases de communication comportant de l'argumentation.

Sur ces bases, on voit prendre corps la possibilité, pour les approches valorisant le désaccord et le compromis, de prendre pleinement en compte des principes comparativement stables, comme ceux qui régissent les droits fondamentaux. Dans le domaine des droits fondamentaux, la coordination ne peut se faire qu'autour d'interprétations de notions et de normes de références qui ont un très grand caractère de généralité. Il en résulte un espace d'innovation et de négociation qui est, si l'on veut, la contrepartie positive des « fardeaux du jugement » au sens de Rawls (en particulier en ce qui concerne deux des difficultés énumérées par Rawls, à savoir la description correcte des situations et l'application correcte des normes jugées pertinentes). Ce sont des fardeaux, mais aussi des tâches politiques et sociales non moins que culturelles, qui donnent l'occasion d'un travail commun et d'un dialogue. En particulier, une culture publique du respect des droits peut se bâtir de cette façon.

Considérons à titre d'exemple la manière dont peut se nouer un dialogue de ce type, en partant de la controverse sur le « droit au travail » dans l'élaboration de la charte des droits de l'Union européenne, telle que l'ont étudiée R. Bellamy et J. Schönlau dans leur étude de 2004 (je suivrai largement leurs analyses à des fins d'illustration)[1]. Il y a ici deux extrémités : d'une part, le droit d'avoir un travail, d'autre part, le simple droit de postuler sur le marché du travail, sans assurance de résultat ni aucune garantie quant au processus de recherche d'emploi lui-même. Entre ces deux pôles, il existe différentes assurances concevables que les États

---

1   R. Bellamy et J. Schönlau, « The Normality of Constitutional Politics : an Analysis of the Drafting of the EU Charter of Fundamental Rights », *Constellations*, 11 (2004), p. 412-433.

peuvent offrir en ce qui concerne la formation continue, les services de recherche d'emploi ou de placement, les conditions d'un traitement égal ou sans discrimination des uns et des autres sur le marché du travail[1].

Dès lors, malgré la divergence initiale entre les interprétations, les acteurs politico-économiques ont une certaine marge de manœuvre dans la recherche d'un accord autour de significations partagées. Le désaccord initial lui-même repose sur certains éléments qui sont de connaissance commune au sujet des dimensions principales des concepts de droit, de travail, de service et de marché. Par exemple, tous savent bien que parler de droits oblige à parler de garanties (fussent-elles « minimales ») ; tous savent bien aussi qu'il y a du travail salarié, du travail indépendant, etc. Ces éléments placent des contraintes sur l'issue possible du processus de négociation. De plus, il y a des éléments de connaissance commune au sujet de ce qui peut passer pour un accord impartial, se situant à un niveau proprement constitutionnel et ne consistant donc pas à endosser une position partisane (assimilable à une cause du genre de celles que l'on défend dans la vie politique ordinaire). Enfin, les normes déjà reconnues dans l'Union offrent des références pour un accord.

Sur cette base, le processus de négociation, qui est aussi un processus d'aménagement des droits individuels dans l'Union, n'est pas si indéterminé que cela. L'ambiguïté des principes et le choc des valeurs n'entraînent pas le règne sans loi de l'arbitraire. Il est au contraire dans l'ordre des choses que l'arrangement final passe par les points suivants : l'exclusion du travail forcé (à cause des droits de l'homme reconnus par les pays de l'Union) ; l'absence de droit garanti à avoir un travail (ce qui ne serait pas conforme aux normes du libre marché et témoignerait de plus d'une orientation partisane de type socialiste) ; l'absence d'un régime dépourvu de garantie (cela est exclu par la référence maintenue par tous à un concept de droit nécessairement porteur de garanties) ; l'octroi de garanties dans des domaines d'intervention publics qui sont déjà tenus, par les institutions de l'Union, pour compatibles avec des normes de libre marché (en particulier, des garanties offertes par l'intervention de l'État dans la formation continue, la recherche d'emploi, le respect des opportunités égales, la protection contre les discriminations). De fait, cela s'accorde avec les dispositions prévues dans le texte final, qui font évoluer, en les affinant et en les adaptant au cas de l'Union européenne, les droits généraux déjà reconnus par les pays membres (en particulier, les droits de la déclaration universelle de 1948).

---

1 Sur les exigences normatives et le travail, v. la thèse de doctorat de Guillaume Dupont (université de Rouen, 2007).

À partir d'un exemple de ce genre, et si nous revenons à notre propos, nous voyons que l'élaboration progressive d'un contenu des droits s'appuie à la fois sur des ressources proprement cognitives (telles que le sens et le répertoire des mots, les relations entre notions – par exemple entre droits et garanties) et sur des particularités de l'interaction sociale (ici, l'interaction entre des interlocuteurs qui sont placés dans une situation qu'ils peuvent thématiser comme une situation de choix constitutionnel)[1]. La dimension de l'interaction sociale apparaît centrale pour comprendre certaines des contraintes pesant sur les propositions qui peuvent être faites. De fait, chacun des interlocuteurs peut et doit tenir compte simultanément des aspects suivants :

> (a) ce qui lui apparaît à lui-même comme une amélioration (ou une plus grande clarté) dans les garanties prévues ;

> (b) ce qui est susceptible d'apparaître aux autres comme une amélioration (ces deux premières dimensions permettant de faire jouer un rôle crucial aux ressources linguistiques et conceptuelles) ;

> (c) ce qui est compatible avec des principes antérieurement reconnus ;

> (d) les exigences associées à la situation de choix constitutionnel dans laquelle les institutions ont placé les participants à la délibération.

La négociation et donc le processus d'évolution des droits se trouvent structurés par ces contraintes, que l'on peut, pour résumer la discussion, répartir en deux groupes : d'une part, les contraintes d'acceptabilité mutuelle (sur la base des buts des uns et des autres), d'autre part, les contraintes de compatibilité avec des normes ou des règles institution-nelles déjà reconnues. Par le second aspect au moins, un exemple de ce type doit conduire à envisager le rôle que jouent, dans une perspective inter-temporelle, les grands principes politiques généraux. Il y a là sans doute une « force de rappel » sur les négociations qui, d'une certaine

---

1   J'ai étudié ailleurs pour eux-mêmes les enjeux de la conceptualisation d'une telle situa-tion : « Sur les enjeux méthodologiques des modèles du choix constitutionnel », in M. Bienenstock et A. Tosel, édit., *Parcours de la raison pratique*, Paris, L'Harmattan, 2004. V. aussi la thèse de doctorat de David Duhamel (université Paris-1 Panthéon-Sorbonne, 2006) et M. Kchaou, *Etudes rawlsiennes : contrat et justice*, Tunis, Centre de publication universitaire, 2006.

façon, évite que l'on tombe complètement dans le domaine de la fameuse « politique ordinaire » dont les théoriciens libéraux entendent souvent éloigner les droits les plus sacrés. C'est aussi pourquoi l'étude de cas de R. Bellamy et J. Schönlau n'établit pas seulement la réalité de transactions sur les principes (ce qui est la thématique privilégiée par les auteurs eux-mêmes) ; elle illustre aussi la force et la permanence des principes mobilisés en dépit de leur flexibilité interprétative ou peut-être en raison de cette flexibilité même. N'est-il pas possible de retrouver par là une spécificité réelle de la coordination par des principes généraux ayant quelque stabilité et échappant dans une certaine mesure à des remaniements perpétuels liés aux intérêts du moment ? Il me semble que la réponse doit être positive.

L'ARBITRAGE INSTITUTIONNALISÉ
ENTRE LES PRÉTENTIONS OU REVENDICATIONS

Dans la vie sociale et politique concrète des démocraties, les protestations ou les réticences des individus se heurtent au jugement de la majorité, tel qu'il peut être recueilli lors d'élections, ou à l'occasion d'un référendum, au suffrage universel. Les droits des individus sont déterminés et codifiés à l'issue de procédures de choix collectif dans lesquelles la règle majoritaire occupe une position éminente et ils ne peuvent être modifiés qu'à l'issue d'une nouvelle mise en œuvre de ces procédures. Il importe donc, pour notre objet, de considérer brièvement la nature des justifications ou légitimations qui peuvent s'attacher aux procédures elles-mêmes à cause du respect du souhait de la majorité (ou, le cas échéant, d'une majorité qualifiée).

La règle majoritaire est souvent présentée comme une sorte d'équivalent de la volonté du peuple tout entier (ainsi que le voulait Locke dans le second des *Traités du gouvernement civil*). Cela pose immédiatement des problèmes redoutables. D'abord, est-il possible d'obtenir, par une quelconque procédure de choix social, des systèmes de classement collectifs des options disponibles, qui puissent apparaître comme autant de versions possibles d'une « volonté collective » ou d'une « volonté du peuple » ? Evidemment, en ce qui concerne la règle majoritaire, les résultats de la théorie des choix collectifs conduisent à répondre plutôt par la négative, dès lors qu'il y a plus de deux options.

En second lieu, est-il légitime, d'un point de vue moral, de privilégier le jugement d'une majorité par comparaison avec celui d'une minorité ? Malgré notre habitude de condamner moralement ceux qui ne se plient pas au verdict de la majorité, il est bien difficile de citer une seule raison philosophique solide inclinant à répondre clairement par l'affirmative.

Nous pouvons avoir le sentiment qu'en retenant des politiques ou des candidats choisis par une majorité, nous évitons le risque d'efforts disproportionnés en faveur d'intérêts très spéciaux, limités à une petite partie de la population. Mais cet argument n'est pas lumineux : ne peut-il se faire que ces intérêts spéciaux comptent beaucoup aux yeux des membres de la minorité, tandis que la promotion des intérêts de la majorité n'apporte que des bienfaits insignifiants aux membres de la majorité ? Et pourquoi, après tout, un individu aurait-il des intérêts moins dignes d'être décisifs pour la collectivité, du simple fait qu'il se trouve en minorité ? On retiendra ici une autre approche, qui n'oblige pas à fournir une solution à ces questions difficiles. On partira de quelques remarques politiques, à propos de l'opportunité du respect du choix de la majorité ou d'une minorité, à l'issue d'une procédure qui permet l'émergence d'une majorité.

D'abord, si la règle qui prévaut est une règle majoritaire, par comparaison avec une règle donnant le pouvoir à une minorité (désignée par telle ou telle procédure, par exemple selon l'urgence ou l'importance de la cause qui identifie cette minorité), on peut dire que le pouvoir mis en place est mieux à même de faire valoir ses prérogatives, et mieux à même de sauvegarder les institutions en raison du soutien qu'il peut mobiliser en dernière instance (même s'il peut y avoir des minorités actives particulièrement efficaces dans les phases de lutte).

Si les gouvernants sont issus de la minorité, il leur est *a priori* plus difficile de faire appliquer leurs volontés et les normes qu'ils mettent en vigueur dès lors qu'elles vont à l'encontre des souhaits ou habitudes majoritaires, parce que l'effectivité réelle des normes est fonction du nombre de personnes qui se conforment spontanément à ces normes. Il est important de le prendre en compte si l'on retient, comme cela est proposé ici, une perspective gradualiste (comportant plus ou moins d'acceptation, plus ou moins d'obéissance) à propos du rapport aux normes publiques. Symétriquement, il est plus difficile aux opposants de faire échec au respect ou à la mise en application de normes ou de volontés issues de la coalition gagnante (ou décisive) aux élections. Enfin et surtout, donner un avantage à la majorité constitue une invitation à la persuasion réciproque : le moyen de l'emporter est de présenter aux autres des arguments qui portent[1].

Ainsi, il semble bien y avoir des avantages proprement politiques au choix d'un principe majoritaire pour la représentation et pour la décision collective[2]. Ces avantages concernent la possibilité effective d'une direction politique, selon l'adage aristotélicien par lequel on peut, aujourd'hui encore, caractériser la condition de citoyen : tour à tour gouverner et être gouverné. Ce n'est pas dire qu'il ne puisse y avoir de raison morale de désobéir à la volonté issue de la majorité. L'histoire politique a montré que de telles raisons pouvaient exister, et même acquérir une légitimité difficilement contestable. Ce qui est en jeu, c'est l'argumentation politique qui, en l'absence de circonstances exceptionnelles, dispose au respect du souhait majoritaire.

Néanmoins, comme cela affleurait à l'échelon ontologique (concernant la nature même des droits) dans notre discussion de l'opposition entre les approches de Sen et de Nozick, les questions relatives aux droits du libéralisme font souvent surgir une difficulté profonde. Les choix mettant en cause les droits individuels peuvent être perçus par certains comme situés hors du domaine dans lequel il est moralement légitime (à leurs yeux) que la collectivité parvienne à des décisions communes par une procédure de choix collectifs. C'est le cas notamment s'il y a une violation des droits que ces personnes jugent fondamentaux (ceux dont ils pensent qu'ils ne peuvent être mis en cause par une décision politique ordinaire). Les individus ont parfois des raisons de ne pas juger légitimes des décisions collectives prises dans certains domaines, concernant des alternatives à propos desquelles ils pensent que la soumission des uns au pouvoir des autres est illégitime (le fait d'être en majorité ou en minorité n'ayant aucune pertinence particulière à leurs yeux).

Cette difficulté marque certaines limites de la justification procédurale proprement politique. Elle vient rappeler à quel point il est difficile d'assimiler à l'enjeu d'un choix collectif, fût-il correct au plan des procédures, les conventions sociales relatives aux caractéristiques essentielles des droits. Ces caractéristiques ne sont pas une affaire de politique ordinaire, ce qui justifie l'habitude qui pousse à présenter les

---

1   Pour une étude plus approfondie des rapports entre rationalité et décision collective, je renvoie à un travail antérieur, (*Choix rationnel et vie publique*, Paris, Presses Universitaires de France, 1996) ; v. aussi H. Zuleta, *Razon y Elección*, Mexico, Fontamara, 1998.

2   Une discussion plus complète devrait faire droit à la portée politique occasionnelle des résultats établis par les mathématiciens, ce qui est hors de propos ici.

droits comme complémentaires des procédures démocratiques. Mais cela ne signifie pas qu'il faille courir aux facilités du droit naturel. Il en va plutôt d'un apprentissage graduel, au cours de l'histoire, des formes possibles d'un compromis partiellement stabilisé entre des prétentions ou revendications contradictoires. Prétentions et revendications sont habituellement soutenues par de bonnes raisons, mais le compromis qui s'instaure peut reposer sur des raisons meilleures encore au point de vue politique : des raisons impartiales.

VOIES DE L'ARGUMENTATION SUR LES DROITS :
MONOLOGUE D'ÉLEUTHÈRE

Comment un accord peut-il émerger et se maintenir autour du respect des droits à partir de considérations accessibles aux individus eux-mêmes, et sans renoncer au pluralisme ? On proposera ici une réponse dans le cas limité, mais central à maints égards, des libertés publiques classiques associées aux droits fondamentaux du libéralisme politique. La réponse sera formulée dans les termes de l'approche qui a paru appropriée : une approche centrée sur les garanties.

Pour cela, j'esquisserai le tableau d'une vie publique dans laquelle, à cause d'un mécanisme de concrétisation des droits dans des règles communes fondées sur la contrainte, les hommes sont livrés les uns aux autres. Ils sont capables d'obtenir le déploiement de la contrainte à l'encontre d'autrui, sous la forme de limites imposées aux initiatives, grâce à leur engagement dans un processus de revendication. Le modèle proposé a pour but de faire la lumière sur les arbitrages rationnels des individus dans leurs choix de revendication de changement, de lutte contre le changement ou d'inaction politique. Il s'agit donc de cerner au plus près les conditions pragmatiques de la concurrence des valeurs dans un contexte où il y a des normes, mais pas de valeurs que l'on pourrait *a priori* estimer partagées, ni de « voix du peuple » jugée infaillible par tous.

On ne prêtera pas non plus une force obligatoire inconditionnelle à la loi commune. On ne se place pas d'emblée dans un « état de droit » où les normes seraient mécaniquement respectées de ce simple fait qu'elles ont validité (comme dans un modèle idéal de légalité républicaine). On retient la perspective plus *générale* d'après laquelle il y a des degrés d'effectivité, qui dépendent notamment des initiatives des agents en vue de faire prévaloir leurs droits. L'intention est de se demander à quelles conditions les individus peuvent obtenir des garanties réelles (dont ils souhaitent jouir). On ne postule pas que les lois sont d'emblée respectées ; certaines revendications peuvent emprunter délibérément la voie du non-respect de la loi, ou d'une annonce de non-respect.

L'attention est alors concentrée sur la revendication, autrement dit, sur l'engagement individuel dans des initiatives qui tendent à modifier la structure existante des droits, des pouvoirs, des obligations ou bien, au contraire, à préserver cette structure contre des réformes potentielles. La structure normative est abordée du point de vue de son incidence sur les anticipations des citoyens concernant les états du monde prévisibles au titre de conséquences de leurs actions. Cela n'enveloppe aucun parti pris réductionniste déniant toute importance à la forme normative elle-même ; cette dernière peut avoir de l'importance, précisément, du point de vue des garanties auxquelles tiennent des agents.

On retiendra une perspective individualiste élargie : les individus sont motivés par ce qui leur arrive et c'est en ces termes qu'il faut expliquer leur conduite ; mais « ce qui leur arrive » n'est pas d'emblée confiné dans une « sphère privée » ou un « domaine personnel » dont la délimitation serait réputée évidente. Ce qui leur arrive, c'est de vivre dans le monde commun, pourvu de toutes les caractéristiques auxquelles ces personnes sont attentives. On admettra que les individus peuvent, par exemple, trouver un intérêt à ce que l'état global du monde à un moment donné soit conforme à ce que recommande telle norme morale ou tel principe de jugement et d'évaluation. Les normes ou principes d'évaluation sélectionnés par les individus peuvent incorporer des éléments moraux. On ne fera pas d'hypothèse spéciale venant contraindre les principes d'évaluation des individus, mais on s'autorisera à formuler des hypothèses sur les substitutions dont on peut raisonnablement penser que, pour les structures de préférences plausibles des individus, dans les cas les plus habituels au moins, elles ne font pas de différence réelle pour les individus.

Même s'ils sont exclusivement motivés par l'obtention de ce qu'ils souhaitent, les individus doivent adopter un point de vue multilatéral pour comprendre ce qui est acceptable par autrui. Ils doivent en effet tenir compte de plusieurs faits qui les obligent à « se mettre à la place d'autrui ». En premier lieu, leurs actions de revendication sont peine perdue si elles visent des changements ou des formes de préservation de l'acquis qui n'ont que de faibles chances d'aboutir à cause des réactions des autres. En second lieu, si même leurs revendications sont couronnées de succès, ce succès n'est durable que si les caractéristiques du dispositif normatif qui en témoignent sont capables de résister à des revendications potentielles qui viseraient à les modifier et qui auraient, le moment venu, de bonnes chances de se concrétiser. Enfin, les autres individus sont capables de déceler des inégalités de traitement et d'étayer là-dessus leurs revendications (dans des plaintes auprès des tribunaux, dans des initiatives auprès des représentants ou au sein des partis politiques, etc.). Cela importe dès lors qu'il existe des institutions fonctionnant selon des règles générales (dont l'application présuppose l'existence de cas semblables et de conventions culturelles instituant un traitement similaire de ces cas semblables). Les institutions peuvent intervenir, en effet, dans le but de remédier à de telles inégalités. Dans cet univers politique stylisé, qui n'est qu'un espace de revendication dépourvu de norme de justice institutionnalisée, chacun peut toutefois se préoccuper de ce qui lui semble juste, et chacun doit s'efforcer, pour parvenir à ce qu'il souhaite, de prendre en compte ce qui peut sembler juste ou injuste à autrui (en même temps que les autres composantes de la motivation d'autrui).

On peut penser qu'un facteur limitant pesant sur les demandes que formulent les individus, dans les domaines qui les intéressent, est leur crainte de la symétrie décelable avec d'autres revendications potentielles pouvant venir d'autrui et dont ils craignent l'émergence et le succès. En effet, une exigence publique d'égalité de traitement pourrait dans ce cas prêter son appui à ces autres revendications. C'est une source d'auto-limitation dans les revendications présentées sur la scène publique. Dans le prolongement de nos discussions sur la construction de substituts ou d'équivalences dans la référence aux droits, le principe suivant apparaît capable de traduire les exigences d'une universalité impliquant le contenu même des droits, au-delà de la seule forme de l'agencement des maximes d'action : la revendication d'une certaine garantie, que l'on peut obtenir par des normes contraignant la conduite des uns et des autres, n'est légitime que si le fait d'accorder cette garantie à certains (quel que soit leur nombre) n'interdit nullement d'accorder aux autres une garantie semblable (ayant les mêmes effets et concernant une action motivée de manière semblable).

Pour justifier ce principe, remarquons que les agents ont toujours de bonnes raisons de se méfier de l'issue du « jeu de revendication » concernant les règles communes. Il se peut que les revendications des autres aillent dans le sens de leurs attentes mais il se peut aussi que ces revendications, une fois concrétisées, les privent de la possibilité d'accomplir des choses auxquelles ils tiennent beaucoup. Chacun peut comprendre qu'il a des chances de vouloir un jour (demain si ce n'est aujourd'hui) effectuer certaines choses avec certaines garanties quant au résultat, au moins en certains lieux et à certains moments. Chacun sait aussi que l'octroi de certaines garanties quant au résultat d'une conduite précisément liée à un lieu et à un temps (disons, pratiquer un culte précis *hic et nunc*) entre inévitablement en conflit avec l'octroi à d'autres de certaines garanties quant au résultat d'une tentative d'obstruction *hic et nunc*. Il reste que chacun peut comprendre qu'en attribuant à certains des garanties peu problématiques (relatives au culte en certains lieux et à certaines dates), on ne se prive pas d'attribuer demain à d'autres des garanties semblables (relatives par exemple à un autre culte, en d'autres lieux ou à d'autres dates). C'est précisément ce qui contribue à rendre peu problématiques de telles garanties.

Ainsi, ceux qui présentent une revendication de ce genre peuvent comprendre qu'ils ne font perdre à personne la possibilité d'obtenir une garantie semblable à celle qu'ils demandent. Si cette dernière condition est vérifiée (elle ne l'est en général, que dans certaines limites, fixées par la rareté de l'espace et du temps), le fait d'accéder à la demande de l'un des participants est compatible avec le fait d'accéder à toute demande semblable venant des autres. Une telle revendication sera alors compatible avec la compréhension de la symétrie des positions des participants à l'interaction et avec une exigence de parité dans la prise en compte des revendications. Cela donne une importance particulière aux conventions qui régissent l'établissement graduel des similitudes.

Développons, à titre d'exemple, le cas de la liberté de culte. La garantie de pouvoir pratiquer un culte sans rencontrer d'empêchement ni de gêne peut être accordée à certains, pour un culte donné (sous certaines conditions de respect de l'ordre public et des lieux privés) de telle manière que cela n'ôte rien de la possibilité d'attribuer la même garantie à d'autres pour un autre culte. C'est ce dont on a l'expérience dans les États pluralistes et tolérants. Tout se passe alors comme si les différents actes religieux étaient mis en correspondance les uns avec les autres par une relation de similitude, malgré leur diversité. La norme retenue (la liberté de culte) permet de faire droit conjointement aux demandes des uns et des autres.

Si l'on admet que la contrainte ne se justifie ni par elle-même, ni par une volonté transcendante, seules les garanties offertes par les contraintes sont capables de justifier celles-ci. On reste ainsi dans une perspective conséquentialiste : ce sont les garanties relatives aux conséquences de l'interaction sociale qui justifient les contraintes imposées aux participants. Mais comment s'entendre sur les critères d'arbitrage ? Admettons que chaque individu répartisse ses actions possibles en quelques grands domaines d'activité, d'une manière aussi exhaustive que possible ; par exemple : religion, vie spirituelle et vie intellectuelle, travail, culture et expression, activités familiales et amicales, activités de formation, activités de loisir et voyages. Les différentes « déclarations des droits » supposent toujours, de fait, une classification au moins implicite et plus ou moins raffinée des domaines d'activité.

Dans chacun de ces domaines, une personne peut souhaiter avoir la garantie de pouvoir réaliser certaines choses, c'est-à-dire la garantie de voir émerger un état social appartenant à un certain sous-ensemble d'états sociaux. Pour cela, des actions d'une certaine sorte seront nécessaires : si je veux participer à une association culturelle conjointement avec d'autres personnes, par exemple, je dois agir en sorte de prendre contact avec ces personnes, je dois me concerter avec elles, participer à des réunions, etc. Les buts précis recherchés et les actions requises associées varient avec les préférences précises des personnes.

Dans chaque domaine d'activités, un individu discerne probablement différentes initiatives (ou activités) telles que, s'il avait certaines préférences possibles, il ne renoncerait que très difficilement au choix d'une action relevant de l'une de ces initiatives. Par exemple : une personne soucieuse de réussir sa vie culturelle associative doit certainement se préparer à participer à des réunions, si elle parvient à se concerter avec d'autres personnes pour que certaines réunions aient lieu. Ce sera là une caractéristique commune à toutes les actions précises par lesquelles une personne peut exercer son droit de s'associer avec d'autres personnes (quoi qu'il en soit des détails concernant le lieu, l'heure, les modalités pratiques, le nombre des participants et l'objet des réunions).

Le choix de l'une de ces actions est nécessaire à l'obtention d'un certain but associé à l'initiative considérée. Le but est assimilé, pour les besoins de l'analyse, à un ensemble spécifique d'états sociaux possibles (en termes plus simples, certains états du monde et non les autres). Un tel but sera désiré par les individus dotés de certaines préférences et non par les autres. Cela dispose à s'intéresser à certaines préférences typiques, qui sont celles dont on estime qu'elles doivent être prises en compte lors de l'examen des problèmes de rang constitutionnel, pour des raisons qui tiennent à la fréquence empirique et à l'intensité de l'attachement à certains états de fait. On s'intéressera, par exemple, à des personnes qui pratiquent une religion ou une autre, et qui sont typiquement des gens qui préfèrent assister à des rencontres religieuses de tel ou tel type ; à ceux qui veulent exprimer un certain type d'opinions et à ceux qui prennent intérêt (ou pourraient vouloir prendre intérêt) à ce que de telles opinions ne soient pas exprimées, etc. En effet, on ne peut guère s'intéresser sérieusement à la liberté politique dans ses formes de niveau constitutionnel sans prendre en compte le fait que certaines personnes sont religieuses, d'autres incroyantes, d'autres encore hostiles aux cultes ou aux idées des autres.

En raison des préférences qui leur sont propres, certaines personnes, dans le domaine religieux par exemple, choisissent leur action précise (choix du lieu et de la date des réunions, etc.) parmi les actions qui leur permettent de réaliser un état du monde appartenant à l'ensemble des états où il y a, pour ces personnes, disons, « pratique du culte protestant ». Ces personnes ont l'initiative du « culte protestant ». Elles peuvent s'engager dans cette activité avec de très nombreuses variantes : participer à un culte en tel lieu plutôt que tel autre, avec telles personnes plutôt que telles autres, avec ou sans manifestation latérale de désapprobation à l'encontre des activités d'autrui dans un autre domaine, etc.

Les personnes peuvent, grâce à des limitations légales sur les actions des autres, obtenir des garanties plus fines que celles d'un « état de nature » sans nulle assurance spécifique pour personne quant aux conséquences des actions. Les garanties se concrétisent par la menace de sanctions jugées capables de dissuader les individus d'agir d'une certaine manière ou par la menace de certaines formes d'intervention des autres participants. Il peut s'agir par exemple de la réprobation exprimée par des amis ou, dans un État organisé, de la répression appuyée sur l'intervention de la force publique.

L'administration de sanctions et les diverses formes d'intervention prévues par le dispositif normatif constituent une menace jugée capable (sauf exception) de dissuader les individus d'agir d'une certaine manière. En d'autres termes : les états qui résulteraient de cette intervention surimposée à une certaine tentative (par exemple s'il y a une tentative de réalisation d'un certain but par certains agissements, suivie d'une obstruction physique et d'une arrestation) ne sont pas de nature à motiver le type d'action visé. Ainsi, en toute rigueur, aucune action n'est jamais absolument « exclue », même lorsqu'une loi l'interdit : l'action reste toujours possible. Mais diverses formes d'intervention modifient les résultats de la mise à exécution du plan d'action. Lorsque les actions nécessaires à l'obtention d'un certain ensemble d'états sociaux sont interdites, les sanctions et les opérations de répression prévues ont vocation à rendre ces actions inintéressantes pour ceux et celles qui seraient tentés de les entreprendre.

Dans un « état de nature » ne prévoyant aucune garantie pour personne, les individus ont toujours la faculté de prendre une initiative donnée (par exemple le tir à l'arc) ou de ne pas s'y engager, ce qui revient à adopter une action reflétant une autre initiative (par exemple la pratique de la flûte). Si un système normatif rend obligatoire le tir à l'arc et si le tir à l'arc et la pratique de la flûte sont mutuellement exclusifs dans l'interaction considérée, cela veut dire notamment que les sanctions ou interventions prévues rendront inintéressante toute action comportant une tentative de pratique de la flûte, même pour celui ou celle qui, en l'absence de telles sanctions ou interventions, voudrait jouer de la flûte.

Supposons que les agents, qui ont des préférences et qui savent qu'elles peuvent évoluer, examinent ce que les normes pourraient leur apporter, en termes de contrôle sur la réalisation des états du monde, dans différents domaines précis. Considérons à nouveau, pour fixer les idées, l'exemple de la pratique religieuse. Un agent individuel – nous le nommerons Éleuthère – devra raisonner ainsi :

> J'ignore si mes préférences me porteront demain vers la pratique religieuse. Mais je sais plusieurs choses. Si ma liberté de culte est consacrée et garantie par la loi (dans certaines limites d'espace et de temps) cette liberté ne fera qu'affiner le contrôle sur les états du monde que j'aurais possédé dans un "état de nature". Or, si je deviens une personne religieuse, ayant certaines préférences typiques (que je sois demain "catholique", "protestant" ou fidèle d'une autre confession), je prendrai intérêt à l'exclusion des situations de pratique gênée. Donc je prendrai intérêt à la garantie approfondie qui me permettra d'être sûr de l'existence de pénalités pour les actions qui gêneraient ma pratique et d'une répression exercée contre de telles actions. Il est assez clair par ailleurs que, si cela s'avère nécessaire, la garantie de pouvoir pratiquer sans entrave vaut bien l'acceptation de certaines limites (raisonnables) de temps et d'espace, qui ne me privent de rien d'irremplaçable.

Chacun, se tenant ce type de raisonnement, peut comprendre, dans les grandes lignes, les raisons de prendre intérêt aux garanties « constitutionnelles » consacrées par les principes classiques de liberté religieuse ou de liberté de culte, et aussi, latéralement, par des principes généraux tels que le respect de la vie privée ou de la propriété (qui peuvent être invoqués pour protéger certaines pratiques et l'affectation de certains objets ou lieux à ces pratiques). Mais ce raisonnement est encore incomplet : il repose sur des préférences d'un type relativement défini, et il ne prend pas en compte le fait que les restrictions associées à la liberté religieuse entraveront aussi Éleuthère ; or, il ne sera pas nécessairement une personne religieuse. La garantie évoquée fera problème pour lui s'il a des raisons d'être mécontent de la pratique des autres, ou de vouloir interférer avec celle-ci.

Éleuthère doit donc poursuivre son raisonnement :

> Il est possible que je devienne méfiant vis-à-vis de la religion et que je prenne intérêt à l'obstruction de la pratique religieuse d'autrui lorsqu'elle interfère avec certaines de mes activités, parce que je risque d'être victime d'effets de la pratique d'autrui. Si certaines préférences typiques possibles me sont échues (celles d'une personne soucieuse de sa propre intimité, soucieuse de ne pas voir la religion des autres prendre trop de place dans sa propre vie), il y aura des initiatives auxquelles je ne renoncerai pas volontiers, et dans lesquelles il m'importera de ne pas être importuné par certaines formes de pratique religieuse chez les autres (par exemple : me livrer chez moi à des activités peu appréciées dans certaines religions et cela, en toute tranquillité).

Or, il est possible de lui garantir la faculté de se livrer à telle activité de son choix en le préservant de tout contact non désiré avec les personnes religieuses. La loi peut même lui confier la responsabilité de certaines des actions préventives ou répressives susceptibles de causer de la gêne aux religionnaires trop zélés, dans des limites précises d'espace et de temps – par exemple, dans son appartement, lorsqu'il regarde la télévision, en l'autorisant à maintenir la porte close, même si certains ont justement prévu de s'installer chez lui pour exposer leur doctrine ou procéder à des vérifications de la pureté de la foi. Chacun, se tenant ce type de raisonnement, peut comprendre les raisons de prendre intérêt à de telles garanties, qui sont consacrées en pratique par les principes de protection de la vie privée, de respect des droits de propriété (comprenant notamment des droits à l'usage exclusif des biens ou des lieux) et de respect de l'ordre public, mais aussi, dans certains arrangements institutionnels, par le principe même de liberté religieuse – chaque groupe de pratiquants pouvant légitimement (sans encourir ni poursuite, ni sanction) exclure ou faire exclure des pratiques autres que les leurs en certains lieux et à certains moments.

Il se peut qu'Éleuthère souhaite avoir aussi, en tant que gêneur potentiel, certaines garanties quant à la réaction légalement exigible des éventuelles personnes gênées (par exemple, l'absence d'insulte ou de violence à son encontre). Mais le type exact des garanties souhaitables dépend en fait de ses préférences précises. Et il ne sera pas possible, en général, d'offrir simultanément et sans contradiction des garanties relevant des différents types envisageables. À l'échelon constitutionnel, il sera donc justifié de ne pas apporter ce type de précision et de s'en tenir à des principes très généraux. La généralité des principes de rang constitutionnel apparaîtra, de ce point de vue, comme une caractéristique explicable et justifiable plutôt que comme un état de fait imparfait qu'il faudrait simplement déplorer.

Les arguments présentés jusqu'ici sont attribuables à un individu singulier. Un tel individu, à partir de ses préférences actuelles et potentielles, peut comprendre l'intérêt de certaines garanties d'ordre constitutionnel, qui consacreront certaines de ses facultés de contrôle sur la réalisation des états du monde et les mettront à l'abri, notamment, des fluctuations de l'opinion majoritaire. De telles garanties sont généralement pensées comme celles qui doivent pouvoir faire l'objet d'un accord unanime, malgré la diversité empirique des préférences et des convictions personnelles. Cela est nécessaire pour que l'on puisse juger que le règne de la loi est fondé sur le consentement, plutôt que sur la force (comme l'ont compris depuis longtemps les théoriciens contractualistes). Est-il possible aux membres de la collectivité de s'accorder sur de tels principes ? Il semble bien que chacun puisse apercevoir la possibilité d'un accord fondé sur des « bonnes raisons » individuelles identiques. En effet, tous les participants peuvent s'efforcer de comprendre le fonctionnement de l'interaction sociale et la manière dont les garanties constitutionnelles peuvent l'encadrer.

Supposons donc que les agents se reconnaissent les uns aux autres cette aptitude à la compréhension. En tant que « citoyens » potentiels, ils peuvent admettre que tous ont des positions semblables, à un certain niveau de description, dans la même interaction sociale. Sur cette base, chacun se demande s'il peut accepter les principes constitutionnels pour des raisons identiques à celles qui conduisent les autres à les accepter. Le recours à cette hypothèse oblige à mettre en évidence les « raisons » de considérer comme similaires des situations individuelles qui resteront malgré tout distinctes, donc différentes les unes des autres. En particulier, il faut pouvoir admettre que tous possèdent, du fait de la concrétisation des garanties visées, des facultés de contrôle substantiellement similaires. Éleuthère est l'un d'eux et raisonne encore :

Tous peuvent comprendre l'intérêt, pour eux-mêmes, de la demande de liberté de culte. Or, pour des limites spatio-temporelles convenablement choisies, chacun peut se voir offrir, conjointement avec moi, à la fois la liberté religieuse et la faculté de se livrer à toute autre forme d'activité sans rencontrer de gêne substantielle et irréparable à cause de la pratique religieuse éventuelle d'autrui. Ainsi, au prix de limitations convenables, les garanties auxquelles je prends intérêt peuvent être accordées à tous. De plus, bien que je puisse avoir intérêt à l'absence de limites dans les garanties que je demande, je comprends qu'autrui ne pourra avoir des raisons semblables aux miennes d'accepter le dispositif constitutionnel visé que si nous demandons (les uns et les autres) la consécration de garanties assorties de limites semblables pour tous.

Dans cette perspective, les individus ont toutes les raisons de renoncer à certaines des garanties qu'ils pourraient souhaiter relativement aux conséquences de certaines actions. Leurs revendications seront limitées. Cela rend compte de façon naturelle des exigences d'unanimité, d'égalité et de réciprocité souvent associées à l'idée d'un échelon constitutionnel de décision. Rien dans le fait que les revendications portent sur des libertés ne vient tarir cette source d'auto-limitation. Si toutefois les capacités d'action réelles sont fortement contrastées d'une personne à l'autre, alors cette perspective multilatérale ne livre plus de conclusion définie permettant un accord unanime. Il faut donc disposer implicitement d'un certain système de similitude permettant de reconnaître comme semblables les capacités de contrôle réelles associées à des normes communes (par-delà la diversité des aptitudes, des talents, des forces, des positions sociales, etc.).

On peut donner sens de cette manière à la contestation occasionnelle de la primauté absolue accordée aux libertés classiques. Il est en effet possible que certains agents, même lorsqu'ils envisagent un changement possible de leurs préférences, ne conçoivent pas l'intérêt de certaines garanties (faute des moyens concrets de les exercer dans un avenir prévisible) alors que d'autres attribuent de la valeur à ces garanties. Une réponse possible consiste à défendre la thèse d'après laquelle les questions d'ordre constitutionnel doivent être examinées non seulement dans la perspective d'un changement possible des préférences, mais en tenant compte de la modification possible de la situation de chacun dans la société.

Pour les demandes de garanties évoquées jusqu'ici, la concrétisation se faisait sans jamais interdire absolument aucune sorte d'activité. Seules certaines variantes des différentes initiatives ou activités étaient soumises à des restrictions, au nom des garanties apportées à autrui. Ainsi, il était relativement aisé d'admettre que les demandes pussent se faire équilibre. Il en va différemment pour les revendications que nous examinons maintenant. Éleuthère poursuit :

> La demande « qu'il n'y ait aucune pratique religieuse » pourrait satisfaire mes préférences (pour certaines préférences possibles), et chacun peut se faire la même réflexion en ce qui le concerne, car chacun pourrait devenir intolérant. Mais me donner la garantie correspondante interdirait de consacrer pour quiconque la faculté, même limitée, de pratiquer. Il faudrait en effet prévoir des sanctions ou des empêchements spécifiques pour toute tentative de pratique, d'une manière propre à priver de tout intérêt la tentative en question pour certaines préférences typiques. Ainsi, je serais moi-même certain de perdre par là une marge de manœuvre importante dans l'hypothèse de certaines préférences futures possibles.

Il paraît donc très difficile d'admettre qu'une requête visant à obtenir l'absence de pratique religieuse puisse faire équilibre, dans un arbitrage constitutionnel, à la demande de liberté religieuse. Qu'est-ce que la garantie de la faculté (limitée) d'avoir une pratique religieuse oblige à interdire absolument ? Peu de choses. Elle ne rend nécessaire, pour se concrétiser pour tous, que des restrictions limitées sur les autres types d'activités ou initiatives, de telle sorte qu'il peut y avoir, d'une manière plausible, une similitude entre ces restrictions et celles qui pèseront sur les activités religieuses elles-mêmes pour des raisons de simple compossibilité. Par contraste, la revendication d'une absence totale et garantie de pratique religieuse apparaît exorbitante. Son succès aurait un coût pour les personnes religieuses qui ne serait en rien comparable au désagrément éventuel causé par la religion à des personnes non religieuses.

Examinons enfin la demande que telles personnes pratiquent de telle manière (par exemple, celles à qui je suis en mesure de causer un empêchement si elles pratiquent, en sorte que j'aie la garantie de pouvoir leur causer effectivement cet empêchement, ou bien encore, l'ensemble de mes concitoyens, pour qu'il y ait une véritable uniformité religieuse). On ne peut jouir de la garantie correspondante que si l'on oblige certaines personnes à pratiquer, qu'elles le veuillent ou non (même si la loi ne peut jamais obliger à une « vraie » pratique – une pratique sincère – mais seulement à certains gestes ou attitudes). Cela rendra inaccessibles certaines activités pourtant essentielles pour les agents dotés de certaines préférences typiques. Ce sera le cas pour toutes les activités incompatibles avec la pratique rendue obligatoire – par exemple, les activités incompatibles associées à une autre religion. Ici encore, on s'expose à la perte totale d'une marge de manœuvre potentiellement importante.

Par exemple, l'obligation légale de pratiquer de manière exclusive le culte protestant, dans ce cadre d'analyse, signifie que toutes les autres formes de pratique religieuse, ainsi que l'absence de pratique, sont soumises à des sanctions et interventions réellement dissuasives. Or, je sais que je puis avoir les préférences d'un catholique, en sorte que l'impossibilité de tenter de pratiquer le culte catholique avec la moindre chance de succès représente potentiellement pour moi l'exclusion totale d'une activité essentielle. Appelons « marge de manœuvre » la faculté personnelle de contrôle des états du monde sur la base des préférences personnelles. On pourrait résumer l'argument en disant que les préférences arbitraires de certains l'emporteraient alors sur l'exigence d'une situation similaire de la « liberté » des uns et des autres devant les restrictions de la loi commune, en termes de préservation des marges de manœuvre personnelles.

De même, des obligations ponctuelles décidées à l'échelon constitutionnel (par exemple, l'obligation de pratiquer un culte précis au moins une heure par semaine, avec la possibilité intacte d'avoir les activités religieuses que l'on voudra à d'autres moments de la semaine), représentent une perte importante et peu justifiable de flexibilité dans les comportements. Éleuthère raisonne ainsi :

> Pour une interaction d'une durée donnée (par exemple une semaine), certaines étapes de mon action étant fixées, par exemple l'emploi du temps de toutes les heures sauf une, certaines activités potentiellement désirées seront totalement exclues. Ainsi, je ne pourrai pas, pour l'heure restante, me consacrer au militantisme politique, même si mes préférences se trouvent être celles d'un militant convaincu. Pour l'heure restante, je n'aurai plus cette "faculté de ne pas faire" (c'est-à-dire de faire autre chose). Une disposition de ce type introduirait une liaison entre les étapes de l'action qui me ferait perdre une marge de manœuvre potentiellement précieuse.

À nouveau, à cause des contraintes requises pour encadrer l'activité individuelle, la revendication d'une telle disposition ne pourrait contrebalancer avec crédibilité la revendication de la liberté religieuse[1].

---

1   Notons que ce type de demande comprend, comme un cas particulier, la demande de celui qui voudrait pouvoir causer de la gêne en étant sûr de gêner (parce qu'il y aura effectivement une pratique) et avec certaines garanties de succès plus précises (par exemple, l'absence d'insulte venant de la personne subissant la gêne). Il s'agirait alors seulement de restreindre encore davantage le champ des actions autorisées. L'argument développé s'appliquerait *a fortiori*.

L'ÉQUITÉ ET L'ARBITRAGE DES REVENDICATIONS

Prenons comme référence une situation de choix sous voile d'ignorance par laquelle des agents, envisageant des principes capables de régir leur organisation sociale fondamentale, feraient abstraction de caractéristiques personnelles (telles que leur âge, leur condition de fortune, leur carrière, leur situation familiale) tout en prenant au sérieux les intérêts qu'ils pourront avoir dans la société, dotés de caractéristiques de ce genre. Les agents ne supposent pas pour autant que ce qui est « contingent » dans les formes de vie doive de ce fait être conçu comme donnant lieu à correction ou compensation systématique d'après des principes validés pour l'organisation sociale fondamentale. Ils admettent que la vie ordinaire comporte de nombreux éléments contingents, souvent imprévisibles, qui façonneront leurs centres d'intérêt, leurs besoins, leurs attentes essentielles. L'exigence de pluralisme pousse à considérer qu'ils ne sont pas prêts à se priver par avance de certaines des formes contrastées de valorisation des biens et des faits qui en résultent. Ils ne sont pas prêts non plus à se fonder sur des valeurs de référence (par exemple des biens qu'il faudrait d'emblée considérer comme tels) susceptibles d'atténuer la variété de revendications possibles appuyées sur des caractéristiques contingentes, ancrées dans les parcours concrets dans la vie. On s'intéressera, comme cela a déjà été le cas pour les libertés classiques, à la force comparée des raisons associées aux revendications concevables ainsi qu'aux raisons qui peuvent fonder une auto-limitation dans la revendication. On ne s'intéressera pas spécialement ici à une rationalité individuelle qui serait de l'ordre de la maximisation d'un « intérêt » abstrait, ni donc à ce qui en résulterait mécaniquement en termes d'acceptation d'un pacte ou contrat. Complétons ce recours au raisonnement sous le voile d'ignorance par ce qu'on peut appeler un voile de la signification.

Les individus ne savent pas exactement de quelle manière seront interprétés et mis en œuvre les principes qui peuvent retenir leur attention. Sans privilégier arbitrairement une vision de la justice ou une autre, il faut considérer la force relative des raisons appuyant les demandes ou revendications telles qu'elles pourraient s'exprimer à l'échelon d'un choix constitutionnel, portant sur les principes de l'organisation de la structure de base de la société. Chaque individu placé dans une telle situation sait qu'il vivra en s'engageant dans certaines voies. Cela créera des irréversibilités ; certaines choses prendront de l'importance, parfois une importance vitale ; d'autres perdront leur intérêt au fil des ans. Examinant les principes à retenir, l'individu ne veut retenir que des principes qui pourront être jugés corrects par lui-même, une fois qu'il sera engagé dans l'existence et pourvu de la faculté d'attribuer une valeur relative aux biens, aux faits ou aux situations.

En l'absence de référence à des formes précises de valorisation relative (car cela ne se découvre qu'en s'engageant dans des chemins de vie particulier), les personnes peuvent en appeler à une promotion de leur propre intérêt selon une idée préconçue de cet intérêt (par exemple, un modèle de consommation et de mode de vie). Cela est à renvoyer à un stade logiquement postérieur du débat et de la décision collective. En revanche, les personnes peuvent avoir le souci de leur inclusion et de leur poids dans les procédures de débat et de décision. Elles ne peuvent se désintéresser de la question de savoir si elles auront la possibilité d'agir pour améliorer leur sort (selon la manière de voir qui sera la leur).

Les arguments qui ont été examinés antérieurement conduisent à penser que la protection des libertés individuelles classiques, habituellement décrites en termes de non-interférence, mérite de figurer au nombre des revendications pleinement prises en compte, d'une manière non ambiguë, grâce à des contraintes strictes pesant sur les comportements. À propos de ces libertés, les individus n'ont pratiquement rien à attendre de la découverte de leur propre identité, et pas davantage de la familiarisation avec des circonstances précises ou l'histoire (sinon pour l'apprentissage de modalités d'accommodement réciproque permettant de construire ce que nous avons appelé des substituts ou des équivalents). La préservation d'une marge de manœuvre interprétative n'apparaît pas décisive sous le voile de la signification. Mais que peut-on dire à propos des autres droits qui font l'objet de revendications ?

Les personnes que nous considérons revendiquent, et ce qu'elles revendiquent, ce sont des choses qui peuvent être garanties par l'organisation collective. Dans ce cadre, il est tout à fait approprié d'affirmer que certains des biens économiques et sociaux appellent, eux aussi, des garanties strictes et formulées à l'aide de principes non ambigus. Ce sont les biens qui apparaissent comme des ressources nécessaires à l'épanouissement de la vie biologique (la sécurité corporelle et la prévention sanitaire, une alimentation suffisante, la protection contre le froid et les principaux aléas naturels, les biens et services médicaux essentiels) et à l'intégration dans les collectivités humaines (l'accès à une éducation initiale d'un niveau suffisant avec des occasions maintenues de perfectionnement ultérieur, l'absence de discrimination dans l'accès aux activités, le fait de pouvoir utiliser une adresse, l'accès à des moyens de paiement d'un maniement suffisamment commode, le fait de pouvoir opérer des choix volontaires dans l'usage d'un certain revenu au moins, l'accès à un loisir suffisant pour avoir une vie sociale et culturelle ne se limitant pas à la production et au sommeil, une protection collective donnant des assurances face aux aléas de l'activité économique).

Si tout d'abord les personnes recherchent des garanties données par l'organisation collective, elles doivent privilégier clairement les ressources de ce genre et en faire l'objet de droits non ambigus. Cela impose de consentir à formuler les revendications correspondantes d'une manière suffisamment modeste pour permettre leur concrétisation effective et l'absence de conflit avec les autres revendications ayant la même priorité. Ce devrait être une source rationnelle d'auto-limitation dans la revendication, pour des parties placées dans une situation de choix constitutionnel (disons, sous un voile d'ignorance complété par notre « voile de la signification »). Cette auto-limitation est évidemment difficile à entendre du fait de l'habitude de prendre comme norme la recherche du maximum en ce qui concerne les biens économiques et sociaux. Mais si l'on raisonne en termes de recherche de garanties, il faut en effet se concentrer sur un noyau essentiel pouvant jouir d'une priorité réelle. À défaut, on s'en tient à des principes vagues, peut-être généreux, mais dont la mise en œuvre, si même elle était sérieusement tentée, serait soumise à tous les aléas de la rencontre conflictuelle avec d'autres revendications[1].

Dans des situations de grande pénurie matérielle ou d'urgence liée aux conditions politiques (les deux vont souvent de pair), la revendication des biens nécessaires est difficilement satisfaite. On peut

---

1   Il y a de fait quelque chose de profondément insatisfaisant dans l'habitude de s'en remettre à des principes vagues et généreux d'une manière qui est incompatible avec la définition de priorités définies, dans des domaines où pourtant des problèmes aigus se posent avec insistance. Par exemple, on proclame à l'échelon mondial l'accès à un état de complet bien-être comme la norme en matière de santé ; mais dans plusieurs pays, l'espérance de vie s'établit aux alentours de quarante ans. En France même, on proclame le droit au logement (sous une forme inapplicable) et l'on se préoccupe fort peu de la fréquence avec laquelle on meurt de froid dans les rues. La critique de l'inflation des grands principes vides de sens est évidemment facile ; ce qui doit peut-être exercer davantage la sagacité, c'est la détermination des raisons pour lesquelles cette tendance prive les citoyens de garanties importantes.

néanmoins réaffirmer qu'elle fonde des droits, des garanties exigibles. L'attention doit alors se porter sur les mécanismes de concrétisation plutôt que sur une redéfinition de finalités. C'est ce qui peut fonder un cosmopolitisme limité, dans lequel le sérieux des revendications laissées insatisfaites dans un pays donné appuie le concours efficace d'autres nations, et détermine un devoir de demande d'assistance et de facilitation de l'aide, de la part des dirigeants du pays concerné. Ce type d'exigence ne contrevient pas au respect pour l'autonomie politique des nations ; d'une certaine manière, celle-ci se trouve au contraire confortée par la reconnaissance de ce type d'exigence, car sa liaison fondamentale avec les garanties légitimes à offrir aux personnes est alors mise en lumière.

Ce qui précède ne revient pas à nier que l'organisation sociale et politique détaillée puisse légitimement s'efforcer de concrétiser, par divers moyens, des réalisations sociales et économiques plus ambitieuses. Mais il faut reconnaître ce qu'il y a d'essentiellement relatif dans la valeur de ce qui concerne les positions sociales et le pouvoir, la qualité des biens de consommation, la condition de fortune personnelle. Rien de tout cela n'a une valeur certaine pour tous et qui pourrait donner lieu à des comparaisons interpersonnelles significatives relatives au bien-être ou à l'épanouissement personnel. La valeur relative de ces choses est pleinement conditionnée par les caractéristiques personnelles (goûts, talents, aspirations,…), par les références identitaires acquises ou confirmées au cours d'un parcours dans la vie, par les caractéristiques du milieu amical (ou familial) et de ses attentes, par la découverte progressive par chacun de ses propres orientations dans la manière de mener sa vie[1].

---

1   On craint quelquefois d'admettre comme des données les facteurs contingents par les-quels les personnes s'attachent à certains biens ou à certaines caractéristiques de leurs formes de vie : on voudrait éviter de paraître accepter ce qui aurait pu être autre, ce qu'il aurait peut-être fallu corriger. Néanmoins, lorsqu'il s'agit de choses moralement indifférentes comme les biens matériels, les richesses, le pouvoir, etc. il serait vraiment curieux, du point de vue de la réflexion politique, de regretter que les individus puissent faire preuve de modération dans leurs demandes en tenant compte de ce que sont leurs aspirations réelles. C'est au contraire une chance, un facteur de limitation des conflits. Et à quoi bon regretter de ne pas demander ce que l'on aurait pu vouloir demander si l'on avait vécu à la manière d'une autre personne ? Les craintes de ce genre sont peut-être dues à des présupposés élitistes tout à fait arbitraires d'après lesquels certaines formes de vie (par exemple, des formes de vie dans lesquelles on manie beaucoup d'argent, dans lesquelles on exerce de l'autorité, etc.) sont meilleures que d'autres – en sorte que ceux qui ne formulent pas les vœux correspondants doivent être tenus pour des victimes d'un ordre social injuste.

Cette dépendance essentielle à l'égard d'un grand nombre de paramètres doit faire hésiter les parties à un choix de niveau constitutionnel. Sans doute vaut-il mieux ne rien prévoir à ce niveau, en ce qui concerne l'accès à de telles choses. Faute d'information suffisante, des individus placés sous un voile d'ignorance ne pourraient même les considérer comme des « biens » : par exemple, ils ne pourraient être certains d'être intéressés par la faculté d'exercer un pouvoir, ou encore par la prospérité matérielle, que ce soit au sens de la jouissance d'un pouvoir d'achat élevé ou au sens de la possession d'un capital important. Cela dépend de leurs caractéristiques individuelles, culturelles et professionnelles, autrement dit, de l'identité que l'on se découvre au fil de la vie ; tout n'est pas intéressant pour tout le monde et le raisonnement politique doit tenir compte de la diversité réelle des formes de valorisation.

De plus, placés sous un voile de la signification, s'ils savent que des dispositifs sociaux détaillés émergeront pour gérer l'accès à ces choses, ils savent aussi que des dispositions prenant la forme de principes rigides seraient de nature, ici, à les empêcher collectivement de tirer parti de l'acquisition de connaissances au sujet des circonstances et des attentes particulières, de l'identité et de la culture des groupes sociaux pertinents, de la nature des besoins précis exprimés, etc. Il est donc rationnel de s'en remettre plutôt à la négociation continue et, simultanément, à la spécification de droits politiques permettant à chacun de se faire entendre au moment opportun d'une manière adéquate.

En ces matières, les individus doivent donc se soucier de l'acquisition et de la préservation d'un degré suffisant d'influence sur les interprétations des normes sociales et politiques qui émergeront : ils doivent viser l'influence substantielle et égale dans la capacité de peser sur les décisions, de participer aux débats et de négocier. La concrétisation pour les groupes sociaux pertinents de cette forme d'égalité approximative doit rendre possible (en évitant la défiance) la définition de priorités strictes dans les choix collectifs. En ce sens, il y a une complémentarité systémique entre le choix constitutionnel de principes assurant des garanties strictes et le consentement à une zone de négociation étendue ne comportant pas la même exigence de garanties strictes (mais donnant plus de flexibilité dans la mise en œuvre et tout d'abord dans l'interprétation). Une part importante de l'organisation de la structure de base de la société doit rester soumise à un régime flexible de débat, de détermination progressive des interprétations et de négociation. Il est alors inévitable que des considérations de nature stratégique émergent chez les acteurs sociaux (habituellement tempérées ou corrigées par l'argumentation dans un débat ouvert). Mais il demeure essentiel que ces considérations ne se reportent pas sur l'autre échelon, celui de la concrétisation de garanties strictes concernant les libertés et les biens essentiels[1].

La concrétisation d'une égalité approximative des capacités d'influence doit également faciliter l'acceptation de positions sociales qui sont comparativement moins favorisées selon les manières de juger les plus répandues. Evidemment, il est toujours possible de s'en remettre à ces jugements courants pour essayer de démontrer que certaines positions sociales sont marquées au sceau de l'injustice. Mais on ne connaît aucun moyen de donner intégralement satisfaction à tout le monde en toute circonstance (et l'on n'échappera pas à cette difficulté en se fondant sur des stéréotypes plus ou moins arbitraires concernant les biens désirables). De plus, les individus placés sous un voile d'ignorance ne peuvent savoir par avance la nature précise de leurs attentes personnelles les plus sérieuses. Ce qui apparaît déterminant, c'est la capacité donnée à chacun d'influer réellement sur les processus sociaux, à l'occasion d'une remise en cause régulière et argumentée des arrangements sociaux existants, en utilisant tout le répertoire des traditions locales ou professionnelles, de l'histoire sociale, des références identitaires et culturelles. C'est cela seul qui peut utilement faire l'objet de garanties de niveau constitutionnel.

La découverte progressive des identités (personnelle, culturelle, professionnelle) dans la vie sociale n'est pas seulement un facteur d'auto-limitation des revendications. Elle constitue aussi un répertoire cognitif et culturel permettant aux individus de se saisir de certains problèmes et de certaines occasions sociales pour en faire utilement des supports de revendication (par exemple, en exprimant des besoins crédibles ou en faisant valoir des aspirations légitimes). De ce point de vue aussi, la préservation d'une marge de manœuvre suffisante apparaît comme une préoccupation importante pour des individus placés sous un voile d'ignorance assorti d'un voile de la signification. Ils doivent savoir qu'il pourra y avoir un bénéfice de leur découverte progressive des identités et des particularités de leur contexte social, du point de vue de leur capacité d'influence dans l'interprétation et la mise en œuvre des

---

1   Cela n'est pas toujours acquis, comme le montrent de plus en plus précisément les études sur les aspects stratégiques ou négociés du rapport aux principes de rang constitutionnel. Dans certains cas, notamment à propos d'accommodements mineurs concernant la mise en œuvre, cela peut apparaître justifié ; mais selon l'approche défendue ici, un noyau de garanties essentielles doit échapper à des remises en cause trop substantielles.

principes qui émergeront au fil de l'histoire sociale. L'approfondissement continu dans le discernement de leur propre identité et des particularités du contexte social donne aux agents sociaux une expertise en ce qui concerne les choses à demander (les besoins réels) et les occasions à saisir dans la vie sociale et politique. Ce sont des atouts personnels et collectifs.

Il serait irrationnel de se priver d'une telle marge de manœuvre et cela constitue un facteur décisif de renoncement à des revendications socio-économiques rigides à l'échelon constitutionnel. On s'achemine alors vers une conception souple et ouverte des choix collectifs nécessaires et des principes de justice adéquats, à propos de la répartition des biens non strictement nécessaires, à propos des hiérarchies dans les positions sociales, ou encore à propos des formes pertinentes de la cohésion sociale. D'un point de vue pratique, l'argument précédent doit cependant conduire à réfléchir, dans les situations concrètes, aux moyens de faire en sorte que, pour un individu ou un groupe donné, les moments propices à l'exploitation d'une position de négociation soient aussi les moments où les revendications à satisfaire sont sérieuses ou significatives.

LES CHANCES ET LES PROBLÈMES
DU LIBÉRALISME POLITIQUE

Le libéralisme, qui paraît reposer sur la liberté une et indivise, se trouve en réalité à la croisée de chemins qu'il a lui-même tracés et qui sont issus d'interprétations variées des exigences de liberté. Le libéralisme a d'autres ressources que la liberté ; dans ses réalisations pratiques, il s'appuie sur des conventions sociales et culturelles d'une portée considérable. Elles déterminent les axes de développement possibles des facultés et garanties offertes aux individus et aux organisations ; en s'appuyant à l'occasion sur des aspects naturels de l'interaction sociale, elles excluent certaines possibilités. Les axes de développement qui en résultent ont des points de rencontre mais ils ne se confondent pas. De là sortent ces tensions importantes qui sont aujourd'hui inhérentes aux idées libérales en politique.

Derrière l'étendard du libéralisme, des revendications éthiques s'affrontent, parfois platement incompatibles entre elles. Ainsi, c'est au nom de l'égalité alliée à la liberté que l'on défend et que l'on conteste la discrimination positive, selon la perspective que l'on retient au sujet des chances dans la vie et de leur liaison avec la liberté. Par ailleurs, les principes rattachés au libéralisme opèrent à la manière d'un filtre sur la concrétisation d'autres principes, ce qui avive les tensions politiques et sociales. Les principes de libre concurrence, par exemple, ne s'articulent pas sans difficulté avec les principes du droit du travail. Avec l'affinement graduel des revendications fondées sur un libéralisme économique intransigeant, les tensions s'accroissent et le discrédit qui s'abat sur le libéralisme en général n'est pas sans danger, quelquefois, pour les principes élémentaires de la liberté politique – en particulier, parce qu'il fait la popularité des slogans parfois grossiers des adversaires résolus de la liberté politique.

La concrétisation graduelle des principes du libéralisme induit par ailleurs certaines migrations de l'autorité réelle entre les institutions. Le thème populaire du « recul de l'État » en donne une expression frappante, que l'on peut mettre en parallèle avec le développement vigoureux des formes transnationales et pluri-sectorielles de gouvernance, associant plusieurs nations ou des types contrastés d'instances de décision (par exemple, privées et publiques, nationales et locales)[1]. C'est que la mise en œuvre des principes ne reste pas sans effet sur la répartition des compétences ou l'identification des acteurs qui doivent agir dans tel ou tel champ, comme le montrent bien les études contemporaines sur la migration de l'autorité à l'intérieur des structures politiques[2]. L'ancrage du libéralisme dans des déclarations de droits fondamentaux contribue à cet état de choses, car ces droits ne sont pas seulement octroyés à tous et envers tous : ils sont également proclamés pour tous les arrangements des pouvoirs susceptibles de les concrétiser, et quelles que soient les évolutions dans les rapports entre ces pouvoirs. La dépendance mutuelle et le co-développement des pouvoirs et des principes jouent certainement un rôle de tout premier plan dans le maintien de la concurrence idéologique autour de la définition des principes libéraux. La volonté de soutenir une institution ou de promouvoir sa doctrine est alors un aiguillon de la défense et de l'interprétation des principes. Défendre certaines interprétations des principes, c'est soutenir telle ou telle institution, dans le monde réel.

---

1   Sur les conditions générales de la gouvernance et de la mise en œuvre des droits ou de la justice dans le monde contemporain, v. notamment S. Chauvier, *Justice et droit à l'échelle globale*, Paris, Vrin, 2006 ; T. Evans, *The Politics of Human Rights. A Global Perspective*, Londres et Sterling, Virginie, Pluto Press, 2001 ; S. Gosepath et J.-C. Merle, édit., *Weltrepublik. Globalisierung und Demokratie*, Münich, C.H. Beck, 2002.

2   V. notamment : L. Thorlakson, « Building Firewalls or Floodgates ? Constitutional Design for the European Union », *Journal of Common Market Studies*, 44 (2006), p. 139-159.

La mise en œuvre des principes libéraux suppose habituellement un appareil d'État mais elle impose aussi des limites aux prétentions à appliquer des plans d'action collectifs (par exemple, au service d'objectifs sociaux ou nationaux). Les aspirations sociales, communautaires et nationalistes voient diminuer leurs chances de peser sur les processus politiques. Les prétentions « collectives » des individus sont tenues en bride, ce qui entretient un rapport problématique avec l'engagement civique. Notre libéralisme est d'un type instable du fait de l'importance donnée à sa dimension économique et au développement d'un *ethos* de la mise en concurrence dans tous les domaines de la vie. La concurrence avivée entretient l'effort pour la contourner par des moyens politiques ; elle stimule la compétition pour obtenir les privilèges octroyés par les puissances publiques. Cela n'est guère favorable à l'amitié civique ou à la fraternité. L'instabilité que l'on risque n'est pas liée seulement aux tensions qui résultent des intérêts particuliers, mais aussi à la manière typiquement libérale d'imposer des restrictions à l'expression des solidarités (lesquelles ne sont pas appelées à s'exprimer automatiquement dans des dispositifs nationaux, parce que l'approfondissement de la fourniture de biens et services par les institutions publiques interfère inévitablement avec l'initiative privée dans des activités considérées comme concurrentielles). Les solidarités se donnent à lire plutôt dans l'effort soutenu des réseaux et des clans (corporations, réseaux d'anciens étudiants, corps de la fonction publique, etc.) pour mobiliser en leur faveur les institutions politiques les plus influentes, dans la perspective d'une accumulation de privilèges renforçant leur position au sein même des activités concurrentielles.

Pour ceux qui sont attachés à la liberté politique, il est particulièrement important de veiller à la justification et à la défense du noyau essentiel des droits individuels. Que peut-on dire avec sûreté, qui intéresse la détermination d'un noyau des droits ? On peut lui rapporter la coïncidence garantie dans certains domaines (par les moyens de l'organisation collective) entre la sélection opérée par les individus parmi des options distinctes, et ce qui s'impose effectivement comme issue de l'interaction sociale. On peut lui rattacher aussi les modalités de la participation personnelle au processus concret qui conduit à une telle issue, comme le montre l'attention que l'on porte immanquablement, si l'on se soucie de liberté, à l'initiative, à « ce que l'on fait soi-même » ou au fait de « choisir soi-même ». Une autre dimension importante repose non pas sur une base conséquentialiste, mais sur la valeur expressive des choix : le fait que les raisons de la sélection collective de certaines issues sociales soient les mêmes que celles qui déterminent l'individu à opter pour une option plutôt que pour d'autres. C'est l'œuvre des principes de respect pour la liberté individuelle, par lesquels on garantit le caractère suffisant des raisons individuelles, dès lors identifiables aux raisons de la sélection collective de certains états du monde parmi les possibles. La liberté politique consiste ici à superposer avec exactitude le collectif à l'individuel.

Enfin, le respect des libertés individuelles a partie liée avec la limitation des torts subis par les individus (du fait de l'action des autres) à des inconvénients qu'ils ont les moyens de compenser ou qui sont d'emblée compensés par de plus grands bénéfices. *A contrario*, la violation de la liberté (au sens politique) enveloppe l'incapacité dans laquelle on se trouve d'employer les moyens dont la loi autorise l'usage pour réparer un tort ou lever un obstacle. Subir sans recours, voilà ce qui prive de liberté. Un principe de ce genre anime une partie des constructions néo-libérales contemporaines (par exemple la philosophie d'un David Gauthier) : nul ne doit souffrir de manière irréparable de son inclusion dans un certain schème de l'interaction sociale, par comparaison avec une situation de référence dans laquelle il n'y a pas d'inclusion. Le caractère très frappant des principes de ce genre et l'ampleur des conséquences que l'on en peut tirer expliquent certainement la séduction exercée par les formes exaltées de libéralisme.

CONCLUSION

Notre parcours a conduit à rechercher une théorie explicite de la référence à des principes généraux dans la vie politique au temps du libéralisme politique et économique. De par leur exposition aux revendications et de par leur caractère central dans les convictions éthiques les plus répandues, en vertu aussi de la tension qui s'instaure inévitablement entre ces deux caractéristiques, les droits constitutifs du libéralisme soulèvent des problèmes qui rendent particulièrement sensibles, et qui aident tout d'abord à apercevoir, des difficultés plus générales relatives à l'intervention des principes généraux en politique. Les difficultés soulevées dans cet ouvrage à propos de la conception libérale de la vie publique, des droits et du discours des droits ont ainsi reconduit aux mécanismes sociaux de la référence à des principes dans la perspective de la recherche d'accords permettant la coordination. Le rôle du dialogue et de la délibération est essentiel, mais le modèle le plus pertinent à cet égard n'est pas nécessairement celui du dialogue en face-à-face entre des personnes. L'application des principes protégeant les libertés ou les droits est en partie une affaire d'institutions. L'action des agents institutionnels est structurée par des conventions interprétatives et par des repères pratiques qui ne sont pas nécessairement les plus pertinents pour des personnes qui réfléchissent. Les parties prenantes à un contrat social hypothétique devraient le savoir et en tenir compte : le sort des personnes dans l'organisation politique en dépend.

La généralité des droits du libéralisme est en elle-même un enjeu. Il apparaît que les voies de la justification des droits (et de la liberté individuelle telle qu'elle peut être protégée ou consacrée par les droits) sont étroitement dépendantes de nos représentations de l'action individuelle dans un contexte social, même lorsqu'il s'agit de droits exprimant les libertés individuelles classiques. L'identification des droits dits fondamentaux dépend elle-même de ces représentations, qui apparaissent toujours comme des simplifications au regard de la complexité et de la singularité des situations qui se présentent. Les approches des droits individuels dont nous disposons proviennent de traditions de pensée qui, en fait de compréhension de l'action, ont privilégié soit le commandement et la norme, soit les choix individuels et collectifs orientés vers certaines finalités. Notre parcours a été marqué par l'oscillation entre ces deux modèles.

L'approche normative est utile pour rappeler à ceux qui se fondent plus volontiers sur les choix que les droits ne sont pas dissociables de normes, qui demandent que l'on respecte les droits pour telle ou telle raison. Privilégier le rapport à la norme, c'est rappeler que la norme collectivement reconnue a un rôle constitutif dans la formation des finalités qui orientent l'action. Pour cette raison, les raisons ou valeurs impliquées dans l'action, et plus précisément dans l'interaction sociale, peuvent s'éloigner de la référence aux simples préférences individuelles (qui ne font pas autorité par elles-mêmes). Par ailleurs, ces raisons ou valeurs ne se superposent pas simplement à l'individu cher au libéralisme, comme si celui-ci était le cadre neutre où dût se décider l'issue de leur confrontation. Les raisons socialement reconnues comme valides contribuent en effet à construire ce que l'on entend par l'« individuel » en société, d'une manière qui est souvent relayée par le droit. L'« individuel » est partiellement constitué par la construction d'une résistance aux pouvoirs et d'un rapport critique aux institutions. La vérité de l'individu, au point de vue politique, est à chercher dans les limites que les institutions opposent aux revendications d'autrui.

Mais en retour, l'approche par les choix vient rappeler que l'exercice des droits et la vie sociale respectueuse des droits sont toujours, en dernière instance, une affaire de sélection de certaines options de préférence à d'autres. Partir des finalités de l'action est indispensable pour comprendre la valeur des libertés non pas seulement d'un point de vue strictement individuel, mais en tenant compte des opportunités et des contraintes créées par la vie sociale. C'est bien dans la liaison entre différentes opérations de sélection des états de la société que l'on peut chercher un sens clair à donner aux impératifs et aux normes. En effet, les impératifs et les normes concernent le comportement et introduisent un ordre dans celui-ci. Cet ordre est inévitablement social. Il se donne à lire dans ce qui est conjointement ordonné, défendu ou permis aux individus. Il s'exprime donc dans le contrôle que les personnes exercent sur les états de fait qui adviennent. Il est lui-même l'objet de préférences et de revendications.

L'une des questions les plus difficiles rencontrées dans cette recherche est certainement celle de la valeur expressive du respect social des droits. À la racine de cette problématique, on trouve l'exigence d'une homologie, voire d'une identité, entre certaines raisons individuelles du choix et les raisons par lesquelles on gouverne les manières collectives d'effectuer certains choix parmi les états possibles de la société. Traditionnellement, cette dimension est abordée en utilisant le filtre de théories éthiques qui privilégient soit le respect des actions individuelles en elles-mêmes, soit des garanties sur les états de la société. La dualité qui en résulte, dans les approches contemporaines, prolonge l'opposition supposée entre éthique déontologique et éthique téléologique, autant qu'elle s'en nourrit et la renforce. Mais il a paru sensé de tenter de développer une approche unitaire, mettant en relief ce que ces deux options théoriques ont en commun, au-delà de l'opposition entre le respect des actes individuels et le pouvoir social donné aux individus, au-delà donc de la distinction entre liberté négative et liberté positive.

Les efforts toujours aventureux visant à affiner la compréhension de ces problèmes fondamentaux contribuent au moins à éclaircir un certain nombre de thèses de portée plus limitée. Ainsi, il m'a semblé que le rapport individuel aux normes protégeant les droits était convenablement appréhendé si l'on convenait d'assimiler les droits à des relations qui associent à un contexte de choix une sélection d'états du monde. Cette sélection correspond à des garanties souhaitables pour l'action la meilleure dans ce contexte de choix (compte tenu de l'ensemble des garanties accordées à l'ensemble des individus pour l'ensemble des actions). Ce concept dispense de se fonder d'emblée sur des concepts d'obligation. La théorie ne se prononce pas sur le fait que les agents (ou ceux qui édictent les normes) se croient obligés (ou croient bon d'obliger les autres) par telle ou telle norme. Pour comprendre l'implication des processus de revendication dans la délimitation des droits, il faut considérer que certaines sélections d'états possibles du monde, opérées par les agents, sont corrélées avec des contextes de choix. Ces sélections se concrétisent en cas d'exercice des droits. Une telle mise en relation peut être interprétée comme l'intention d'un agent. La réalisation sans obstacle de cette intention est assimilable simultanément à l'exercice d'un droit, à la jouissance des garanties en lesquelles ce droit consiste et à la mise en œuvre d'une liberté de choix ou d'une capacité personnelle.

D'autre part, il m'a semblé que les formes typiques de la revendication des droits pouvaient être éclairées par l'analyse sociale de la revendication, mais aussi par la nature même des substitutions et équivalents tolérés par les droits demandés. En outre, il a fallu considérer la capacité des demandes à être soutenues par des arguments vérifiant les conditions générales exigibles, indépendamment de tout contenu particulier. Cette capacité joue un rôle décisif dans la rhétorique politique relative aux droits et aux libertés. En ce sens, j'ai défendu une approche formaliste, qui n'est cependant pas indifférente au questionnement éthique et qui oblige bien, d'une certaine manière, à considérer la substance des droits (en considérant ce qu'ils imposent à l'interaction sociale). Cette approche ne peut être indifférente à certains éléments factuels (ou naturels) fondamentaux, parce que de tels éléments interviennent dans la construction même des substituts et équivalents qui structurent et limitent les processus de revendication. Cette intervention de motifs « naturalistes » a paru particulièrement utile pour cerner les phénomènes de désintérêt mutuel, la perception de l'inutilité de certaines revendications, les comparaisons typiques et robustes entre les avantages associés à des usages alternatifs du contrôle ou de la contrainte.

On pourrait ne voir là qu'un certain nombre de caractéristiques contingentes dont il faut simplement tenir compte dans la concrétisation des exigences de justice. Mais j'ai envisagé les choses autrement. J'ai voulu prendre au sérieux certains risques qui sont bien documentés dans l'histoire : la tentation toujours renouvelée d'inculquer aux hommes l'intérêt pour ce qui ne les intéresse pas ; l'habitude acquise de la répression exercée de manière arbitraire ; le déploiement, sans terme fixé d'avance, du contrôle ou de la surveillance. Ce sont là des voies possibles, mais dangereuses, pour tâcher de concrétiser, en forçant les choses, des idéaux de justice, d'égalité ou de sainteté qui se heurtent habituellement aux limites naturelles de l'intérêt des individus pour la surveillance et la répression des initiatives des autres. Le libéralisme a trait à la défense d'idéaux positifs de liberté ou d'autonomie capables de venir contrecarrer d'autres revendications qui poussent à l'occasion dans cette direction totalisante, par exemple des revendications de justice ou d'égalité, des aspirations collectives au prestige et à la puissance, ou encore des aspirations au salut ou à la « bonne » vie sociale, au « bon » ordre public, à la vertu publique, etc.

À cet égard, pour comprendre la robustesse de certaines dispositions libérales de base, comme aussi leur efficacité avérée dans les tâches de protection, on ne peut pas mentionner seulement les idéaux de liberté. Il faut aussi tenir compte des éléments naturels et des conventions sociales qui limitent les revendications de chacun et qui opposent des barrages à certaines revendications d'autrui. Notre Talos semblait avoir une veine unique, celle de la liberté. Mais à l'examen, il s'avère qu'il a d'autres ressources et qu'il peut s'en servir pour se défendre. Sa fragilité est peut-être moins grande, après tout, que celle du monstre de bronze de la légende !

Le libéralisme est perpétuellement malmené à cause de l'arbitraire auquel les individus sont livrés, du fait de l'exercice, par les autres, de leur libre arbitre. Mais une société dans laquelle tout serait à justifier, et dans laquelle toute différence de traitement serait à étayer par des raisons collectives serait invivable. Ce ne serait pas la société libérale. Aussi ne doit-on pas tenir pour un scandale perpétuel la limitation des raisons disponibles pour les individus, laquelle assure la permanence d'états de fait qui comportent des différences de traitement et qui ne sont pas systématiquement justifiables. Les progrès du libéralisme économique, notamment, exposent les individus à des situations qu'aucune justification normative ne vient appuyer. Les revendications d'« ordre juste », de « prix juste » ou de « conditions d'accès juste » se heurtent souvent à des murs parce que l'univers social dans lequel on évolue n'est pas fondé sur la justification intégrale de ce qui arrive aux individus. Tout n'est pas à justifier : c'est l'une des sources essentielles de la résistance et de l'attrait du libéralisme tel qu'il se concrétise en pratique, dans l'ordre économique mais aussi à propos de questions politiques. Il y a là assurément un argument qui peut être difficile à entendre si l'on veut mener jusqu'au bout la quête philosophique de raisons capables de tout expliquer dans la plus grande transparence. Dans l'ordre politique, toutefois, cette quête doit être bornée pour préserver sa valeur même.

C'est ce qui explique ma tentative pour expliciter et valoriser ce qui est souvent juste entr'aperçu, et décrit seulement alors au titre des contraintes extérieures qui pèsent sur la réalisation du règne de la justice : un ensemble de circonstances contingentes comprenant les difficultés dans la surveillance et les vérifications, la disparité de l'information, les limites de l'intérêt mutuel, la futilité du déploiement de la contrainte dans certaines directions (à cause de la résistance des êtres et des choses), le défaut d'assurance dans son propre jugement ainsi que le risque d'éveiller des conflits par certaines formes d'action. Ces circonstances garantissent dans les faits notre liberté dans ses formes les plus robustes, ce qui justifie, d'un point de vue normatif, que l'on rende explicites des arguments en faveur de la limitation des demandes sociales de justification, en faveur du bornage des revendications appuyées sur des comparaisons interpersonnelles, en faveur aussi du confinement sévère des aspirations à la surveillance et au contrôle d'autrui.

Après tout, cela n'est pas extérieur à la thématique de la justice. Les revendications qu'il s'agit de tenir en bride sont souvent fondées sur des aspirations sincères à la justice, mais les arguments qui sont capables de leur faire pièce reflètent aussi des raisons éthiques, orientées vers le traitement décent des personnes : le respect pour leurs projets et l'assurance de leur sécurité, le respect pour leur liberté ou leur autonomie. C'est pourquoi l'une des conclusions de mon enquête sur le libéralisme est l'opportunité de cultiver comme des vertus certains aspects de la condition politique qui passent souvent pour des défauts ou des limitations que l'on rencontre sur le chemin de la perfection. Pour protéger la liberté, nous devons nous abstenir de vouloir tout justifier publiquement. Nous devons nous résoudre à consentir à des variations et à des différences (de situation ou de traitement) dont la prise de conscience ne doit pas servir de prétexte à la remise en cause des droits, des libertés de base et de l'équilibre approximatif des pouvoirs. En effet, la sauvegarde des droits face aux prétentions des adversaires de la liberté, et aussi face aux dangers inhérents à la dialectique même du libéralisme, exige assurément la stabilité raisonnable des institutions et des protections essentielles. Elle doit disposer les acteurs institutionnels et les citoyens à un certain degré de résistance face aux revendications relevant de divers idéaux.

En outre, il est ressorti de l'enquête que la valeur individuelle des droits n'est compréhensible qu'en renvoyant à la coordination entre les conduites et entre les attentes des individus. Cette coordination s'établit dans des conventions politiques ou sociales et elle détermine certaines formes du rapport individuel aux normes. C'est pourquoi la théorie des droits qui a été esquissée repose sur les garanties et les revendications. Ce sont là en effet, du point de vue de la théorie des droits individuels, les deux registres essentiels de la coordination entre les personnes, telle qu'elle peut être assurée ou favorisée par les normes publiques et les principes généraux qui les régissent. En outre, on a vu que la concrétisation politique des droits est inséparable de la distribution des pouvoirs et de l'organisation de leur concours. Elle repose sur la coordination autour de normes générales et sur les possibilités qu'offrent les institutions aux acteurs sociaux, pour l'exercice de leurs droits et pour leurs activités de revendication et d'interprétation.

La prise en compte du rôle essentiel des conventions interprétatives et du régime décentralisé de la revendication contribue à expliquer une partie de la conflictualité qui se déploie autour des droits et des libertés dans la société libérale. L'architecture libérale de la société n'élimine pas les conflits, mais elle les réoriente. Elle rend essentielle l'aptitude à se décrire soi-même, dans des termes admis dans le débat public, comme victime de torts divers – ce qui donne une portée fonctionnelle incontestable à l'adoption d'un « langage public ». Elle oblige à se construire soi-même comme un individu, capable d'agir (et donc de rencontrer des obstacles dont on peut accuser autrui) et de pâtir (à cause d'autrui) de telle ou telle manière. Alors que l'essentiel des justifications de type libéral paraît reposer sur le libre consentement de chacun, ce n'est pas le moindre des paradoxes que de voir le libéralisme abriter et structurer, aviver parfois aussi, des tensions très fortes entre individus, entre firmes, entre secteurs de la société. Lorsque de si grands enjeux dépendent de l'interprétation des principes de référence et de la description des interactions sociales, la mise en œuvre des principes devient, il faut s'y attendre, un support de revendication. Il y va en effet des marges de manœuvre des agents et de ce qu'on peut les obliger à subir. Il y va aussi de leur aptitude à se faire entendre dans le débat public et dans les procédures d'arbitrage entre prétentions opposées.

Pour les mêmes raisons, alors que les revendications d'ensemble visant une société juste paraissent vouées à refluer du fait de la prévalence d'un régime décentralisé de la revendication (chacun se voyant confier la mission et la faculté de défendre ses propres intérêts par les moyens de la vie publique), il faut se garder d'affirmer trop rapidement que les raisons liées aux inégalités perdent leur force. Les idéaux égalitaristes fondés sur l'égalité des chances ou l'égalité des conditions refluent certainement, mais la référence à l'inégalité de traitement conserve toute sa force et se nourrit même de l'importance accordée aux principes du libéralisme. Il n'y a rien là qui doive étonner, si l'on admet que la protection « par principe » de la liberté la rend dépendante de clivages interprétatifs importants, à propos du sens des principes de référence. Ces clivages menacent évidemment, dans les faits, le traitement uniforme des personnes. La thématique des inégalités se trouve ainsi réorientée.

Les progrès réels ou imaginés du libéralisme étant souvent perçus comme des menaces pour l'égalité de traitement des citoyens, les revendications fondées sur l'intérêt individuel, privé ou sectoriel prennent toujours plus d'importance, en sorte que les figures rhétoriques liées au bien commun se trouvent rejetées aux marges ou bien tombent dans la caricature, comme dans les pays européens en proie au populisme. La contestation du libéralisme conforte ainsi l'assise du libéralisme lui-même : l'individualisation ou la sectorisation des raisons, la liaison entre les intérêts à défendre et les torts subis par certains. Les avantages à espérer de telles revendications fondées sur l'intérêt sont habituellement étayés par de bonnes raisons. Ce qui vaut comme une inégalité de traitement ou comme une menace au regard de telle garantie peut en effet apparaître sous ce jour par l'effet de bonnes raisons ou de bons arguments, notamment éthiques (il y en a tant!). Mais le fait que certaines revendications plutôt que d'autres soient mises en avant avec crédibilité et emportent la décision ne s'explique que par des conventions sociales puissantes, quelquefois très naturelles aussi, qui conduisent à des interprétations définies des principes libéraux.

Il a fallu aller plus loin encore : ces conventions sociales définissent le partage du même et de l'autre, la nature de ce qui est fait à autrui, la structure des intérêts en cause dans la vie sociale. Le libéralisme ne peut pas être vu seulement comme une manière efficace ou éthique d'organiser une vie sociale qui lui préexisterait. Il est la matrice de la vie sociale que l'on vit. Pour autant, parler de conventions n'oblige pas à conclure à l'arbitraire. Au cœur des prétentions libérales les plus robustes, on peut en effet identifier des raisonnements simples, capables de structurer la rhétorique politique et, par là, d'instaurer des formes définies de coordination parmi les acteurs sociaux. La force de ces raisonnements reflète partiellement des données factuelles concernant l'interaction humaine dans ses dimensions normatives et institutionnelles. L'individualisme libéral ne se laisse pas caractériser seulement par le poids de l'individu face à la collectivité : il s'identifie, de manière plus complexe, à un certain régime du jeu des institutions dans la construction de ce qui est « individuel », de ce qui est « privé ».

ANNEXES

ANNEXE A :
STRATÉGIES, JEUX ET EFFECTIVITÉ

Dans ce qui suit, on considère des stratégies pures (on n'introduit pas de mélange probabiliste des différentes stratégies de base). Une interaction sous forme stratégique est la donnée de N (ensemble des n acteurs sociaux ou agents), des X^i (pour chaque acteur i, l'ensemble des stratégies possibles), et de la fonction de paiement g, allant du produit des X^i vers l'espace des paiements. On note $g^i(x^1, \ldots x^n)$ le paiement de l'agent i – la i-ième composante du vecteur g(x) quand x = $(x^1, \ldots x^n)$ est le vecteur de stratégies joué par les agents.

On peut envisager différents concepts de solutions stratégiques pour de tels jeux. Ainsi, un vecteur de stratégies est un « équilibre de Nash » (ou « de Cournot-Nash ») lorsqu'aucun agent n'a intérêt (au sens de la préférence stricte) à dévier unilatéralement. Si pour toute coalition, aucune déviation coordonnée par rapport au vecteur de référence n'est strictement améliorante pour les éléments de la coalition, alors on dit que ce vecteur de stratégies de référence est un équilibre de Nash fort. L'équilibre de Nash est souvent interprété comme une condition nécessaire de stabilisation des aspects stratégiques de la situation ; dans l'équilibre de Nash fort, on demande que l'action simultanée potentielle des coalitions ne soit pas déstabilisante. On peut aussi définir l'équilibre en stratégies dominantes : il s'agit d'un vecteur x de stratégies qui est tel que la stratégie de chacun soit la meilleure réponse possible à toutes les stratégies possibles des autres agents.

On appelle forme stratégique (ou « mécanisme », ou « forme de jeu », *game form* en anglais), notée G, la donnée de N, des X^i (ensembles de stratégies), et de la fonction de conséquence g, allant du produit des X^i vers A, ensemble d'issues sociales.

On peut en donner pour exemples des principes de vote (modes de scrutin) ou un système de rang constitutionnel fixant les prérogatives des groupes de décideurs. C'est ainsi que s'exprime, sous une forme extrêmement générale, la situation stratégique qui sous-tend les problèmes de choix social, et en particulier ceux qui font intervenir une dimension relative aux droits ou aux pouvoirs. Les issues ne sont pas forcément repérées sous forme numérique (comme lorsqu'on se réfère aux avantages ou inconvénients, ou encore aux utilités, que les agents dérivent des situations qu'ils connaissent). Le mécanisme est plus fondamental que le jeu lui-même : il décrit les accès, les contrôles, les pouvoirs.

Si l'on fait entrer en ligne de compte les préférences (formalisées comme des préordres complets – relations binaires réflexives et transitives et totales), soit R^i dans $Q(A)$ (ensemble des préordres complets sur A) pour l'agent i, on obtient une interaction stratégique, dans laquelle on peut représenter les préordres de préférences par des fonctions numériques. On note R^N le vecteur des préordres de préférences des agents. On dit alors que (G, R^N) est un jeu.

On peut encore définir une fonction d'agrégation de préférences (une « fonction de choix social » au sens de Kenneth Arrow dans *Social Choice and Individual Values*)[1]. Selon la conception procédurale de l'acceptabilité normative, promue dans le travail inaugural d'Arrow, on impose à un tel objet des conditions qui reçoivent une interprétation éthique ou politique (absence de dictateur, respect de l'unanimité, etc)[2].

La structure (ou fonction) d'effectivité E associe à chaque coalition une partie des parties de l'ensemble des issues. Cet ensemble de parties est typiquement interprété, dans les applications en sciences sociales ou en théorie politique, comme l'ensemble des choses que les membres de la coalition peuvent conjointement imposer (une partie de l'ensemble des issues appartient à cet ensemble si et seulement si les membres de la coalition, par leur action conjointe, peuvent imposer l'appartenance

---

1 C'est une fonction de $Q(A)^N$ vers $Q(A)$. Une telle fonction associe donc, à un n-uplet de préordres de préférences individuels, un préordre de préférences social.

2 Alternativement, on peut s'intéresser à une fonction de décision collective telle qu'une fonction H de $Q(A)^N$ vers A. Une telle fonction associe une issue sociale à tout vecteur de préordres de préférences individuels Ce concept a pris une importance intrinsèque après l'établissement du résultat général de Gibbard (1973) et Satterthwaite (1975) sur la manipulabilité des fonctions de choix social. On dit que H *est implémentée (ou « concrétisée ») par le mécanisme G* si, et seulement si, pour tout R^N dans $Q(A)^N$, on a : $H(R^N) = g [\psi (G,R^N)]$ où $\psi(.)$ donne le vecteur de stratégies du jeu considéré, selon un certain concept de solution. Ainsi, on parle d'implémentation en équilibre fort, par exemple.

à cet ensemble de l'issue de l'interaction). Si une partie B de l'ensemble des issues A est dans E(S) on dit que S est effective pour B[1].

On souhaite en général que la proposition suivante soit vérifiée sous les conditions que l'on retient : « Qui peut le petit peut le plus grand » ! En d'autres termes, c'est lorsque les parties de A sont petites qu'il est difficile à une coalition de faire en sorte que l'issue y appartienne (la cible est étroite). Considérons une forme stratégique G. On peut lui associer au moins de deux manières une notion naturelle de pouvoir, comme on va le voir maintenant. S est alpha-effective pour B s'il existe x^S (une stratégie coordonnée de S) lui permettant d'avoir l'assurance que l'issue est dans B, quel que soit le comportement des autres.

Il s'agit alors du pouvoir de « se garantir » quelque chose. Si cette manière de « forcer » les choses est une attaque, on peut aussi considérer la défense, la parade : ce sera la bêta effectivité. Ici, le pouvoir de conduire la société vers une sélection de l'ensemble des issues s'entend comme la capacité de s'adapter à la conduite des autres, pour parvenir à ce résultat[2]. On dit par ailleurs qu'une issue a est bloquée par S s'il existe B dans E(S) tel que : pour tout i dans S, pour tout b dans B, b est préféré à a par i. Ce sont là des concepts alternatifs que l'on peut utiliser pour préciser ce que l'on appelle le « pouvoir » dans le langage courant ; la formulation d'autres concepts potentiellement pertinents reste par ailleurs possible.

On définit le cœur d'un jeu tel que (G, R^N), comme l'ensemble des alternatives qui ne sont bloquées par aucune coalition. Cela donne une certaine perspective sur la stabilité de l'exercice du pouvoir par les coalitions. La fonction d'effectivité est stable si pour tout système de préférences, son cœur est non vide.

---

1 On impose en général un certain nombre de conditions qui semblent raisonnables pour fixer les interprétations en termes de structure de pouvoir et qui conduisent à définir l'effectivité d'une manière plus précise et plus technique. On introduit volontiers, en particulier, les conditions suivantes : par convention : E(∅) =A ; pour tout S : ∅ n'est pas dans E(S) ; A est dans E(S) (puisque A est par définition l'ensemble des issues du jeu). On impose souvent aussi à l'échelon de la définition une condition de monotonie : une coalition plus grande peut faire plus qu'une coalition moins grande.

2 Plus précisément : S est *bêta effective* pour B si, face à n'importe quel y_{-S}, il existe x_S tel que $g(x_S, y_{-S})$ appartient à B.

ANNEXE B :
LE CADRE D'ANALYSE DE FLEURBAEY ET GAERTNER

NOTIONS DE BASE

Dans certaines contributions récentes – je prendrai appui sur celle de Marc Fleurbaey et Wulf Gaertner (1996), qui a des affinités particulières avec mon propos d'ensemble – on cherche à préciser le sens de l'opposition, au cœur des débats sur le libéralisme, entre une approche des droits centrée sur les propriétés des résultats et une approche fondée sur les propriétés procédurales (*i. e.* les propriétés des processus qui conduisent aux résultats). Selon Fleurbaey et Gaertner il y a des cas dans lesquels les issues sociales sont la préoccupation principale et d'autres cas dans lesquels l'exercice non entravé des droits – c'est-à-dire un ensemble d'aspects purement procéduraux – est ce qui attire l'attention, quels que soient les résultats précis auxquels cela conduit.

C'est une manière de souligner que l'exercice des droits individuels dans la vie sociale peut s'insérer dans des modes contrastés de coordination collective. Il peut en effet être question d'initiatives personnelles purement décentralisées, ou bien de concertation étroitement définie par la référence à des conséquences, et il existe certainement de nombreux modes de coordination intermédiaires. Voyons de quels concepts l'analyse peut se doter pour aborder ce thème, qui est l'ossature des discussions sur l'opposition entre libertés réelles et libertés simplement formelles.

On dénombre les individus (membres de l'ensemble N) par : 1, ...n. Chaque agent choisit une stratégie (ou action) dans un ensemble fini de stratégies considérées comme déjà données. Dans les termes du langage courant, une stratégie peut comporter diverses actions (faire ceci puis faire cela si...). Et une action (par exemple, exprimer ses idées en public) peut être contenue dans plusieurs stratégies. Mais ici, pour simplifier, on identifie les actions aux stratégies ; on ne considère donc en fait que les stratégies au sens de la théorie des jeux. On ne fait pas intervenir explicitement des actions qui seraient comprises dans les stratégies.

L'ensemble A est un ensemble de référence très large, formé d'actions toutes concevables (mais pas nécessairement faisables par tout agent i). Pour l'agent i, on considère l'ensemble des stratégies faisables S^i, qui est un sous-ensemble de A. Les actions sont supposées choisies simultanément. On définit l'ensemble des stratégies jointes de la population (*joint strategy set*) comme un produit cartésien, un ensemble de n-uplets de stratégies individuelles[1].

Selon le concept de forme de jeu généralisée (au sens de Peleg) les stratégies disponibles pour un individu peuvent dépendre, dans le cas général, des stratégies des autres personnes. On entend par là tenir compte de deux aspects procéduraux des interactions sociales : (1) les relations d'imbrication entre les actions individuelles. Par exemple, si des individus en grand nombre sont déjà montés dans le bus, il m'est impossible de monter dans le bus (et je dois adapter ma stratégie en conséquence) ; (2) certaines obligations des individus consistent à rendre certaines actions faisables pour d'autres individus (ce qui indique bien que la faisabilité de certaines actions individuelles dépend de la conduite des autres).

Formellement, cela se traduit par l'idée suivante : certaines stratégies jointes s appartenant à l'ensemble S^N ne sont pas faisables, bien que ces n-uplets soient formés de n actions individuelles qui sont *prima facie* (*i. e.* abstraction faite des aspects conditionnels par rapport aux actions des autres) faisables pour les individus. On note donc F le sous-ensemble de S^N comprenant les stratégies faisables (au sens de la faisabilité conjointe). Considérons l'individu i. Lorsque les autres agents ont choisi une stratégie jointe s^{-i} dans S^{-i}, le sous-ensemble des stratégies faisables (au sens conjoint) pour i est noté : $F^i(s^{-i})$[2]. De même, pour un groupe I inclus (au sens large) dans N, l'ensemble des stratégies faisables (au sens conjoint) pour I est noté $F^I(s^{-I})$[3].

Notons G l'ensemble des issues sociales possibles. On considère une fonction de résultat (*outcome function*), notée g, de F vers G, qui est donc définie sur le domaine des stratégies compossibles. Elle associe une issue particulière à tout n-uplet de stratégies compossibles. La forme de jeu généralisée est alors la donnée de N, S^1,... S^n, F, G et g.

On considère aussi l'ensemble $R^i(s^{-i})$ des stratégies admissibles (pour des raisons morales, politiques,...) de l'agent i (conditionnellement aux stratégies des autres membres de la société). Par exemple, dans la plupart

---

1   Formellement : $S^1 \times S^2 \times ... \times S^n = S^N$. On a recours aux notations suivantes. Pour un agent i, on note (s^i, s^{-i}) le vecteur d'actions dans lequel on distingue l'action de i des actions des autres (soit en abrégé « $-i$ »). L'ensemble des stratégies jointes possibles pour les individus autres que i est noté : S^{-i}. Pour un sous-ensemble I de N, S^I et S^{-I} sont respectivement les ensembles de stratégies jointes possibles des individus de I et des individus de l'ensemble complémentaire de I dans N.

2    $F^i(s^{-i})$ est donc l'ensemble des s^i tels que (s^i, s^{-i}) soit dans F.

3    $F^I(s^{-I})$ est donc l'ensemble des s^I tels que (s^I, s^{-I}) soit dans F.

des contextes, on considérera qu'il est admissible pour i de se rendre à la réception donnée par j si j y a invité i. Autre exemple : on considérera souvent qu'il est admissible pour i d'utiliser la propriété commune de j et k si, et seulement si, j et k y consentent. Cela sera vrai pour la plupart des conceptions de la propriété privée, pourvu que l'on décide de l'admissibilité en tenant compte des règles de la propriété privée.

On note R l'ensemble des stratégies globalement admissibles : c'est l'ensemble des stratégies s^N telles que pour tout i dans N, s^i appartienne à $R^i(s^{-i})$. En termes simples, pour un élément de R, on sait que chacun est « en règle » vis-à-vis de tous les autres. Pour un groupe donné I inclus (au sens large) dans N, l'ensemble des stratégies jointes admissibles pour ce groupe est : $R^I(s^{-I})$.[1]

Il est clair qu'une action peut être à la fois admissible et non faisable (par exemple à cause de la rareté des ressources), ou bien faisable et non admissible. On note $RF^i(s^{-i})$ l'ensemble des actions de i à la fois faisables et admissibles, conditionnellement à une certaine stratégie jointe des autres membres de la société.

EXPRESSION DES GARANTIES RELATIVES AUX RÉSULTATS

On a abordé précédemment la faisabilité en termes de relations entre les actions individuelles. Mais on peut l'aborder également sous l'angle de l'existence de résultats garantis pour les individus ou les groupes en cas d'exercice du droit de faire quelque chose.

On note G^{i*} le sous-ensemble (de G) des résultats dans lesquels une personne i atteint un certain « résultat personnel » pour elle-même (par exemple un certain niveau de vie), autrement dit, un certain aspect du résultat social global. On admet ici que chaque élément de G est un vecteur formé d'informations sur des aspects privés de l'existence des divers individus, et des aspects publics. Insistons sur le fait qu'il peut y avoir sur ce point une ambiguïté considérable. Les aspects « personnels » ne sont pas tels par nature ; ils sont socialement construits. Dès lors, comment interpréter G^{i*} ? Il pourrait s'agir des choses que vise la personne i comme des aspects de l'état social qui lui tiennent particulièrement à cœur. C'est ce que suggère l'exemple donné par Fleurbaey et Gaertner : G^{i*} pourrait désigner le sous-ensemble des états sociaux dans lesquels la personne i se voit garantir un certain niveau de fourniture en biens de subsistance.

---

1   Formellement, $R^I(s^{-I})$ est l'ensemble des s^I dans S^I tels que, pour tout i dans I, s^i soit dans $R^i(S^{-i})$.

Ces notions sont dans un rapport étroit, soulignent Fleurbaey et Gaertner, avec la distinction de Joel Feinberg (dans *Social Philosophy*) entre droits actifs et droits passifs. Un « droit actif » consiste en des assurances sur la faculté de faire quelque chose ; un tel droit assure l'individu du pouvoir de faire (ou d'avoir, ou d'être) quelque chose de spécifique. Cela signifie qu'une certaine stratégie (ou action) doit être disponible pour l'agent considéré, comme dans l'exercice du droit de libre expression (notamment, de libre critique du gouvernement), du droit de pratiquer n'importe quelle religion, du droit de libre circulation ou du droit de vote.

Par contraste, un « droit passif » est un droit qui implique certaines obligations des autres agents de la société de faire (ou de s'abstenir de faire) quelque chose, sans pour autant fournir à l'individu considéré le pouvoir de faire (ou d'avoir, ou d'être) quoi que ce soit en particulier. Les droits passifs sont orientés vers les conséquences : ce qui compte est l'assurance de parvenir à un certain sous-ensemble des issues sociales possibles. Comme on le voit, distinguer ces deux types de droits, c'est opposer deux formes typiques de coordination sociale entre les individus. Or – et c'est le fait intéressant – ces formes de coordination peuvent être utilement caractérisées à partir de compréhensions contrastées de la signification attribuée à la possession et à l'exercice des droits.

Notons, pour un individu i, S^{i*} le sous-ensemble (de S^i) des stratégies individuelles par rapport auxquelles on définit les droits passifs d'un individu. Par exemple, un élément de ce sous-ensemble sera : vivre sa vie privée, et dans la description du sous-ensemble d'états visés on précisera : sans subir d'agression physique ou psychique. C'est aussi une manière pour i de respecter les obligations corrélées à un droit passif analogue accordé aux autres. On note S^{-i*} l'ensemble corrélatif des stratégies jointes des autres agents qui sont le support de l'exercice de leurs droits passifs et de l'accomplissement des obligations corrélées à des droits passifs d'autrui.

Supposons que pour tout i dans N, pour tout s^{i*} dans S^{i*}, il existe s^{-i*} dans S^{-i*} tel que s^{i*} soit dans RF^i (s^{-i*}), mais aussi : s^{-i*} dans RF^{-i} (s^{i*}) et g (s^{i*}, s^{-i*}) dans G^{i*}. En un certain sens, on peut dire alors que l'on rencontre une situation d'exercice harmonieux (« sans friction ») du droit passif considéré. La situation est harmonieuse au sens où il n'y a aucun empêchement à l'exercice du droit considéré (par exemple, vivre sa vie privée sans subir d'agression) et à l'accomplissement des devoirs corrélés (non agression envers i, pour les autres agents). Tout cela coexiste dans le choix simultané de stratégies compossibles et légitimes les unes par rapport aux autres. Dans les termes de Fleurbaey et Gaertner, on vérifie alors qu'il y a « co-admissibilité » et « co-faisabilité » des droits individuels.

ASPECTS PRÉVISIBLES DE LA DYNAMIQUE DES DROITS

Imaginons que les individus autres que i ne respectent pas leurs devoirs corrélés au droit passif de i. Ils choisissent une stratégie jointe qui est faisable (compte tenu du choix par i de s^{i*}) et qui n'est pas dans $R^{-i}(s^{i*})$. Alors i ne peut pas obtenir G^{i*} et i peut souvent invoquer les devoirs des dirigeants ou des juges pour restaurer une situation « harmonieuse ». Cela évoque un retour à l'équilibre.

Imaginons qu'une personne i veuille exercer son droit de respirer de l'air pur ; c'est un droit passif : aucune garantie spécifique quant à ses possibilités d'agir, et d'introduire par là des modifications dans le monde, n'est en jeu. Il se trouve que ses voisins ont le droit de brûler leurs ordures dans le jardin voisin ; c'est un droit actif : on se préoccupe du fait que rien ne vient perturber leur action, ou les empêcher de mener à bien leur initiative. Il en résulte, comme l'ont noté P. Pattanaik et K. Suzumura, un problème de violation de la liberté personnelle de l'une des parties au moins. Une décision collective doit venir régler ce problème d'incompatibilité.

On est ici dans le cas où pour s^{i*}, il existe s^{-i} tel que s^{i*} soit dans $R^i(s^{-i})$ mais aussi s^{-i} dans $RF^{-i}(s^{i*})$. Et pourtant, compte tenu de s^{-i}, on constate que s^{i*} n'est plus pour i une stratégie faisable lui permettant d'obtenir G^{i*}. Dans un cas comme celui-ci, il est dès lors assez compréhensible que l'on assiste, dans la société considérée, à une évolution du concept même de ce qui est jugé « admissible ». Ainsi, la logique formelle des droits n'est pas sans rapport avec la compréhension de la dynamique des droits que l'on cherche à développer.

Supposons que l'on se mette à se préoccuper davantage de la faculté de i de respirer de l'air pur. On retournera alors à une configuration harmonieuse d'exercice des droits si l'on prévoit de mettre hors-la-loi s^{-i} (plutôt que s^{i*}). Si c'est bien cela qui se produit, le souci des intérêts (exprimé par le droit passif, orienté vers les conséquences) apparaît déterminant, en même temps qu'une exigence de cohérence, dans le processus d'évolution des droits.

Considérons maintenant le conflit entre un droit passif des habitants non automobilistes du centre-ville (le droit de respirer un air raisonnablement propre) et un droit actif des autres membres de la population (les automobilistes) de circuler librement, autrement dit, sans empêchement. Pour simplifier, on supposera soit que les automobilistes ne se préoccupent pas de l'air qu'ils respirent, soit qu'aucun automobiliste n'habite le centre ville. Doit intervenir ici la taille d'un groupe particulier : le groupe I des automobilistes qui roulent en ville régulièrement (action s^I dans S^I). On considère l'ensemble G^{N-I*} des issues sociales dans lesquelles les habitants du centre ville respirent un air d'une qualité tolérable.

Ici, il existe s^I dans S^I tel que s^I soit dans $RF^{\ I}(s^{-I})$; autrement dit, les automobilistes sont dans leur bon droit et leur stratégie est faisable. Mais on vérifie que $g(s^I, s^{-I})$ n'est pas un élément de G^{N-I*}. Il est clair que si un certain nombre d'automobilistes s'abstenaient de rouler, la compatibilité des droits pourrait être assurée. Dans la plupart des cas, soulignent Fleurbaey et Gaertner, ce qui est redéfini, c'est de fait l'ensemble de stratégies admissibles $R^I(s^{-I})$.

Le travail de reformulation et de délimitation progressive des droits correspond ici à une évolution des réponses collectives autorisées. Tout se passe alors comme si le souci des conséquences (en l'occurrence, des conséquences qui sont l'objet du droit passif des habitants du centre-ville) devait avoir un rôle majeur dans la délimitation évolutive des droits des automobilistes, y compris pour ceux de leurs droits qui sont manifestement liés à l'initiative personnelle d'agir de telle ou telle façon (par exemple, prendre le volant ou s'en abstenir).

BIBLIOGRAPHIE

ABDOU, Joseph, « Stable Effectivity Functions with an Infinity of Players and Alternatives », *Journal of Mathematical Economics*, 16, 1987, p. 291-295.

ABDOU, J. et KEIDING, H., *Effectivity Functions in Social Choice*, Dordrecht, Kluwer, 1991.

ANDERSON, A.R., « Logic, Norms and Roles », *Ratio*, 4 (1), 1962, p. 36-49.

ANSCOMBE, G.E.M., *Intention*, Cambridge, Harvard University Press, 1957 (2ème éd. 2000).

ARNSPERGER, Christian, « La philosophie politique et l'irréductibilité des antagonismes », *Le Banquet*, 17, 2002, p. 19-46.

ARNSPERGER, Christian, « Le bien commun comme compromis social : deux conceptions de la négociation politique », *Ethique publique* (revue internationale d'éthique sociétale et gouvernementale) 6 (1), 2004, p. 79-87.

ARNSPERGER, Christian et PICAVET, E., « More than modus vivendi, less than overlapping consensus : Towards a political theory of social compromise », *Social Science Information / Information sur les sciences sociales*, 43 (2), 2004, p. 167-204.

ARROW, Kenneth J., *Social Choice and Individual Values*. New York, Wiley, 1951, 2ème éd. revue et augm., 1963. Tr. fr. Tradecom, *Choix collectifs et préférences individuelles*, Paris, Calmann-Lévy, puis Diderot Multimédia, 1998.

ARROW, K.J., « The Property Rights Doctrine and Demand Revelation under Incomplete Information », in *Economics and Human Welfare*, édit. M. Boskin, New York, Academic Press, 1979 ; repr. dans les *Collected Papers* de K.J. Arrow, vol. 4.

AUDARD, Catherine, *Qu'est-ce que le libéralisme ?*, Paris, Gallimard, 2009.

BARRET-KRIEGEL, Blandine, *Les Droits de l'homme et le droit naturel*, Paris, Presses Universitaires de France, 1989.

BARZEL, Yoram, *Economic Analysis of Property Rights*, Cambridge, Cambridge University Press, 1989.

BAUJARD, Antoinette, « Conceptions of freedom and ranking opportunity sets. A typology. ». *Homo Oeconomicus*, 24(2), 2007, p. 231-254 [document préliminaire : « Evaluer un ensemble d'opportunités », dans le « Répertoire analytique de l'éthique sociale », 2001, disponible sur Internet : http://nosophi.univ-paris1.fr/annonces/raes.htm].

BAVETTA, Sebastiano et DEL SETA, Marco, « Constraints and the Measurement of Freedom of Choice », *Theory and Decision*, 50, 2001, p. 213-238.

BELLAMY, Richard et SCHÖNLAU, Justus, « The Normality of Constitutional Politics : an Analysis of the Drafting of the EU Charter of Fundamental Rights », *Constellations*, 11 (3), 2004, p. 412-433.

BELLAMY, Richard, *Liberalism and Pluralism. Towards a Politics of Compromise*, Londres et New York, Routledge, 1999.

BENN, Stanley Isaac, *A Theory of Freedom*, Cambridge, Cambridge University Press, 1988.

BETTEN, L. et GRIEF, N., *EU Law and Human Rights*, Harlow, Longman, 1998.

BINOCHE, Bertrand et CLÉRO, Jean-Pierre, édit., *Bentham contre les droits de l'homme*, Paris, Presses Universitaires de France, 2007.

BOLAÑOS-GUERRA, Bernardo, *Argumentación científica y objetividad*, Mexico, Universidad Nacional Autónoma de México, 2002.

BONNAFOUS-BOUCHER, Maria, *Un Libéralisme sans liberté. Du terme « libéralisme » dans la pensée de Michel Foucault*, Paris, L'Harmattan, 2001.

BOUDON, R., DEMEULENAERE, P. et VIALE, R., édit., *L'Explication des normes sociales*, Paris, Presses Universitaires de France, 2001.

BOURGEOIS, Bernard, *Philosophie et droits de l'homme de Kant à Marx*, Paris, Presses Universitaires de France, 1990.

BRANDT, Richard, *Ethical Theory*, Englewood Cliffs (NJ), Prentice-Hall, 1959.

BRATMAN, Michael, *Intention, Plans and Practical Reason*, Cambridge, Harvard University Press, 1987.

CALVERT, Randall et JOHNSON, James, « Interpretation and Coordination in Constitutional Politics », in *Lessons in Democracy*, édit. E. Hauser et J. Wasilewski, Cracovie, Jagiellonian University Press et University of Rochester Press, 1999.

CAMPAGNOLO, Gilles, « *Seuls les extrémistes sont cohérents…* ». *Rothbard et l'Ecole austro-américaine dans la querelle de l'herméneutique*, Lyon, ENS Editions, 2006.

CHAUVIER, Stéphane, *Justice et droit à l'échelle globale*, Paris, Vrin, 2006.

CHEVALIER, Ludovic, édit., *Le Politique et ses normes. Les débats contemporains en philosophie politique*, Rennes, Presses universitaires de Rennes, 2006.

COASE, Ronald, *The Firm, the Market and the Law*, Chicago, University of Chicago Press, 1988, tr. fr par A. Duval, *La Firme, le marché et le droit*, Paris et New York, Diderot multimedia, 1997.

COLEMAN, James, *Foundations of Social Theory*, Cambridge, Mass., Harvard University Press, 1990.

CORBIN, Arthur Linton, « Legal Analysis and Terminology », *Yale Law Journal*, 29, 1919-1920, p. 163-173.

DAUENHAUER, Bernard P., « A Good Word for a Modus Vivendi »., in Davion et Wolf (2000).

DAVION, V. et WOLF, C., édit., *The Idea of a Political Liberalism. Essays on Rawls*, Lanham, Rowman & Littlefield Publishers, 2000.

DEB, Rajat, « Waiver, Effectivity and Rights as Game Forms », *Economica*, 61, 1994, p. 167-178.

DEMSETZ, Harold, « Toward a Theory of Property Rights », *American Economic Review*, 57, 1967, p. 347-59.

DUBY, Georges, *Féodalité*, Paris, Gallimard, 1996.

DUHAMEL, David, *Les Nouvelles théories du contrat social et la théorie du choix rationnel*. Thèse de doctorat, université Paris-1 Panthéon-Sorbonne, 2006.

DUPONT, Guillaume, *La Justice sociale au travail : les institutions, les pratiques et les normes*. Thèse de doctorat, université de Rouen, 2007.

DUTHIL, Daniel et LOTTE, Lynda, « Création, droits d'auteur et propriété intellectuelle sur Internet », *Cités*, n° 8, 2001 (n° 4), p. 103-111.

EGGERTSSON, Thrainn, *Economic Behavior and Institutions*, Cambridge, Cambridge University Press, 1990.

EVANS, Tony, *The Politics of Human Rights. A Global Perspective*, Londres et Sterling, Virginie, Pluto Press, 2001.

EYENE-MBA, Jean-Rodrigue-Elisée, *L'État et le marché dans les théories politiques de Hayek et de Hegel. Convergences et contradictions*, Paris, L'Harmattan, 2007.

EYENE-MBA, Jean-Rodrigue-Elisée, *Le Libéralisme de Hayek au prisme de la philosophie sociale de Hegel. Economie, dialectique et société*, Paris, L'Harmattan, 2007.

FAGOT-LARGEAULT, Anne, *L'Homme bioéthique. Pour une déontologie de la recherche sur le vivant*, Paris, Maloine, 1985.

FEINBERG, Joel, *Social Philosophy*, Englewood Cliffs (NJ), Prentice-Hall, 1973.

FITCH, F.B., « A Revision of Hohfeld's theory of legal concepts », *Logique et analyse*, 39-40, 1967, p. 269-276.

FLEURBAEY, Marc et GAERTNER, Wulf, « Admissibility and Feasibility in Game Forms », *Analyse & Kritik (Zeitschrift für Sozialwissenschaften)*, 18, 1996, p. 54-66.

FOLSCHEID, D., FEUILLET – LE MINTIER, B. et MATTEI, J.-F., édit., *Philosophie, éthique et droit de la médecine*, Paris, Presses Universitaires de France, 1997.

FRIEDMAN, James W., *Game Theory with Applications to Economics*, New York, Oxford University Press, 1986, 2e éd. 1991.

FURET, François, *Le Passé d'une illusion. Essai sur l'idée communiste au XXe siècle*, Paris, Robert Laffont/ Calmann-Lévy, 1995.

GAERTNER, W., PATTANAIK, P. et SUZUMURA, K., « Individual Rights Revisited », *Economica*, 59, 1992, p. 161-177.

GÄRDENFORS, Peter, « Rights, Games and Social Choice », *Noûs*, 15, 1981, p. 341-356

GEORGE, Robert P., édit., *Natural Law Theory. Contemporary Essays*, Oxford, Clarendon Press, 1992.

GIBBARD, Allan, « Manipulation of Voting Schemes : A General Result », *Econometrica*, 41, 1973, p. 587-602.

GIBBARD, Allan, « A Pareto Consistent Libertarian Claim », *Journal of Economic Theory*, 7, 1974, p. 388-410.

GIBBARD, Allan, *Wise Choices, Apt Feelings*, Cambridge (MA), Harvard University Press, 1990, tr. fr. par S. Laugier, *Sagesse des choix, justesse des sentiments*, Paris, Presses Universitaires de France, 1996.

GILARDONE, Muriel, *Contexte, sens et portée de l'approche par les capabilités d'Amartya Kumar Sen*. Thèse de doctorat, université Lumière-Lyon 2, 2007.

GOFFI, Jean-Luc, édit., *Regards sur les technosciences*, Paris, Vrin, 2006.

GOSEPATH, Stefan et MERLE, Jean-Christophe, édit., *Weltrepublik. Globalisierung und Demokratie*, Münich, C.H. Beck, 2002.

GOULD, Carol, *Rethinking Democracy*, Cambridge, Cambridge University Press, 1988.

GOYARD-FABRE, Simone, *Les Principes philosophiques du droit politique moderne*, Paris, Presses Universitaires de France, 1997.

GOYARD-FABRE, Simone, *Re-penser la pensée du droit. Les doctrines occidentales modernes au tribunal de la raison interrogative-critique*, Paris, Vrin, 2007.

GREEN, Andrew W. *Political Integration by Jurisprudence. The work of the CJEC in European Political Integration*, Leyden, A.W. Sijthoff, 1969.

GUIBET LAFAYE, Caroline, *La Justice comme composante de la vie bonne*, Québec, Les Presses de l'université Laval, 2006.

GUIBET LAFAYE, Caroline, *Justice sociale et éthique individuelle*, Québec, Les Presses de l'université Laval, 2006.

HAMMOND, Peter J., « Rights, Free Exchange and Widespread Externalities », avec les commentaires d'Antonio Vilar, in *Freedom in Economics*, édit. J.F. Laslier, M. Fleurbaey, N. Gravel et A. Trannoy, Londres et New York, Routledge, 1998.

HAMPSHIRE, S., *Justice is Conflict*, Tanner Lectures on Human Values, Princeton, Princeton University Press, 2001.

HARDIN, Russel, *Collective Action*, Baltimore, Resources for the Future, The John Hopkins University Press, 1983.

HART, H.L.A., « Are There Any Natural Rights ? », *Philosophical Review*, 64, 1955, p. 175-191.

HART, H.L.A., *The Concept of Law*, Oxford, Clarendon Press, 1961, 2ème éd. (augm.), 1994.

HEINER, Ronald A., « The Origin of Predictable Behavior », *American Economic Review*, 73 (4), 1983, p. 560-595.

HERSHOVITZ, Scott, « A Mere Modus Vivendi ? », in Davion and Wolf (2000).

HIRSHLEIFER, Jack, « Privacy : Its Origin, Function, and Future ». UCLA (University of California at Los Angeles), Department of Economics, document de travail n° 166, novembre 1979 (disponible sur Internet).

HIRSHLEIFER, Jack, « Theorizing about Conflit », in *Handbook of Defence Economics*, édit. K. Hartley et T. Sandler, Amsterdam, Elsevier, 1995.

HOBBES, Thomas, *Leviathan*, version anglaise, 1651, version latine, 1668.

HOHFELD, Wesley, *Fundamental Legal Conceptions as Applied in Judicial Reasoning and Other Essays*, New Haven, Yale University Press, 1919.

IGERSHEIM, Herrade, *Liberté et choix social. Contribution à l'analyse de la liberté en économie normative*. Thèse de doctorat, université Louis Pasteur – Strasbourg I, 2004.

KCHAOU,Mounir *Etudes rawlsiennes : contrat et justice*, Tunis, Centre de publication universi-taire, 2006.

KELSEN, Hans, *Reine Rechtslehre*, 2ème éd., Vienne, Franz Deuticke, 1960 (1re éd. 1934), tr. fr. par Ch. Eisenmann, *Théorie pure du droit* (Paris, 1962).

KERVEGAN, Jean-François, *L'Effectif et le rationnel. Hegel et l'esprit objectif*, Paris, Vrin, 2007.

KOLM, Serge-Christophe, « Free and equal in rights : the philosophies of the 1789 Declaration of the Rights of Man and of the Citizen », *Journal of Political Philosophy*, 1 (2), 1993, p. 158-183.

KOLM, S.-C., *Modern Theories of Justice*, Cambridge (Mass.), The MIT Press, 1996.

KOLM, S.-C., « The Values of Freedom », avec les commentaires de Daniel Hausman, in *Freedom in Economics. New Perspectives in Normative Analysis*, édit. J.-F.. Laslier, M. Fleurbaey, N. Gravel et A. Trannoy, Londres et New York, Routledge, 1998.

KOLM, S.-C., *La Théorie des transferts sociaux et son application*, rapport final pour le Comité « Emploi, travail, redistribution », Paris, Commissariat général du Plan, 2002.

LALANDE, André, « Petit catéchisme de morale pratique », *Bulletin de la société française de philosophie*, séance du 29 novembre 1906.

LAUGIER, Sandra, « La naturalisation des normes », in *Penser la norme. Approches juridiques et philosophiques*, édit. R. Pouivet et J.-P. Delville, Rennes, Publications du Centre de recherche sur la logique et son histoire (université de Rennes-1), 1994.

LEIBNIZ, Gottfried Wilhelm, *Opuscules et fragments inédits de Leibniz*, édit. L. Couturat, Paris, 1903.

LEIBNIZ, Gottfried Wilhelm, *Le Droit de la raison*, édit. R. Sève (textes rassemblés), Paris, Vrin, 1994.

LOCKE, John, *Two Treatises of Government*, 1689.

LOURI, Victoria, « "Undertaking" as a Jurisdictional Element for the Application of EC Competition Rules », *Legal Issues of Economic Integration*, 29 (2), 2002, p. 143-176.

LYONS, David, « The Correlativity of Rights and Duties », *Noûs*, n° 4, 1970, p. 45-55.

MACINTYRE, Alasdair, *After Virtue*, Notre Dame (IN), University of Notre Dame Press, 1981 (et 1984, 1998, 2007), tr. fr. *Après la vertu* (Paris, Presses Universitaires de France, 1997).

MARSHAK, Jakob et RADNER, Roy, *Economic Theory of Teams*, New Haven, Yale University Press, 1972.

MARWELL, G., OLIVER, P.E. et PRAHL, R., « Social Networks and Collective Action : A Theory of the Critical Mass. III. », *American Journal of Sociology*, 94 (3), 1988, p. 502-534.

MESTIRI, Soumaya, *De l'individu au citoyen. Rawls et le problème de la personne*, Paris, Editions de la Maison des sciences de l'homme, 2007.

MICHAUD, Yves, *Locke*, Paris, Bordas, 1984.

MILLS, Claudia, « "Not a Mere Modus Vivendi" : The Bases for Allegiance to the Just State », in Davion and Wolf (2000).

MOSER, Peter, « A Theory of the Conditional Influence of the European Parliament in the Cooperation Procedure », *Public Choice*, 91, 1997, p. 333-350.

NADEAU, Christian, *Justice et démocratie. Une introduction à la philosophie politique*, Montréal, Les Presses de l'université de Montréal, 2007.

NOZICK, Robert, *Anarchy, State and Utopia.*, New York, Basic Books et Oxford, Blackwell, 1974, tr. fr. *Anarchie, État et utopie* (Paris, Presses Universitaires de France, 1988 et 2003).

OLIVER, Pamela et MARWELL, Gerald, « The Paradox of Group Size in Collective Action : A Theory of the Critical Mass. II », *American Sociological Review*, 53 (1), 1988, p. 1-8.

OLIVER, P., MARWELL, G. et TEIXEIRA, R., « A Theory of the Critical Mass. I. Interdependence, Group Heterogeneity, and the Production of Collective Action », *American Journal of Sociology*, 91 (3), 1985, p. 522-556.

OLSON, Mancur, *The Logic of Collective Action*, Cambridge (Mass.), Harvard University Press, 1965, tr. fr. *Logique de l'action collective* (Paris, Presses Universitaires de France, 1987).

OPP, Karl-Dieter, « How do norms emerge ? An Outline of a Theory », in Boudon et al. (2001).

PAQUETTE, Michel, *La Délibération et les théories axiomatisées de la décision*. Thèse de doctorat, université du Québec à Trois-Rivières, 2006.

PEJOVICH, Svetozar, *Economic Analysis of Institutions and Systems*, 2ème éd., Dordrecht, Kluwer Academic Publishers, 1998 (1ère éd. 1995).

PELEG, Bezalel, « Effectivity functions, game forms, games and rights » (avec les commentaires d'E. Picavet) in *Freedom in Economics. New Perspectives in Normative Analysis*, édit. J.-F. Laslier, M. Fleurbaey, N. Gravel et A. Trannoy, Londres et New York, Routledge, 1998.

PERELMAN, Chaïm, « Argumentation », *Encyclopaedia Universalis*, vol. 2, 1968.

PÉTRON-BRUNEL, Anne, *Contribution à l'analyse des droits dans la théorie des choix collectifs*. Thèse de doctorat, université de Caen, 1998.

PFERSMANN, Otto, « Pour une typologie modale des classes de validité normative », *Cahiers de philosophie politique et juridique de l'université de Caen*, n° 27, 1995, p. 69-113.

PICAVET, Emmanuel, *Choix rationnel et vie publique*, Paris, Presses Universitaires de France, 1996.

PICAVET, E. « Sur les enjeux méthodologiques des modèles du choix constitutionnel », in *Parcours de la raison pratique*, édit. M. Bienenstock et A. Tosel, Paris, L'Harmattan, 2004.

PICAVET, E., « Biens communs, valeurs privées et fragilité de l'État de droit », *Ethique publique* (Revue internationale d'éthique sociétale et gouvernementale), 6 (1), 2004, p. 87-100.

PICAVET, E. « La doctrine de Rawls et le pluralisme comme *modus vivendi* », *Revue internationale de philosophie*, 60 (3), 2006, p. 370-385.

PICAVET, E. et GUIBET LAFAYE, Caroline, « Confiance et adaptation de principes généraux. Le cas de l'équité dans l'accès aux soins », in *Médecine et confiance*, édit. T. Martin et P.-Y. Quiviger, Besançon, Presses Universitaires de Franche-Comté, 2007.

POGGE, Thomas, « Kant's Theory of Justice », *Kant-Studien*, 79, 1988, p. 407-433.

POGGE, T., *Realizing Rawls*, Ithaca, Cornell University Press, 1989.

RAWLS, John, *A Theory of Justice*, Cambridge (Mass.), Harvard University Press, 1971, 2è éd. 1999, tr. fr. (1ère éd. revue et augm.) par C. Audard, *Théorie de la justice* (Paris, Seuil, 1987).

RAWLS, J. *Political Liberalism*, New York, Columbia University Press, 1993, 2e éd. 1996, tr. fr. par C. Audard, *Libéralisme politique* (Paris, Presses Universitaires de France, 1995).

RAWLS, J., *Collected Papers*, édit. S. Freeman, Cambridge (Mass.) et Londres, Harvard University Press, 1999.

RAZ, Joseph, *The Morality of Freedom*, Oxford, Clarendon Press, 1986.

REBER, Bernard et SÈVE, René, édit.. dossier « Le Pluralisme ». *Archives de philosophie du droit*, tome 49, 2006.

RISSE, Matthias, « What to make of the Liberal Paradox ? », *Theory and Decision*, 50 (2), 2001, p. 169-196.

ROBINSON, R.E., COVAL, S.C et SMITH, J.C., « The Logic of Rights », *University of Toronto Law Journal*, 33, 1983, p. 267-278.

ROUSSEAU, Jean-Jacques, *Discours sur l'origine et les fondements de l'inégalité parmi les hommes*, 1755.

ROUSSEAU, J.-J., *Le Contrat social, ou principes du droit politique*, 1762.

SAINT-SERNIN, Bertrand, *Parcours de l'ombre. Les Trois indécidables*, Bruxelles, Paris et Bâle, Editions des archives contemporaines, 1994.

SATTERTHWAITE, Mark, « Strategic Proofness and Arrow's Conditions. Existence and Correspondence Theorems for Voting Procedures and Social Welfare Functions », *Journal of Economic Theory*, 10, 1975, p. 187-217.

SCHICK, Frederic, *Making Choices. A Recasting of Decision Theory*, Cambridge, Cambridge University Press, 1997.

SCHNAPPER, Dominique, « De la communauté des citoyens à la démocratie providentielle », *Bulletin de la société française de philosophie*, 97 (1), janvier-mars, 2003 (séance du 25 janvier 2003).

SCIARRA, Silvana, « Building on European Social Values : an Analysis of the Multiple Sources of European Social Law », in F. Snyder, édit. (1996).

SEIDL, Christian, « Foundations and Implications of Rights », in *Social Choice Reexamined*, vol. 2, édit. K.J. Arrow, A. Sen et K. Suzumura, Londres, MacMillan, 1996.

SEIDL, C. « Das Wesen liberaler Rechte », in *Effiziente Verhaltenssteuerung und Kooperation im Zivilrecht*, édit. C. Ott et H.-B. Schäfer, Tübingen, Mohr-Siebeck, 1996.

SÉLINSKY, V., « La libre négociation des conditions de vente, une révolution française », *La Tribune*, 15 mai 2008.

SEN, Amartya K., « The Impossibility of a Paretian Liberal », *Journal of Political Economy*, 78, 1970, p. 152-157.

SEN, A.K., *Collective Choice and Social Welfare*, Amsterdam, North Holland et Edimbourg, Oliver & Boyd, 1970.

SEN, A.K., *Inequality Reexamined*, Oxford, Oxford University Press, 1992.

SEN, A.K., « Rationality and Social Choice », *American Economic Review*, vol. 85(1), 1995, p. 1-24.

SIDGWICK, Henry, *The Methods of Ethics* (1907, 1re éd. 1874).

SKORUPSKI, John, « Rationality, Instrumental and Other », in R. Boudon et al., édit. (2001).

SNYDER, Francis, édit., *Constitutional Dimensions of European Economic Integration*, La Haye, Kluwer Law International, 1996.

SPITZ, Jean-Fabien, *La Liberté politique*, Paris, Presses Universitaires de France, 1995.

STONE SWEET, Alec et BRUNELL, Thomas L., « Constructing a Supranational Constitution : Dispute Resolution and Governance in the European Community ». *American Political Science Review*, 92 (1), 1998, p. 63-81.

STREIT, Manfred E. et MÜSSLER, Werner, « The Economic Constitution of the European Community – "From Rome to Maastricht" », in F. Snyder, édit. (1996).

SUGDEN, Robert,*The Political Economy of Public Choice*, Oxford, Martin Robertson, 1981.

THORLAKSON, Lori, « Building Firewalls or Floodgates ? Constitutional Design for the European Union », *Journal of Common Market Studies*, 44 (1), 2006, p. 139-159.

TOSEL, André, « L'action collective entre coordination marchande, conseil et plan. Pour une philosophie du projet », in *L'action collective*, édit. R. Damien et A. Tosel, Besançon, Annales littéraires de l'université de Franche Comté (n° 658), 1998.

UNGER, Roberto Mangabeira, *The Critical Legal Studies Movement*, Cambridge (MA.), Harvard University Press, 1986.

VALADIER, Paul, *Détresse du politique, force du religieux*, Paris, Seuil, 2007.

VILLEY, Michel, *Le Droit et les droits de l'homme*, Paris, Presses Universitaires de France, 1983.

WIPPLER, Reinhard, « Individualisme, méthodologique et action collective », in *Action collective et mouvements sociaux*, édit. F. Chazel, Paris, PUF, 1993.

XIFARAS, Mikhail, *La propriété. Etude de philosophie du droit*, Paris, Presses Universitaires de France, 2004.

ZARKA, Yves-Charles, « Liberty, Necessity and Chance : Hobbes's General Theory of Events », *British Journal for the History of Philosophy*, 9 (3), 2001, p. 425-437.

ZULETA, H., *Razon y Elección*, Mexico, Fontamara, 1998.

INDEX DES NOTIONS

INDEX DES NOMS

TABLE DES MATIÈRES